全国中医药行业中等职业教育"十三五"规划教材

中医诊断学

（供中医、康复技术、中医康复保健专业用）

主　编◎魏修华

中国中医药出版社

·北　京·

图书在版编目（CIP）数据

中医诊断学 / 魏修华主编. —北京：中国中医药
出版社，2018.5（2025.11 重印）
全国中医药行业中等职业教育"十三五"规划教材
ISBN 978-7-5132-4890-7

Ⅰ.①中… Ⅱ.①魏… Ⅲ.①中医诊断学—中等专业
学校—教材 Ⅳ.①R241

中国版本图书馆 CIP 数据核字（2018）第 074835 号

中国中医药出版社出版

北京经济技术开发区科创十三街 31 号院二区 8 号楼
邮政编码 100176
传真 010-64405721
河北联合印务有限公司印刷
各地新华书店经销

开本 787×1092 1/16 印张 19 字数 391 千字
2018 年 5 月第 1 版 2025 年 11 月第 7 次印刷
书号 ISBN 978-7-5132-4890-7

定价 62.00 元
网址 www.cptcm.com

服 务 热 线 010-64405510
购 书 热 线 010-89535836
维 权 打 假 010-64405753

微信服务号 **zgzyycbs**
微商城网址 **https://kdt.im/LIdUGr**
官 方 微 博 **http://e.weibo.com/cptcm**
天猫旗舰店网址 **https://zgzyycbs.tmall.com**

中医药职业教育是我国现代职业教育体系的重要组成部分，肩负着培养新时代中医药行业多样化人才、传承中医药技术技能、促进中医药服务健康中国建设的重要职责。为贯彻落实《国务院关于加快发展现代职业教育的决定》（国发〔2014〕19号）、《中医药健康服务发展规划（2015—2020年）》（国办发〔2015〕32号）和《中医药发展战略规划纲要（2016—2030年）》（国发〔2016〕15号）（简称《纲要》）等文件精神，尤其是实现《纲要》中"到2030年，基本形成一支由百名国医大师、万名中医名师、百万中医师、千万职业技能人员组成的中医药人才队伍"的发展目标，提升中医药职业教育对全民健康和地方经济的贡献度，提高职业技术院校学生的实际操作能力，实现职业教育与产业需求、岗位胜任能力严密对接，突出新时代中医药职业教育的特色，国家中医药管理局教材建设工作委员会办公室（以下简称"教材办"）、中国中医药出版社在国家中医药管理局领导下，在全国中医药职业教育教学指导委员会指导下，总结"全国中医药行业中等职业教育'十二五'规划教材"建设的经验，组织完成了"全国中医药行业中等职业教育'十三五'规划教材"建设工作。

中国中医药出版社是全国中医药行业规划教材唯一出版基地，为国家中医中西医结合执业（助理）医师资格考试大纲和细则、实践技能指导用书、全国中医药专业技术资格考试大纲和细则唯一授权出版单位，与国家中医药管理局中医师资格认证中心建立了良好的战略伙伴关系。

本套教材规划过程中，教材办认真听取了全国中医药职业教育教学指导委员会相关专家的意见，结合职业教育教学一线教师的反馈意见，加强顶层设计和组织管理，是全国唯一的中医药行业中等职业教育规划教材，于2016年启动了教材建设工作。通过广泛调研、全国范围遴选主编，又先后经过主编会议、编写会议、定稿会议等环节的质量管理和控制，在千余位编者的共同努力下，历时1年多时间，完成了50种规划教材的编写工作。

本套教材由50余所开展中医药中等职业教育院校的专家及相关医院、医药企业等单位联合编写，中国中医药出版社出版，供中等职业教育院校中医（针灸推拿）、中药、护理、农村医学、康复技术、中医康复保健6个专业使用。

本套教材具有以下特点：

1. 以教学指导意见为纲领，贴近新时代实际

注重体现新时代中医药中等职业教育的特点，以教育部新的教学指导意

见为纲领，注重针对性、适用性以及实用性，贴近学生、贴近岗位、贴近社会，符合中医药中等职业教育教学实际。

2. 突出质量意识、精品意识，满足中医药人才培养的需求

注重强化质量意识、精品意识，从教材内容结构设计、知识点、规范化、标准化、编写技巧、语言文字等方面加以改革，具备"精品教材"特质，满足中医药事业发展对于技术技能型、应用型中医药人才的需求。

3. 以学生为中心，以促进就业为导向

坚持以学生为中心，强调以就业为导向、以能力为本位、以岗位需求为标准的原则，按照技术技能型、应用型中医药人才的培养目标进行编写，教材内容涵盖资格考试全部内容及所有考试要求的知识点，满足学生获得"双证书"及相关工作岗位需求，有利于促进学生就业。

4. 注重数字化融合创新，力求呈现形式多样化

努力按照融合教材编写的思路和要求，创新教材呈现形式，版式设计突出结构模块化，新颖、活泼，图文并茂，并注重配套多种数字化素材，以期在全国中医药行业院校教育平台"医开讲－医教在线"数字化平台上获取多种数字化教学资源，符合职业院校学生认知规律及特点，以利于增强学生的学习兴趣。

本套教材的建设，得到国家中医药管理局领导的指导与大力支持，凝聚了全国中医药行业职业教育工作者的集体智慧，体现了全国中医药行业齐心协力、求真务实的工作作风，代表了全国中医药行业为"十三五"期间中医药事业发展和人才培养所做的共同努力，谨此向有关单位和个人致以衷心的感谢！希望本套教材的出版，能够对全国中医药行业职业教育教学的发展和中医药人才的培养产生积极的推动作用。需要说明的是，尽管所有组织者与编写者竭尽心智，精益求精，本套教材仍有一定的提升空间，敬请各教学单位、教学人员及广大学生多提宝贵意见和建议，以便今后修订和提高。

国家中医药管理局教材建设工作委员会办公室

全国中医药职业教育教学指导委员会

2018 年 1 月

本教材以全国中医药行业中等职业教育"十三五"规划教材《中医诊断学》教学大纲为依据编写而成,供中等职业教育学校三年制中医、康复技术、中医康复保健专业的在校学生使用。对其他从事中医、中医康复保健、中医确有专长人员培训、乡村医生中医培训、中医爱好者了解中医等,亦有重要的参考和使用价值。

本教材以贯彻《中医药法》和党的十九大报告,特别是习近平总书记近年来关于弘扬中华优秀传统文化、传承发展中医药事业的有关讲话精神为宗旨,根据国务院《中医药健康服务发展规划(2015—2020年)》《教育部等六部门关于医教协同深化临床医学人才培养改革的意见(教研〔2014〕2号)》的精神,在全国中医药职业教育教学指导委员会、国家中医药管理局教材建设工作委员会宏观指导下,以全面提高中医药人才的培养质量、积极与医疗卫生实践接轨、为临床服务为目标,依据中医药行业人才培养规律和实际需求,由国家中医药管理局教材建设工作委员会办公室组织建设,突出中医职业教育特色,立德树人,促进人才培养模式、教学模式改革与教学内容的创新,更好地适应现代服务业的需要,本着"宽基础、重实践"的原则编写。

本教材分上篇、中篇、下篇及附录四部分。上篇诊法,包括绪论、望诊、闻诊、问诊、切诊;中篇辨证,包括八纲辨证、病因辨证、气血津液辨证、脏腑辨证、其他辨证方法;下篇诊断综合运用,包括诊断思路与方法、病历书写;附录为中医执业助理医师资格考试大纲《中医诊断学》部分。

本教材具有下列特色:

1. 体例新颖,每模块前有学习目标、案例导入,后有目标检测,正文中根据需要灵活穿插知识链接。教材后附有中医执业助理医师资格考试大纲,体现了"以问题探究、理实一体为导向"的教学模式,贯彻了"学生好学、教师好教、学用结合"的教材理念。

2. 教材结构体现了知识、技能、应用的架构。诊法的内容,基本满足后续学习的需要;辨证的内容,体现中医的思维方式;诊断综合运用,从宏观上发挥指导学生运用诊法、辨证解决实际问题的作用,培养学生的应用、创新能力。

3. 本教材涵盖了中医执业助理医师资格考试大纲所要求的基本内容,使学生更全面地学习掌握中医诊断的基础知识和基本技能,适应就业岗位和职业生涯发展的需要。

本教材绪论、模块二由魏修华编写，模块一由郑彬编写，模块三由蔡杭里编写，模块四由英华编写，模块五由冉兆楠编写，模块六、模块七由杨蕻编写，模块八由刘爱军编写，模块九、模块十一由田发娟编写，模块十由孔龙编写。

本教材的编写得到了各编委单位的大力支持，在此致以由衷的感谢。

敬请各校师生及中医从业人员在使用过程中提出宝贵意见，以便重印、再版时修订、提高。

《中医诊断学》编委会

2018 年 1 月

▌上篇　诊法▌

下篇 诊断综合运用

扫一扫，看课件

绪 论

案例导入

某女，50岁，综合医院医生。患恶心呕吐5年，日益加剧，寻求中医治疗。有糖尿病史，5年前因剧烈呕吐不已，不能进食，难于安睡，经生化、胃镜等现代检查手段，确诊为糖尿病性胃轻瘫。辗转于各名院、名家治疗，先后使用胃复安、吗丁啉、西沙必利、莫沙必利、红霉素等药，最初有效，但旋即如旧，且渐加重，严重时曾多次使用冬眠灵镇静，几欲轻生。现症：呕吐频频，吐黏涎，甚则咖啡色物，其状难忍，不欲饮水，或热饮即吐，艰于进食，脘腹胀闷冷痛，喜按，无便意，常八九日一行，小便清长，目无光彩，精神萎靡，面色灰暗，畏寒怕冷，极度消瘦（身高165cm，体重由65 kg降至40 kg），无力行走，少气懒言，下肢冷痛，舌淡青紫而胖，苔白厚腻，脉弦细。中医诊断为呕吐，脾肾阳衰证。给予旋覆花、赭石、附子、干姜、人参、半夏、黄连、炙甘草、生大黄、茯苓、白术、肉苁蓉治疗，4剂，水煎频服。服药2天，呕吐大减，4天后，饮食少进，药尽，已能缓慢步行，饮食又增。继续巩固治疗，调养年余，肌肉日渐丰满，近如常人。

问题：中医是根据什么原理和原则做出诊断和治疗的？你一定想具有这种诊断和治疗能力吧？那就请开始下面的学习吧！

中医诊断学是根据中医学理论，研究诊察病情、判断疾病、辨别证候的基本理论、基本知识和基本技能的一门学科。它是中医学专业的基础课，是中医基础理论与临床各科之间的桥梁，是中医专业课程体系中的主干课程。

诊，指诊察收集病情资料；断，指分析判断疾病本质。诊断就是通过对患者的诊察，以收集的病情资料为依据，运用中医理论对患者的健康状态和病变本质进行辨别，对所患病、证做出概括性判断。

一、中医诊断学发展简史

中医诊断疾病的理论与方法，早在《周礼·天官》就有"以五气、五声、五色，眠其死生"的记载。公元前5世纪著名医家扁鹊，就以"切脉、望色、听声、写形"等为人诊病。

春秋战国时期成书的《黄帝内经》，是中医理论体系的经典著作。书中不仅在诊断方法上涉及望、闻、问、切四诊的内容，而且认为诊断疾病必须结合致病的内、外因素综合考虑，从理论上对诊断学的形成和发展奠定了基础，提出了诊病与辨证相结合的思路。《难经》则于四诊中特别重视脉诊，所提出的独取寸口诊脉法，对后世影响极大。

西汉时期的名医淳于意首创"诊籍"（即病案），开始记录患者的姓名、居址、病状、方药等，作为诊疗的原始资料。东汉医圣张仲景，总结了汉以前诊疗经验，著成《伤寒杂病论》，将病、证、症、治结合起来，以六经为纲辨伤寒，以脏腑为纲辨杂病，理、法、方、药一气贯通，建立了辨证论治体系，被公认为辨证论治的创始人，对中医诊断学做出了突出的贡献。东汉末年的名医华佗，在《中藏经》中记载了自己诊病的学术思想，其论脉、论病、论脏腑寒热虚实生死顺逆之法，甚有影响。

晋唐时期的医家，大多把诊断与治疗结合起来进行研究，但亦有把诊断作为专门学科进行研究者。如西晋·王叔和所著《脉经》，集汉以前脉学之大成，分述三部九候、寸口、二十四脉等脉法，为我国现存最早的脉学专著，该书被后世翻译成多国文字，流传到朝鲜、日本、欧洲等地。在传染病的诊断方面，葛洪的《肘后备急方》对天行发斑疮（天花）、麻风等传染病，基本上能从发病特点和临床症状上做出诊断。隋·巢元方编著的《诸病源候论》是我国第一部论述病源与证候诊断的专著，以内科疾病为主，全书67门，载列各种疾病的病候1739候，并涉及外科、眼科、妇科等疾病，内容丰富，诊断指标明确；同时对一些传染病、寄生虫病等的诊断，更有不少精辟的论述。唐·孙思邈认为，诊病不要为外部现象所迷惑，要透过现象看本质。他在《备急千金要方·大医精诚》中指出："五脏六腑之盈虚，血脉营卫之通塞，固非耳目之所察，必先诊候以审之。"

宋金元时期，在诊断方面有许多突出的论著。北宋·陈无择的《三因极一病证方论》，是病因辨证理论与方法较完备的专著。南宋·施发的《察病指南》是诊法专著，并绘脉图 33 种，以图示脉，颇有特色。南宋·崔紫虚的《崔氏脉诀》，以浮沉迟数为纲，分类论述 24 脉，对后世很有影响。元·敖继翁著《点点金》及《金镜录》，论伤寒舌诊，以舌验证，分 12 图，为我国现存的第一部舌诊专著，后经元·杜清碧增补为 36 图，即为现在所见的《敖氏伤寒金镜录》。金元四大家在诊疗上也各有特点，刘河间诊病，重视辨识病机；李东垣诊病，重视四诊合参；朱丹溪诊病，重视内外相参；张从正诊病，重视症状的鉴别诊断。

明清时期，对诊断中的脉诊、舌诊发展尤为突出，同时对于诊病的原理、辨证的方法，有进一步的阐发。明·张介宾著《景岳全书》，内容丰富，论述精辟，尤其是其中的"脉神章""十问歌""二纲六变"之论，对后世影响较大。明·李时珍所著《濒湖脉学》，取诸家脉学之精华，详述 27 种脉的脉体、主病和同类脉的鉴别，言简意深，便于习诵，为后世所推崇。清·李延昰的《脉诀汇辨》，周学霆的《三指禅》，徐灵胎的《洄溪脉学》，周学海的《重订诊家直诀》等脉诊专著的问世，使脉学不断得到充实和发展。

舌诊的研究，在清代有突出的成就。在舌诊著作中，多附有舌图，为其共同特点。如张登所辑《伤寒舌鉴》，载图 120 幅；梁玉瑜辑成《舌鉴辨证》，载图 149 幅。

对于四诊的综合性研究，影响较大者，如清·吴谦等撰的《医宗金鉴·四诊心法要诀》，以四言歌诀简要介绍四诊的理论与方法，便于掌握要点。清·汪宏的《望诊遵经》，收集历代有关望诊的资料，说明气色与疾病的关系，从全身各部位的形态色泽和汗、血、便、尿等各种变化中进行辨证，并预测其顺逆安危，为全面论述望诊的专著。

在杂病的辨证方面，清代亦有建树。如沈金鳌的《杂病源流犀烛》以脏腑为纲，旁及其他。叶天士的《临证指南医案》于每类疾病后详列症状、病因病机、用药分析，法度严谨，启迪后学。林珮琴、王旭高等对肝病论述颇丰，王清任、唐容川对血证的辨证颇详，叶天士对脾胃病的辨证更有独到之处。

清代医家在诊断、辨证方面最大的成就，当推对温疫、温热类疾病的诊治，形成了温病学派。叶天士的《外感温热篇》创立了卫气营血辨证，吴鞠通的《温病条辨》创立了三焦辨证。清代温病学家根据临床经验与实践，提出了与《伤寒论》截然不同的辨证方法，完善了温病学理论体系，突出察舌、验齿等诊法的重要临床意义，大大丰富和发展了中医诊断学。

近百年来，编撰出版的中医诊断学专著，主要有曹炳章的《彩图辨舌指南》、陈泽霖的《舌诊研究》、赵金铎的《中医证候鉴别诊断学》、朱文锋的《中医诊断与鉴别诊断学》与《常见症状中医鉴别诊断学》等，尤其是多版《中医诊断学》规划教材的编撰，使中医诊断学的内容更为系统、完整、准确。

随着医学的发展、研究的深入，人们对诊察疾病的方法提出了新的要求。现代医学临床检查手段被引用到中医活动中，使中医诊断方法开始从宏观向微观，从直接向间接，从定性向定量方向发展，使一部分不易为医生感官觉察的病情得以及时发现，为早期诊断及治疗提供依据。中医病证规范化研究，统一了病、证诊断术语，制定了各科病、证诊断标准，建立了病、证诊疗体系，提高了中医现代化和国际化水平。为使四诊的资料客观化，中医科研部门研制和引用了如脉象仪、舌诊仪、色差计等仪器，开展了运用声、光、电、磁学和生物医学工程、电子计算机技术等多学科综合研究，在中医诊断指标化方面，取得了一些新的进展和成就。

二、 中医诊断的基本原理

中医诊断学在其形成和发展过程中，受我国古代哲学思想的影响，其认识论和方法论都具有朴素的唯物辩证法思想，并形成了中医诊断疾病的独特原理。就其认识论而言，是建立在以中医整体观念为指导，采用普遍的、联系的、整体的、动态的观点来认识人体的生理和病理现象。就其方法论而言，是以直观的方法收集病情资料，通过"透过现象看本质""以局部测知整体""以常人之态测患者之态"来考察疾病的本质，这就是中医诊断疾病的三大基本原理。

(一) 司外揣内

外，指疾病表现于外的症状、体征；内，指脏腑等内在的病理本质。司外揣内，又叫"从外知内"或"以表知里"，是指通过观察、分析患者的外部表现（症状和体征），就可以测知其体内的病理本质（脏腑气血变化）。

司外揣内这一诊察疾病的原理，源于古代哲学观点"有诸内者，必形诸外"在医学上的应用，意为人体内部的生理活动、病理变化必然在人体外部表现出来。反过来，通过对人体外部现象的观察，就能测知人体内部的生理、病理状况。患者的外部表现属于疾病的现象，而体内脏腑气血失调属于疾病的本质，本质通过现象表现出来，而现象又是本质所决定的。所以，司外揣内这一诊断原理，就是"透过现象看本质"这一辩证法思想在医学中的具体运用。

(二) 见微知著

微，指微小、局部的变化；著，指明显、整体的情况。见微知著，是指通过观察局部的、微小的变化，可以测知整体的、全身的病变。这是因为人体是一个有机的整体，其任何部分都与整体或其他部分密切联系，因而局部可反映整体的生理、病理信息。

例如，舌为五官之一，是人体很小的一个器官，然而舌为心之苗，又为脾胃的外候，舌与其他脏腑以及经络都有密切联系。因此，舌的局部变化可以反映脏腑气血的整体情况，这正是中医注重舌诊，把望舌作为诊断疾病重要手段的原因所在。总之，见微知著这一诊断原理之所以有效地指导临床实践，也是古代医家把"以局部测知整体"这一辩证法思想运用于医疗实践的结果。

（三）以常衡变

常，指正常、健康状态；变，指异常、病理状态。以常衡变，是指以正常的状态为衡量标准，就可以发现太过或不及的异常变化。这一原理用于中医诊断，是指用健康人的表现或状态去衡量患者，就可以发现患者的异常之处及病变所在，从而为做出正确的诊断提供依据。

健康与疾病，正常与异常，色白与色黄，脉迟与脉数，都是相对的，是通过观察比较而做出判别的。诊断疾病时，一定要注意从正常中发现异常，从对比中找出差别，进而认识疾病的本质。这也就是所谓以我知彼，以观太过不及之理的诊断原理。

三、 中医诊断的基本原则

中医诊断疾病的过程，是在中医理论指导下，依据直观检查和逻辑思维去辨识病证的过程。疾病的临床表现错综复杂、千变万化，医生要想抓住疾病的本质，提高诊断的正确率，就必须遵循以下诊断疾病的基本原则。

（一）整体审察

天人相应、神形相合、表里相关的整体观念，是中医诊断时强调整体审察的认识论基础。整体审察，是指诊断疾病时，既要重视患者整体的病理联系，又要注重将患者所处的社会环境和自然环境结合起来综合地判断病情。首先，人是一个有机的整体，在生理情况下，人体各部分是一个相互联系、相互作用的统一体；在病理情况下，人体各部分又按照一定规律相互传变、相互影响。人体一旦发生疾病，体表的病变可以传入脏腑，脏腑的病变可以反映于体表；局部的病变可以影响全身或其他部位，全身的病变也可通过局部反映出来；精神刺激可以影响脏腑的功能，脏腑的病变也可以出现情志活动的改变等，说明任何病证的产生无不体现整体性的失调。其次，要重视环境对人体病变的影响。人体生命活动与外界环境息息相关，形成了体内外环境维持阴阳平衡的各种调节机制。如夏天人体汗多尿少，冬天人体汗少尿多而调节体温，故诊察体温、汗、尿时，要充分考虑到季节气候的影响。

整体审察的诊断学含义有二：一是指通过四诊收集患者的临床资料时，必须从整体上全方位的收集，而不能只看到局部的病痛。除了以局部病痛为线索，综合运用四诊了解全身情况外，同时还要了解病史、体质、家庭、环境、时令、气候等对疾病有无影响。只有广泛而详细地占有临床资料，才能为正确诊断打下基础。二是要求对病情资料进行全面分析、综合判断。要防止只见树木不见森林，或主次不分，胡子眉毛一把抓的两种极端现象。

（二）四诊合参

四诊合参的含义有二：一是指望、闻、问、切四诊并重，诸法参用，全面收集病情资料；二是指对四诊收集的病情资料，必须综合分析、参照互证，以全面准确地做出诊断。

四诊合参的重要性就在于：第一，望、闻、问、切四诊是从不同的角度诊察病情和收集资料，各自既有其独特的方法和意义，又有一定的局限性，可以互补但不能彼此取代。夸大任何一诊的作用，而忽视其他诊法的观点和做法都是片面的、有害的。只有全面应用四诊，才能系统地收集临床资料，确保诊断正确。第二，疾病是一个复杂的过程，其临床表现可体现在多个方面，必须四诊合参，才能全面收集临床资料，尤其是在疾病危重时刻，其临床表现有时会以虚假的形式表现本质（如假脉、假症等），在这种情况下，任何一诊的信息都有可能是假象，如不遵循四诊合参的原则，片面相信某一诊的作用，就极易导致误诊。第三，在临床实践中，四诊往往是同步或混合进行的。通常在询问病情的同时，也要听其语言呼吸，望其神色形态，并察舌切脉、触按肌肤。因此，所谓"一望而知"或"三指定乾坤"的说法和做法，既违背四诊合参的原则，也不符合临床实际，必须杜绝。

四诊合参是诊断思维的需要。要认识疾病的本质，就必须对四诊获得的感性材料，在头脑中反复分析综合、推理判断、准确辨证。这是一个完整的思维加工过程，只有四诊，没有合参，就意味着认识仍停留在感性阶段，没有上升到理性阶段，这个认识过程就没有完成。

（三）辨证求本

辨证求本是运用四诊收集的症状、体征、病史及其他临床资料进行分析、综合、辨别、判断，以对疾病本质及其规律做出概括。"本"者，根源、实质之意；"求本"之"本"是一个综合性病理概念，包括病因、病邪、病位、病性及病势等与疾病当前阶段本质相关的一切病理要素，也就是病机。正如《丹溪心法》所说："此求其病机之说与夫求其本，其理一也。"

中医学认为，病机就是对疾病本质的高度概括。一般来说，证候类型常以其病机命名，证的确定建立在对病机认识的基础上，求本的过程就是辨证的过程，辨证的目的就在于求本（病机概括）。例如，肝胆湿热证，多有胁肋胀痛，厌食腹胀，口苦尿赤或黄疸，舌红苔黄腻，脉弦数等，病位在肝胆，病邪是湿热，病机是肝胆湿热，故证名为肝胆湿热证。

（四）病证结合

病证结合是指辨病和辨证相结合。中医诊断包括辨病和辨证，其诊断结论由病名和证名组成。病与证是疾病诊断的两个不同的侧重点。辨病是对疾病全过程与发展规律所做的概括，是掌握贯穿疾病始终的基本矛盾；辨证是对疾病当前阶段的病位、病性等所做出的结论，抓住当前疾病的主要矛盾。正由于"病"与"证"对疾病本质反映的侧重面有所不同，所以中医学强调要辨病与辨证相结合，从而有利于做出全面正确的诊断。不过，临床上有时是先辨病后辨证，有时又是先辨证后辨病，两种情况都有各自的优势，均可灵活掌握应用。

四、 中医诊断学的主要内容

中医诊断学主要有诊法、辨病、辨证和病历书写等内容。

（一）诊法

诊法，即中医临床诊察收集病情资料的基本方法。主要包括望诊、闻诊、问诊、切诊四种诊察手段，简称"四诊"。

望诊，是医生运用视觉观察患者的神、色、形、态、舌象、头面、五官、四肢、二阴、皮肤，以及排出物等的异常表现，以了解病情，获得病情资料的诊察方法。

闻诊，是医生运用听觉和嗅觉，辨别患者的语言、呼吸、咳嗽等声音，以及身体及排泄物、分泌物的气味，从而获得病情资料的诊察方法。

问诊，是医生有目的地询问患者的自觉症状、发病原因、病程经过、诊疗经过，以及患者的既往病史、生活习惯、外在环境等，为诊断疾病收集相关资料的诊察方法。

切诊，是医生用手切脉和触按患者身体有关部位，以获得患者的脉象及其他有关体征的诊察方法。

通过四诊所收集到的病情资料主要包括症状、体征和病史。"症状"是指患者自我感觉到的身体不适和异常变化，如头痛、耳鸣、胸闷、腹胀等；"体征"是指医生通过检查患者身体才能准确判定的客观异常表现，如面黄、舌质红、舌苔黄、脉浮数等。而症状和体征又可统称症状，或简称"症"。

症状虽然只是疾病所反映的现象，但它是判断病种、辨别证候的主要依据，因而在中医诊断中具有重要的意义。

（二）辨病

辨病，亦称诊病或识病，是在中医理论指导下，综合分析四诊资料，对疾病的病种做出判断，得出病名诊断的思维过程。

病，即疾病。是指有特定病因、发病形式、病机、发展规律和转归的一种完整的病理过程。如温病、感冒等。病可以具体表现为若干特定的症状群和不同阶段前后衔接的证候。例如，温病是以急性发热、口渴尿黄等为临床特征的外感性热病，一般表现为由卫分证、气分证、营分证及血分证前后衔接组成的病变全过程。

病名是对临床上的各种具体疾病，进行分析判断而做出的诊断，是对该病全过程的特点和规律所做出的概括与抽象定义，是各种疾病的代名词。如疟疾、痫病、痢疾、消渴、痛经、麻疹、牛皮癣等都是病名。

中医诊断虽然包括辨病（病名诊断）和辨证（证名诊断）两部分。但辨病是内、外、妇、儿等临床各科研究的主要内容，而本课程研究的重点内容侧重于辨证。

（三）辨证

辨证，是在中医理论指导下，对四诊收集到的各种病情资料进行分析、综合、辨别、归纳，辨清疾病发生的原因、病变的部位、病变的性质、邪正关系等，概括、判断其证候类型的思维过程，或者说是对疾病当前阶段的病位和病性等疾病本质做出判断，并概括为完整证候名称的诊断思维过程。

证是对疾病发展过程中一定（当前）阶段的病因、病位、病性，以及病势等所做出的病理性概括，可反应该阶段病理变化的本质。

"证"包括证名、证候、证型、证素等概念。

1. 证名 将疾病当前阶段的病位、病性等本质情况概括成的一个诊断名称。如痰热壅肺证、肝郁脾虚证、卫分证、脾肾阳虚证、膀胱湿热证、瘀阻脑络证等，均为证名。

2. 证候 证的外候。临床上有时又将证称为"证候"，即证为证候的简称。但严格地说，证候应是指每个证所表现的、具有内在联系的症状及体征。

3. 证型 临床较为常见、典型、证名规范或约定俗成的证，可称为"证型"。

4. 证素 证的要素，包括病位和病性，即任何复杂的证都是由病位、病性要素组成的。

中医诊断学主要介绍各种辨证分类方法，以及由各种辨证方法综合而形成的辨证统一体系，辨证思维技巧，常见证型的概念及其临床表现。

（四）病历书写

病历，又称病案，古称医案、脉案、诊籍。病历是关于患者诊疗情况的真实的书面记录。它要求把患者的详细病情、病史、诊疗经过与结果等，按一定的格式，如实、全面的记录下来。病历是临床研究中的一个重要组成部分，是医疗、科研、教学、管理及司法的重要资料。病历书写是临床工作者必须掌握的基本技能，属于中医诊断学的内容之一。

五、 中医诊断学的学习方法

中医诊断学是一门理论性、实践性、科学性很强的学科。它是运用中医基础理论、基本知识和基本技能对疾病进行诊断的辨证思维过程，既需要扎实的理论知识，又需要熟练的技能操作。因此，学习中医诊断学必须掌握正确的学习方法。

(一) 熟练掌握基本理论

中医诊断学的诊病方法和辨证思维过程，都贯穿着中医学的基本理论，要学好中医诊断的基本技能，正确地对疾病做出判断，为正确治疗提供依据，必须要有牢固的中医理论基础为支撑。如望神、色、形、态的生理病理基础，病理舌象、脉象的临床意义，各脏腑的病变特点，各种病因病性的确定等诊断内容，无不涉及阴阳五行、脏腑经络、病因病机等基本理论。如果掌握不了这些理论，就不能分析、归纳四诊所收集的临床资料，就不能确定它们之间相互的病理生理关系，也就无法确定它们的临床意义，达不到正确诊断的目的。所以，在学习中医诊断学时，不但要深入理解、掌握本门课程的基本理论、基本知识，并且要复习、运用前面所学的中医基础理论，根据中医学理论的系统性和科学性，用基本理论作指导，便能加深对诊断学的学习和理解。

(二) 不断强化临床实践

中医诊断学是一门理论联系实际的学科，理论性、实践性都很强。"熟读王叔和，不如临证多"，充分说明了理论必须同实践相结合的道理，强调了临床实践在学习中医诊断中的重要意义。比如，何谓有神？如何判断色泽？什么是绛舌、腻苔？弦脉、紧脉怎么判断等等。如果不通过临床实践去观察、体会，单从书本上、口头上了解，恐怕是难以真正把握的。要充分调动视觉、听觉、嗅觉、触觉等能力，强化训练，培养出医生的眼睛、耳朵、鼻子和手指。又如，临床上的病情是千变万化的，绝不会像书本上所写的那样单纯、明确，患者也不可能照章陈述，如果不通过临床实践锻炼，往往在面对患者时不知从何下手，诊断则会毫无目标。所以，学习中一定要积极、主动地参加临床实践，多接触患者，反复练习，并且要正规操作，严格要求，勤练基本功，才能达到熟能生巧的目的，培养出医生特有的思维智慧，养成严谨的学风，切忌浮躁。在临床实践时，要关心体贴患者，态度和蔼、关怀爱护、耐心细致，树立高尚的医德医风。

(三) 注重科学思维培养

诊断疾病，从收集病情资料到做出病、证判断，是一个完整的认识过程，是医学理论知识和科学思维的综合运用。正确的临床诊断，不但反映了一个医生的学术水平，同时也反映了他的科学思维能力。临床时，疾病诊断不明、证候辨别不准，可能与医生的医学理论知识不足，掌握的病情资料不够完整、准确，医生的思维能力较差或不正确等多方面的因素有关。因此要提高临床诊断水平，除了有扎实的医学基本知识和基本技能外，更要重视思维方法、思维逻辑的锻炼和培养，这就要重视自然辩证法、医学辩证法、逻辑学等有关思维科学的学习，运用科学的思维方法，全面、深入地收集病情资料，进行认真分析、归纳综合，克服不重实际、主观主义、经验主义、片面局限、机械独立等错误观念的影响，做出准确的病、证诊断，尽快消除患者的病痛，为中医学的传承和发扬光大，做出我们应有的贡献。

目标检测

A1 型题

1. 下列选项，最能标志中医理论体系形成的著作是（　　　）

  A.《黄帝内经》   B.《伤寒杂病论》   C.《脉经》

  D.《本草纲目》   E.《诸病源候论》

2. 创立了卫气营血辨证的医家是（　　　）

  A. 张仲景   B. 李时珍   C. 巢元方

  D. 叶天士   E. 吴鞠通

3. 反映"观察外部的表现，可测知脏腑的变化"的是（　　　）

  A. 见微知著   B. 以常衡变   C. 司外揣内

  D. 病证结合   E. 辨证求因

4. 在认识正常的基础上，发现太过、不及的异常变化，指的是（　　　）

  A. 见微知著   B. 以常衡变   C. 司外揣内

  D. 整体审察   E. 诊法合参

5. 通过观察局部微小变化，可知整体、全身的病变，指的是（　　　）

  A. 见微知著   B. 以常衡变   C. 司外揣内

  D. 整体审察   E. 诊法合参

6. 下列选项，不属中医诊断疾病基本原则的是（　　　）

  A. 整体审察   B. 四诊合参   C. 辨证求因

  D. 病证结合   E. 以常衡变

A2 型题

7. 患者王某，欲让某省级名中医单凭把脉为其诊治，其违反的辨证原则是（　　　）

  A. 整体审察   B. 四诊合参   C. 辨证求因

  D. 病证结合   E. 以上都是

8. 患者王某，面部青灰，口气有氨味，西医诊为尿毒症。最能反映这种病变关系的选项是（　　　）

  A. 司外揣内   B. 以常衡变   C. 辨证求因

  D. 四诊合参   E. 见微知著

B 型题

A. 《诸病源候论》　　　　B. 《伤寒杂病论》　　　　C. 《脉经》

D. 《温病条辨》　　　　E. 《本草纲目》

9. 我国现存最早的脉学专著是（　　　）

10. 我国第一部论述病源与证候诊断的专著是（　　　）

扫一扫，知答案

上篇　诊　法

　　诊法是指望、闻、问、切四种诊察收集病情资料的基本方法。

　　通过四诊所收集到的各种症状、体征，是判断病种、辨别证候的主要依据。《难经·六十一难》说："望而知之谓之神，闻而知之谓之圣，问而知之谓之工，切脉而知之谓之巧。"因此，临床医生不仅要熟练诊察病情的望、闻、问、切方法，以发现和认识各种症状、体征的特点，全面、准确地收集病情资料，而且要掌握各种症状、体征出现的原理，熟悉其在辨证、辨病中的意义。

　　临床运用诊法时，并不总是按照望、闻、问、切或问、望、闻、切的固定顺序进行，而往往是四诊合参，边诊边辨，诊与断交替进行，即发现有何症状或体征，便同时考虑是何种病因、病性、病位等，继而进行有目的的检查或询问。

扫一扫，看课件

模块一

望　诊

【学习目标】

　　1. 掌握望神、望色、望形、望态、望头面、望五官、望皮肤、望舌象的方法、观察内容、观察要点、临床表现及临床意义。

　　2. 熟悉望神、望色、望形、望态、望舌诊病的原理；望小儿指纹的方法、部位、观察要点、指纹变化的临床意义；舌的结构、舌面分布及舌诊注意事项。

　　3. 了解望躯体、望四肢、望二阴、望排出物的基本方法和基本内容。

案例导入

1. 扁鹊见蔡桓公，立有间。扁鹊曰："君有疾在腠理，不治将恐深。"桓侯曰："寡人无疾。"扁鹊出，桓侯曰："医之好治不病以为功。"居十日，扁鹊复见，曰："君之病在肌肤，不治将益深。"桓侯不应。扁鹊出，桓侯又不悦。居十日，扁鹊复见，曰："君之病在肠胃，不治将益深。"桓侯又不应。扁鹊出，桓侯又不悦。居十日，扁鹊望桓侯而还走。桓侯故使人问之，扁鹊曰："疾在腠理，汤熨之所及也；在肌肤，针石之所及也；在肠胃，火齐之所及也；在骨髓，司命之所属，无奈何也。今在骨髓，臣是以无请也。"居五日，桓侯体痛，使人索扁鹊，已逃秦矣。桓侯遂死。

问题：扁鹊是根据什么判断蔡桓公病情的？

2. 孙思邈外出行医，见一出殡的，正欲下葬。忽然上前阻止。送殡的人以为他是疯子，要赶走他。他说："人还没有死，你们怎么忍心埋了呢？"众人说："人早死了，你不要再胡说。"孙思邈说："人要死了，血会凝固的。你们看棺材底下正在滴鲜血，怎么说人死了呢？"众人一看，果然有一道细细血丝向外流，就打开棺材请他看。只见一妇人面黄如纸，小腹很高，下身正向外渗着鲜血。孙思邈试了患者的鼻息和脉象，取出三根银针，刺人中、中脘、中极，三针扎下去，孕妇很快苏醒过来。众人向孙思邈磕头谢恩。孙思邈又送给患者的丈夫一剂药、一幅图，嘱咐他："赶快把患者抬回去，喝下这剂药，再按图接生，保证母子平安。"患者回去后顺利地生下一子。

问题：你能知道孙思邈凭什么判断孕妇未死的吗？对你有什么启发？请努力学习下面的知识吧！

望诊，是医生运用视觉对患者的外部情况进行有目的的观察，以收集病情资料、测知内脏病变的一种诊察方法。

望诊在中医诊断学中被列为四诊之首，并有"望而知之谓之神"之说，这是因为人的视觉在认识客观事物中占有重要地位，人体生命信息和病理信息，主要通过望诊才能获得，是其他方法无法取代的。《医门法律》曰："凡诊病不知察色之要，如舟子不识风汛，动罹复溺，鲁莽粗疏，医之过也。"因此，医生在诊病时要充分利用视觉观察，并在日常生活和临床实践中注意培养和训练敏捷、准确的观察力，通过诊断知识的学习和临床经验的积累，使望诊技巧日臻熟练。

望诊的准确性除与医生掌握知识的程度以及临床经验的积累等密切相关外，望诊时还应注意：

1. 光线充足，避免干扰 应尽量在充足的自然光线下进行，若无自然光线，也应在日光灯下进行，必要时白天再进行复诊，要避开有色光线及室温高低的干扰。

2. 充分暴露，排除假象 诊察时要充分暴露受检部位，以便能清楚地进行观察。对于与整体病情不符的征象，应认真分析，排除非病理因素导致的假象。

3. 四诊合参，综合判断 不能以望诊代替四诊，单纯望诊的信息不够，资料不全，要注意将望诊与其他诊法密切结合，四诊合参，进行综合判断。

望诊的内容主要包括整体望诊（望神、色、形、态），局部望诊（望头面、五官、躯体、四肢、二阴、皮肤），望排出物（望痰涕、涎唾、呕吐物、二便），望舌（望舌质、舌苔）和望小儿指纹五部分。

项目一 整体望诊

整体望诊，即全身望诊，是医生对患者的精神、色泽、形体、姿态等进行仔细地观察，以期对病情的寒热虚实和病情的轻重缓急等能获得一个总体的印象。

一、望神

"神"是人体生命活动的总称，是对人体生命现象的高度概括。可分为神气和神志两方面：神气是指脏腑功能活动的外在表现；神志是指人的精神、意识和思维活动。此处所望之神，是指对神气与神志的综合判断。望神就是通过观察人体生命活动的整体表现来判断病情的方法。

（一）望神的原理

神产生于先天之精，而又必须依赖于后天水谷精气的不断充养。故《灵枢·本神》曰："生之来谓之精，两精相搏谓之神。"《灵枢·平人绝谷》又曰："神者，水谷之精气也。"由此可见神的产生与人体精气和脏腑功能的关系十分密切。精气充足，则体健神旺，抗病力强，即使有病也多属轻病，预后较好；精气亏虚，则体弱神衰，抗病力弱，有病多重，预后较差。所以，观察患者神的旺衰，可以了解五脏精气的盛衰，推断病情的轻重，判断病变的预后。正如《素问·移精变气论》云："得神者昌，失神者亡。"

（二）望神的要点

神作为人体生命现象的高度概括，是通过多方面表现综合反映出来的，如精神、意识、思维活动、面色眼神、语言呼吸、形体动态、对外界的反应等，这些都组成了神的要素。但望神时主要是观察患者的两目、神情、气色和体态等方面，而重点是诊察眼神的变化。

（三）神的分类及判断

临床上，根据神的盛衰和病情的轻重，一般可分为得神、少神、失神、假神及神乱五类。

1. 得神 又称"有神"，是精充、气足、神旺的表现。

【临床表现】两目灵活，明亮有神，面色荣润，含蓄不露，表情自然，神志清楚，语言清晰，呼吸平稳，肌肉不削，动作灵活，反应灵敏。

【临床意义】提示脏腑精气充足，体健神旺，为健康表现；或虽病而精气未衰，病轻易治，预后良好。

2. 少神 又称"神气不足"，是精气不足，神气不旺的表现，介于得神与失神之间。

【临床表现】两目晦滞，目光乏神，面色少华，暗淡不荣，精神不振，思维迟钝，少气懒言，肌肉松软，动作迟缓。

【临床意义】提示正气不足，脏腑功能减退。多见于虚证或疾病恢复期患者。

3. 失神 又称"无神"，是精亏神衰或邪盛神乱的重病表现，有虚、实之分。

【临床表现】①精亏神衰：两目晦暗，目无光彩，面色无华，晦暗暴露，精神萎靡，意识模糊，反应迟钝，手撒尿遗，骨枯肉脱，形体羸瘦，动作艰难。②邪盛神乱：神昏谵语，躁扰不宁，循衣摸床，撮空理线；或卒倒神昏，两手握固，牙关紧闭。

【临床意义】①精亏神衰：提示精气大伤，机能衰减。多见于慢性久病、重病患者，预后不良。②邪盛神乱：提示邪气亢盛，热扰神明，邪陷心包；或肝风夹痰蒙蔽清窍，阻闭经络。皆属机体功能严重障碍，气血津液失调。多见于急性患者，亦属病重。

4. 假神 指久病、重病之人，精气极度衰竭，突然出现某些症状暂时"好转"的虚假表现。古人将之喻为"回光返照"或"残灯复明"，常常是危重患者临终前的预兆。

【临床表现】原本目光晦滞，突然目似有光，但却浮光外露；本为面色晦暗，一时面似有华，但却两颧泛红如妆；本已神昏或精神极度萎靡，突然神识似清，想见亲人，言语不休，但精神烦躁不安；原本身体沉重难移，忽思起床活动，但并不能自己转动；本来毫无食欲，久不能食，突然索食，且食量大增等。

【临床意义】提示脏腑精气极度衰竭，正气将脱，阴不敛阳，虚阳外越，阴阳即将离决。

得神、少神、失神、假神的鉴别见表1-1。

表1-1 得神、少神、失神、假神的鉴别

观察点	得神	少神	失神	假神
目光	两目灵活 明亮有神	两目晦滞 目光乏神	两目晦暗 目无光彩	虽目似有光 但浮光外露
面色	面色明润 含蓄不露	面色少华 暗淡不荣	面色无华 晦暗暴露	虽面似有华 但泛红如妆

观察点	得神	少神	失神	假神
神情	神志清晰 表情自然	精神不振 思维迟钝	精神萎靡 意识模糊	虽神志似清 但烦躁不安
体态	肌肉不削 反应灵敏	肌肉松软 动作迟缓	形体羸瘦 反应迟钝	虽思欲活动 但不能自转

5. 神乱　指精神错乱或神志失常，为狭义之神的异常表现。

【临床表现】焦虑恐惧、狂躁不安、淡漠痴呆、猝然昏倒等。

（1）焦虑恐惧：指患者时时恐惧，焦虑不安，心悸气促，不敢独处一室的症状。多属虚证，常见于卑慄、脏躁等患者，多由心胆气虚，心神失养所致。

（2）狂躁不安：指患者狂躁妄动，胡言乱语，少寐多梦，打人骂詈，不避亲疏的症状。多属阳证，常见于狂病，多由暴怒气郁化火，煎津为痰，痰火扰乱心神所致。

（3）淡漠痴呆：指患者表情淡漠，神识痴呆，喃喃自语，哭笑无常，悲观失望的症状。多属阴证，常见于癫病、痴呆等，多由忧思气结，津凝为痰，痰浊蒙蔽心神，或先天禀赋不足所致。

（4）猝然昏倒：指患者突然昏倒，口吐涎沫，两目上视，四肢抽搐，醒后如常的症状。多属风证，常见于痫病，多由脏气失调，肝风夹痰上逆，阻闭清窍所致。

【临床意义】神乱多由特殊的病因病机和发病规律所决定，其失神表现并不一定意味着病情严重，主要特点是反复发作，而缓解期不出现神志异常。

二、望色

望色，又称"色诊"，是通过观察人体皮肤的色泽变化来诊察病情的方法。望色实际上包括对体表黏膜及分泌物、排泄物色泽的观察，而重点是对面部色泽的望诊。

色诊历史悠久，早在2000多年前的《黄帝内经》中就有关于望色诊病的记载，诚如《素问·阴阳应象大论》中所说："善诊者，察色按脉，先别阴阳。"由于色诊在临床诊病中具有重要意义，故受到历代医家的重视。

（一）望色诊病的原理

1. 皮肤色泽的意义与关系　望色包括望皮肤的颜色和光泽。

（1）皮肤的颜色：皮肤的颜色分为青、赤、黄、白、黑五种，简称五色，并配属于五脏。皮肤的颜色可反映气血的盛衰和运行情况，并在一定程度上反映疾病的不同性质和不同脏腑的病证。五脏之气外发，五脏之色可隐现于皮肤之中，当脏腑发生疾病，则可显露相应的异常颜色。

（2）皮肤的光泽：即皮肤的荣润或枯槁，可反映脏腑精气的盛衰，对判断病情的轻重和预后有重要意义。

2. 面色诊病的意义 心主血脉，其华在面。面部血脉分布丰富，皮肤薄嫩，为脏腑气血之所荣。机体气血盛衰，易从面部色泽变化显现，并且面部皮肤外露，其色泽变化易于观察，是医生最方便的望色部位。因而望面色也成为望色的代名词。

（二）望色诊病的临床意义

面部的色泽对诊断疾病具有重要的意义，归纳起来有以下几点。

1. 判断气血盛衰 机体气血的盛衰在面部反映最及时且最明显。如面色红润多华，为气血旺盛；面色淡白无华，为气血不足。

2. 识别疾病性质 不同的病邪侵入机体就会产生不同的病理变化，在面部就会反映出不同的色泽改变。如面赤多为热证，面白多为寒证和阳虚证，面紫多为气滞血瘀等。

3. 确定疾病部位 观察面部不同部位的色泽变化，可以诊察相应脏腑的病变。《黄帝内经》将分候方法分为两种：一是按五色与五脏的对应关系诊察。即青为肝色，赤为心色，白为肺色，黄为脾色，黑为肾色；二是按颜面的脏腑分部位诊察，即左颊候肝，右颊候肺，额部候心，鼻部候脾，颏部候肾。借助上述方法，观察面部不同区域的色泽变化，有助于判断病变的具体脏腑定位。

4. 预测疾病的轻重与转归 凡五色明亮光泽、含蓄不露者，称为善色，即使有病也较轻，预后良好；凡五色晦暗枯槁、真色暴露者，称为恶色，主病深重，预后较差。

（三）常色和病色

面色可分为常色和病色两类。

1. 常色 健康人面部皮肤的色泽，谓之常色。其特点是明润、含蓄。明润，即面部皮肤明亮润泽，是人体精充神旺、气血津液充足、脏腑功能正常的表现。含蓄，即面色红黄隐隐，见于皮肤之内，而不特别显露，是胃气充足、精气内含而不外泄的表现。

由于体质、时间、气候、环境等变化，常色有主色和客色之分。

（1）主色：人之种族皮肤的正常色泽，又称"正色"。主色为人生来就有的基本肤色，属个体特征，终生基本不变。但由于种族、禀赋的原因，主色也有偏赤、偏白、偏青、偏黄、偏黑的差异。正如《医宗金鉴·四诊心法要诀》说："五脏之色，随五形之人而见，百岁不变，故为主色也。"中国人属黄色人种，其正常面色是红黄隐隐，明润含蓄。

（2）客色：因外界环境因素（如季节、昼夜、阴晴气候等）的不同，或生活条件的差别，而微有相应变化的正常肤色（特别是面色），谓之客色。其变化不如主色明显，并且是暂时的，易于恢复成主色。如春季面色稍青，夏季面色稍赤，长夏面色稍黄，秋季面色稍白，冬季面色稍黑。诚如《医宗金鉴·四诊心法要诀》所说："四时之色，随四时加临，推迁不常，故为客色也。"面色与气候也密切相关，如天热因脉络扩张，气血充盈，面色可稍赤；天寒因脉络收缩，血行迟滞，面色可稍白或稍青。

此外，人的面色还可因情绪、饮酒、运动、职业、水土、日晒等因素而有所变化，也不属病色，诊断时必须注意。

2. **病色** 人体在疾病状态时面部显示的色泽，称为病色。病色的特点是晦暗、暴露。晦暗，即面部皮肤枯槁晦暗而无光泽，是脏腑精气已衰，胃气不能上荣的表现。暴露，即某种面色异常明显地显露于外，是病色外现或真脏色外露的表现。一般来说，新病、轻病、阳证患者则面色鲜明显露但尚有光泽，而久病、重病、阴证患者则面色晦暗而暴露。所以，病色又有善色与恶色之分。

（1）善色：指患者面色虽有异常，但仍光明润泽。提示病变尚轻，脏腑精气未衰，胃气尚能上荣于面，故称善色。常见于新病、轻病、阳证的患者，其病易治，预后良好。如阳黄患者面色黄而鲜明如橘皮色，即为善色。

（2）恶色：指患者面色异常，且枯槁晦暗。提示病变深重，脏腑精气已衰，胃气不能上荣于面，故称恶色。常见于久病、重病、阴证的患者，其病难治，预后不良。如鼓胀患者面色黄黑晦暗枯槁，即为恶色。

知 识 链 接

五色善恶模型

《素问·五脏生成篇》具体描述了五色善恶的模型：青如翠羽，赤如鸡冠，黄如蟹腹，白如豕（shǐ，猪）膏，黑如乌羽等都是主生的善色；青如草兹，黄如枳实，黑如炲（tái，烟凝积成的黑灰），赤如衃（pēi，凝聚的血）血，白如枯骨等都是主死的恶色。

（四）五色主病

病色可分为青、赤、黄、白、黑五种，分别提示不同脏腑和不同性质的疾病。这种根据患者面部五色变化以诊察疾病的方法，称为五色主病，或称"五色诊"。

1. **青色** 主寒证，气滞，血瘀，痛证，惊风。

青色为经脉瘀滞，气血运行不畅之色。多由阴寒凝滞，或肝郁气滞，或瘀血内阻，或痛则不通，或肝风内动，筋脉拘急，使局部脉络血行瘀阻所致。

面色淡青，多为虚寒证；面色青黑，多为寒盛、痛剧。

突见面色青灰，口唇青紫，伴冷汗不止，肢凉脉微，多为心阳暴脱、心血瘀阻所致之真心痛；久病面色青灰，口唇青紫，伴心胸憋闷、刺痛者，多为心气、心阳虚衰，血行瘀阻，或肺气闭塞，呼吸不利。

面色青黄，即面色青黄相兼，又称"苍黄"。多为肝郁脾虚，胁下每有癥积作痛。

小儿眉间、鼻柱、唇周发青，伴高热者，多属惊风或惊风前兆。

按五行理论，木形人面色稍青或春季面色偏青为正常。肝病面青暴露，晦暗枯槁，为肝真脏色现，属病危。

2. 赤色　主热证，亦见于真寒假热证（戴阳证）。

赤为血色，气血得温则行。多因热盛血流加速，脉络扩张，气血上涌，面部脉络气血充盈或虚阳上越所致。

满面通红者，属实热证。多见于外感发热或脏腑实热。午后两颧潮红者，属阴虚证，可见于肺痨患者。

久病、重病面色苍白，却颧颊部时而泛红如妆、游移不定者，属戴阳证。多为久病肾阳虚衰，阴寒内盛，阴盛格阳，虚阳上越所致，属真寒假热的危重证候。

按五行理论，火形人面色稍赤或夏季面色稍赤为正常。心病患者，面色赤而暴露，晦暗枯槁为心真脏色现，属病重。

3. 黄色　主脾虚，湿证。

黄色是脾虚湿蕴之征象。多由脾失健运，气血不足；或湿邪内蕴，脾失运化，面部失荣所致。

面色淡黄，枯槁无泽者，称为"萎黄"，多属脾胃气虚，气血不足。面色淡黄而虚浮者，称为"黄胖"，属脾虚湿盛。面目一身俱黄者，称为"黄疸"。黄色鲜明如橘皮者，属阳黄，为湿热熏蒸所致；黄色晦暗如烟熏者，属阴黄，为寒湿郁阻所致。

按五行理论，土形人面色稍黄或长夏面色偏黄为正常。脾病患者面色黄而暴露，晦暗枯槁为脾真脏色现，属病重。

4. 白色　主虚证（包括血虚、气虚、阳虚），寒证，失血。

白色为气血不荣之候。多由气虚血少，或阳衰寒盛，气血不能上充于面部脉络所致。

面色淡白无华，唇舌色淡者，多属血虚证或失血症。面色㿠白者，多属阳虚证；若㿠白虚浮，则多属阳虚水泛。面色苍白者，多属亡阳、气血暴脱或阴寒内盛。

按五行理论，金形人面色稍白或秋季面色偏白为正常。肺病患者面色白而无华、暴露为肺真脏色现，属病重。

5. 黑色　主肾虚，寒证，水饮，血瘀，剧痛。

黑色内应于肾。多因肾阳虚衰，水寒内盛，血失温养，或因剧痛，脉络拘急，血行不畅所致。

面黑暗淡或黧黑者，多为肾阳虚衰，水寒不化，浊阴上泛所致。面黑干焦者，多为肾阴虚，因肾精久耗，阴虚火旺，虚火灼阴，机体失养所致。眼眶周围发黑者，多为肾虚水泛或寒湿带下。面色黧黑（黑而晦暗），肌肤甲错者，多为瘀血日久所致。

按五行理论，水形人面色稍黑或在冬季面色偏黑属正常。肾病患者面色黑而暴露，晦暗枯槁为肾真脏色现，属病重。

（五）望色的注意事项

一是要善于比较，知常达变，即将患者面色与健康人的常色相比较，或将患者面部色泽的改变与自身对应部位的面色相比较；二是望面色与其他部位望诊相结合；三是排除干扰，辨别假象，注意气候、光线、昼夜、情绪、饮食等非疾病因素对面色的影响，以便做出正确诊断。

三、望形体

望形体是观察患者形体的强弱胖瘦、体质形态和异常表现等来诊察病情的方法。

（一）望形体诊病的原理

人体以五脏为中心，通过经络气血外连皮、肉、脉、筋、骨五种基本组织（称为五体），从而构成身体。五体配五脏，五体依赖于五脏精气的充养，形体运动又可促进五脏功能活动。因此五脏精气的盛衰和功能的强弱可通过五体反映于外。所以观察患者形体强弱胖瘦的不同表现，可以了解内在脏腑的虚实、气血的盛衰。

（二）望形体的内容

1. 形体强弱　观察形体组织的强弱状态，有助于了解脏腑的虚实和气血的盛衰。

（1）体强：即身体强壮。表现为胸廓宽厚，骨骼粗大，肌肉充实，筋强力壮，皮肤润泽等。提示内脏坚实，气血旺盛，抗病力强，不易患病；或有病易治，预后良好。

（2）体弱：即身体衰弱。表现为胸廓狭窄，骨骼细小，肌肉瘦削，筋弱无力，皮肤枯槁等。提示内脏脆弱，气血不足，抗病力弱，容易患病，有病难治，预后较差。

2. 形体胖瘦　正常人胖瘦适中，各部组织匀称。过于肥胖或过于消瘦都可能是病理状态。确定人体的胖瘦，较常用的指标是体重指数。体重指数（BMI）= 体重（kg）/身高（m）^{2}。中国成年人 BMI 参考数据：正常范围为 18.5 ~ 22.9，<18.5 为体重过轻，≥23 为超重，23 ~ 24.9 为肥胖前期，25 ~ 29.9 为 I 度肥胖，≥30 为 II 度肥胖。观察形体胖瘦时，应注意与精神状态、食欲食量等结合起来综合判断。

（1）肥胖：体形特点是头圆形，颈短粗，肩宽平，胸厚短圆，大腹便便，体形肥胖。若胖而能食，为形气有余；胖而食少，为形盛气虚。肥胖多因嗜食肥甘，喜静少动，脾失健运，痰湿脂膏积聚等所致。由于形盛气虚，水湿难以周流，则痰湿积聚，故有"肥人多痰湿"之说。

（2）消瘦：体形特点是头长形，颈细长，肩狭窄，胸狭平坦，大腹瘦瘪，体形瘦长。若形瘦食多，属中焦有火；形瘦食少，属中气虚弱。消瘦者，形瘦皮皱，多属阴血不足，内有虚火的表现，易患肺痨等病，故有"瘦人多火"之说。若久病卧床不起，骨瘦如柴者，为脏腑精气衰竭，属病危之象，正如《黄帝内经》所言"大骨枯槁，大肉陷下"。

3. 体质类型 体质是个体在生长发育过程中形成的形体结构与机能方面的特殊性。体质在一定程度上反映了机体阴阳气血盛衰的禀赋特点和对疾病的易感性，不同体质的人得病后的转归也有不同，故观察患者的体质类型有助于疾病的诊断和预后。

目前一般将人的体质分为阴脏人、阳脏人、平脏人三种类型。

（1）阴脏人：体型偏于矮胖，头圆颈粗，肩宽胸厚，身体姿势多后仰，平时喜热恶凉。其特点是阳气较弱而阴气偏旺，患病易从阴化寒，多寒湿、痰浊内停。

（2）阳脏人：体型偏于瘦长，头长颈细，肩窄胸平，身体姿势多前屈，平时喜凉恶热。其特点是阴气较亏而阳气偏旺，患病易从阳化热，导致伤阴伤津。

（3）平脏人：又称阴阳平和之人，体型介于阴脏人和阳脏人两者之间。其特点是阴阳平衡，气血调匀，平时无寒热喜恶之偏，是大多数人的体质类型。

四、望姿态

望姿态是观察患者的动静姿态和肢体的异常动作来诊察病情的方法。

（一）望姿态诊病的原理

患者的动静姿态、异常动作均是疾病的外在表现。阳主动，阴主静。阳证、热证、实证患者，机体功能亢进，多表现为躁动不安；阴证、寒证、虚证患者，机体功能衰退，多表现为喜静懒动。此外，不同的疾病常常迫使患者采取不同的体位和动态，以减轻疾病痛苦。因此，观察患者的动静姿态和体位动作不仅能够判断病性，而且有助于疾病的诊断。诚如《望诊遵经》所说"善诊者，观动静之常，以审动静之变，合乎望闻问切，辨其寒热虚实"。

（二）望姿态的内容

1. 动静姿态 正常人能随意运动而动作协调，体态自然。若病及脑神，或筋骨经脉发生病变，常可致肢体动静失调，或不能运动，或处于强迫、被动、护持等特殊姿态。般来说，动者、强者、仰者、伸者，多属阳证、热证、实证；静者、弱者、俯者、屈者，多属阴证、寒证、虚证。

（1）坐姿：坐而喜伏，少气懒言，多为体弱气虚；坐而喜仰，但坐不得卧，卧则气逆，常见于痰饮停肺，肺气壅滞的哮病、肺胀、气胸等病证。但卧不能坐，坐则晕眩，不耐久坐，多为肝风内动，或气血俱虚、脱血夺气；坐时常以手抱头，头倾不能昂，凝神熟视，多为精神衰败。

（2）卧姿：卧时面常向外，躁动不安，身轻自能转侧，多属阳证、热证、实证；卧时面常向里，喜静懒动，身重不能转侧，多属阴证、寒证、虚证。仰卧伸足，掀去衣被，多属实热证；蜷卧缩足，喜加衣被，多属虚寒证。咳逆倚息不得卧，卧则气逆，多为肺气壅滞，或心阳不足，水气凌心，或肺有伏饮。坐卧不安是烦躁，或腹满胀痛之故。

（3）立姿：站立不稳，其态如醉，伴见眩晕者，多属肝风内动或脑有病变。不耐久站，站立时常欲依靠它物支撑者，多属气血虚衰。站立（或坐）时常以两手扪心，闭目不语，多见于心虚怔忡。站立时常以两手护腹，俯身前倾者，多为腹痛。

（4）行姿：以手护腰，弯腰屈背，行动艰难，多为腰腿病。行走时，突然止步不前，以手护心者，多为脘腹痛或心痛。行走时，身体震动不定者，多为肝风内动，或筋骨受损，或脑有病变。

2. 异常动作 不同的疾病可产生不同的病态，观察患者肢体的异常动作有助于诊断相应的疾病。

患者唇、睑、指、趾颤动者，若见于外感热病，多是动风先兆；若见于内伤虚证，多是气血不足，筋脉失养，虚风内动。

项背强直，两目上视，四肢抽搐，角弓反张者，常见于小儿惊风、破伤风、痫病、子痫、马钱子中毒等。

猝然昏倒，不省人事，口眼㖞斜，半身不遂者，属中风病。猝倒神昏，口吐涎沫，四肢抽搐，醒后如常者，属痫病。

肢体软弱，行动不便而无痛者，多属痿病。关节拘挛，屈伸不利而疼痛者，多属痹病。

儿童手足伸屈扭转，挤眉眨眼，努嘴伸舌，状似舞蹈，不能自制者，多由气血不足，风湿内侵所致。

项目二　局部望诊

局部望诊是在全身望诊的基础上，根据病情和诊断的需要，对患者的某些局部进行深入细致的观察，以测知相应脏腑的病变情况。局部望诊的内容，包括望头面、五官、躯体、四肢、二阴、皮肤等。

一、望头面

（一）望头部

头为精明之府，内藏脑髓，为元神所居之处；脑为髓之海，为肾所主，肾之华在发，发为血之余；头又为诸阳之会，脏腑精气皆上荣于头。故望头部的情况，主要可以诊察肾、脑的病变和脏腑精气的盛衰。望诊时应注意观察头颅、囟门、头发的异常。

1. 头颅 头形的大小异常和畸形，多见于正值颅骨发育期的婴幼儿，常为某些疾病的典型体征。头颅的大小以头围（头部通过眉间和枕骨粗隆的横向周长）来衡量，一般新生儿约34cm，6个月时约42cm，1周岁时约45cm，2周岁时约47cm，3周岁时约48.5cm。

明显超出此范围者为头形过大，反之为头形过小。

（1）头大：小儿头颅均匀增大，颅缝开裂，面部较小，伴智力低下者，多为先天不足，肾精亏损，水液停聚于脑所致。

（2）头小：小儿头颅狭小，头顶尖圆，颅缝早合，伴智力低下者，多为肾精不足，颅骨发育不良所致。

（3）方颅：小儿前额左右突出，头顶平坦，颅呈方形，多为肾精不足或脾胃虚弱，颅骨发育不良的表现。常见于佝偻病、先天性梅毒等患儿。

2. 囟门 囟门是婴幼儿颅骨接合不紧所形成的骨间隙，有前囟、后囟之分。后囟呈三角形，一般在出生后 2～4 个月时闭合；前囟呈菱形，一般在出生后 12～18 个月时闭合，是临床观察的主要部位之一。

（1）囟填：即囟门突起。多由温病火邪上攻，或脑髓有病，或颅内水液停聚所致，属实证。但小儿在哭闹时囟门暂时突起为正常。

（2）囟陷：即囟门凹陷。多由吐泻伤津，气血不足和先天肾精亏虚，脑髓失充所致，属虚证。但 6 个月以内的婴儿囟门微陷属正常。

（3）解颅：即囟门迟闭。由肾气不足，发育不良所致，常见于佝偻病患儿，属虚证，常伴有"五软"（头软、项软、手足软、肌肉软、口软）和"五迟"（立迟、行迟、发迟、齿迟、语迟）等症状。

3. 头发 头发的生长与肾精和气血的盛衰关系密切。正常人发黑浓密润泽，是肾精和气血充足的表现。

（1）发黄：指发黄干枯，稀疏易落。多属精血不足，常见于大病后或慢性虚损患者。小儿头发稀疏黄软，生长迟缓，甚至久不生发，多由先天不足，肾精亏损所致。小儿发结如穗，枯黄无泽，多属疳积。

（2）发白：指青年白发。发白伴耳鸣、腰酸者，为肾虚；伴失眠、健忘者，为劳神伤血。发白也有因先天禀赋所致者，不属病态。

（3）脱发：突然片状脱发，显露圆形或椭圆形光亮头皮，称为"斑秃"。多由血虚受风所致。青壮年头发稀疏易落，伴眩晕、健忘、腰膝酸软者，为肾虚；伴头皮瘙痒、多屑多脂者，为血热化燥所致。

（二）望面部

面部是脏腑精气上荣之处，又为心之华。诊察面部的色泽、形态和神情表现，不仅能够了解神的衰旺，而且能够诊察脏腑精气的盛衰。

1. 面形异常

（1）面肿：面部浮肿，多见于水肿病，常是全身水肿的一部分。其中眼睑颜面先肿，发病迅速者，为阳水，多由外感风邪，肺失宣降所致；兼见面色㿠白，发病缓慢者，为阴水，多由脾肾阳衰，水湿泛溢所致；兼见面唇青紫、心悸气喘、不能平卧者，多由心肾阳衰，血行瘀阻，水气凌心所致。

（2）腮肿：一侧或两侧腮部以耳垂为中心肿起，边缘不清，按之有柔韧感及压痛者，为痄腮，因外感温毒所致。常见于儿童，属传染病。若颔下颌上耳前发红肿起，伴有寒热、疼痛者，称为发颐，因阳明热毒上攻所致。耳下腮部出现肿块，不热不红者，多为腮腺肿瘤。

（3）面削颧耸：又称面脱。指面部肌肉消瘦，两颧高耸，眼窝、颊部凹陷。多因气血虚衰，脏腑精气耗竭所致。多见于慢性病的危重阶段。

（4）口眼㖞斜：突发一侧口眼㖞斜而无半身不遂，患侧面肌弛缓，额纹消失，眼不能闭合，鼻唇沟变浅，口角下垂，向健侧㖞斜者，称为口僻，为风邪中络所致。口眼㖞斜兼半身不遂者，称为中风，为肝阳化风、风痰阻闭经络所致。

2. 特殊面容

（1）惊恐貌：指患者面部呈现恐惧的症状。常见于小儿惊风、狂犬病、瘿瘤等病。

（2）苦笑貌：指患者面部呈现无可奈何的苦笑样症状。多由于面部肌肉痉挛所致，为破伤风的特征表现。

二、望五官

面部眼、耳、鼻、口、舌五官，与五脏密切相关，所以望五官的异常变化，可以了解脏腑的病变。

（一）望目

目为肝之窍，心之使，目为肾精之所藏，为血之宗，五脏六腑之精气皆上荣于目，故目与五脏六腑密切相关，而与心、肝、肾的关系尤为密切。

古人将目的不同部位分属于五脏，后世医家据此而归纳为"五轮学说（图1-1）"，即瞳仁属肾，称为水轮；黑睛属肝，称为风轮；两眦血络属心，称为血轮；白睛属肺，称为气轮；眼睑属脾，称为肉轮。并认为观察五轮的形色变化，可以诊察相应脏腑的病变。

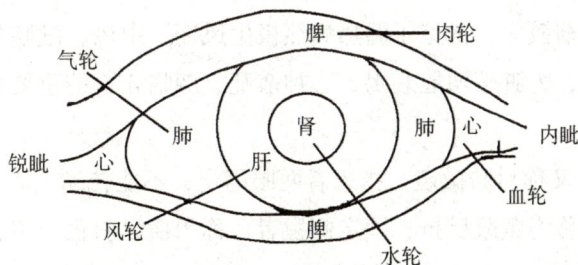

图1-1　眼的五轮分属

望目内容包括：望目神、目色、目形和目态，此处重点介绍目色、目形和目态的变化及其临床意义。

1. 目色 正常人眼睑内与目眦红润，白睛（巩膜）呈瓷白色，黑睛（虹膜）褐色或棕色，角膜无色透明。其异常改变主要有：

（1）目赤肿痛：多属实热证。若白睛发红，为肺火或外感风热所致；两眦赤痛，为心火上炎；睑缘赤烂，为脾有湿热；全目赤肿，为肝经风热上攻。

（2）白睛发黄：是黄疸的主要标志，多为湿热或寒湿内蕴，肝胆疏泄失常，胆汁外溢所致。中老年人目内眦部位的白睛上出现稍稍隆起的淡黄色斑块，称为脂肪沉着，乃湿热内蕴或酗酒所致，应与黄疸相鉴别。

（3）目眦淡白：属血虚、失血，为血少不能上荣于目所致。

（4）目胞色黑晦暗：多属肾虚；目眶周围色黑，多为肾虚水泛或寒湿下注所致。

（5）黑睛灰白混浊：称为目生翳。多为邪毒侵袭，或肝胆实火上攻，或湿热熏蒸，或阴虚火炎所致，使黑睛受伤而成。

2. 目形

（1）目胞浮肿：常为水肿的表现。因目胞属脾，脾恶湿，且该处组织疏松，所以水肿可首见于目胞。但健康人低枕睡眠后一时性胞睑微肿属正常。

（2）眼窝凹陷：多为吐泻伤津或气血虚衰所致。若久病重病眼窝深陷，甚则视不见人，则为阴阳竭绝之候，属病危。

（3）眼球突出：兼喘咳气短者，属肺胀，因痰浊阻肺，肺气失宣所致；若伴颈前肿块，急躁易怒者，属瘿气，因肝郁化火，痰气壅结所致。单眼突出，多属恶候。

（4）胞睑红肿：若睑缘肿起结节如麦粒，红肿不甚者，为针眼；若胞睑漫肿，红肿较重者，为眼丹。皆为风热邪毒或脾胃蕴热上攻于目所致。

3. 目态 正常人瞳孔双侧等大等圆，直径为 3～4mm，对光反应灵敏，眼球运动随意灵活。其异常改变主要有：

（1）瞳孔缩小：常见于川乌、草乌、毒蕈、有机磷农药及吗啡、氯丙嗪等药物中毒。

（2）瞳孔散大：常见于绿风内障、青风内障、青盲等，也可见于杏仁及颠茄类等药物中毒。若一侧瞳孔逐渐散大，常见于温热病热极生风证、中风、颅脑外伤或颅内肿瘤等患者。如瞳孔完全散大，为脏腑功能衰竭、心神散乱、濒临死亡的重要体征之一，常见于危急症患者。

（3）目睛凝视：又称目睛微定。指患者两眼固定，不能转动。固定前视者，称为瞪目直视；固定上视者，称为戴眼反折；固定侧视者，称为横目斜视。多为肝风内动所致，属病重；或见于脏腑精气耗竭，或痰热内闭证；瞪目直视还可见于瘿气。

（4）昏睡露睛：指患者昏昏欲睡，睡后胞睑未闭而睛珠外露。多为脾胃虚弱，或吐泻伤津，以小儿多见。

（5）胞睑下垂：又称睑废。指胞睑无力张开而上睑下垂。若双睑下垂，多为先天不足，脾肾亏虚所致；若单睑下垂，多为脾气虚衰或外伤所致。

（二）望耳

肾开窍于耳，心寄窍于耳，手足少阳经脉布于耳，手足太阳经和足阳明经亦分布于耳或耳周围。所以，耳与五脏六腑皆有联系，与肾、胆关系尤为密切，故望耳可以诊察肾、胆和全身的病变。

1. 耳之色泽　正常人耳郭色泽红润，是气血充足的表现。耳轮淡白，多属气血亏虚；耳轮红肿，多为肝胆湿热或热毒上攻；耳轮青黑，表明阴寒内盛或有剧痛；耳轮干枯焦黑，多属肾精亏虚，精不上荣，为病重，常见于温病晚期耗伤肾阴及下消证；小儿耳背有红络，耳根发凉，多为出麻疹之先兆。

2. 耳之形态　正常人耳郭厚大，是肾气充足的表现。耳郭瘦小而薄，是先天亏损，肾气不足；耳郭肿大，是邪气充盛之象。耳轮干枯萎缩，多为肾精耗竭，属病危；耳轮皮肤甲错，多为血瘀日久。

3. 耳内病变　耳内流脓水，称为脓耳。多由肝胆湿热，蕴结日久所致。脓耳后期转虚，则多属肾阴不足，虚火上炎。

（三）望鼻

鼻居面部中央，为肺之窍；鼻称明堂，为脾之所应。所以望鼻可以诊察肺和脾胃的病变。

1. 鼻之色泽　正常人鼻色红黄隐隐，含蓄明润，是胃气充足的表现。鼻端微黄明润，见于新病或虽病而胃气未伤，属病轻；见于久病为胃气来复，属向愈。鼻端色白，多属气血亏虚，或见于失血患者；鼻端色赤，多属肺脾蕴热；鼻端色青，多为阴寒腹痛；鼻端色微黑，常为肾虚寒水内停之征；鼻端晦暗枯槁，为胃气衰败，属病重。

2. 鼻之形态　鼻头红肿生疮，多属胃热或血热；鼻端生红色粉刺，称为酒齇鼻，多为肺胃蕴热。鼻翼扇动，称为鼻扇，多见于肺热，或为哮病；重病中出现鼻孔扇张，喘而额汗如油，是肺气衰竭之危候。

3. 鼻内病变　鼻腔出血，称为鼻衄。多因肺胃蕴热灼伤鼻络，或外伤所致。鼻孔内赘生柔软、半透明的光滑小肉，撑塞鼻孔，气息难通者，为鼻息肉（鼻痔），多由湿热邪毒壅结鼻窍所致。

（四）望口与唇

脾开窍于口，其华在唇，手、足阳明经环绕口唇，故望口与唇的异常变化，可以诊察脾胃的病变。

1. 望口

（1）口之形色：口角流涎，见于小儿，多为脾虚湿盛；见于成人，多为中风口歪不能收摄。唇内和口腔肌膜出现灰白色小溃疡，周围红晕，局部灼痛者，为口疮。口腔肌膜糜烂成片，口气臭秽者，为口糜。多由湿热内蕴，上蒸口腔所致。小儿口腔、舌上出现片状白屑，状如鹅口者，为鹅口疮。多由感受邪毒，心脾积热，上熏口舌所致。

（2）口之动态：口张，口开而不闭，属虚证；若状如鱼口，张口气直，但出不入，则为肺气将绝，属病危。口噤，口闭而难开，牙关紧急，属实证，多因筋脉拘急所致，常见于中风、痫病、惊风、破伤风、马钱子中毒等。口撮，上下口唇紧聚，多为邪正交争所致，常见于新生儿脐风，表现为撮口不能吮乳；若兼角弓反张者，多为破伤风患者。口喝，口角向一侧喝斜，可见于口僻，属风邪中络；或见于中风，为风痰阻络。口振，战栗鼓颔，口唇振摇，多由阳衰寒盛或邪正剧争所致，常见于外感寒邪，温病、伤寒欲作战汗，或疟疾发作。口动，口频繁开合，不能自禁，是胃气虚弱之征；若口角掣动不止，是热极生风或脾虚生风之象。

2. 望唇

（1）唇之色泽：正常人唇色红润，为胃气充足，气血调匀的表现。唇色淡白，为血虚或失血，因血少不能上充于唇络所致；唇色深红，多属热盛，为唇部络脉扩张，血液充盈所致。嘴唇红肿而干，多属热极。嘴唇呈樱桃红色，多见于煤气中毒。嘴唇青紫，多属血瘀证，常见于心气、心阳虚衰和严重呼吸困难的患者。嘴唇青黑，多属寒盛、痛极，多由寒盛血脉凝涩，或痛极血络郁阻所致。

（2）唇之形态：唇干而裂，为津液已伤，多属燥热伤津或阴虚液亏。嘴唇糜烂，多为脾胃积热上蒸，灼伤唇部。唇内溃烂，其色淡红，多为虚火上炎。唇边生疮，红肿疼痛，为心脾积热。唇角生疔，麻木痒痛，为锁口疔；人中部生疔，人中沟变浅平，麻木痒痛，为人中疔。久病而人中沟变平，口唇翻卷不能覆齿，称为"人中满唇反"，为脾气将绝，属病危。

（五）望齿与龈

齿为骨之余，肾主骨；龈护于齿，为手、足阳明经分布之处，故望齿与龈可以诊察肾、胃的病变，以及津液的盈亏。

1. 望牙齿

（1）牙齿色泽：正常人牙齿洁白润泽而坚固，是肾气充足、津液内充的表现。牙齿干燥，为胃阴已伤；牙齿光燥如石，为阳明热盛，津液大伤；牙齿燥如枯骨，是肾阴枯竭、精不上荣所致，可见于温热病的晚期，属病重。

（2）牙齿动态：牙关紧急，多为风痰阻络或热极动风。咬牙齘齿，多为热盛动风。睡中齘齿，多为胃热或虫积所致，亦可见于常人。

2. 望牙龈

（1）牙龈色泽：正常人牙龈淡红而润泽，是胃气充足，气血调匀的表现。牙龈淡白，多为血虚或失血，因血少不能充于龈络所致。牙龈红肿疼痛，多为胃火亢盛，因火热循经上炎，熏灼于牙龈所致。

（2）牙龈形态：齿缝出血，称为齿衄，兼齿龈红肿疼痛者，属胃火亢盛；若齿龈不红不痛微肿者，为虚火上炎或脾不统血所致。龈肉萎缩，牙根暴露，牙齿松动，称为牙宣，多属肾虚或胃阴不足，虚火燔灼，龈肉失养所致。牙龈溃烂，流腐臭血水，甚则唇腐齿落者，称为牙疳，多为外感疫疠之邪，积毒上攻所致。

（六）望咽喉

咽通于胃，为胃所系。喉连于气道，归肺所属。足少阴肾经循喉咙，夹舌本，与咽喉密切相关。因此望咽喉可诊察肺、胃、肾的病变。

1. 咽喉色泽　正常人咽喉色淡红润泽，不痛不肿，呼吸通畅，发音正常，食物下咽顺利无阻。

若咽部深红，肿痛明显者，为实热证，多由肺胃热毒壅盛所致；若咽部嫩红，肿痛不显者，为阴虚证，多由肾阴亏虚、虚火上炎所致；咽部淡红漫肿，多由痰湿凝聚所致。

2. 咽喉形态

（1）红肿：一侧或两侧喉核红肿肥大，形如乳头或乳蛾，表面或有脓点，咽痛不适者，为乳蛾，属肺胃热盛，邪客喉核，或虚火上炎，气血瘀滞所致。咽喉部红肿高突，疼痛剧烈，吞咽困难，身发寒热者，为喉痈，属脏腑蕴热，复感外邪，热毒客于咽喉所致。

（2）成脓：咽部肿痛，若肿势高突，色深红，周围红晕紧束，发热不退者，为脓已成；若肿势散漫，无明显界限，疼痛不甚者，为未成脓。

（3）溃烂：咽部溃烂，分散浅表者，为肺胃之热轻浅或虚火上炎；溃烂成片或凹陷者，为肺胃热毒壅盛；咽部溃腐日久，周围淡红或苍白者，多属虚证。

（4）伪膜：咽部溃烂处表面所覆盖的一层黄白或灰白色膜，称为伪膜。伪膜松厚，容易拭去者，病情较轻，是肺胃热浊之邪上壅于咽；若伪膜坚韧，不易拭去，重剥出血，很快复生者，为白喉，多见于儿童，属烈性传染病。

三、望躯体

望躯体的内容包括望颈项、胸胁、腹部和腰背部。

（一）望颈项

正常人颈项直立，两侧对称，气管居中。矮胖者略粗短，瘦高者略细长；男性喉结突出，女性喉结不显。颈侧动脉搏动在安静时不易见到。其异常表现主要有：

1. 瘿瘤　指颈部结喉处有肿块突起，或大或小，或单侧或双侧，可随吞咽而上下移

29

动。为肝郁气结痰凝，或水土失调，痰气搏结所致。

2. 瘰疬 指颈侧颌下有肿块如豆，累累如串珠。多由肺肾阴虚，虚火内灼，炼液为痰，结于颈部，或因外感风火时毒，夹痰结于颈部所致。

3. 颈瘘 又称鼠瘘。指颈部痈肿、瘰疬溃破后，久不收口，形成管道。多因痰火久结，气血凝滞，疮孔不收而成。

4. 颈脉搏动 指在安静状态时出现颈侧人迎脉搏动明显。可见于肝阳上亢或血虚重证等患者。

5. 颈脉怒张 指颈部脉管明显胀大，平卧时更甚。多见于心血瘀阻，肺气壅滞及心肾阳衰、水气凌心的患者。

（二）望胸胁

横膈以上，锁骨以下的躯干正面谓之胸；胸部两侧，由腋下至11、12肋骨端的区域谓之胁。

1. 外形 正常人的胸廓呈扁圆柱形，两侧对称，左右径大于前后径（比例约为1.5：1），小儿和老人则左右径略大于前后径或相等，两侧锁骨上下窝亦对称。常见的胸廓变形有：

（1）扁平胸：表现为胸廓较正常人扁平，前后径小于左右径的一半，颈部细长，锁骨突出，两肩向前，锁骨上、下窝凹陷。多见于形瘦之人，或肺肾阴虚、气阴两虚的患者（图1-2）。

（2）桶状胸：表现为胸廓较正常人膨隆，前后径与左右径约相等，颈短肩高，锁骨上、下窝平展，肋间加宽，胸廓呈圆桶状。多为久病咳喘，肺肾气虚，以致肺气不宣而壅滞，日久促使胸廓变形（图1-3）。

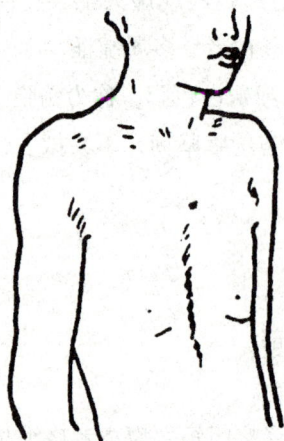

图1-2 扁平胸

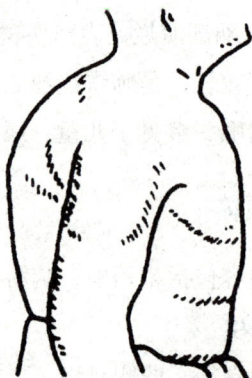

图1-3 桶状胸

（3）鸡胸：表现为胸骨下部明显前突，胸廓前后径长而左右径短，肋骨侧壁凹陷，形似鸡之胸廓。多见于小儿佝偻病，因先天不足或后天失养，肾气不充，骨骼发育异常所致。

（4）肋如串珠：指肋骨与肋软骨连接处变厚增大，状如串珠。可见于肾气不足，或后天失养，发育不良的佝偻病患儿。

（5）乳房肿溃：妇女哺乳期乳房红肿热痛，乳汁不畅，甚至溃破流脓，身发寒热者，为乳痈。多因肝气不舒，胃热壅滞，或外感邪毒所致。

2. 动态　正常人呼吸均匀，节律整齐，每分钟16～18次，胸廓起伏左右对称，均匀轻松。妇女以胸式呼吸为主，男子和儿童以腹式呼吸为主。常见的呼吸异常有：

（1）呼吸形式改变：如胸式呼吸增强，腹式呼吸减弱，多为腹部有病，常见于鼓胀、腹内癥积、腹部剧痛的患者，也可见于妊娠妇女。如胸式呼吸减弱，腹式呼吸增强，多为胸部有病，常见于肺痨、悬饮、胸部外伤等病。如两侧胸部呼吸不对称，即胸部一侧呼吸运动较另侧明显减弱，为呼吸运动减弱侧胸部有病，常见于悬饮、气胸、肺肿瘤等。

（2）呼吸时间改变：若吸气时间延长，吸气时胸骨上窝、锁骨上窝及肋间凹陷，多为吸气困难所致，常见于急喉风、白喉等患者；若呼气时间延长，伴口张目突、端坐呼吸，多为呼气困难所致，常见于哮病、肺胀、尘肺等患者。

（3）呼吸强度改变：如呼吸急促，胸部起伏显著，多为邪热、痰浊阻肺，肺失宣肃；如呼吸微弱，胸廓起伏不显，多为肺气亏虚。

（4）呼吸节律改变：呼吸节律不整，表现为呼吸由浅渐深，再由深渐浅，以至暂停，往返重复，或呼吸与暂停交替出现，皆为肺气虚衰之象，属病重。

（三）望腹部

腹部是指躯干正面剑突以下至耻骨以上的部位。正常人腹部对称、平坦（仰卧时腹壁平于胸骨至耻骨中点连线），直立时腹部可稍隆起，约与胸平齐，仰卧时则稍凹陷。外形异常主要包括：

1. 腹部膨隆　即仰卧时前腹壁明显高于胸耻连线。若仅腹部膨胀，四肢消瘦者，多属鼓胀，为肝气郁结，湿阻血瘀所致；若腹部胀大，周身俱肿者，多属水肿病，为肺、脾、肾三脏功能失调，水湿泛溢肌肤所致；腹局部膨隆，多见于腹内有癥积的患者。

2. 腹部凹陷　即仰卧时前腹壁明显低于胸耻连线，亦称舟状腹。若腹部凹陷，形体消瘦，久病多属脾胃虚弱，气血不足；新病多属吐泻太过、津液大伤。

3. 腹壁青筋暴露　即患者腹大坚满，腹壁青筋怒张。多因肝郁气滞，脾虚湿阻日久，导致血行不畅，脉络瘀阻所致，可见于鼓胀重证。

4. 腹壁突起　腹壁有半球状物突起，多发于脐孔、腹正中线、腹股沟等处，每于直立或用力后发生者，多属疝气。

（四）望腰背部

背为胸中之府，亦为心肺之所居，与肝胆相关。腰为身体运动的枢纽，为肾之府。故望腰背部的异常表现，可以诊察有关脏腑经络的病变。

1. 外形　正常人腰背部两侧对称，直立时脊柱居中，颈、腰段稍向前弯曲，胸、骶段稍向后弯曲，但无左右侧弯。其异常改变主要有：

（1）脊柱后突：指脊骨过度后突，致使前胸塌陷，背部凸起，又名龟背，俗称驼背。多因肾气亏虚、发育异常，或脊椎疾患所致，亦可见于老年人。若久病患者背部弯曲，两肩下垂，称为"背曲肩随"，为脏腑精气虚衰之象。

（2）脊柱侧弯：指脊柱偏离正中线向左或右歪曲。多由小儿发育期坐姿不良所致，亦可见于先天不足、肾精亏损、发育不良的患儿和一侧胸部有病的患者。

（3）脊疳：指患者极度消瘦，以致脊骨突出似锯。为脏腑精气极度亏损之征，见于慢性重病患者。

2. 动态　正常人腰背部俯仰转侧自如。其异常改变主要有：

（1）角弓反张：指患者病中脊背后弯，反折如弓。常兼颈项强直，四肢抽搐。为肝风内动，筋脉拘急之象，常见于热极生风之惊风、破伤风、马钱子中毒等患者。

（2）腰部拘急：指腰部疼痛，活动受限，转侧不利。多因寒湿内侵，腰部脉络拘急，或跌仆闪挫，局部气滞血瘀所致。

四、望四肢

心主四肢血脉，肺主四肢皮毛，脾主四肢肌肉，肝主四肢之筋，肾主四肢之骨，故五脏皆与四肢有关，而脾与四肢的关系尤为密切，且四肢又是手足十二经脉循行之处。故望四肢可以诊察五脏和四肢的病变。

（一）外形

1. 四肢萎缩　指四肢或某一肢体肌肉消瘦、萎缩，松软无力。多因气血亏虚或经络闭阻，肢体失养所致。

2. 肢体肿胀　指四肢或某一肢体肿胀。若四肢肿胀，兼红肿疼痛者，多为瘀血或热壅血瘀所致；若足跗肿胀，或兼全身浮肿，多见于水肿。下肢肿胀，皮肤粗厚如象皮者，多见于丝虫病。

3. 膝部肿大　膝部红肿热痛，屈伸不利，见于热痹，为风湿郁久化热所致。若膝部肿大而股胫消瘦，形如鹤膝，谓之"鹤膝风"，多为寒湿久留、气血亏虚所致。膝部紫暗漫肿疼痛，因外伤所致者，为膝骨或关节受损。

4. 小腿青筋　指小腿青筋暴露，形似蚯蚓。多因寒湿内侵，络脉血瘀所致。

5. 下肢畸形　直立时两踝并拢而两膝分离，且向外弓出，称为膝内翻，又称"O"形腿或罗圈腿；两膝靠拢而两踝分离，两小腿斜向外方，称为膝外翻或"X"形腿（图1-4）。若踝关节呈固定型内收位，称足内翻；呈固定外展位，称足外翻（图1-5）。上述畸形皆为先天不足，肾气不充，或后天失养，发育不良所致。

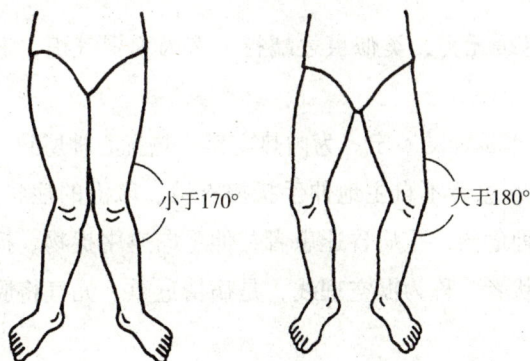

图1-4　X形腿和O形腿

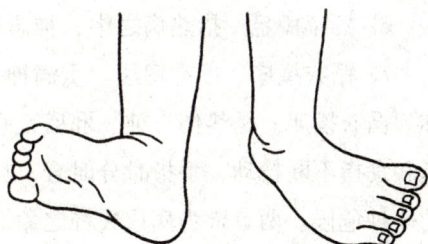

图1-5　足外翻和足内翻

6. 手指变形　指关节呈梭状畸形，活动受限者，称梭状指（图1-6），多由风湿久蕴，筋脉拘挛所致。指（趾）末节膨大如杵者，称为杵状指（图1-7），多由久病心肺气虚，血瘀湿阻而成。

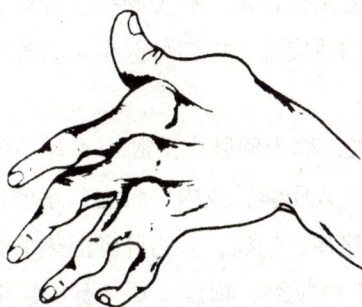

图1-6　梭状指

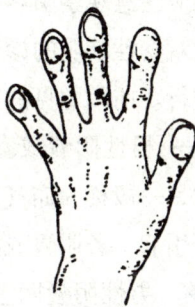

图1-7　杵状指

（二）动态

1. 肢体痿废　指肢体肌肉萎缩，筋脉弛缓，痿废不用。多见于痿病，常因精津亏虚或湿热浸淫，筋脉失养所致。若一侧上、下肢痿废不用者，称为半身不遂，见于中风患者，多因风痰阻闭经络所致；若双下肢痿废不用者，见于截瘫患者，多由外伤或脊椎病变引起。

2. 四肢抽搐　指四肢筋脉挛急与弛张间作，舒缩交替，动作有力。多因肝风内动，筋脉拘急所致，常见于痉病、痫病、破伤风、惊风等疾病。

3. 手足拘急　指手足筋肉挛急不舒，屈伸不利。若在手可表现为腕部屈曲，手指强

33

直，拇指内收贴近掌心与小指相对；在足可表现为踝关节后弯，足趾挺直而倾向足心。多因寒邪凝滞或气血亏虚，筋脉失养所致。

4. **手足颤动** 指双手或下肢颤抖或振摇不定，不能自主。多由血虚筋脉失养或饮酒过度所致，亦可为动风之兆。

5. **手足蠕动** 指手足时时掣动，动作迟缓无力，类似虫之蠕行。多因脾胃气虚，筋脉失养，或阴虚动风所致。

6. **扬手掷足** 指热病之中，神志昏迷，手足躁动不宁。为内热亢盛，热扰心神所致。

7. **循衣摸床，撮空理线** 重病神识不清，患者不自主地伸手抚摸衣被、床沿的症状，称为循衣摸床，是热伤心神、邪盛正衰的一种危候；重病昏迷患者，伸手向空中捉物，拇指和食指不断捻动，手指时分时合，如理线状者，称为撮空理线，是病情危重，元气将脱的一种危候。两者皆为病重失神之象。

五、 望二阴

二阴（又称下窍）即指前阴和后阴。前阴包括外生殖器和尿窍，与肾、膀胱、肝、胆诸脏腑关系密切。后阴为肛门，又称魄门，通于大肠，与脾、胃、肠、肾关系密切。

（一）望前阴

望男性前阴应注意观察阴茎、阴囊和睾丸是否正常，有无硬结、肿胀、溃疡和其他异常的形色改变；对女性前阴的诊察要有明确的适应证，由妇科医生负责检查，男医生需在女护士陪同下进行。前阴常见的异常改变有：

1. **外阴肿胀** 男性阴囊或女性阴户肿胀，称为阴肿。阴肿而不痒不痛者，常见于水肿病。阴囊肿大，一般称为疝气，可因小肠坠入阴囊，或内有瘀血、水液停积，或脉络迂曲，睾丸肿胀等引起。若阴囊或阴户红肿、瘙痒、灼痛，多为肝经湿热下注所致。

2. **外阴收缩** 男性阴囊阴茎，或女性阴户收缩，拘急疼痛，称为阴缩。多因寒邪侵袭肝脉，凝滞气血，肝脉拘急收引所致。

3. **外阴生疮** 前阴部生疮，或有硬结破溃腐烂，时流脓水或血水者，称为阴疮，多因肝经湿热下注，或感染梅毒所致。

4. **外阴湿疹** 男子阴囊，或女子大小阴唇起疹，瘙痒灼痛，湿润或有渗液者，分别称为肾（阴）囊风、女阴湿疹。多由肝经湿热下注，风邪外袭所致。若日久皮肤粗糙变厚者，多为阴虚血燥之证。

5. **阴户有物突出** 妇女阴户中有物突出如梨状，名为阴挺，即子宫脱垂。多由脾虚中气下陷，或产后劳伤，使胞宫下坠阴户之外所致。

（二）望后阴

望后阴时，可嘱患者左侧卧位，双腿尽量前屈靠近腹部，或膝胸位、弯腰位，使肛门充分暴露。医生用双手将臀部分开进行观察。望诊时应注意观察肛门部有无红肿、痔疮、裂口、瘘管及其他病变。

1. **肛痈** 肛门周围局部红肿疼痛，状如桃李，破溃流脓者，为肛痈。多由湿热下注，或外感邪毒阻于肛周而发。

2. **肛裂** 肛门与肛管的皮肤黏膜有狭长裂伤，可伴有多发性小溃疡，排便时疼痛流血者，为肛裂。多因热结肠燥或阴津不足，努力排便时撑伤肛门皮肤所致。

3. **痔疮** 肛门内外生有紫红色柔软肿块，突起如峙者，为痔疮。其生于肛门齿状线以内者为内痔，生于肛门齿状线以外者为外痔，内外皆有者为混合痔。多由肠中湿热蕴结或血热肠燥，或久坐、负重、便秘等，使肛门部血脉瘀滞所致。

4. **瘘管** 肛痈成脓自溃或切开后，久不敛口，外流脓水，所形成的管腔，称为肛瘘。瘘管长短不一，或通入直肠，局部痒痛，缠绵难愈。

5. **脱肛** 指直肠黏膜或直肠全层脱出肛外。轻者便时脱出，便后缩回；重者脱出后不能自回，须用手慢慢还纳。多由脾虚中气下陷所致。

六、 望皮肤

皮肤为一身之藩篱，内合于肺，卫气循行其间，具有保护机体的作用。脏腑气血通过经络外荣皮肤。故望皮肤不但可以诊察皮肤的病变、判断病邪的性质，而且能够诊察脏腑的虚实、气血的盛衰及疾病的预后。

正常人皮肤荣润而有光泽，是精气旺盛、津液充沛的表现。

望诊时重点观察皮肤色泽形态和皮肤特有病证，如斑、疹、痘、痦、痈、疽、疔、疖等。

（一）色泽异常

1. **皮肤发赤** 皮肤突然鲜红成片，色如涂丹，边缘清楚，灼热肿胀者，称为丹毒。发于全身，游走不定者，名赤游丹；发于头面者，名为抱头火丹；发于小腿者，名曰流火。发于上部者多为风热化火所致，发于下部者多因湿热化火而成，亦有外伤染毒引起者。

2. **皮肤发黄** 面、目、皮肤、爪甲俱黄者，为黄疸。黄色鲜明如橘色，为阳黄，因湿热蕴蒸、胆汁外溢肌肤所致。黄色晦暗如烟熏，为阴黄，因寒湿阻遏、胆汁外溢肌肤而发。

3. **皮肤紫黑** 面、手、乳晕、腋窝、口腔黏膜、外生殖器等处呈弥漫性棕黑色改变者，为黑疸，由劳损伤肾所致；全身皮肤发黑也可见于肾阳虚衰者。

4. **皮肤白斑** 面部、四肢等处皮肤出现白斑，大小不等，界限清楚，病程缓慢者，为"白癜风"。多因风湿侵袭、气血失和、血不荣肤所致。

（二）形态异常

1. 皮肤干燥 指皮肤干枯无华，甚至皲裂、脱屑的症状。为津液已伤或营血久亏、肌肤失养，或外邪侵袭、气血滞涩所致。

2. 肌肤甲错 指皮肤干枯粗糙，状如鱼鳞的症状。多由血瘀日久、肌肤失养所致。

3. 皮肤硬化 指皮肤粗厚，失去弹性，活动度减低的症状。可因外邪侵袭、禀赋不足、阳虚血液亏少、情志内伤、饮食不节、瘀血阻滞等引起肌肤失养所致。

（三）皮肤病证

1. 斑疹 斑和疹是全身性疾病表现于皮肤的症状，两者虽常并称，但有实质性的区别。

（1）斑：指皮肤黏膜出现深红色或青紫色片状斑块，平铺于皮肤，抚之不碍手，压之不褪色的症状。有阳斑与阴斑之分。凡斑色深红或紫红，伴身热、面赤、脉数等实热证表现者为阳斑，多由外感温热邪毒，内迫营血而发；凡斑色淡青或淡紫，隐隐稀少，出没无常，兼有面白、肢凉、脉虚等虚寒证表现者为阴斑，多因脾不统血，或阳衰气血凝滞而成。

（2）疹：指皮肤出现红色或紫红色、粟粒状疹点，高出皮肤，抚之碍手，压之褪色的症状。多见于麻疹、风疹、瘾疹等病，也可见于温热病中。多由外感风热时邪，或热入营血，或过敏而致。

2. 水疱 指皮肤上出现成簇或散在性小水疱的症状。有白㾦、水痘、热气疮、湿疹等。

（1）白㾦：又称白疹。指皮肤出现的一种白色小疱疹。其特点是：晶莹如粟，高出皮肤，根部肤色不变，内含浆液，擦破流水。常发于颈胸部，四肢偶见，面部不发，消失时有皮屑脱落。多因湿热之邪，郁于肌表，汗出不彻而发，常见于湿温患者。白㾦晶莹饱满，颗粒清楚者，为晶㾦，提示津气尚充足，为顺证；白㾦色枯而白，干瘪无浆者，为枯㾦，提示津气已亏竭，为逆证。

（2）水痘：指小儿皮肤出现粉红色斑丘疹，很快变成椭圆形的小水疱。其特点是：顶满无脐，晶莹明亮，浆液稀薄，皮薄易破，大小不等，分批出现，结痂脱落，不留痘痕，常兼有轻度恶寒发热表现。因外感时邪，内蕴湿热所致，属儿童常见传染病。

（3）湿疹：指周身皮肤出现红斑，迅速形成丘疹、水疱，破后渗液，出现红色湿润之糜烂面者。多因湿热蕴结，复感风邪，郁于肌肤而发。

（4）热气疮：口角、唇边、鼻旁等皮肤黏膜交界处出现成簇粟米样大小水疱，灼热疼痛。多为外感风热或肺胃郁热上熏所致。

（5）缠腰火丹：指腰部皮肤鲜红成片，有水疱簇生如带状，缠腰而生，灼热肿痛的症状。多由外感火毒，或肝经湿热，浸淫肌肤所致。

3. 疮疡 指发于皮肉筋骨之间的疮疡类疾患。主要有痈、疽、疔、疖等。

（1）痈：指患处红肿高大，根盘紧束，焮热疼痛，并能形成脓疡的疾病。具有未脓易消，已脓易溃，疮口易敛的特点。属阳证，多为湿热火毒内蕴、气血壅滞所致。

（2）疽：指患部漫肿无头，皮色不变，疼痛不已的疾病。具有难消、难溃、难敛、溃后易伤筋骨的特点。一般指无头疽。属阴证，多由气血亏虚、阴寒凝滞所致。

（3）疔：指患部形小如粟，根深如钉，漫肿灼热，麻木疼痛的疾病。多发于颜面和手足。因竹木刺伤，或感受疫毒、疠毒、火毒等邪所致。

（4）疖：指患部形小而圆，红肿热痛不甚，根浅，脓出即愈的疾病。多由外感火热毒邪，或湿热蕴结所致。

项目三　望排出物

望排出物是观察患者的分泌物、排泄物和某些排出体外的病理产物的形、色、质、量的变化来诊断病情的方法。一般来说，凡色白、质稀者，多属虚证、寒证；凡色黄、质稠者，多属实证、热证。

一、望痰涕

（一）望痰

痰是由肺和气道排出的病理性黏液。观察痰的色、质、量，可以判断脏腑的病变和病邪的性质。

痰黄黏稠有块者，属热痰。因邪热犯肺，灼津成痰所致。

痰白清稀或有灰黑点者，属寒痰。因寒邪阻肺，津凝不化，聚而成痰，或脾阳不足，湿聚为痰，上犯于肺所致。

痰白滑量多，易于咯出者，属湿痰。因脾虚失运，湿聚成痰所致。

痰少而黏，难于咯出者，属燥痰。因燥邪犯肺、耗伤肺津，或肺阴亏虚、清肃失职所致。

痰中带血，色鲜红者，为咯血。常见于肺痨、肺胀、肺癌等患者。因肺阴亏虚或肝火犯肺，火热灼伤肺络，或痰热、邪毒壅肺，肺络受损所致。

咯吐脓血痰，气腥臭者，属肺痈。因热毒蕴肺，化腐成脓所致。

（二）望涕

涕是鼻腔分泌的黏液，为肺之液。流涕多因六淫侵袭、肺失宣肃，或热邪熏蒸、气血腐败成涕，或气虚阳亏、津液失固所致。可见于多种鼻腔、鼻窦疾病。

新病鼻塞流清涕，是外感风寒；鼻流浊涕，是外感风热。

阵发性清涕，量多如注，伴有喷嚏频作者，为鼻鼽。多由风寒束于肺卫所致。

久流浊涕，质稠、量多、气腥臭者，为鼻渊。多由湿热蕴阻所致。

二、 望涎唾

（一）望涎

涎是从口腔流出的清稀黏液，为脾之液。由口腔分泌，具有濡润口腔、协助进食和促进消化的作用。望涎可以诊察脾、胃的病变。

口流清涎量多者，多因脾胃阳虚，气不化津所致。口中时吐黏涎者，多因湿热阻于中焦，脾失运化水湿所致。小儿口角流涎，涎渍颐下，病名曰滞颐。多由脾虚不能摄津所致，亦可见于胃热、虫积。睡中流涎者，多由胃中有热或宿食内停、痰热内蕴所致。

（二）望唾

唾是从口腔吐出的稠滞泡沫状的黏液。唾为肾之液，然亦关乎胃。

时吐唾沫，多为胃中虚冷，肾阳不足，水液失其温运，气化失司所致；多唾，为胃有宿食，或湿邪留滞，唾液随胃气上逆所致。

三、 望呕吐物

呕吐物是指胃气上逆，由口吐出的胃内容物。外感内伤皆可引起。

呕吐物清稀无酸臭味，或呕吐清水痰涎，多因胃阳不足、腐熟无力，或寒邪犯胃、损伤胃阳，导致水饮内停于胃，胃失和降所致。

呕吐物秽浊有酸臭味，多因邪热犯胃，胃失和降，邪热蒸腐胃中饮食所致。

呕吐不消化、味酸腐的食物，多属伤食，因暴饮暴食，损伤脾胃，食积不化，胃气上逆所致。

呕吐黄绿苦水，多属肝胆郁热或湿热。

吐血鲜红或紫暗有块，夹有食物残渣，多因胃有积热，或肝火犯胃，或胃腑血瘀所致。

四、 望二便

（一）望大便

正常的大便色黄，呈软圆柱状或条状。

大便清稀水样，多为外感寒湿，或贪食生冷，脾失健运，清浊不分所致。

大便黄褐如糜而臭，多为湿热或暑湿伤及胃肠，大肠传导失司所致。

大便夹有黏冻、脓血，多见于痢疾和肠癌等病，为湿热邪毒蕴结大肠，肠络受损所致。

大便灰白呈陶土色，多见于阻塞性黄疸。

大便燥结，干如羊屎，排出困难，多因热盛伤津、阴血亏虚，肠失濡润，传导失司所致。

（二）望小便

正常的小便色淡黄，清净而不混浊。冬天汗少尿多，其色较清；夏日汗多尿少，其色较黄。

小便清长量多，属虚寒证，多因阳虚不能蒸化津气，水津下趋膀胱所致。

小便短黄，属实热证，多因热盛伤津，或汗、吐、下、利，伤津所致。

尿中带血，常因结石损伤血络，或湿热蕴结膀胱，或阴虚火旺、疫毒或药毒伤肾，或脾肾不固所致。可见于石淋、热淋、肾癌、膀胱癌，某些血液病、传染病等。

小便混浊如米泔水，或滑腻如脂膏者，为尿浊。多因脾肾亏虚、清浊不分，或湿热下注、气化不利，不能制约脂液下流所致。

尿中有砂石，多属石淋，因湿热蕴结下焦，煎熬尿浊杂质，久而结为砂石。

项目四　望　舌

望舌，又称舌诊，是通过观察患者舌质和舌苔的变化以诊察疾病的方法，是望诊的重要内容，是中医诊法的特色之一。凡脏腑的虚实、气血的盛衰、津液的盈亏、病情的浅深、预后的好坏，都能较为客观地从舌象上反映出来，成为医生诊病的重要依据。

一、舌诊概况

（一）舌的结构

舌为一肌性器官，由黏膜和舌肌组成，所以《灵枢·经脉》说："唇舌者，肌肉之本也。"它附着于口腔底部、下颌骨、舌骨，呈扁平而长形。具有辨别滋味，调节声音，拌和食物，协助吞咽的功能。舌的上面叫舌背，又称舌面，下面叫舌底。舌体的前端称为舌尖；舌体的中部称为舌中；舌体的后部，称为舌根；舌体两侧称为舌边。舌底正中线上有一条连于口腔底的皱褶，叫舌系带。舌面上覆盖着一层半透明的黏膜，舌背黏膜粗糙，形成许多突起，称为舌乳头。根据其形状不同，舌乳头分为丝状乳头、蕈状乳头、轮廓乳头和叶状乳头四种。其中丝状乳头与蕈状乳头对舌象的形成有着密切的联系，轮廓乳头、叶状乳头与味觉有关。

（二）舌诊的原理

舌与脏腑、经络、气血、津液有着密切的联系。

1. 舌可反映心、神的变化　舌为心之苗。《灵枢·脉度》说："心气通于舌，心和则舌能知五味矣。"手少阴心经之别系舌本。因心主血脉，而舌的脉络丰富，心血上荣于舌，故人体气血运行情况，可反映在舌质的颜色上；心主神明，舌体的运动又受心神的支配，因而舌体运动是否灵活自如，语言是否清晰，与神志密切相关。所以，舌与心、神的关系极为密切，诊舌可以反映心、神的病变。

2. 舌可反映脾胃的功能状态　舌为脾之外候，足太阴脾经连舌本、散舌下，舌居口中司味觉。中医学认为，舌苔是由胃气蒸发谷气上承于舌面而成，与脾胃运化功能相应。所以，舌可反映脾胃的功能状态。

3. 舌可反映其他脏腑的病变　肝藏血、主筋，足厥阴肝经络舌本；肾藏精，足少阴肾经循喉咙，夹舌本；足太阳膀胱经，经筋结于舌本；肺系上达咽喉，与舌根相连；其他脏腑组织，由经络沟通，也直接或间接与舌产生联系，因而其他脏腑一旦发生病变，舌象也会出现相应的变化。所以，观察舌象的变化，可以测知内在脏腑的病变。

4. 脏腑病变反映于舌的规律　脏腑病变反映于舌面，具有一定的分布规律（图1-8）。一般说来，舌尖多反映上焦心肺的病变；舌中多反映中焦脾胃

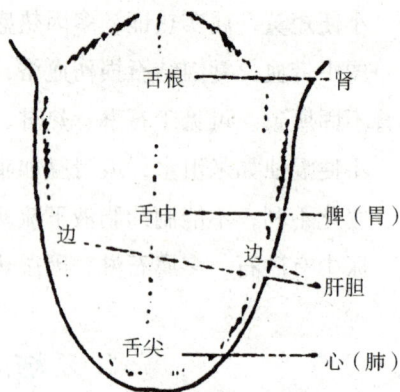

图1-8　舌诊脏腑部位分属图

的病变；舌根多反映下焦肾的病变；舌两侧多反映肝胆的病变。舌质候五脏病变为主，侧重血分；舌苔候六腑病变为主，侧重气分。另外，还有"舌尖属上脘，舌中属中脘，舌根属下脘"的说法。

（三）望舌的方法与注意事项

舌诊以望诊为主，有时还须结合闻诊、问诊和扪、摸、揩、刮等方法进行全面诊察。

1. 望舌的体位和伸舌姿势　望舌时，医生姿势可略高于患者，以便俯视口舌部位。患者可以采用坐位或仰卧位，面向自然光线，头略扬起，自然地将舌伸出口外，舌体放松，舌面平展，舌尖略向下，尽量张口使舌体充分暴露。如伸舌过分用力，舌体紧张卷曲，或伸舌时间过久，都会影响舌体血液循环而引起舌色改变，或舌苔紧凑变样，或干湿度发生变化。

2. 望舌的方法　望舌的顺序是先看舌尖，再看舌中、舌边，最后看舌根部。由于舌质的颜色易变，伸舌较久则随血脉的运营变化而使舌质色泽失真，而舌苔覆盖于舌体上，一般不会随观察的久暂而变化，因而望舌应当先看舌质，再看舌苔。再根据舌质、舌苔的基本特征，分项察看，望舌质，主要观察舌质的颜色、光泽、形状及动态等；察舌苔，重点观察舌苔的有无、色泽、质地及分布状态等。在望舌过程中，既要迅速敏捷，又要全面准确，尽量减少患者伸舌的时间，以免口舌疲劳。若一次望舌判断不准，可让患者休息片

刻后，再重新望舌。根据临床需要，还可察看舌下络脉。

除了通过望诊了解舌象特征之外，为了使诊断更加准确，必要时还应配合其他诊察方法。如清·梁玉瑜在《舌鉴辨证》中提出用刮舌验苔的方法进行舌诊，认为刮去浮苔，观察苔底是辨舌的一个重要方面。刮舌可用消毒压舌板的边缘，以适中的力量，在舌面上由舌根向舌尖刮三至五次。若刮之不去或刮而留有污渍，多为里有实邪；刮之即去，舌体明净光滑者，多为虚证。如需揩舌，可用消毒纱布卷在食指上，蘸少许清洁水在舌面上揩抹数次。这两种方法可用于鉴别舌苔有根无根，以及是否属于染苔。

此外，还可以询问舌上味觉的情况，舌体是否有疼痛、麻木、灼辣等异常感觉，舌体运动是否灵活等，以协助诊断。

3. 望舌的注意事项　为了使舌诊所获得的信息准确，必须注意排除各种操作因素所造成的虚假舌象。

（1）光线影响：光线的强弱与色调，对颜色的影响极大。望舌以白天充足而柔和的自然光线为佳，如在夜晚或暗处，用日光灯为好，光线要直接照射到舌面，避免面对有色的门窗。如光线过暗，可使舌色暗滞；日光灯下，舌色多偏紫；白炽灯下，舌苔偏于黄色；用普通灯泡或手电筒照明，易使舌苔黄、白二色难以分辨。周围有色物体的反射光，可使舌色发生相应的改变。

（2）饮食或药品影响：饮食及药物可使舌象发生变化。如进食之后，由于食物的反复磨擦，使舌苔由厚变薄；饮水后，可使干燥舌苔变为湿润。过冷、过热的饮食及刺激性食物可使舌色发生改变，如刚进辛热食物，舌色可由淡红变为鲜红，或由红色转为绛色。过食肥甘之品及服大量镇静剂，可使舌苔厚腻；长期服用某些抗生素，可产生黑腻苔或霉腐苔。某些饮食或药物，会使舌苔染色，称为染苔。如饮用牛奶、豆浆、钡剂、椰汁等可使舌苔变白、变厚；食用花生、瓜子、豆类、核桃、杏仁等富含脂肪的食品，往往在短时间可使舌面附着黄白色渣滓，易与腐腻苔相混；食用蛋黄、橘子、柿子、核黄素等，可将舌苔染成黄色；各种黑褐色食品、药品，或吃橄榄、酸梅，长期吸烟等，可使舌苔染成灰色、黑色。一般染苔多在短时间内自然退去，或经揩舌除去，与病情亦不相符。如有疑问，可询问饮食、服药等情况进行鉴别。

（3）口腔对舌象的影响：牙齿残缺，可造成同侧舌苔偏厚；镶牙可以使舌边留有齿痕；睡觉时张口呼吸者，可以使舌苔增厚、干燥等等。这些因素所致的舌象异常，都不能作为机体的病理征象，临床上应仔细鉴别，以免误诊。

（四）舌诊的内容和正常舌象

1. 舌诊的内容　舌诊主要是观察舌质和舌苔两个方面的变化。舌质是指舌的肌肉脉络组织，为脏腑气血之所荣。望舌质包括舌的颜色、形质和动态，以诊察脏腑的虚实，气血的盛衰。舌苔是指舌面上附着的一层苔状物，是胃气上蒸所生。望舌苔包括诊察苔质和苔色两个方面的情况，以察病邪的性质、浅深，邪正的消长。望诊时，必须全面观察舌质与舌苔，并进行综合分析，才能全面了解病情。

2. 正常舌象　正常舌象的特征是：舌体柔软灵活，舌色淡红明润，舌苔薄白均匀，苔质干湿适中，简称"淡红舌，薄白苔"。提示胃气旺盛，气血津液充盈，脏腑功能正常。

3. 舌象的生理变异　正常舌象受内外环境的影响，可以产生生理性变异。所以诊舌时注意某些生理变异，知常达变，才能准确地判断舌象。

（1）年龄因素：年龄是舌象生理变异的重要因素之一。如老年人精气渐衰，气血常常偏虚，脏腑功能减退，气血运行迟缓，舌色多暗红；儿童阴阳稚弱，脾胃功能尚薄，生长发育很快，往往处于代谢旺盛而营养相对不足的状态，故舌多淡嫩，舌苔偏少易剥。

（2）性别因素：舌象一般与性别无明显关系，但女性受月经周期的生理影响，在经期可以出现蕈状乳头充血，舌质偏红，或舌尖边部点刺增大，月经过后恢复正常。

（3）体质禀赋因素：由于先天禀赋的差异，每个人的体质不尽相同，舌象可以出现一些差异。如裂纹舌、齿痕舌、地图舌等有属于先天性者，除有相应病理表现外，一般情况下多无临床意义。

（4）气候环境因素：季节与地域的差别会产生气候环境的变化，引起舌象的相应改变。在季节方面，夏季暑湿盛时，舌苔多厚，多见淡黄色；秋季燥气当令，苔多偏薄偏干；冬季严寒，舌常湿润。在地域方面，我国东南地区偏湿偏热，西北及东北地区偏寒冷干燥，均会使舌象发生一定的差异。

二、望舌质

望舌质主要观察舌色、舌形、舌态，以及舌下络脉四部分。

（一）舌色

舌色，即舌质的颜色。一般分为淡红、淡白、红、绛、青紫五种。

1. 淡红舌

【舌象特征】舌色淡红润泽，白中透红。

【临床意义】为气血调和的征象，常见于正常人或病之轻者。

【机理分析】淡红舌是心血充足，胃气旺盛的表现。红为血之色，明润光泽为胃气之华。故《舌苔统志》说："舌色淡红，平人之候……红者心之气，淡者胃之气。"

外感病轻浅阶段，尚未伤及气血及内脏时，舌色仍可保持正常而呈淡红；内伤杂病中，若舌色淡红明润，提示阴阳平和，气血充盈，病情尚轻，或为疾病转愈之佳兆。

2. 淡白舌

【舌象特征】比正常舌色浅淡。舌色白，几无血色者，称为枯白舌。

【临床意义】主气血两虚、阳虚。枯白舌主脱血夺气。

【机理分析】气血亏虚，血不荣舌，或阳气虚衰，运血无力，不能载血以营养舌质所致。若淡白光莹，舌体瘦薄，属气血两虚；若淡白湿润，舌体胖嫩，多属阳虚水湿内停。脱血夺气，病情危重，舌无血气充养，故见枯白舌。

3. 红舌

【舌象特征】较正常舌色红，甚至呈鲜红者。可见于整个舌体，亦可只见于舌尖、舌两边。

【临床意义】主实热、阴虚。

【机理分析】由于血得热则循行加速，舌体脉络充盈；或因阴液亏乏，虚火上炎，故舌色鲜红。舌色稍红，或仅舌边尖略红，多属外感风热表证初起；舌色鲜红，舌体不小，多属实热证。舌尖红，多为心火上炎；舌两边红，多为肝经有热。舌鲜红少苔，舌体小，或有裂纹，或红光无苔，为虚热证。

4. 绛舌

【舌象特征】较红舌颜色更深，或略带暗红色。

【临床意义】主里热亢盛、阴虚火旺。

【机理分析】绛舌多由红舌进一步发展而成。其形成的原因是热入营血，气血沸涌，耗伤营阴，血液浓缩而瘀滞；或虚火上炎，舌体脉络充盈所致。

舌绛有苔，多为温热病热入营血，或脏腑内热炽盛。绛色愈深，热邪愈甚。舌绛少苔或无苔，或有裂纹，多为久病阴虚火旺，或热病后期阴液耗损。

5. 青紫舌

【舌象特征】全舌呈现紫色，或局部现青紫斑点。舌淡而泛现青紫者，为淡紫舌；舌红而泛现紫色者，为紫红舌；舌绛而泛现紫色者，为绛紫舌；舌体局部出现青紫色斑点者，为斑点舌。

【临床意义】主血行不畅。

【机理分析】紫舌多由淡白舌或红绛舌发展而成，故其主病即是在淡白舌或红绛舌的基础上出现气血运行不畅的病理改变。

全舌青紫，多是全身性血行瘀滞；舌有紫色斑点，多是瘀血阻滞于某局部或是血络损伤。

舌色淡红中泛现青紫，多是肺气壅滞，或肝郁血瘀，或气虚无力行血所致；也可见于先天性心脏病，或某些药物、食物中毒等。

淡紫舌多由淡白舌转变而成，舌淡紫而湿润。多是阴寒内盛，或阳气虚衰，血行瘀滞所致。

紫红舌、绛紫舌多由红绛舌发展而来，舌紫红、绛紫而干枯少津。多是热毒炽盛，气血壅滞所致。

（二）舌形

舌形是指舌质的形状，包括老嫩、胖瘦、点刺、裂纹和齿痕等方面的特征。

1. 老、嫩舌

【舌象特征】舌质纹理粗糙或皱缩，坚敛而不柔软，舌色较暗者，为苍老舌；舌质纹理细腻，浮胖娇嫩，舌色浅淡者，为娇嫩舌。

【临床意义】老舌多见于实证；嫩舌多见于虚证。

【机理分析】由于实邪亢盛，充斥体内，正气未衰，邪正交争，邪气壅滞于上，故舌质苍老；气血不足，舌体脉络不充，或阳气亏虚，运血无力，寒湿内生，则舌嫩色淡白。

2. 胖、瘦舌

【舌象特征】舌体比正常舌大而厚，伸舌满口，称为胖大舌。舌体胀大满嘴，甚至不能闭口，不能缩回，称为肿胀舌。舌体比正常舌瘦小而薄，称为瘦薄舌。

【临床意义】胖大舌多主水湿内停、痰湿热毒上泛。瘦薄舌多主气血两虚、阴虚火旺。

【机理分析】舌淡胖大者，多为脾肾阳虚，津液输布失常，水湿内停所致；舌红胖大者，多为脾胃湿热或痰热内蕴，或平素嗜酒，湿热酒毒上泛所致。舌肿胀色红绛，多为心脾热盛，热毒上壅。青紫肿胀者，多见于先天性舌血管瘤患者。

瘦薄舌总由气血阴液不足，舌失濡养所致。舌体瘦薄而色淡者，多属气血两虚；舌体瘦薄而色红绛干燥者，多见于阴虚火旺，津液耗伤。

3. 点、刺舌

【舌象特征】点，指突起于舌面的红色或紫红色星点。大者为星，称红星舌；小者为点，称红点舌。刺，指舌乳头突起如刺，摸之棘手的红色或黄黑色点刺，称为芒刺舌。点和刺相似，时常并见，故合称点刺舌。多见于舌尖部。

【临床意义】提示脏腑热极，或为血分热盛。

【机理分析】点刺是由蕈状乳头增生，数目增多，充血肿大而成。舌生点刺，是邪热内蕴，营热郁结，舌络充斥的表现。一般来说，点、刺越多，邪热越盛。

根据点刺所在部位，一般可以推测热在何脏。如舌尖生点刺，多为心火亢盛；舌中生点刺，多为胃肠热盛；舌两边生点刺，为肝胆火盛。

观察点刺的颜色，可以判断气血运行情况以及病情的轻重。如舌红而生芒刺，多为气分热盛；点刺色鲜红，多为血热内盛，或阴虚火旺；点刺色绛紫，为热入营血致气血壅滞。

4. 裂纹舌

【舌象特征】舌面上出现各种形状的裂纹、裂沟，沟裂中并无舌苔覆盖。舌上裂纹可多少不等，深浅不一，可见于全舌，亦可见于舌前部或舌尖、舌边等处，裂纹可呈"人""川""爻"等形状，严重者可如脑回状、卵石状，或如刀割、剪碎一样。

【临床意义】主邪热炽盛、阴液亏虚、血虚不润、脾虚湿侵。

【机理分析】舌红绛而有裂纹，多为热盛伤津或阴液虚损。舌淡白而有裂纹，多为血虚不能濡润舌体。舌淡白胖嫩，边有齿痕又兼见裂纹者，多为脾虚失运，湿邪内侵，舌体失养。先天性舌裂，指生来舌面上就有较浅的裂沟、裂纹，裂纹中一般有苔覆盖，且无不适感觉者，应与病理性裂纹相鉴别。

5. 齿痕舌

【舌象特征】舌体边缘有牙齿压迫的痕迹。

【临床意义】主脾虚、水湿内盛证。

【机理分析】舌边有齿痕，多因舌体胖大而受牙齿挤压所致，故常与胖大舌并见。舌淡胖大而润，有齿痕者，多为寒湿壅盛，或阳虚水湿内停。舌质淡红而有齿痕者，多为脾虚或气虚。舌红肿胀而有齿痕者，多为湿热、痰浊壅滞。舌淡红而嫩，舌体不大而边有轻微齿痕者，多为先天性齿痕舌；若病中见之多提示病情较轻，常见于小儿或气血不足者。

（三）舌态

舌态，指舌体的动态。舌体活动灵便，伸缩自如，为正常舌态。提示脏腑机能健旺，气血充盛，经脉调匀。常见的病理舌态有痿软、强硬、歪斜、颤动、吐弄和短缩等。

1. 痿软舌

【舌象特征】舌体软弱无力，不能随意伸缩回旋。

【临床意义】多见于伤阴或气血俱虚。

【机理分析】痿软舌多因气血亏虚、阴液亏损，舌肌筋脉失于濡养所致。舌痿软而红绛少苔或无苔，多见于外感热病后期，邪热伤阴，或内伤久病，阴虚火旺。舌痿软而淡白无华，多为气血俱虚，舌体失养所致，常见于慢性久病。舌红干而渐痿者，乃肝肾阴亏，舌肌筋脉失养所致。

2. 强硬舌

【舌象特征】舌失柔和，屈伸不利，或板硬强直，不能转动。

【临床意义】多见于热入心包，或为高热伤津，或为风痰阻络。

【机理分析】因舌能调节发音，故强硬舌常伴有语言謇涩。外感热病，热入心包，扰乱心神，致舌无主宰；或高热伤津，筋脉失养，使舌体失其柔和与灵活，或肝风夹痰，阻滞舌体脉络，致舌体强硬失柔。

舌强硬而色红绛少津，多因邪热炽盛所致。舌体强硬、胖大兼厚腻苔，多因风痰阻络所致。舌强语言謇涩，伴肢体麻木、眩晕，多为中风先兆。

3. 歪斜舌

【舌象特征】伸舌时舌体偏向一侧，或左或右。

【临床意义】多见于中风、喑痱，或中风先兆。

【机理分析】多由肝风内动，夹痰或夹瘀，或痰瘀阻滞一侧经络，而致舌肌弛缓，收缩无力，故伸舌时舌体歪向一侧。

4. 颤动舌

【舌象特征】舌体震颤抖动，不能自主。轻者仅伸舌时颤动，重者不伸舌时亦抖颤难宁。

【临床意义】为肝风内动的征象。可因热极、阳亢、阴亏、血虚等所致。

【机理分析】气血亏虚，使筋脉失于濡养而无力平稳伸展舌体；或因热极阴亏而动风、肝阳化风等，皆可致舌体颤动。

久病舌淡白而颤动者，多为血虚动风。新病舌绛而颤动者，多为热极生风。舌红少津而颤动，多为阴虚动风、肝阳化风。另外，酒毒内蕴，也可见舌体颤动。

5. 吐弄舌

【舌象特征】舌伸于口外，不即回缩者，称为吐舌；舌反复吐而即回，或舌舐口唇四周，掉动不宁者，均称弄舌。

【临床意义】多为心脾有热。

【机理分析】心热则动风，脾热则津耗，以致舌体吐弄不宁。吐舌，多见于疫毒攻心，或正气已绝。弄舌，多见于热甚动风先兆。吐弄舌，多见于小儿智力发育不全。

6. 短缩舌

【舌象特征】舌体卷短、紧缩，不能伸长，严重者舌不抵齿。短缩舌常与痿软舌并见。

【临床意义】多为病情危重的征象。

【机理分析】舌短缩，色淡白或青紫而湿润者，多属寒凝筋脉，舌脉挛缩；或气血俱虚，舌失充养；舌短缩而红绛干燥者，多属热盛伤津，筋脉拘急；舌短缩而胖大，苔滑腻者，多属脾虚不运，痰浊内蕴，经气阻滞。

（四）望舌下络脉

舌底舌系带两侧各有一条纵行的大络脉，称为舌下络脉。正常的舌下络脉，管径不超过2.7mm，长度不超过舌尖至舌下肉阜连线的五分之三，颜色暗红。脉络无怒张、紧束、弯曲、增生，排列有序。绝大多数为单支，极少有双支出现。

望舌下络脉主要观察其长度、形态、颜色、粗细、舌下小血络等变化。

1. 望舌下络脉的方法　让患者张口，将舌体向上腭方向翘起，舌尖轻抵上腭，勿用力太过，使舌体保持自然放松，舌下络脉充分显露。首先观察舌系带两侧大络脉的长短、粗细、颜色，有无怒张、弯曲等异常改变。然后再观察周围细小络脉的颜色、形态有无异常。

2. 舌下络脉异常及其临床意义　舌下络脉短而细，周围小络脉不明显，舌色偏淡者，多属气血不足。舌下络脉粗胀，或呈青紫、绛、绛紫、紫黑色，或舌下细小络脉呈暗红色或紫色网络，或舌下络脉曲张如紫色珠子状大小不等的结节等改变，都是血瘀的征象。其形成原因可有气滞、寒凝、热郁、痰湿、气虚、阳虚等，需结合其他症状综合分析。舌下络脉的变化，有时会出现在舌色变化之前。因此，舌下络脉是分析气血运行情况的重要依据。

三、 望舌苔

舌苔，指舌面上的一层苔状物，由脾胃之气蒸化胃中水谷之气而成。正常的舌苔表现为：薄白均匀，干湿适中，舌面的中部和根部稍厚。望舌苔主要观察苔质和苔色的变化。

（一）苔质

苔质，即舌苔的质地、形态。主要观察舌苔的厚薄、润燥、腻腐、剥落、真假等。

1. 薄、厚苔

【舌象特征】舌苔的厚薄以"见底""不见底"为衡量标准。透过舌苔能隐隐见到舌体者，为薄苔，又称见底苔；不能透过舌苔见到舌体者，为厚苔，又称不见底苔。

【临床意义】主要反映邪正的盛衰和邪气的深浅。

【机理分析】薄苔见于正常人，提示胃有生发之气，亦可见于表证或病轻之里证；厚苔是由胃气挟邪气熏蒸所致，主痰湿、食积、里热等证。

舌苔的厚薄变化，可以反映邪正的消长进退。舌苔由薄转厚，提示邪气渐盛，或表邪入里，为病进；舌苔由厚转薄，或舌上复生薄白新苔，提示正气胜邪，或内邪消散外达，为病退。

舌苔的厚薄转化，以渐变为佳，若薄苔突然增厚，提示邪气极盛，迅速入里；若厚苔骤然消退，而舌上无新生舌苔，为正不胜邪，或胃气暴绝。

2. 润、燥苔

【舌象特征】舌苔润泽有津，干湿适中，为润苔；舌面水分过多，伸舌欲滴，扪之湿滑，为滑苔；舌苔干燥，扪之无津，甚则舌苔干裂，为燥苔；苔质粗糙如砂石，扪之碍手，为糙苔。

【临床意义】主要反映体内津液的盈亏和输布情况。

【机理分析】润苔是正常舌苔的表现之一，是胃津、肾液上承，布露舌面的表现。若病中见润苔，多提示津液未伤，常见于风寒表证、湿证初起、食滞、瘀血等。

滑苔为水湿之邪内聚的表现，主痰饮、水湿。

燥苔主津液已伤。常见于高热、大汗、吐泻后，或过服温燥药物等。也有因痰饮、瘀血内阻，阳气被遏，津不上承者，属津液输布障碍。

糙苔，可由燥苔发展而来。若舌苔干结粗糙，津液全无，多见于热盛伤津之重证；苔质粗糙而不干者，常为秽浊之邪盘踞中焦。

舌苔润燥变化的一般规律是：舌苔由润变燥，表示热重津伤，或津失输布；舌苔由燥转润，主热退津复，或饮邪始化。

3. 腻、腐苔

【舌象特征】苔质致密，颗粒细小，融合成片，如涂有油腻之状，中间厚边周薄，紧贴舌面，揩之不去，刮之不脱，称为腻苔；苔质疏松，颗粒粗大，形如豆腐渣堆积舌面，边中皆厚，揩之易去，称为腐苔。若舌上黏厚一层，有如疮脓，则称脓腐苔。

【临床意义】主要反映阳气与湿浊的消长。主痰浊、食积；脓腐苔主内痈。

【机理分析】腻苔，多由湿浊内蕴，阳气被遏，湿浊痰饮停聚舌面所致。舌苔薄腻，或腻而不板滞者，多为食积，或脾虚湿困；舌苔白腻而滑者，多为痰浊、寒湿内阻；舌苔黏腻而厚，口中发甜，多为脾胃湿热，邪聚上泛；舌苔黄腻而厚，多为痰热、湿热、暑湿等邪内蕴，腑气不畅。

腐苔，多由阳热有余，蒸腾胃中秽浊之邪上泛，聚积舌面而成。主食积胃肠，或痰浊内蕴。脓腐苔，多见于内痈或邪毒内结，是邪盛病重的表现；病中腐苔渐退，续生薄白新苔，为正气胜邪之象，是病邪消散；若腐苔脱落，不能续生新苔者，为病久胃气衰败，属于无根苔。

4. 剥（落）苔

【舌象特征】舌面本有舌苔，疾病过程中舌苔全部或部分剥落，剥落处光滑无苔，称为剥苔。一般根据舌苔剥落的部位和范围大小，可分为：舌前半部苔剥落者，称前剥苔；舌中部苔剥落者，称中剥苔；舌根部苔剥落者，称根剥苔。舌苔多处剥落，舌面仅斑驳残存少量舌苔者，称花剥苔；舌苔周围剥落，仅留中心一小块者，称为鸡心苔；舌苔全部剥落，舌面光洁如镜者，称为镜面舌；舌苔不规则地剥落，边缘凸起，界限清楚，形似地图，部位时有转移者，称为地图舌。舌苔剥落处，舌面不光滑，仍有新生苔质颗粒，或舌乳头可见者，称为类剥苔。

【临床意义】主胃气不足，胃阴枯竭或气血两虚。亦是全身虚弱的一种征象。

【机理分析】剥脱苔的形成，多因胃气匮乏，不得上熏于舌，或胃阴枯涸，不能上潮于舌所致。

舌红苔剥多为阴虚；舌淡苔剥或类剥苔多为血虚，或气血两虚；镜面舌色红绛者，为胃阴枯竭，胃乏生气之兆，属阴虚重症；舌色㿠白如镜，甚则毫无血色者，主营血大亏，阳气虚衰，病重难治。舌苔部分剥落，未剥落处仍有腻苔者，多为正气亏虚、痰浊未化，病情较为复杂。

总之，观察舌苔有无、消长及剥落变化，不仅能测知胃气、胃阴的存亡，亦可反映邪正盛衰，判断疾病的预后。舌苔从全到剥，是胃的气阴不足，正气渐衰的表现；舌苔剥落后，复生薄白之苔，为邪去正胜，胃气渐复的佳兆。

5. 真、假苔

【舌象特征】舌苔紧贴于舌面，刮之难去，刮后仍留有苔迹，不露舌质，舌苔似从舌体上长出者，称为有根苔，此属真苔；若舌苔不紧贴舌面，不像舌所自生而似涂于舌面，苔易刮脱，刮后无垢而舌质光洁者，称为无根苔，即是假苔。

【临床意义】对辨别疾病的轻重、预后有重要意义。

【机理分析】判断舌苔真假，以有根无根为标准。真苔是脾胃生气熏蒸食浊等邪气上聚于舌面而成，苔有根蒂，故舌苔与舌体不可分离；假苔是因胃气匮乏，不能续生新苔，而已生之旧苔逐渐脱离舌体，浮于舌面，故苔无根蒂，刮后无垢。

疾病的初、中期，舌见真苔且厚，为胃气壅实，病较深重；久病见真苔，为胃气尚存。久病见假苔，是胃气匮乏，不能上潮，病情危重。舌面上涂一层厚苔，望似无根，刮后却见已有薄薄新苔者，是疾病向愈的善候。

（二）苔色

苔色的变化主要有白、黄、灰黑三类，临床可单独出现，也可相兼出现。各种苔色变化需要同苔质、舌色和舌的形态变化结合起来综合分析。

1. 白苔

【舌象特征】舌面上所附着的苔垢呈现白色。白苔有厚薄之分，苔白而薄，透过舌苔可看到舌体者，是薄白苔；苔白而厚，不能透过舌苔见到舌体者，是厚白苔。

【临床意义】可为正常舌苔，病中多主表证、寒证、湿证，也可见于热证。

【机理分析】白苔为舌苔之本色，是最常见的苔色，其他苔色均可由白苔转化而成。

苔薄白而润，可为正常舌象，或为表证初起，或是里证病轻，或是阳虚内寒。苔薄白而滑，多为外感寒湿，或脾肾阳虚，水湿内停。苔薄白而干，多为外感风热。苔白厚腻，多为湿浊内停，或为痰饮、食积。苔白厚而干，多为痰浊湿热内蕴；苔白如积粉，扪之不燥者，称为积粉苔，常见于瘟疫或内痈等病，是由秽浊湿邪与热毒相结而成。苔白而燥裂，粗糙如砂石，提示燥热伤津，阴液亏损。

2. 黄苔

【舌象特征】舌苔呈现黄色。根据苔黄的程度，有淡黄、深黄和焦黄之分。淡黄苔又称微黄苔，苔呈浅黄色，多由薄白苔转化而成；深黄苔又称正黄苔，苔色黄而深厚；焦黄苔又称老黄苔，是正黄色中夹有灰黑色苔。

【临床意义】主热证、里证。

【机理分析】由于邪热熏灼于舌，故苔现黄色。苔色愈黄，热邪愈甚。淡黄苔为热轻，深黄苔为热甚，焦黄苔为热极。舌苔由白转黄或黄白相间为外感表证、表里相兼、表邪入里化热的阶段。故《伤寒指掌》说："但看舌苔带一分白，病亦带一分表，必纯黄无白，邪方离表入里。"

薄黄苔，提示热势轻浅，多见于风热表证，或风寒化热入里。

苔淡黄而润滑多津者，称黄滑苔，多为阳虚寒湿之体，痰饮聚久化热；或是气血亏虚，复感湿热之邪所致。

苔黄而质腻者，称黄腻苔，主湿热或痰热内蕴，或食积化腐。

苔黄而干燥，甚至苔干而硬，颗粒粗大，扪之糙手者，称黄糙苔；苔黄而干涩，中有裂纹如花瓣形，称黄瓣苔；黄黑相兼，如烧焦的锅巴，称焦黄苔。均主邪热伤津，燥结腑实之证。

3. 灰黑苔

【舌象特征】苔色浅黑，为灰苔；苔色深黑，为黑苔。灰苔与黑苔同类，常并称为灰黑苔。灰黑苔多由白苔或黄苔转化而成，多在疾病持续一定时日、发展到相当程度后才出现。

【临床意义】主邪热炽盛，或阴寒内盛。

【机理分析】灰黑苔既可见于热性病中，也可见于寒湿病中，但无论寒热均属重证，黑色越深，病情越重。苔灰黑而干燥，主热极伤津；苔灰黑而湿润，多主阳虚寒湿内盛，或痰饮内停。苔黑而黄，称为霉酱苔，常见于胃肠素有湿浊宿食，积久化热，或湿热夹痰的病证。

四、 舌象分析要点及舌诊的临床意义

(一) 舌象分析要点

1. 察舌的神气和胃气　察舌神是观察舌体的色泽和舌体运动两方面；察舌的胃气是观察舌苔有根无根。舌色红活明润，舌体活动自如者，为有神气；舌苔有根者，为有胃气。舌象有神气、胃气，说明病情较轻，正气未衰，或疾病虽重，但预后较好；舌象无神气、无胃气，说明病情较重，或不易恢复，预后较差。

2. 舌质舌苔的综合分析　舌苔和舌质的变化，所反映的生理病理意义各有侧重。一般认为，舌质颜色、形态主要反映脏腑气血津液的情况；舌苔的变化主要与感受病邪的性质和胃气的盛衰有关。所以，察舌质可以了解脏腑虚实、气血津液的盛衰；察舌苔重在辨别病邪的性质、邪正的消长及胃气的存亡。

（1）舌苔或舌质单方面异常：一般无论病之新久，提示病情尚属单纯。如淡红舌而伴有干、厚、腻、滑、剥等苔质变化，或苔色出现黄、灰、黑等异常时，主要提示病邪性质、病程长短、病位深浅、病邪盛衰和消长等方面的情况，正气尚未明显损伤，故临床治疗时应以祛邪为主。舌苔薄白而出现舌质老嫩、舌体胖瘦或舌色红绛、淡白、青紫等变化时，主要反映脏腑功能强弱，或气血、津液的盈亏以及运行的畅滞，病邪损及营血的程度等，临床治疗应着重于调整阴阳，调和气血，扶正祛邪。

（2）舌质和舌苔均出现异常：①舌质和舌苔变化一致，提示病机相同，所主病证一致，说明病变比较单纯。如舌质淡嫩，舌苔白润，主虚寒证；舌质红，舌苔黄燥，主实热证；舌质红绛而有裂纹，舌苔焦黄干燥，多主热极津伤；青紫舌，白腻苔，多主气血瘀阻，痰湿内停。②舌苔和舌质变化不一致，多提示病因病机复杂，此时应对二者的病因病机以及相互关系进行综合分析。如淡白舌，却见黄腻苔，舌淡白主虚寒，而苔黄腻又主湿热，舌色与舌苔反映的病性相反，但舌质主要反映正气，舌苔主要反映病邪，所以平素脾胃虚寒者，复感湿热之邪，便可见上述舌象，此为寒热夹杂，本虚标实。又如舌红绛，苔白滑腻者，舌红绛属内热，而白滑腻苔又常见于寒湿内郁，苔和舌反映出寒、热两种病性，其成因可由外感热病，营分有热，故舌红绛，但气分有湿，则苔白滑腻。舌苔、舌质不一致的常见舌象辨证规律为：淡白舌白燥苔，主脾肺气虚证或燥邪伤肺证；淡白舌黄滑苔，主素体阳虚，感受湿热；淡白舌黄燥苔，主气血两虚兼气分热盛；红舌黄滑腻苔，主胃肠湿热；绛舌白粉苔，主瘟疫邪陷营分；青紫舌黄滑苔，主寒凝血脉，兼痰湿内停。

3. 舌象的动态分析　在疾病发展过程中，无论外感与内伤，都有一个发生、发展变化的动态过程，舌象亦随之相应变化。因此观察舌象的动态改变，可以了解疾病的进退、顺逆。

在外感病中舌苔由薄变厚，表明邪气由表入里；舌苔由白转黄，为病邪化热的征象；舌色由淡红变红绛，舌苔干燥为邪热充斥，气营两燔；舌苔剥落，舌质红绛，为热入营血，气阴俱伤。

在内伤杂病的发展过程中，舌象亦会产生一定的变化规律，如中风患者舌色淡红，舌苔薄白，表示病情较轻，预后良好；如舌色由淡红转红、转暗红、红绛、紫暗，舌苔黄腻或焦黑，或舌下络脉怒张，表明风痰化热，瘀血阻滞；反之，舌色由暗红、紫暗转为淡红，舌苔渐化，多提示病情趋向稳定好转。

掌握舌象与疾病发展变化的关系，可以充分认识疾病不同阶段所发生的病理改变，为早期诊断、早期治疗提供重要依据。

（二）舌诊的临床意义

舌诊简便易行，舌象的变化能较客观准确地反映病情，故对诊断疾病、了解病情的发展变化和辨证，都有十分重要的意义。

知 识 链 接

《临症验舌法》论望舌之意义

凡内外杂证，无一不呈其形，著其气于舌……据舌以分虚实，而虚实不爽焉；据舌以分阴阳，而阴阳不谬焉；据舌以分脏腑、配主方，而脏腑不差，主方不误焉。危急疑难之顷，往往无证可参，脉无可按，而惟以舌为凭；妇女幼稚之病，往往闻之无息，问之无声，而唯有舌可验。

1. 判断邪正盛衰　邪正盛衰，可从舌象上反映出来。如舌体淡红，柔软灵活，苔薄白而润，表明气血充盛，津液未伤；舌色淡白，是气血两虚；舌干苔燥，是津液已伤；舌苔有根，是胃气充足；舌苔无根或光剥无苔，是胃气衰败。舌苔厚则为邪气盛，舌苔薄则为邪气不盛。

2. 区别病邪性质　不同的病邪致病，舌象特征亦各异。如外感风寒，苔多薄白；外感风热，苔多薄白而干或薄黄。寒湿为病，多见舌淡苔白滑；痰饮、湿浊、食滞或外感秽浊之气，均可见舌苔厚腻；燥热为病，则舌红少津；实热证，则舌红绛苔黄燥；内有瘀血，舌紫暗或有斑点，或舌下络脉怒张。故风、寒、热、燥、湿、痰、瘀、食等各种病因，大多可从舌象上加以辨别。

3. 分析病位浅深　病邪轻浅多只见舌苔变化，而病情深重可见舌苔舌质同时变化。如在外感温热病中，苔薄白是疾病初起，病情轻浅；苔黄厚，舌质红为病邪入里，病情较重，主气分热盛；舌绛则为邪入营分；舌质深绛或紫暗，苔少或无苔则为邪入血分。表明不同的舌象提示病位浅深不同。

4. 推断病势进退　病情发展的进退趋势，可从舌象上反映出来。从舌苔上看，若苔色由白转黄，由黄转灰黑，苔质由薄转厚，由润转燥，多为病邪由表入里，由轻变重，由寒化热，邪热内盛，津液耗伤，为病势发展；反之，舌苔由厚变薄，由黄转白，由燥变润，为病邪渐退，津液复生，病情向好的趋势转变。若舌苔骤增骤退，多为病情暴变。如薄苔突然增厚，是邪气急骤入里的表现；若满舌厚苔突然剥落，舌面光滑无苔，则是邪盛正衰，胃气暴绝的表现，二者皆为恶候。从舌质上看，舌色由淡红转为红、绛或绛紫，或舌面有芒刺、裂纹，是邪热内入营血，有伤阴、血瘀之势；若淡红舌转淡白、淡紫湿润，舌体胖嫩有齿痕，为阳气受伤，阴寒内盛，病邪由表入里，由轻转重，病情由单纯变复杂，为病进。

5. 估计病情预后　舌荣有神，舌面有苔，舌态正常者，为邪气未盛，正气未伤，胃气未败，预后较好；舌质枯晦，舌苔无根，舌态异常者，为正气亏虚，胃气衰败，病情多凶险。

项目五　望小儿指纹

望小儿指纹，是指通过观察三岁以内小儿两手食指掌侧前缘部的浅表络脉的形色变化，来诊察病情的方法。

一、 指纹三关分部

因食指掌侧前缘络脉为寸口脉的分支（其支从腕出别上，循次指内廉，出其端），与寸口脉同属手太阴肺经，其形色变化，在一定程度上可以反映寸口脉的变化，故望小儿指纹与诊寸口脉意义相同，可以诊察体内的病变。加之三岁以内的小儿寸口脉位短小，诊脉时又常哭闹，气血先乱，使脉象失真。而小儿皮肤较薄嫩，食指络脉易于观察，故常以望指纹替代脉诊。

小儿食指按指节分为三关（图1-9）：食指第一节（掌指横纹至第二节横纹之间）为风关，第二节（第二节横纹至第三节横纹之间）为气关，第三节（第三节横纹至指端）为命关。

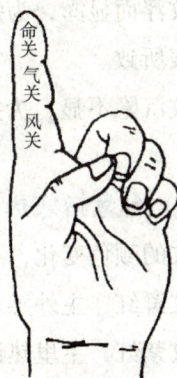

图1-9　小儿食指络脉三关图

二、 望指纹方法

诊察小儿指纹时，令家长抱小儿面向光亮，医生用左手拇指和食指握住小儿食指末端，再以右手拇指的侧缘蘸少许清水后在小儿食指掌侧前缘从指尖向指根部推擦几次，用力要适中，使指纹显露，便于观察。

（一）正常小儿指纹特点

在食指掌侧前缘，隐隐显露于掌指横纹附近，纹色浅红，呈单支且粗细适中。

（二）影响因素

小儿指纹容易受如下因素的影响。年幼儿络脉显露而较长；年长儿络脉不显而略短。皮肤薄嫩者，指纹较显而易见；皮肤较厚者，络脉常模糊不显。体瘦儿络脉较浅而易显；肥胖儿络脉较深而不显。天热脉络扩张，指纹增粗变长；天冷脉络收缩，指纹变细缩短。所以，望小儿指纹只有排除影响因素，才能做出正确诊断。

三、 望指纹内容

对小儿病理指纹的观察，应重点观察其纹位、纹态、纹色、纹形四方面的变化，其诊察要点可概括为：三关测轻重，浮沉分表里，红紫辨寒热，淡滞定虚实。

（一）三关测轻重

根据络脉在食指三关出现的部位，可以测定邪气的浅深、病情的轻重。

指纹显于风关者，是邪气入络，邪浅病轻，可见于外感初起。指纹达于气关者，是邪气入经，邪深病重。指纹达于命关者，是邪入脏腑，病情严重。指纹直达指端（称透关射甲），提示病情凶险，预后不良。

（二）浮沉分表里

指纹浮而显露，为病邪在表，多见于外感表证。多因外邪袭表，正气抗邪，鼓舞气血趋向于表所致。

指纹沉隐不显，为病邪在里，多见于内伤里证。多因邪气内困，阻滞气血难于外达所致。

（三）红紫辨寒热

指纹的颜色变化，主要有红、紫、青、黑、白等。

指纹鲜红，主外感表证、寒证。因邪正交争，气血趋向于表，指纹浮显所致。

指纹紫红，主里热证。因里热炽盛，脉络扩张，气血壅滞所致。

指纹色青，主疼痛、惊风。因痛则不通，或肝风内动，使脉络淤滞，气血不通所致。

指纹淡白，主脾虚、疳积。因脾胃气虚，生化不足，气血不能充养脉络所致。

指纹紫黑，主血络闭郁，病属危重。因实邪壅盛，心肺气衰，脉络瘀阻所致。

一般说来，纹色淡浅者，多属虚证，是正气不足；纹色深暗者，多属实证，是邪气有余。故《四诊抉微·卷之三·三关脉纹主病歌》有"紫热红伤寒，青惊白是疳，黑时因中恶，黄即困脾端"之说。

四、淡滞定虚实

指纹浅淡而纤细，多属虚证。因气血不足，脉络不充所致。

指纹浓滞而增粗，多属实证。因邪正相争，气血壅滞所致。

项目六　望诊方法与技巧训练

实训一　观看望诊、舌诊录像及舌象模型或图片

【实训目的】

通过观看望诊、舌诊录像及舌象模型或图片，掌握望诊和舌诊的方法，熟悉常见病理舌象的特征和临床意义。

【实训学时】

1学时。在实训室进行。

【实训准备】

多媒体投影设备 1 套，望诊及舌诊录像片，舌诊模型 6 套，舌诊图片 1 宗。

【实训方法】

集体观看录像片；分小组观看舌象模型或图片，注意观察各种病理性舌象的特征。

【实训内容】

观看望诊、舌诊录像及舌诊模型或图片。

【实训小结】

1. 简述望诊的基本方法和技巧，望诊的观察顺序。

2. 简述舌诊的基本方法和观察技术要点。

实训二　舌诊训练与体验

【实训目的】

通过观察正常人及患者的舌象，掌握舌诊方法与步骤，熟悉舌的结构和正常舌象的特征；掌握几种病理舌象的特征和临床意义。

【实训学时】

1 学时。在实训室进行。

【实训准备】

正常舌象的学生，若干个异常舌象者。

【实训方法】

1. 分组互相观察正常舌象，熟悉舌的结构。熟悉舌的不同部位与脏腑的分属关系，掌握正常舌象的特性。

2. 观察若干位患者（或患病学生）的舌象。

【实训内容】

1. 舌诊方法演示（舌诊模型）

（1）望舌时，医生姿势可略高于患者，以便俯视口舌部位。

（2）患者可采取坐位和仰卧位，面向自然光线，头略扬起，自然地将舌伸出口外，舌体放松，舌面平展，舌尖略向下，尽量张口使舌体充分暴露。

（3）望舌的顺序是先看舌尖，再看舌中、舌边，最后看舌根部。先看舌质，再看舌苔，再看舌底。

2. 舌诊训练

（1）按照教师的演示，结合示教图片，同学之间互相望舌，体会正常舌像和异常舌像。

（2）训练与体验内容包括：

舌质的神、色变化：荣、枯、淡白、红、绛、青紫等。

舌形变化：老、嫩、胖、瘦、芒刺、裂纹、齿痕等。

舌态变化：痿软、强硬、歪斜、颤动、吐弄、短缩等。

苔质变化：厚、薄、润、燥、滑、腻、腐、剥落等。

苔色变化：白、黄、灰黑等。

【实训小结】

通过本次练习，你对正常舌象的特征如何理解？掌握了几种异常舌象并描述其特征。

目标检测

A 型题

1. 下列各项，不属于得神表现的是（　　　）

    A. 两目灵活　　　　　　B. 神志清楚　　　　　　C. 颧赤如妆

    D. 面色荣润　　　　　　E. 呼吸平稳

2. 下列各项，不属于黑色所主病证的是（　　　）

    A. 寒证　　　　　　　　B. 水饮　　　　　　　　C. 瘀血

    D. 肾虚　　　　　　　　E. 脾虚

3. 目的"五轮学说"中，白睛称为（　　　）

    A. 风轮　　　　　　　　B. 血轮　　　　　　　　C. 肉轮

    D. 气轮　　　　　　　　E. 水轮

4. 战栗鼓颌，口唇振摇，其因多为（　　　）

    A. 风邪中络　　　　　　B. 风痰阻络　　　　　　C. 阳衰寒盛

    D. 胃气虚弱　　　　　　E. 热极生风

5. 咽喉部红肿高突，疼痛剧烈，吞咽困难，身发寒热的症状，称为（　　　）

    A. 乳蛾　　　　　　　　B. 喉痈　　　　　　　　C. 成脓

    D. 溃烂　　　　　　　　E. 伪膜

6. 椭圆形粉红色疱疹，浆液稀薄，皮薄易破，大小不等，分批出现者是（　　　）

    A. 风疹　　　　　　　　B. 水痘　　　　　　　　C. 白痦

    D. 湿疹　　　　　　　　E. 隐疹

7. 呕吐清水痰涎，伴胸闷，口干不欲饮，苔白腻，属于（　　）

    A. 寒邪犯胃　　　　　　B. 脾失健运　　　　　　C. 邪热犯胃

    D. 食积不化　　　　　　E. 肝胆郁热

8. 舌尖所候的脏腑是（　　）

    A. 肝胆　　　　　　　　B. 肾　　　　　　　　　C. 心肺

    D. 脾胃　　　　　　　　E. 三焦

9. 下列各项，不属于观察苔质的内容是（　　）

    A. 燥苔　　　　　　　　B. 厚苔　　　　　　　　C. 腐苔

    D. 黄苔　　　　　　　　E. 剥苔

10. 小儿指纹偏红的临床意义是（　　）

    A. 疳积　　　　　　　　B. 里热　　　　　　　　C. 表证

    D. 疼痛　　　　　　　　E. 惊风

A2 型题

11. 患者狂躁妄动，胡言乱语、少寐多梦，打人毁物，不避亲疏属（　　）

    A. 狂病　　　　　　　　B. 脏躁　　　　　　　　C. 痫病

    D. 惊风　　　　　　　　E. 癫病

12. 患者突然昏倒，口吐涎沫，四肢抽搐，醒后如常，可诊断为

    A. 狂证　　　　　　　　B. 癫证　　　　　　　　C. 痫证

    D. 中风　　　　　　　　E. 中暑

13. 某男，每于夏季面色微赤，入秋则面色淡白，此现象称为（　　）

    A. 主色　　　　　　　　B. 客色　　　　　　　　C. 常色

    D. 病色　　　　　　　　E. 恶色

14. 患者，女，32 岁。因劳累过度，不慎感冒，其后口角、唇边、鼻旁等皮肤黏膜交界处出现成簇粟米样大小水疱，灼热疼痛。此属（　　）

    A. 白痦　　　　　　　　B. 水痘　　　　　　　　C. 湿疹

    D. 热气疮　　　　　　　E. 缠腰火丹

15. 患者患疮疡，见体表局部范围较大、红肿、根盘紧束，伴有焮热疼痛者，属于

    A. 痈　　　　　　　　　B. 疖　　　　　　　　　C. 疔

    D. 疽　　　　　　　　　E. 水痘

16. 某女，27 岁。二个月来眼眶周围发黑，苔白滑，脉沉弦，此属（　　）

    A. 肾精亏虚　　　　　　B. 肾阳虚　　　　　　　C. 肾虚水饮

    D. 瘀血内停　　　　　　E. 肾阴虚

17. 患儿钱某，5 岁。一侧腮部以耳垂为中心肿起，边缘不清，质韧有压痛，影响饮

食，此属（　　）

  A. 面肿 B. 痄腮 C. 面脱 D. 口僻 E. 中风

18. 王某，男，久病鼻流浊涕，质稠量多，气味腥臭，属（　　）

  A. 外感风热   B. 湿热蕴阻   C. 风寒束肺

  D. 外感风寒   E. 燥邪犯肺

19. 某男，16 岁，恶寒发热，头身疼痛，脉浮紧，其舌象应为（　　）

  A. 薄白苔   B. 薄黄苔   C. 白干苔

  D. 黄燥苔   E. 白腻苔

20. 某女，1 岁。发热，微恶风寒，指纹色红，见于风关，属于（　　）

  A. 表邪入里   B. 外感初起   C. 里热亢盛

  D. 疼痛、惊风   E. 脾胃气虚

B 型题

  A. 面色荣润，目光精彩 B. 精神不振，健忘嗜睡 C. 精神萎靡，两目晦暗

  D. 淡漠寡言，闷闷不乐 E. 焦虑不安，心悸气促

21. 失神的表现是（　　）

22. 得神的表现是（　　）

  A. 青色、赤色   B. 青色、黑色   C. 黄色、黑色

  D. 赤色、白色   E. 赤色、黑色

23. 主瘀血证的面色有（　　）

24. 主水湿内停证的面色有（　　）

  A. 肺胃热盛   B. 虚火上炎   C. 肺胃热毒

  D. 风热痰火   E. 气郁痰凝

25. 咽喉红肿高突，疼痛剧烈，但未化脓属（　　）

26. 咽喉娇红疼痛，咽干不适，反复发作属（　　）

  A. 风痰   B. 寒痰   C. 热痰

  D. 湿痰   E. 燥痰

27. 痰白清稀，或有灰黑点者，为（　　）

28. 痰少而黏，难以咯出者，为（　　）

  A. 舌苔由白转黄 B. 舌苔由厚转薄 C. 舌苔由薄转厚

  D. 舌苔由燥变润 E. 舌苔由润变燥

29. 提示邪气入里的舌象表现是（　　）

30. 提示正气胜邪的舌象表现是（　　）

扫一扫，知答案

扫一扫，看课件

模块二
闻　诊

【学习目标】

1. 掌握音哑与失音、谵语、郑声、独语、错语、狂言、言謇、咳嗽、喘、哮、呕吐、呃逆、嗳气、太息的临床表现及其意义。
2. 熟悉口气、排泄物之气味异常的临床意义。
3. 了解病室气味异常的临床意义。

案例导入

1. 张某，男，45 岁，1997 年 4 月 10 日就诊。咳嗽已半年，音哑近 4 个月。现症：咳嗽不甚，音哑喉痛，气短懒言，食欲不振，脘腹胀痛，日渐消瘦，舌淡苔白，脉滑而细。

问题：什么原因引起了这些临床变化？

2. 薛某，女，35 岁，2016 年 8 月 6 日因神志错乱，狂躁不安前来就诊。时下妄言妄语，高谈阔论，骂詈不休，毁物伤人，无所不为，昼夜难寐，心中烦热，大渴引饮，饮不解渴，胸膈痞闷，满腹胀痛，按之坚硬，大便旬日未更，面色潮红，舌鲜红，苔黑黄而厚，燥起芒刺，六脉沉实滑数。

问题：听说或见到过这类患者吗？这些症状反映的临床意义是什么？请努力学习下面的知识吧！

闻诊包括听声音和嗅气味两个方面，是医生通过听觉和嗅觉了解由病体发出的各种异常声音和气味，来诊察疾病的方法。听声音是指听辨患者在疾病过程中的语声、语言、呼吸、咳嗽、呕吐、呃逆、嗳气、太息、喷嚏、呵欠、鼻鼾、肠鸣等各种声响；嗅气味是指嗅辨与疾病有关的气味，包括患者体内所发出的各种气味以及排泄物、分泌物和病室的异常气味。

由于声音和气味都是在脏腑生理活动和病理变化中产生的，所以通过听声音与嗅气味的异常变化可以诊察病情。

闻诊是中医学重要诊法之一，是诊察疾病的重要方法，是医生获得客观体征，从而进行诊病辨证的一个重要途径，颇受历代医家重视，对于诊断脏腑病证、判断疾病病机具有重要的临床意义。

项目一　听声音

听声音是指听辨患者言语气息的高低、强弱、清浊、缓急等变化，以及咳嗽、呕吐、呃逆、嗳气等异常声响，以分辨病情的寒热虚实性质的诊病方法。

声音的发出，是肺与喉、会厌、舌、齿、唇、鼻等器官协同作用的结果。除肺为发声的动力外，还与心、肝、脾、肾有着密切关系。因此，临床听辨声音的变化，不仅能诊察发音器官的病变，而且还可进一步推断内脏和整体的变化。

一、正常声音

正常声音是指人在生理状态下发出的声音，又称为"常声"。其特点是：发声自然，音调和谐，柔和圆润，语言流畅，言辞清楚，言与意符，应答自如等，表示人体气血充盈，发声器官和脏腑功能正常。但由于人的脏腑、形质、禀赋、性别、年龄等存在个体差异，故正常声音也有一些差异，如男性多声低而浊，女性多声高而清，儿童则声音尖利而清脆，老人则声音浑厚而低沉。此外，语声变化与情感变化亦相关，如喜时发声多欢悦而顺畅，怒时发声忿厉而急疾，悲时发声悲惨而断续，敬则发声正直而严肃，爱则发声温柔而和悦。这些因情感触动而发的声音，均属正常的声音，与疾病无关。

二、异常声音

异常声音是指病变声音。病变声音是疾病的病理变化在语声、语言及人体其他声响方面的表现。除生理变化和个体差异之外的声音，均属病变声音。通过声音的变化来判断正气的盛衰、邪气的性质及病情的轻重。

（一）语声

语声的辨别需注意语声的有无、语调的高低、强弱、清浊、钝锐，以及有无异常声响。一般说来，语声高亢洪亮有力，多言，声音连续者，为实证、热证、阳证，是机能亢奋、阳盛气实的表现；语声细弱低微无力，懒言，声音断续者，为虚证、寒证、阴证，是气血虚损、先天禀赋不足的表现。常见的语声异常有：

1. 语声重浊　指语音沉闷而不清晰，简称声重。多为外感风寒或湿浊阻滞，导致肺气失宣，鼻窍不通所致。

2. 音哑与失音　发声嘶哑者，称为音哑；语而无声者，称为失音，古称"瘖"。二者病因病机相同，但前轻后重。新病多属实证，常因外感风寒或风热，或痰浊壅肺，为肺失清肃，邪壅清窍所致，谓之"金实不鸣"；久病多属虚证，常因精气内伤，肺肾阴虚，虚火灼肺，以致津枯肺损，声音难出，谓之"金破不鸣"。长时间高声喧讲或暴怒争吵，易导致耗气伤阴，咽喉失润，亦可导致音哑或失音。妊娠后期出现音哑或失音者，称为"子瘖"，多因胞胎阻碍经脉，肾精不能上荣咽喉所致，分娩后即愈，一般不需治疗。

3. 呻吟　指病痛难忍所发出的哼哼声。新病呻吟，声音高亢有力者，多为实证、剧痛；久病呻吟，声低无力者，多为虚证、隐痛。临床常结合望姿态来判断病痛的部位，如呻吟时护腹或扪心，多为腹痛或胸痛；扪腮者多为齿痛。

4. 惊呼　指患者突然发出的惊叫声。其声尖锐，表情惊骇，多为惊恐或剧痛所致。小儿阵发惊呼，多属惊风；小儿夜啼惊呼，多为脾寒腹痛，或心脾有热，或食积、虫积、惊恐所致。成人惊呼，多属剧痛，或精神失常。痫病发作时，口中作猪羊样叫声，伴有四肢抽搐，口吐涎沫，为肝风挟痰上逆所致。

（二）语言

言为心声，语言是神明活动的表现之一，心病则语言错乱，词不达意，故语言的异常变化，主要反映心神的病变。一般来说，沉默寡言者，多属虚证、寒证；烦躁多言者，多属实证、热证。语声低微，时断时续者，多属虚证；语声高亢有力者，多属实证。

1. 谵语　神识不清，语无伦次，声高有力者，称为谵语。多属热扰心神之实证，故《伤寒论》谓："实则谵语。"多见于急性热病的极期，常因热入心包、痰热扰心、热入血室、肠热腑实所致。

2. 郑声　神识不清，语言重复，声低无力，时断时续者，称为郑声。为久病脏气衰竭，心神散乱所致，属虚证，故《伤寒论》谓："虚则郑声。"多见于久病、重病后期或亡阴、亡阳证中，为正气大虚，心神散乱所致。

3. 独语　患者神识清楚而自言自语，喃喃不休，见人便止，首尾不续者，称为独语。多因心气虚弱、神气不足，或气郁痰阻、蒙蔽心神所致，属阴证。常见于癫病、郁病。

4. 错语　患者神识清楚，语言时有错乱，语后自知言错者，称为错语。证有虚实之分，虚证多由心脾两虚，心神失养；实证多由痰浊、瘀血、气郁等阻遏心神所致。

5. 狂言　精神错乱，狂躁妄言，语无伦次，骂詈不避亲疏者，称为狂言。常见于狂证，俗称武痴、发疯。多因情志不遂，气郁化火，痰火扰心所致，属阳热实证。

6. 语言謇涩　神志清楚，思维正常，但语言不流利，吐词不清晰者，称为语言謇涩，简称言謇。每与舌强并见，多因风痰阻络所致，为中风先兆或后遗症。若因习惯而成，或先天舌系带过短所致者，称为口吃，不属病态。

（三）呼吸

闻呼吸是诊察患者呼吸节律的均匀、气息的强弱、呼吸音的清浊等。正常的呼吸特点是：均匀通畅，不急不徐（16～20次/分），呼、吸时长均等。一般来说，患者呼吸正常，是形病气未病；呼吸异常，是形气俱病。呼吸气粗，疾出疾入者，多属热证、实证，常见于外感病；呼吸气微，徐出徐入者，多属寒证、虚证，常见于内伤杂病。

1. **喘** 指呼吸困难，短促急迫，甚则张口抬肩，鼻翼扇动，难以平卧。其证有虚实之分。发作急骤，呼吸深长，气粗声高息涌，唯以呼出为快者，为实喘，多因风寒（热）袭肺、痰热壅肺或痰饮阻肺，肺失肃降，肺气上逆所致；发病缓慢，呼吸短浅，气怯声低息微，唯以深吸为快，动则喘甚者，为虚喘，是肺肾虚损，摄纳无权，气虚上浮所致。

2. **哮** 指呼吸急促似喘，喉间有哮鸣音。其特点是：时发时止，缠绵难愈。多因痰饮内伏，复感外邪诱发；或久居寒湿之地，或过食酸咸生冷所诱发。

知识链接

喘与哮的鉴别

关于喘与哮的区别，虞抟在《医学正传》中说："喘促喉中如水鸡声者谓之哮，气促而连续不能以息者谓之喘。"喘不必兼哮，但哮必兼喘；喘以气息言，气息急迫、呼吸困难为主，哮以声响言，喉间哮鸣有声为特征。哮病和喘证常同时出现，所以常并称为哮喘。

3. **上气** 指由于肺气不得宣散，上逆于喉间，导致气道窒塞，呼吸急促。咳逆上气，兼见时时吐浊，但坐不得卧，是痰饮内停胸膈；若阴虚火旺，火逆上气，则感咽喉不利；外邪束于皮毛，肺气壅塞，水津不布，则上气多兼身肿。

4. **短气** 指自觉呼吸短促而不相接续，气短不足以息的轻度呼吸困难。其特征为：似喘而不抬肩，息促而不接续，气急而无痰鸣，即自觉短促，他觉征象不明显。短气可见于多种疾病，有虚实之分。虚证短气，常兼形瘦神疲，声低息微等，多因肺气不足，或元气虚损所致；实证短气，常兼呼吸声粗，或胸部窒闷，或胸腹胀满等，多因痰饮、瘀血、胃肠积滞或气滞等阻于胸腹所致。

5. **少气** 又称气微，指呼吸微弱而声低，气少不足以息，言语无力的症状。主诸虚劳损，多因久病体虚或肺肾气虚所致。

（四）咳嗽

咳嗽是肺失宣肃，肺气上逆的一种症状。古人将其分为咳与嗽，有声无痰谓之咳，有痰无声谓之嗽，有痰有声谓之咳嗽。咳嗽病位在肺，但他脏病变累及到肺亦可出现咳嗽。故《素问·咳论》曰："五脏六腑皆令人咳，非独肺也。"临床上根据咳嗽的声音，结合痰的色、量、质变化，以及发病的时间、病史、兼证等鉴别病证的寒热虚实。

1. 咳声重浊紧闷，多属实证，是寒痰湿浊停聚于肺。如咳嗽声音重浊，兼见痰清稀色白、恶寒发热、鼻塞不通，多是风寒束肺，肺气失宣所致；咳而声低，痰多而易咯出，多是寒湿或痰饮停留于肺，肺失宣肃所致。

2. 咳声清脆者，多属燥热。如干咳无痰，或咳出少许黏液，为燥邪犯肺或肺阴亏虚，肺失清肃所致。

3. 咳声不扬，痰稠色黄，不易咯出，咽喉干痛，鼻出热气，多属热证，因热邪犯肺，肺津被灼所致。

4. 咳声短促，呈阵发性、痉挛性，连续不断，咳声终止时有如鸡（或鹭鸶）鸣样回声，并反复发作者，称为顿咳，又称百日咳。多由风邪与伏痰搏结，郁而化热，阻遏气道所致，多见于小儿。

5. 咳声如犬吠，伴有声音嘶哑，吸气困难，是肺肾阴虚，疫毒攻喉所致，常见于白喉。

6. 咳声轻清，低微气怯，咳出白沫，兼有气促，多因久病肺气虚损，失于宣降所致。夜间咳甚者，多为肾水亏虚；天亮咳甚者，为脾虚所致或寒湿在大肠。

（五）呕吐

呕吐是指饮食物、痰涎从胃中上涌，由口中吐出的症状，是胃失和降，胃气上逆的表现。前人分为呕、干呕、吐三种不同情况。呕指有声有物；干呕指有声无物，又称"哕"；吐指有物无声。但临床上难以截然分开，故合称为呕吐。可根据呕吐声音的强弱、吐势的缓急、呕吐物的性状和气味来判断病证的寒热虚实。

1. 吐势徐缓，声音微弱，吐物呈清水痰涎，多属虚寒证。常因中焦阳虚，脾失健运，胃失和降，胃气上逆所致。

2. 吐势较猛，声音壮厉，呕吐物呈黏痰黄水，或酸或苦，多属实热证。常因热伤津液，胃失濡养所致。

3. 呕吐呈喷射状，多为热扰神明，或因头颅外伤，颅内有瘀血、肿瘤等，使颅内压力增高所致。

4. 呕吐酸腐味的食糜，多因暴饮暴食，或过食肥甘厚味，损伤脾胃，以致食滞胃脘，胃失和降，胃气上逆所致。

5. 共同进餐后皆发吐泻，多为食物中毒。

6. 吐利、腹痛并作，多为霍乱或类霍乱。

7. 朝食暮吐，暮食朝吐，称为反胃。多因胃阳不足，或脾肾阳虚，不能腐熟水谷所致。

8. 口干欲饮，饮后则呕，称为水逆症，是太阳蓄水证或胃有饮停。

9. 胸闷腹满，便秘不通之呕吐，是肠有燥屎，秽浊上犯。

10. 呕吐，伴有胸闷胁肋胀痛，多是肝气犯胃。

11. 呕吐脓汁，则是胃痈。

（六）呃逆

呃逆是指因胃气上逆，导致膈肌拘挛，从咽部发出的一种不由自主的冲击声，声短而频，呃呃作响。唐代以前称"哕"，因其呃呃连声，后世称为呃逆，俗称"打呃"。突发打呃，呃声不高不低，短暂且可自愈，多因饮食刺激，或偶感风寒，一时气逆所致，不属病态。若呃逆频作，每分钟数次，甚至 10～20 次，不能自已，则属病态。临床上可根据呃声之长短、高低和间歇时间不同，来诊察病证之寒热虚实。

1. 呃声频作，高亢而短，其声有力者，多属实证、热证。

2. 呃声低沉，声弱无力者，多属虚证、寒证。

3. 久病、重病闻呃，其声低而无力者，为胃气将绝、病情危重之兆。故《形色外诊简摩》曰："新病闻呃，非火即寒；久病闻呃，胃气欲绝也。"

（七）嗳气

嗳气是指胃中气体上出咽喉而发出的长而缓的声音。古名"噫"，俗称"打饱嗝"。日常饱食或饮汽水后，偶见嗳气，但无其他兼症者，是饮食入胃，排挤胃中气体上出所致，不属病态。病态嗳气的病机为胃失和降，胃气上逆。

1. 嗳出酸腐，兼脘腹胀满者，多为宿食内停、胃脘气滞。属实证。

2. 嗳声响亮，频频发作，嗳气与矢气后则脘腹胀减。嗳气发作常随情绪变化而增减者，多为肝气犯胃。属实证。

3. 嗳气低沉断续，无酸腐气味，纳呆食少者，为胃虚气逆。多见久病或老人，属虚证。

4. 嗳气频作，兼脘腹冷痛，得温痛减者，多为寒邪客胃，或胃阳亏虚，以致胃气上逆所致。

（八）太息

太息，又称"叹息"，俗称"叹气"，是指情志抑郁、胸胁胀闷不畅时，发出的长吁或短叹声。若频频叹息又称善太息。太息后患者常自觉胸中宽舒。多由心有不平或性有所逆，愁闷之时而发出，为情志不遂，肝气郁结之象。

（九）喷嚏

喷嚏是指肺气上冲于喉鼻而突然爆发出的声响。应注意辨别喷嚏的次数及有无兼夹症。常人偶发喷嚏，不属病态。若新病喷嚏频作，兼恶寒发热，鼻流清涕等症状，多因外感风寒刺激鼻道所致，属于表寒证。久病阳虚之人，突然出现喷嚏者，多为阳气回复的表现，为疾病将愈之佳兆。

（十）呵欠

呵欠指张口深吸气，微有声响的一种表现。困倦欲睡而欠者，不属病态。不拘时间，呵欠频频不止，称数欠，多为阴盛阳衰、体虚之故。

（十一）鼻鼾

鼻鼾是指熟睡或昏迷时鼻内发出的较大鼻息声，多因息道不利所致。熟睡鼾声若无其他明显症状，多因慢性鼻病或睡姿不当引起，常见于体胖、年老之人。若昏睡不醒或神识昏迷而鼾声不绝者，多因神志昏迷，气冲息道所致，见于热入心包或中风入脏之危候。

（十二）肠鸣

肠鸣，又称腹鸣，是胃肠运动产生的声响，是气体或者液体通过肠道而产生的一种气过水声或者沸泡音。正常情况下，肠鸣音低弱而缓和，一般难以闻及，借助听诊器，可在脐部听得较为清楚，4~5次/分。临床可根据肠鸣所发生的部位及声音来判断病位和病性。

1. 肠鸣发自胃脘部，如囊裹浆，振动有声，起立行走或以手抚按，其声则辘辘下行者，多为水饮停聚于胃，阻滞中焦气机所致。

2. 鸣响在脘腹部，辘辘如饥肠，得温、得食则减，受寒、饥饿时加重者，为中气不足，胃肠虚寒所致。

3. 若腹中肠鸣如雷，脘腹痞满，大便泄泻者，多为风寒湿邪客于胃肠，气机紊乱所致。寒甚则脘腹疼痛，肢厥吐逆。

4. 若肠鸣完全消失，且腹部胀满疼痛拒按者，为胃肠气滞不通之重证。

项目二　嗅气味

嗅气味包括嗅病体气味和病室气味。病体气味是病体所散发出的各种异常气味，包括口气、汗、痰、涕、呕吐物、二便、经、带、恶露等的异常气味；病室气味是由病体本身或其排出物所发出。嗅气味可判断疾病的寒热虚实。

一、病体气味

病体散发的各种异常气味，临床上除医生直接闻及了解外，还可通过询问患者或陪诊者来获知。

（一）口气

口气是指从口中发出的异常气味。正常人呼吸或说话时，口中无异常气味散出。若口中散发臭气者，称为口臭，多与口腔不洁、龋齿、便秘及消化不良有关。口气酸臭，伴食欲不振，脘腹胀满者，多属食积胃肠；口气臭秽者，属胃热。口气腐臭，或兼咳吐脓血，多因内有溃腐脓疡。口气臭秽难闻，牙龈腐烂者，为牙疳。

（二）汗气

汗气指汗液散发出的气味。患者身有汗气味，可知曾有出汗。

汗气腥膻，是风湿热邪久蕴皮肤，津液受到熏蒸所致，多见于风温、湿温、热病，或汗后衣物不洁。汗气臭秽，多属瘟疫病热毒内盛之征。腋下汗气阵阵膻臊难闻，称为"狐臭"，多因湿热郁蒸所致。

（三）痰、涕之气

正常状态下，人体排出少量痰和涕，一般无异常气味。

咳吐痰涎清稀味咸，无异常气味者，为寒饮停肺。咳痰黄稠味腥，为肺热壅盛。咳吐浊痰脓血，腥臭异常者，为肺痈，多因热毒炽盛所致。

鼻流清涕，无异常气味者，为外感风寒。鼻流浊涕腥秽如鱼脑者，为鼻渊，多属湿热上蒸所致。

（四）呕吐物之气

呕吐物之气指通过嗅觉辨呕吐物的气味，以判断病证的寒热性质。

呕吐物清稀无臭味者，多属胃寒。气味腐臭秽浊者，多属胃热。呕吐未消化食物，气味酸腐者，为食滞胃脘。呕吐脓血而腥臭者，多为内有痈疡。

（五）排泄物之气

排泄物之气，包括二便及妇人经、带、恶露等的异常气味。这方面的异常气味，病者多能自觉，可通过问诊（问患者或者家属）得知，以便进行综合分析判断。

大便臭秽难闻者，多属肠有郁热。大便溏泻而腥者，多属脾胃虚寒。大便泄泻臭如败卵，或夹有未消化食物，矢气酸臭者，是宿食内停，消化不良之故。

小便黄赤混浊，有臊臭味者，多属膀胱湿热。尿甜并散发烂苹果样气味者，为消渴病。

月经臭秽者，多属热证。月经气腥者，多属寒证。带下黄稠而臭秽者，多属湿热。带下清稀而腥者，多属寒湿。崩漏或带下奇臭，并杂见异常颜色，常见于癌症，多属危重病证。产后恶露臭秽者，多属湿热或湿毒下注。

二、病室气味

气味从病体发展到充斥病室，说明病情重笃。临床上通过嗅病室气味，可为推断病情、诊断特殊疾病提供参考。

病室臭气触人，轻则盈于床帐，重则充满一室，多为瘟疫病，脏腑气血受疫气熏蒸败坏所致。病室有血腥味，患者多患失血。室内有腐臭气味，患者多有溃腐疮疡。室内有蒜臭气味，多见于有机磷中毒。室内有尸臭气味，为患者脏腑衰败，病重危重之征。室内有尿臊味（氨味），多见于水肿病晚期，为脾肾阳衰之危候。室内有烂苹果样气味（酮体气味），多见于消渴病患者，属危重证候。

目标检测

A1 型题

1. 神识清楚，语言错乱，说后自知，称为（　　）
   A. 郑声　　　　　　　　B. 谵语　　　　　　　　C. 错语
   D. 夺气　　　　　　　　E. 独语

2. 神志不清，语言重复，声音低微，时断时续，称为（　　）
   A. 独语　　　　　　　　B. 错语　　　　　　　　C. 狂言
   D. 谵语　　　　　　　　E. 郑声

3. 呼吸微弱而声低，气少不足以息，语言无力者，称为（　　）
   A. 短少　　　　　　　　B. 少气　　　　　　　　C. 夺气
   D. 喘　　　　　　　　　E. 太息

4. 呕吐呈喷射状者是因为（　　）
   A. 热伤胃肠　　　　　　B. 脾胃阳虚　　　　　　C. 热扰神明
   D. 食滞胃脘　　　　　　E. 饮邪犯胃

5. 病室有烂苹果样气味提示（　　）
   A. 溃腐疮疡　　　　　　B. 有机磷中毒　　　　　C. 消渴病危重期
   D. 失血　　　　　　　　E. 脏腑衰败

A2 型题

6. 张某，男，65 岁。呼吸急迫，喉中痰鸣有声，临床诊断为（　　）
   A. 哮病　　　　　　　　B. 喘　　　　　　　　　C. 短气
   D. 少气　　　　　　　　E. 上气

7. 某男，28 岁，游行集会时持续高声宣讲，次日声音嘶哑，此属（　　）
   A. 气阴耗伤　　　　　　B. 外感风寒　　　　　　C. 风热犯肺
   D. 痰湿阻肺　　　　　　E. 肺损津枯

8. 某女，40 岁，饭后时常嗳气，嗳声低沉断续，无酸腐气，纳呆，此属（　　）
   A. 胃阳虚衰　　　　　　B. 胃虚气逆　　　　　　C. 肝气犯胃
   D. 宿食内停　　　　　　E. 寒邪犯胃

9. 某女，28 岁，今日突然呃声频作，高亢而短，呃声有力，口舌干燥喜饮，舌苔薄

黄，此属（　　）

  A. 饮食刺激　　　　 B. 偶感风寒　　　　 C. 胃气衰败

  D. 寒邪犯胃　　　　 E. 热邪犯胃

B 型题

  A. 口气臭秽　　　　 B. 口气酸臭　　　　 C. 口气酒臭

  D. 口气腐臭　　　　 E. 口中散发烂苹果气味

10. 胃有宿食，可闻到（　　）

11. 消渴重证，可闻到（　　）

  A. 咳声不扬，痰黄质稠　 B. 咳声重浊紧闷　　　 C. 干咳少痰或无痰

  D. 咳有痰声，痰多易咯　 E. 咳声如犬吠，声音嘶哑

12. 痰湿阻肺的特征是（　　）

13. 燥邪犯肺的特征是（　　）

  A. 胃热津伤　　　　 B. 食滞胃脘　　　　 C. 脾胃阳虚

  D. 饮停于胃　　　　 E. 颅内肿瘤

14. 朝食暮吐，暮食朝吐者是因（　　）

15. 吐势徐缓，吐物清稀者是因（　　）

扫一扫，知答案

模块三

问 诊

扫一扫，看课件

【学习目标】

1. 掌握主诉的概念及意义、问现在症状（十问）的内容及临床意义。
2. 熟悉问诊的内容及注意事项。
3. 了解问诊的概念、意义、方法。

案例导入

1. 马某，女，38 岁。2012 年 3 月 10 日初诊。患者心烦失眠 6 年，加重 3 年。6 年前因生意失利，出现夜不能寐，每晚仅睡 2～3 个小时。间断服用安定片，可睡 5～6 个小时。情绪易激动，曾被诊断为抑郁症，未服用抗抑郁药。近 3 年来，心烦失眠加重，易惊易醒。伴见多疑，健忘，烦闷欲哭，喜往外跑。纳差，口微渴，二便可。月经紊乱 1 年，末次月经 2012 年 1 月 16 日，经量少，经色红，无块，无痛经。舌红，苔薄黄白相间，脉弦细。

问题：这些病情资料是如何获得的呢？有什么临床意义？

2. 赵某，男，40 岁，干部。2011 年 5 月 9 日初诊。患者纳差腹胀、便溏、消瘦 1 年。

去年 5 月因胃癌行"胃大部分切除术"。术后精神差，面色萎黄，四肢乏力，头昏目花，口淡无味，纳差，稍进食即脘腹胀满，眠差，大便溏泄，每日 2～3 次。体重日减，比术前体重降 20 千克。清晨牙龈有出血，唇淡白。舌淡胖，有齿痕，苔白，脉缓。

问题：案中所述临床表现是怎样获得的？反映了什么临床意义？你想知道获得这些病情资料的技巧吗？就请继续下面的学习吧！

问诊是医生通过对患者或陪诊者进行有目的、有步骤地询问，了解疾病的发生、发展及诊断与治疗经过、现在症状和其他与疾病有关的情况，以诊察疾病的方法。

项目一 问诊的意义和方法

一、 问诊的意义

问诊是临床诊察疾病的重要一环，在四诊中占有重要地位，是了解病情的主要方法之一。因为疾病的很多情况，如疾病的发生、发展、变化过程及诊治经过，患者的一般情况、自觉症状、既往病史、生活史和家族史等，只有通过问诊才能获得。上述与疾病有关的资料，是医生分析病情、判定病位、掌握病性、正确辨证不可缺少的重要依据，尤其是某些疾病早期，患者尚未出现客观体征，仅有自觉症状，特别是存在情志因素时，问诊就显得更为重要。此外问诊还可为进一步选择其他检查方法提供线索，并通过问诊了解患者的思想动态，及时对患者进行思想上的疏导，有助于疾病的诊治。故明代医家张景岳把问诊视为"诊病之要领，临证之首务"。

二、 问诊的方法和注意事项

医生询问患者，了解病情，需要有一定的方法。医生能否通过询问，及早、准确、全面地获得有关疾病的临床资料，与询问的方法有着密切的关系。因而除必须熟练地掌握问诊内容，具有较坚实的理论基础和较丰富的临床经验外，还应注意以下几点：

（一）环境要安静适宜

问诊应在较安静适宜的环境下进行，以免受到干扰。对某些涉及个人隐私的病情，应单独询问，以便患者无拘束地叙述病情。询问病情，宜直接向患者询问，若因病重或意识不清等而不能自述时，可向知情人或陪诊者询问，但当患者能自述时，应及时加以核实或补充，以便获取真实、可靠的病史资料。

（二）态度要严肃和蔼

医生应有爱心，对患者的疾苦要关心体贴，视患者如亲人。在问诊时，切忌审讯式的询问。对患者的态度，既要严肃认真，又要和蔼可亲，仔细询问，耐心听取患者的叙述，使患者感到温暖亲切，愿意主动陈述病情。如遇病情较重，或较难治愈的患者，要正面开导，鼓励患者树立战胜疾病的信心。切忌有悲观失望的语言和表情，以免给患者带来不良刺激，增加患者思想负担而使病情加重。

（三）忌用医学术语询问

医生询问病情，切忌使用患者听不懂的医学术语。应使用通俗易懂的语言询问，以便让患者听懂，准确叙述病情。

（四）避免资料片面失真

医生在问诊时，既要重视主症，又要注意了解一般情况，全面地收集有关临床资料，以避免遗漏信息。如发现患者叙述病情不够清楚，可对患者进行必要的、有目的的询问或作某些提示，但决不可凭个人主观臆测去暗示、套问患者，以避免所获临床资料片面或失真，影响诊断的正确性。

（五）重视主诉的询问

医生在问诊时，应重视患者的主诉。因为主诉是患者最感痛苦的症状和体征，也往往是疾病的症结所在，所以要围绕主诉进行深入询问。对急危患者应抢救为先，扼要询问和重点检查，争取时机，迅速抢救，待病情缓解后，再进行详细询问，完善病史资料。

项目二　问诊的内容

问诊的内容主要包括一般情况、主诉、现病史、既往史、个人生活史、家族史等。问诊时，应根据就诊对象，如初诊或复诊、门诊或住院等实际情况，进行有针对性的、灵活的、有主次的询问。

一、一般情况

一般情况包括姓名、性别、年龄、婚否、民族、籍贯、职业、工作单位、现住址、联系方式等。

询问一般情况，一是对患者的诊断和治疗负责，便于书写病历，查阅病情资料，加强医患联系，便于随访患者；二是可使医生获得与疾病有关的资料，为诊断疾病提供参考和依据。年龄、性别、职业、籍贯等不同，则有不同的多发病。如麻疹、水痘及百日咳等病，多见于小儿；胸痹、中风等病，多见于中老年。青壮年气血充盛，抗病力强，患病多实证；老年人气血衰少，抗病力弱，患病多虚证；妇女可有经、带、胎、产等病；男子可有遗精、早泄及阳痿等病。长期从事水中作业者，易患寒湿痹证；尘肺、汞中毒、铅中毒等病，常与从事矿山、玻璃、制铅等职业有关；某些地区因水土关系而使人易患瘿瘤病；疟疾在岭南等地发病率较高；血吸虫病多发于长江中下游一带等。

二、主诉

主诉是患者就诊时最感痛苦的症状、体征及其持续时间。如"关节疼痛 1 个月""反复水肿 2 年，加重并心悸 3 天"。

主诉通常是患者就诊的主要原因，常常是疾病的主要矛盾所在，具有重要的诊断价值，是调查、认识、分析、处理疾病的重要线索。准确的主诉可以帮助医生初步估计疾病范畴、类别（如外感病或内伤病，阳证或阴证等），病情的轻重缓急（如急性病、危重病、慢性病等）。

对于主诉的询问和描述，要注意三点：一是要把主诉抓准，主诉中包含的症状不宜过多，一般是 1~2 个，最多 3 个，且多为主症；二是以主诉为中心，进一步问清其部位、性质、程度、时间等，不能笼统、含糊；三是记录主诉的文字要简洁、明了，不能用诊断术语（病、证名称），如"肺痈""感冒""风寒表证""肺气虚证"等。

知 识 链 接

主诉与主症的异同点鉴别

主诉与主症，二者既有相同点又有区别。

主诉，是患者就诊时所陈述的最迫切需要解决的主要症状、体征及其持续的时间。

主症，一般是指全身症状，或特别严重的症状，或患者最感痛苦的症状。

主诉与主症有一定的联系，二者所反映的都是疾病的主要症状，主症常被包含在主诉之中；二者的不同点是，主症仅反映了症状表现，而主诉则不仅是症状表现，还包含持续的时间，甚至还包括了疾病的病势。因此，临床上不要把主诉和主症混为一谈。

三、现病史

现病史是指围绕主诉从起病到本次就诊时疾病的发生、发展和变化，诊断与治疗经过以及现在症状。现病史应从以下四个方面进行询问。

（一）发病情况

主要包括发病时间、病程长短，突然发病还是缓慢发病，发病原因或诱因，疾病最初的症状及其性质、部位，当时曾做何处理等。询问患者的发病情况，对辨别疾病的病因、病位、病性有重要作用。

（二）病变过程

按时间先后顺序，询问从发病到就诊时病情演变的过程，如某一阶段出现过哪些症状，症状的性质、程度有何变化，何时好转或加重，何时有何新的病情出现，病情变化有无规律等。通过询问病变过程，可以了解疾病邪正斗争情况，以及疾病的发展趋势。

（三）诊治经过

主要询问患者在疾病过程中，做过哪些检查，检查结果如何，何医院做过何种诊断，诊断依据是什么，经过哪些治疗，所用药物、剂量、疗程、治疗效果及反应如何等。了解既往诊断和治疗的情况，对当前诊断和治疗有重要参考意义。

（四）现在症状

现在症状是辨证与辨病的重要依据，是问诊的主要内容。现在症状虽属现病史范畴，但因其包括的内容较多，故将另列一项目介绍。

四、既往史

既往史又称过去病史，主要包括患者平素身体健康状况和过去患病情况。

（一）既往健康状况

患者平素健康状况，可能与其现患疾病有一定联系，故对分析判断现发疾病的病情具有重要的参考价值。如素体健壮，现患疾病多属实证；素体虚弱，现患疾病多属虚证；素体阴虚，易感温燥之邪，多为热证；素体阳虚者，易受寒湿之邪，多为寒证。

（二）既往患病情况

既往患病情况，可能与现患疾病有密切关系。询问既往患病情况，主要询问曾患过何种其他疾病，特别是一些重要脏器的疾病和一些传染性疾病等；是否接受过预防接种，有无药物或其他物品的过敏史，做过何种手术治疗等，其诊治的主要情况，现在是否痊愈，或留有何种后遗症等都应询问，对诊断、治疗现患疾病有一定作用。

五、个人生活史

个人生活史，主要包括患者的生活经历、精神情志、饮食起居、婚姻生育及工作情况等。医生询问患者这些情况，在诊断疾病上也有着重要的意义。

（一）生活经历

询问患者的出生地、居住地及经历地，尤其注意有地方病或传染病的流行区域，以便判断所患疾病是否与此有关。

（二）精神情志

人生活在社会之中，不可避免要受外界因素的刺激，使精神情志产生变化，以致脏腑气血功能紊乱而引发疾病。同时，人的精神情志变化，对某些疾病的发展与变化亦有重要影响。通过询问了解患者的性格特征、情绪倾向、精神状况、是否受过较大精神刺激及其与疾病的关系等，有助于对病情的诊断，并可提示医生对因精神情志刺激所导致的疾病，在药物治疗的同时，辅以心理疏导，将有助于治疗。

（三）饮食起居

饮食嗜好、生活起居不当，不仅影响健康，甚至导致疾病。如素嗜肥甘者，多患痰湿；偏食辛辣者，易患热证；贪食生冷者，易患寒证；平素喜热饮者，多为阳虚体质；喜凉饮者，多为阴虚或实热。不爱运动，脾失健运，易生痰湿；劳倦过度，耗伤精气，易患诸虚劳损；起居无常，饮食无节，易患胃病、肝病等。同时，也应了解患者有无烟、酒、茶等嗜好。通过了解饮食起居情况，对分析判断病情有一定的意义。

（四）婚姻生育

对成年男女患者，应注意询问是否结婚，结婚年龄，配偶健康状况，有无传染病或遗传病等。育龄期女性应询问月经的初潮年龄，月经周期，行经天数，月经的色、质、量和带下的变化，以及绝经年龄和绝经前后的情况。已婚女性还应询问妊娠次数、生产胎数，以及有无人工流产、早产、难产等病史。

（五）工作情况

应询问劳动环境、工作性质、劳动强度及作息时间等，对诊断是否有职业病或者患病是否与职业有关等都有重要的意义。

（六）小儿出生前后情况

新生儿（出生后~1个月）的疾病多与先天因素或分娩情况有关，故应着重询问妊娠期及产育期母亲的营养健康状况，有何疾病，曾服何药，分娩时是否难产、早产等，以了解小儿的先天情况。

婴幼儿（1个月~3周岁）发育较快，需要充足的营养，但其脾胃功能较弱，如喂养不当，易患营养不良、腹泻，以及"五软""五迟"等病。故应重点询问喂养方法，以及坐、爬、立、走、出牙、学语的迟早等情况，从而了解小儿的营养状况和生长发育情况。

六、家族史

家族史指询问患者的家庭成员，包括父母、兄弟姐妹、爱人、子女等人的健康状况和患病情况。必要时应注意询问直系亲属的死亡原因。

询问家族史，对诊断某些传染性疾病和遗传性疾病具有重要的诊断意义。某些遗传性疾病，如癫狂、痫病等，常与血缘有关。有些传染性疾病，如肺痨等，与生活密切接触有关。

项目三　问现在症

问现在症是指对患者就诊时所感到的痛苦和不适，以及与其病情相关的全身情况进行询问。

问现在症的内容涉及范围较为广泛。明代医家张景岳在总结前人问诊经验的基础上，编成《十问篇》，经清代陈修园将其略作修改而成《十问歌》，即"一问寒热二问汗，三问头身四问便，五问饮食六胸腹，七聋八渴俱当辨，九问旧病十问因，再兼服药参机变，妇女尤必问经期，迟速闭崩皆可见，再添片语告儿科，天花麻疹全占验"。《十问歌》言简意赅，至今仍具有重要临床指导意义，但在实际运用时，要根据患者的具体病情，灵活而有主次地进行询问，不能千篇一律地机械套问。

一、 问寒热

问寒热是指询问患者有无怕冷或发热的感觉。寒与热是临床最常见的症状，是辨别病邪性质和机体阴阳盛衰的重要依据，是问诊的重点内容，故张景岳将其列为《十问歌》之首。

寒是指患者自觉怕冷的感觉。根据其临床表现不同，又有恶风、恶寒、寒战、畏寒之别。恶风是指患者遇风觉冷，避风则缓解的症状，又称微恶寒；恶寒是指患者自觉怕冷，多加衣被或近火取暖，仍不能缓解的症状；寒战是指恶寒严重，伴全身发抖的症状；畏寒是指患者自觉怕冷，多加衣被或近火取暖，能够缓解的症状。

热是指发热，指体温高于正常（国内标准：腋表 36.8℃，口表 37.1℃，肛表 37.5℃），或体温正常而患者自觉全身或局部发热（如五心烦热、骨蒸潮热）的症状。患者自觉胸中烦热，伴手足心发热者，称为五心烦热；患者有热自骨髓向外蒸发之感者，称为骨蒸潮热。

寒与热的产生，取决于病邪的性质和机体阴阳的盛衰两个方面，是正邪交争、阴阳盛衰的反映。其变化规律为阳盛则热，阴盛则寒，阴虚则热，阳虚则寒。询问患者寒与热的情况，可辨别病变的性质和阴阳盛衰的变化。

问寒热的要点，先问患者有无怕冷或发热的症状。如有寒热症状，再询问怕冷与发热是否同时出现，寒热的轻重，出现的时间，持续的长短及伴随的症状等。临床常见的寒热症状有恶寒发热、但寒不热、但热不寒、寒热往来。

（一）恶寒发热

恶寒发热是指患者恶寒与发热同时出现，是诊断表证的重要依据。外邪袭表，卫阳被遏，肌腠失于温煦则恶寒；邪气外束，玄府闭塞，卫阳失宣，则郁而发热。在外感病中，恶寒是主症。恶寒是发热的前奏，故有"有一分恶寒，便有一分表证"之说。临床根据感受外邪的性质、寒热症状的轻重，分为恶寒重发热轻、发热重恶寒轻和发热轻而恶风三种类型。

1. 恶寒重发热轻 指患者感觉怕冷明显，并有轻微发热的症状。是风寒表证的特征，由外感风寒之邪所致。因寒为阴邪，寒邪袭表伤阳，故恶寒明显；又因寒性凝滞，使卫阳郁闭失宣，故同时出现轻微发热。

2. 发热重恶寒轻 指患者自觉发热较重，同时又有轻微怕冷的症状。是风热表证的特征，由外感风热之邪所致。因风热为阳邪，阳邪致病则阳盛，阳盛则热，故发热重；又因风热袭表，腠理开泄，卫气功能失常，温煦失职，故同时有轻微恶寒。

3. 发热轻而恶风 指患者自觉轻微发热，并有遇风觉冷、避风可缓的症状。是伤风表证的特征，由外感风邪所致。因风性开泄，腠理疏松，阳气郁遏不甚，正邪交争不剧，故发热轻而恶风。有的患者只有恶风的感觉，无（或尚无）发热之感，一般为外感风邪，或为肺卫气虚，卫表不固所致。

外感表证的寒热轻重，不仅可以判断病邪性质，而且可以诊察邪正盛衰。如邪正俱盛者，恶寒发热皆重；邪盛正衰者，常恶寒重发热轻；邪轻正衰者，恶寒发热皆轻。

应当指出，尽管恶寒发热是表证的特征性症状，但某些里热证亦可表现为寒热并见。如肠痈、疮疡、瘟疫及邪毒内陷等，常表现为自觉恶寒严重，甚至寒战，又有发热，而且恶寒愈甚发热愈甚的症状，这是正气与邪气剧烈斗争的反映。

（二）但寒不热

但寒不热是指患者只感怕冷而不觉发热的症状。是寒证的特征证候，由阴盛或阳虚所致。根据发病缓急、病程长短和兼症，临床上常见以下两种类型。

1. 新病恶寒 指患者突然感觉怕冷，且体温不高的症状。并有四肢不温，或有脘腹、肢体冷痛，或咳喘痰鸣，脉沉实有力等，主里实寒证。多因感受寒邪较重，寒邪直中脏腑、经络，郁遏阳气，肌体失于温煦，故突起恶寒而体温不高。某些风寒表证在发病初期，亦可只出现怕冷的感觉而不发热，但这种怕冷感觉是发热的前奏，随着病情的发展，患者很快会体温升高，呈现出恶寒发热的状态，此当仔细分辨。

2. 久病畏寒 指患者经常怕冷，四肢发凉，得温可缓的症状。常兼面色㿠白、舌淡胖嫩、脉弱等症。主要见于里虚寒证。因阳气虚衰，形体失于温煦所致。

（三）但热不寒

但热不寒是指患者只感发热，而无怕冷之感的症状。多因阳盛或阴虚所致，是里热证的特征。根据发热的轻重、时间、特点等，临床上常见以下三种类型：

1. 壮热 指高热（体温在39℃以上）持续不退，不恶寒反恶热的症状。常兼面赤、汗多、烦渴饮冷、脉洪大等症。主里实热证。多因风热内传，或风寒入里化热，正邪相搏，阳热炽盛，蒸达于外所致。多见于伤寒阳明经证或温病气分证。

2. 潮热 指按时发热，或按时热势加重（一般多在下午），如潮汐之有定时的症状。

（1）日晡潮热：常于申时即日晡（下午3～5时）发热明显，或热势加甚的症状，常见于阳明腑实证，故又称"阳明潮热"。特点为热势较高，多兼腹满硬痛，大便秘结，口渴饮冷，舌苔黄燥等症。因胃肠燥热内结，阳明经气旺于申时，正邪斗争剧烈，故在此时热势加重。

（2）湿温潮热：午后发热明显，特点是身热不扬（即肌肤初扪之不觉很热，但扪之稍久即感灼手），兼见头身困重，胸闷呕恶，便溏，苔腻等症。为湿热证特有的一种热型，常见于湿温病。湿热内蕴是其病机。湿邪遏制，热难透达，湿郁热蒸，故身热不扬；午后阳气入里，与中焦湿热相合，故午后发热明显。

（3）阴虚潮热：午后或夜间自觉发热而体温并不高的症状。特点是五心烦热，骨蒸潮热，兼见颧红、盗汗、舌红少津等症。属阴虚火旺证。因午后阳气渐衰，阴液亏虚，阴不制阳，虚热内生，故午后或夜间觉热。夜晚卫阳之气入内而蒸于阴，故骨蒸觉热。

此外，午后或夜间发热，亦可见于瘀血久积，郁而化热者；发热以夜间为甚者，称为身热夜甚。是温病热入营分，耗伤营阴的表现。

3. 微热　指发热不高，体温一般在38℃以下，或仅自觉发热的症状。发热时间一般较长，病因病机较为复杂。常见于温病后期和某些内伤杂病。

（1）气虚发热：长期低热，烦劳则甚，兼少气懒言，自汗，神疲乏力，脉虚等症。为脾胃虚损，清阳不升，郁而发热。

（2）阴虚发热：长期低热，兼颧红、五心烦热等症。

（3）气郁发热：每因情志不舒而时有微热，兼胸闷、急躁易怒等症，多属气郁发热，亦称郁热。

（4）小儿夏季热：小儿于夏季气候炎热时长期发热，兼有烦渴、多尿、无汗等症，至秋凉可自愈，多属气阴不足，为不能适应夏季炎热气候所致。

（四）寒热往来

寒热往来是指患者自觉恶寒与发热交替发作的症状，即热时自热而不寒，寒时自寒而不热，故又称往来寒热。是正邪相争，互为进退的病理反映，为半表半里证寒热的特征。

1. 寒热往来，发无定时　指患者自觉时冷时热，一日数发无定时的症状。多见于少阳病，为半表半里证。因外感病邪至半表半里阶段时，正邪相争，相持不下，正胜则发热，邪胜则恶寒，故恶寒与发热交替发作，发无定时。

2. 寒热往来，发有定时　指恶寒战栗与高热交替发作，每日或二三日发作一次，发有定时的症状。常见于疟疾。因疟邪侵入人体，潜伏于半表半里的膜原部位，入与阴争则寒，出与阳争则热，故恶寒战栗与高热交替出现，休作有时。

此外，气郁化火或妇女热入血室等，也可出现寒热往来，似疟非疟，临床应当结合病史及其他兼症加以辨识。

二、　问汗

《素问·阴阳别论》说："阳加于阴谓之汗。"故汗是阳气蒸化津液经玄府达于体表而成。正常汗出有调和营卫、滋润皮肤、调节体温的作用。正常人在气候炎热、体力活动、进食辛辣、衣被过厚、情绪激动等情况下容易出汗，属于生理现象。若当汗出而无汗，不当汗出而汗多，或仅见身体的某一局部汗出，属病理现象。通过询问患者汗出的异常情况，对于判断病邪的性质及机体阴阳的盛衰有重要的意义。问汗应注意了解患者有汗无汗，出汗的时间、多少、部位及其兼症等。

（一）有汗无汗

在疾病过程中，尤其是外感病，询问汗的有无，是判断感受外邪的性质和卫气盛衰的重要依据。里证问汗对判断疾病性质具有重要诊断意义。

1. 表证辨汗 包括表证有汗和表证无汗。

（1）表证有汗：主风寒表虚证、风热表证。表证有汗，兼发热恶风，脉浮缓等症，多属外感风邪的表虚证；表证有汗，兼发热重，恶寒轻，口干咽痛，脉浮数等症，多属外感风热的表热证。因风性开泄，热性升散，风热袭表，腠理疏松，玄府开张而汗出。若卫阳素虚，肌表不固，则更易出汗。

（2）表证无汗：主风寒表实证。表证无汗，多兼恶寒重，发热轻，头项强痛，身痛，脉浮紧等症，属外感风寒的表实证。因寒性收引，腠理致密，玄府闭塞而无汗。

2. 里证辨汗 包括里证有汗和里证无汗。

（1）里证有汗：若伴发热、口渴等症，多为外邪入里，成为里实热证，或因其他原因导致里热炽盛，阳气过亢，迫津外泄所致。

（2）里证无汗：指当汗出而无汗，见于久病、虚证患者。常因阳气不足，蒸化无力，或津血亏耗，化源不足所致。

（二）特殊汗出

特殊汗出是指具有某些特征（出汗的时间、出汗的状况等）的病理性汗出，见于里证。主要有下列五种。

1. 自汗 指醒时经常汗出不止，活动后尤甚的症状。常兼神疲乏力，少气懒言或畏寒肢冷等症状，多见于气虚证和阳虚证。因阳气亏虚，不能固护肌表，玄府不密，津液外泄，故见自汗。动则耗伤阳气，故活动后汗出尤甚。

2. 盗汗 指熟睡之后汗出，醒后则汗止的症状。常兼潮热，颧红，舌红少苔，脉细数等症状，多见于阴虚证。因阴虚阳亢，虚热内生，入睡则卫阳由表入里，肌表不固，内热加重，蒸津外泄而汗出；醒后卫阳由里出表，内热减轻而肌表得以固密，故汗止。若气阴两虚者，常自汗、盗汗并见。

3. 绝汗 指在病情危重的情况下，出现大汗不止的症状。常是亡阴或亡阳的表现，属危重证候，故谓之绝汗，又称脱汗。若病势危重，冷汗淋漓如水，面色苍白，肢冷脉微者，属亡阳之汗，为阳气亡脱，津随气泄之危象。若病势危重，汗热而黏如油，躁扰烦渴，脉细数疾者，属亡阴之汗，为枯竭之阴津外泄之危象。

4. 战汗 指病势深重阶段，先见全身恶寒战栗不能自已，几经挣扎，持续一段时间后，继而大汗出的症状。战汗是邪正相争，病变发展的转折点，应注意观察病情的变化。

若汗出热退，脉静身凉，提示邪去正复，疾病向愈；若汗出而身热不退，烦躁不安，脉来疾急，提示邪盛正衰，病情恶化。

5. **黄汗** 指汗出沾衣，色如黄柏汁的症状。多发于腋窝部，常因风湿热邪交蒸所致。

（三）局部出汗

局部出汗是指身体某一部位的汗出，也是体内脏腑病变的反映。局部汗出有虚实寒热之别，问诊时应重点询问汗出的具体部位及伴随症状，以便审证求因。

1. **头汗** 指汗出仅见于头部，或头颈部汗出量多的症状，又称但头汗出。多因上焦热盛，迫津外泄；或中焦湿热上蒸，迫津上越；或病危虚阳上浮所致。若因进食辛辣、热汤、饮酒时而见头汗，乃属阳气旺盛、阳热炎上所致。小儿睡眠时，常有头汗微出，无其他病证者，属生理现象，俗称"蒸笼头"。因小儿为阳热之体，蒸津而外泄，故头汗微出。

2. **半身汗** 指患者仅一侧身体汗出的症状。或左侧，或右侧，或见于上半身，或见于下半身。无汗的半身常是病变的部位。多因风痰、痰瘀或风湿等阻滞经络，营卫不能周流，气血失和所致。多见于痿病、中风及截瘫患者。

3. **手足心汗** 指手足心汗出较多，如水中浸过一般的症状。若平时、天热或情绪变化时，手足心微汗出，多为生理现象。手足心汗出量多，则为病理性汗出。多因阴经郁热熏蒸；阳明燥热内结，热蒸迫津外泄；脾虚运化失常，津液旁达四肢而引起。

4. **心胸汗** 指心胸部易出汗或汗出过多的症状。多属虚证，常见于心脾两虚证、心肾不交证。

5. **阴汗** 指男女外阴及其周围汗出过多的症状。多因下焦湿热郁蒸所致。

三、问疼痛

疼痛是临床上最常见的一种自觉症状，患病机体的各个部位皆可发生。疼痛有虚实之分。实证疼痛多因感受外邪、气滞血瘀、痰浊凝滞，或食积、虫积、结石等阻滞脏腑经脉，气血运行不畅所致，即所谓"不通则痛"。虚证疼痛多因阳气亏虚，精血不足，脏腑经脉失养所致，即所谓"不荣则痛"。

问疼痛，应注意询问疼痛的部位、性质、程度、时间、诱发因素和伴随症状等。

（一）疼痛的性质

1. **胀痛** 指疼痛且有胀感的症状，是气滞致痛的特点。如胸、胁、脘、腹等处胀痛，时发时止，多属气滞为患。但头目胀痛，则多因肝火上炎或肝阳上亢所致。

2. **刺痛** 指疼痛如针刺之感的症状，是瘀血致痛的特点。如胸、胁、脘、腹等部位刺痛，多属瘀血阻滞，血行不畅所致。

3. **窜痛** 指疼痛部位游走不定，或走窜攻冲作痛的症状。若胸胁脘腹疼痛而走窜不定的，常称为窜痛，多因气滞所致。肢体关节疼痛而游走不定的，常称为游走痛，多见于风湿痹病之风胜者。

4. 固定痛 指疼痛部位固定不移的症状。若胸胁脘腹等处固定作痛，多属瘀血为患；若四肢关节固定作痛，多因寒湿、湿热阻滞，或热壅血瘀所致。

5. 冷痛 指疼痛有冷感而喜暖的症状。常见于腰脊、脘腹、四肢关节等处。寒邪阻滞经络所致者，为实证；阳气亏虚，脏腑经脉失于温煦所致者，为虚证。

6. 灼痛 指疼痛有灼热感而喜凉的症状。火邪窜络所致者，为实证；阴虚火旺所致者，为虚证。

7. 绞痛 指疼痛剧烈如刀绞割，难以忍受的症状。其范围较刺痛大。多因有形实邪闭阻气机，或寒邪凝滞气机所致。如心脉痹阻所引起的"真心痛"，结石阻滞胆管所引起的腹痛或腰痛，"蛔厥"或寒邪犯胃所引起的脘腹痛等，均具有绞痛的特点。

8. 隐痛 指疼痛不剧烈，尚可忍耐，但绵绵不休的症状。多因阳气精血亏虚，脏腑经脉失养所致。常见于头、胸、脘、腹等部位。

9. 重痛 指疼痛伴有沉重感的症状。多因湿邪困阻，气机不畅所致。常见于头部、四肢、腰部及全身。

10. 酸痛 指疼痛伴有酸软感的症状。常见于四肢、腰部等处，多因湿邪侵袭肌肉关节，气血运行不畅所致；或因肾虚骨髓失养，或剧烈运动肌肉疲劳引起。

11. 掣痛 指痛处有抽掣感或同时牵引他处而痛的症状，亦称引痛、彻痛。多因筋脉失养，或筋脉阻滞不通所致。

12. 空痛 指疼痛兼有空虚感的症状。多因气血亏虚，阴精不足，脏腑经脉失养所致。常见于头部或小腹部等处。

除此之外，一般而言，新病疼痛，痛势剧烈，持续不懈，或痛而拒按，多属实证；久病疼痛，痛势较轻，时痛时止，或痛而喜按，多属虚证。

（二）疼痛的部位

1. 头痛 指整个头部或头颅某一部位的疼痛。"头为诸阳之会"，手足三阳经均循于头面，厥阴经上达颠顶，五脏六腑经气皆上注于头，故根据头痛部位，可确定病在何经。如前额痛连眉棱骨者，属阳明经头痛；后头部痛连项者，属太阳经头痛；头两侧疼痛者，属少阳经头痛；颠顶痛者，属厥阴经头痛；头痛连齿者，属少阴经头痛；头痛如裹者，属太阴经头痛。

2. 胸痛 指胸部正中或两侧疼痛。胸为心肺所居之处，故胸痛多见于心肺病变。问诊时应注意分辨胸痛的确切部位。胸前"虚里"部位憋闷时痛，或痛彻臂内，或痛引肩臂、背痛彻胸者，病位在心，为胸痹。胸膺部位作痛，常兼咳喘者，病位在肺。

3. 胁痛 指胁的一侧或两侧疼痛。两胁为肝胆经循行部位，故胁痛多与肝胆病变有关。肝气郁结、肝胆湿热、肝胆火盛、肝阴亏虚及悬饮等病证，常有胁痛。

4. **胃脘痛** 指上腹部、剑突下疼痛。由于六腑以通为用，胃以和降为顺，故寒、热、食滞、气滞等原因，使胃失和降，气机不利，均可导致胃脘痛。问诊时应注意辨别脘痛的寒热虚实。进食后痛势加剧或拒按，多属实证；进食后疼痛缓解或喜按，多属虚证。胃脘冷痛，得温则减者为寒证；胃脘灼痛，喜凉恶热者为热证。

5. **腹痛** 指剑突下至耻骨毛际以上（胃脘所在部位除外）的腹部疼痛，或其中某一部位疼痛。腹有大腹、小腹和少腹之分。脐以上为大腹，属脾胃；脐以下至耻骨毛际以上为小腹，属膀胱、大小肠及胞宫；小腹两侧为少腹，是肝经循行之处。腹痛多与所属脏腑病变有关。腹痛即泻，泻后痛减，为肝郁脾虚；腹痛下痢脓血，多为大肠湿热痢疾；少腹绞痛，兼砂石、血尿，多为石淋；右下腹绞痛、反跳痛，多为肠痈；大腹隐痛，喜温喜按，食少便溏，多属脾胃虚寒证。

6. **背痛** 指自觉背部疼痛。背指躯干后部上平大椎、下至季肋的部位。背部中央为脊骨，脊骨内有髓，督脉贯脊行于正中，足太阳膀胱经分行夹于腰脊两侧，其上有五脏六腑俞穴，两肩背部又有手三阳经分布。脊痛不可俯仰者，多因寒湿阻滞或督脉损伤所致；背痛连项者，多因风寒客于太阳经腧所致；肩背痛，多因寒湿阻滞，经脉不利所致。

7. **腰痛** 指腰部两侧或腰脊正中疼痛。腰指躯干后部季肋以下、髂嵴以上的部位。腰部中间为脊骨，腰部两侧为肾所在部位，故称"腰为肾之府"。带脉横行环绕腰腹，总束阴阳诸经。

腰部经常绵绵作痛，酸软无力者，多因肾虚所致；腰部冷痛沉重，阴雨天加重，多因寒湿所致；腰部刺痛，或痛连下肢者，多因瘀血阻络或腰椎病变所致；腰部突然剧痛，向少腹部放射，尿血者，多因结石阻滞所致；腰痛连腹，绕如带状，多因带脉损伤所致。另外，骨痨、外伤亦可导致腰痛。

8. **四肢痛** 指四肢的肌肉、筋脉和关节等部位疼痛。上肢疼痛，痛连肩背，手指麻木，多因寒瘀阻络或气血亏损所致，多见于颈椎病；下肢大关节疼痛，多因风寒湿痹或热痹所致；指、趾小关节疼痛，多因寒湿凝滞，气滞血瘀所致；小腿肌肉挛痛，多因寒邪内侵，气血郁滞所致；若独见足跟或胫膝酸痛，多因肾虚所致，常见于年老体衰之人。

9. **周身疼痛** 指头身、腰背及四肢等部位皆痛。新病周身痛者，多属实证，以外感风寒、风湿或湿热疫毒所致者居多。久病卧床不起而周身痛者，多属虚证，常因气血亏虚，形体失养所致。

四、 问头身胸腹

问头身胸腹是指询问患者头身、胸腹除疼痛之外的其他不适或异常。

（一）头晕

头晕是指患者自觉头脑眩晕，轻者闭目自止，重者感觉自身或眼前景物旋转，不能站立的症状。头晕是临床常见症之一，可由多种原因引起。

头晕且胀，口苦，易怒，脉弦数者，多属肝火上炎；头晕胀痛，头重脚轻，耳鸣，腰膝酸软，舌红少苔，脉弦细，每因恼怒而加剧，多属肝阳上亢；头晕面白，神疲乏力，舌淡，脉弱，每因劳累而加重，多属气血亏虚；头晕且重，如物裹缠，胸闷呕恶，痰多苔腻，多属痰湿内阻；头晕耳鸣，遗精健忘，腰膝酸软，多属肾虚精亏；外伤后头晕刺痛，多属瘀血阻滞。

（二）胸闷

胸闷是指患者自觉胸部痞塞满闷的症状。又称胸痞。多与心、肺、肝等脏气机不畅有关。

胸闷，心悸气短者，多属心气虚或心阳不足；胸闷，咳喘痰多者，多系痰饮停肺。胸闷，壮热，鼻翼扇动，多为热邪或痰热壅肺；胸闷气喘，畏寒肢冷者，多为寒邪客肺。胸闷气喘，少气不足以息者，多属肺气虚或肺肾气虚；胸闷，胁胀痛走窜，善太息者，多属肝气郁结。

（三）心悸

心悸是指患者自觉心跳不安的症状。多为心与心神的病变。因受惊而心悸，或心悸易惊者，称为惊悸；无明显外界诱因，心跳剧烈，上至心胸，下至脐腹，悸动不安者，称为怔忡。怔忡多由惊悸发展而来，病情较惊悸为重。

惊悸、怔忡均属心悸，其病因繁多。如伴面白唇淡，头晕气短，属气血亏虚，心神失养；伴颧红盗汗，为阴虚火旺，内扰心神；伴气短乏力、自汗，为心阳气虚，鼓搏乏力；伴下肢或颜面浮肿，畏寒喘促，为脾肾阳虚，水气凌心；伴短气喘息，心胸刺痛，舌紫暗，为心脉痹阻，血行不畅。

（四）胁胀

胁胀指患者自觉一侧或两侧胁部胀满不舒的症状。多属肝胆及其经脉的病变。

胁胀，易怒，脉弦，多因肝气郁结所致。胁胀，口苦，苔黄腻，多因肝胆湿热所致。胁胀，患侧肋间饱满，咳唾引痛，多因饮停胸胁所致。

（五）脘痞

脘痞指患者自觉胃脘胀闷不舒的症状。与脾胃病变有关。脘痞，嗳腐吞酸，多为食积胃脘。脘痞，食少，便溏，多为脾胃虚弱；脘痞，饥不欲食，干呕，多为胃阴亏虚。脘痞，纳呆呕恶，苔腻，多为湿邪困脾。脘痞，胃有振水声，多为饮邪停胃。

（六）腹胀

腹胀指患者自觉腹部胀满，痞塞不适，甚则如物支撑的症状。多与胃肠气机不畅有关。

腹部时胀时减而喜按，属虚证，多因脾胃虚弱，健运失司所致；持续胀满而拒按，属实证，多因食积胃肠，或实热内结，阻塞气机所致。腹胀如鼓，皮色苍黄，腹壁青筋暴露，称"鼓胀"，多因肝、脾、肾功能失常，气、血、水互结，聚于腹内而成；小儿腹胀而大，面黄肌瘦，纳呆，多属疳积。

（七）身重

身重指患者自觉身体沉重，如负重物，转侧挪动困难的症状。多因肺、脾、肾功能失调，水湿滞留肌肤、骨节所致。此外，身重亦可因温热之邪，耗伤气阴，机体失养所致。

（八）麻木

麻木指患者自觉皮肤发麻，或肌肤感觉减退，甚至消失的症状。亦称不仁。麻是指非痛非痒，肌肉内如有虫行，按之不止，搔之愈甚的感觉；木是指不痛不痒，按之不知，捏之不觉的状态，两者常伴随出现，并称麻木。麻木多见于头面、四肢部位。多因气血亏虚，肝风内动，或湿痰瘀血痹阻经络，肌肤、经络失养所致。

（九）疲乏

疲乏指患者精神困倦，肢体懈怠无力的症状。多与气血不足、脾胃虚弱、水湿内停等有关。疲乏兼纳差、便溏，多因脾虚湿阻所致；疲乏兼少气懒言、头晕自汗、心悸，多因气血亏虚所致；疲乏兼少气懒言、口渴心烦、身热、汗出、尿赤，多因暑热伤气所致。

（十）嘈杂

嘈杂是指患者胃中不适，似饥非饥，似痛非痛，似辣非辣，欲食不能食，胃脘有懊恼不宁之感的症状。多见于胃阴不足证。胃阴不足，虚热内生，热郁胃中，胃气失和，故嘈杂不舒。

五、问饮食口味

问饮食口味主要是询问口渴与饮水、食欲与食量及口味等情况。饮食及口味的异常，不仅提示津液的盈亏、脾胃运化的失常，也能够反映疾病的寒热虚实性质。

（一）口渴与饮水

口渴是指口干而渴的感觉，是临床常见的一个自觉症状。饮水是指实际饮水的多少。饮水是人体内津液的主要来源，口渴与饮水密切相关。询问患者口渴与否，饮水多少，可以了解患者津液的盈亏和输布情况、阴阳的盛衰及病性的寒热虚实情况。如《景岳全书·传忠录》说："口渴与不渴，可以察里证之寒热，而虚实之辨亦从以见。"临床上应根据口渴的特点、饮水的多少和有关兼证来加以辨证分析。

1. 口不渴　指口不觉渴，亦不欲饮水。提示津液未伤，常见于寒证、湿证或无明显热邪之证。由于寒邪或湿邪不耗津液，津液未伤，故口不渴，亦不欲饮水。

2. 口渴　多由津液不足或输布障碍所致。临床常见如下情况：

（1）口渴多饮：是指患者口渴明显，饮水量较多的症状，为津液大伤的表现。常见于实热证、消渴病及汗吐下太过。口干微渴，兼发热恶风，多属外感温热病初期，津液损伤较轻；大渴喜冷饮，兼壮热面赤，汗出，脉洪数，多属热入阳明气分，津液大伤，饮水自救；口渴多饮，兼小便量多，多食易饥，体渐消瘦，属消渴病；大汗后，或剧烈吐下后，或大量利尿后，出现口渴多饮，是因汗、吐、下、利后，耗伤津液所致。

（2）渴不多饮：是指患者有口干或口渴感觉，但不想喝水或饮水不多的症状。多由津液不足，或津液未伤但输布障碍，不能滋润口腔所致。常见于阴虚、湿热、痰饮、瘀血及热入营分等证。阴虚内热，伤津不重，故渴不多饮；湿热、痰饮、瘀血内停，气机受阻，津不上承，故渴不多饮；热入营分，蒸腾营阴上承，故渴不多饮。

（二）食欲与食量

食欲是指进食的需求程度和对进食的欣快感觉。食量是指进食的实际数量。食欲旺盛，食量适中，提示脾胃及相关脏腑功能正常；食欲与食量异常，提示脾胃及相关脏腑功能失调。故问食欲与食量，可知脾胃功能的强弱，判断疾病的预后转归。

1. 食欲减退 是疾病过程中常见的病理现象，包括不欲食、纳少、纳呆，三者含义相似，但又各有特点。不想进食，或食之无味，食量减少，称"不欲食"，又称"食欲不振"；进食量减少，称"纳少"，常因不欲食引起；无饥饿感和进食要求，可食可不食，甚则恶食，即无食欲，称"纳呆"。

新病食欲减退，一般为正气抗邪的保护性反应，不一定是脾胃本身的病变。久病食欲减退，兼神疲倦怠，面色萎黄，舌淡脉虚，多属脾胃虚弱，胃气大伤；食少纳呆，兼头身困重，脘闷腹胀，舌苔厚腻，多为湿邪困脾，脾胃运化失司；食少纳呆，兼脘腹胀满，嗳腐吞酸，多为食滞胃脘，腐熟不及。

2. 厌食 指厌恶食物，或恶闻食气的症状，又称"恶食"。厌食，兼嗳气酸腐，脘腹胀满，舌苔厚腻者，为食滞胃脘，腐熟不及所致；厌食油腻，脘闷呕恶，便溏不爽，肢体困重者，为湿热蕴脾，运化机能障碍所致；厌食油腻厚味，兼胁肋胀满灼热，身热不扬，多因肝胆湿热所致；孕妇厌食，多是妊娠反应，因妊娠后冲脉之气上逆，胃失和降，一般属生理现象；但厌食兼严重恶心呕吐者，称"妊娠恶阻"，是妊娠期常见的疾患。

3. 多食易饥 亦称"消谷善饥"。指食欲过于旺盛，进食量多，食后不久即感饥饿的症状。为胃火炽盛，腐熟太过所致。消谷善饥，反见形体消瘦，兼口渴多饮，多尿，为消渴病；多食易饥，兼见大便溏泻者，为胃强脾弱，多因胃纳过盛，而脾运不足所致；兼颈前肿块，心悸多汗，多见于瘿病。

4. 饥不欲食 指患者虽觉饥饿，却不欲进食，或进食不多的症状。常兼见胃脘嘈杂，舌红少津等，多因胃阴不足，虚火内扰所致。亦可见于蛔虫内扰。

5. 偏嗜食物 指患者偏嗜某种食物或某种异物。正常人因地域与生活习惯不同，常有饮食偏嗜，一般不会引起疾病。若偏嗜太甚，则有可能导致病变。偏嗜肥甘，易生痰湿；偏食生冷，易伤脾胃；过食辛辣，易病燥热。偏嗜异物者，又称"异嗜"，如小儿嗜食异物，如生米、纸张、泥土、煤炭等，多见于虫积，或心理紧张。妇女妊娠期间，嗜食酸辣味，一般不属病态。

此外，询问食欲与食量时，还应注意进食情况如何。如患者喜进热食，多为寒证；喜进冷食，多为热证；进食后稍安，多为虚证；进食后加重，多为实证或虚中夹实证。疾病过程中，食欲渐复，表示胃气渐复，预后良好；反之，食欲渐退，食量渐减，表示胃气渐衰，预后不良。

若患者自觉吞咽艰涩，哽噎不顺，伴有胸膈阻塞感，饮食难下，甚至食入即吐者，称为噎膈。多因肝脾功能失调，痰、气、血互结，津枯血燥，渐致食管狭窄不通所致。

久病或重病患者，本来毫无食欲，突然索食，食量大增，称为除中，是中气衰败，脾胃之气将绝的危象，属假神。

(三) 口味

口味，指口中的异常味觉。脾开窍于口，其他脏腑之气亦可循经上至口中，故口味异常，常是脾胃功能失常或其他脏腑病变的反映。

1. **口淡** 指口中乏味，味觉减退。常伴食少纳差，神疲乏力，便溏等，多属脾胃气虚，或见于寒证。

2. **口苦** 指自觉口中有苦味。多为热证。心烦失眠者，常有口苦，乃心火上炎之故；胆汁味苦，故肝火上炎或胆气上泛，皆可致口苦。

3. **口甜** 指患者自觉口中有甜味感。多因湿热蕴结于脾，与谷气相搏，上蒸于口，故口甜而黏腻不爽。口甜而食少，神疲乏力者，多属脾气亏虚，因甘味入脾，脾气虚则甘味上泛之故。此病若不及时治疗，或治疗不当，迁延日久，常常转化为消渴病。

4. **口酸** 指患者自觉口中有酸味，或泛酸，甚则闻之有酸腐气味。多因肝胃郁热、肝胃不和或食滞不化，腐化生酸所致。

5. **口咸** 指自觉口中有咸味，多见于肾虚或寒水上泛。

6. **口涩** 指口有涩味如食生柿的感觉，多伴舌燥。为燥热伤津，或脏腑阳热偏盛，气火上逆所致。

7. **口黏腻** 指自觉口中黏腻不爽。口黏腻兼舌苔厚腻，多因湿浊停滞、痰饮食积所致；黏腻而甜，多属脾胃湿热；黏腻而苦，多属肝胆湿热。口黏腻常与味觉异常并见。

六、 问耳目

耳目为人体的感觉器官，分别与内脏、经络有着密切的联系。肾开窍于耳，手、足少阳经脉分布于耳，耳为宗脉所聚；肝开窍于目，五脏六腑之精气皆上注于目。所以，问耳目不仅能够了解耳目局部有无病变，而且根据耳目的异常变化还可以了解肝、胆、肾、三焦等有关脏腑的病变情况。

（一）耳

问耳主要了解耳鸣、耳聋等听觉的异常变化。问诊时应注意询问其特点、新久、程度以及兼症等。

1. 耳鸣 是指患者自觉耳中鸣响，妨碍听觉，或单侧或双侧，或持续，或时发时止的症状。耳鸣有虚实之分。凡突发耳鸣，声大如蛙鸣，或如潮声，按之鸣声不减，属实证，多为肝胆火盛，上扰清窍。若渐发耳鸣，声小如蝉，按之鸣声减轻或暂止，属虚证，多为肝肾阴虚，肝阳上扰，或肾精亏虚，髓海不充，耳失所养，或气虚下陷，清阳不升，清窍失养。

2. 耳聋 是指患者听力减退，甚至听觉丧失的症状。耳聋为听力减退重症。新病耳暴聋，属实证，多为肝胆火逆，上壅于耳，清窍失灵。若温病出现耳聋，多为热邪蕴结，蒙蔽清窍。久病耳渐聋，属虚证，多因精气虚衰，清窍失充所致。此外，年老耳渐聋，属衰老现象，多因精衰气虚所致。若久病、病重出现耳聋，则为心气虚衰、肾惫精脱所致，病属危重，属虚证，难治。此外，外伤、某些药物（如链霉素）亦可导致耳聋，幼儿期往往还可由聋致哑。

（二）目

目的症状繁多，仅简要介绍几个常见症状及其临床意义。

1. 目痛 是指患者自觉单目或双目疼痛的症状。可见于许多眼科疾病，原因复杂。目剧痛难忍，面红目赤者，多为肝火上炎；目赤肿痛，羞明多眵者，多属风热上袭；目微痛微赤，时痛时止而干涩者，多属阴虚火旺。

2. 目眩 亦称眼花。是指患者自觉视物旋转动荡，如坐舟车，或眼前如有蚊蝇飞动的症状。目眩常兼头晕，合称"眩晕"。目眩应注意辨清虚实。由肝阳上亢、肝火上炎、肝阳化风及痰湿上蒙清窍所致者，多属实证，或本虚标实证。由气虚、血亏、阴精不足，目失所养所致者，多属虚证。

3. 目昏 是指视物昏暗，模糊不清的症状。多由肝肾亏虚，精血不足，目失充养所致。常见于久病或年老、体弱之人。

4. 目痒 是指眼睑、眦内或目珠有痒感，轻者揉拭则止，重者极痒难忍。一般目痒甚者，多属热证、实证。若两目微痒而势缓者，多为血虚，目失濡养所致。

七、问睡眠

睡眠是人体适应自然界昼夜节律性变化，维持机体阴阳协调平衡的重要生理活动。睡眠的情况与人体卫气的循行和阴阳的盛衰有着密切的关系。《灵枢·口问》说："阳气尽，阴气盛，则目瞑；阴气尽而阳气盛，则寤矣。"在正常情况下，卫气昼行于阳经，阳气盛则醒；夜行于阴经，阴气盛则眠。临床常见的睡眠异常主要有失眠和嗜睡。

（一）失眠

失眠，又称不寐或不得眠。是指患者经常不易入睡，或睡而易醒不能复睡，或睡眠不深时易惊醒，甚至彻夜不眠为特征的症状。失眠以持久不能获得正常睡眠（睡眠时间不够，睡眠深度不够），以及醒后不能消除疲劳、恢复体力和精力，常伴多梦为诊断依据。失眠多由阴血不足，阳热亢盛，扰动心神所致，临床应注意辨清虚实。实证多因心火、肝火、痰热、食积、瘀血所致；虚证多因阴虚火旺、心脾两虚、心胆气虚、心肾不交所致。不易入睡，多为心肾不交；睡后易醒，多为心脾两虚；时时惊醒，多为胆郁痰扰；夜卧不安，多为食滞内停、脾胃不和，所谓"胃不和则卧不安"。

（二）嗜睡

嗜睡，亦称多寐、多眠、多睡。是指患者精神疲倦，睡意很浓，不论昼夜，经常不自主地入睡的症状。困倦嗜睡，头目昏沉，胸闷脘痞，肢体困重者，多为痰湿困脾，清阳不升所致。饭后困倦嗜睡，纳呆腹胀，少气懒言者，多因脾失健运，清阳不升，脑失所养所致。精神极度疲惫，神识朦胧，困倦易睡，肢冷脉微者，多因心肾阳虚，神失温养所致。大病之后，神疲嗜睡，乃正气未复的表现。

八、问二便

问二便，是询问患者大小便的性状、颜色、气味、便量多少、排便次数、两次排便的间隔时间、排便时的感觉及排便时伴随症状等，以判断消化功能的强弱、津液代谢的状况及疾病的寒热虚实性质。其中，颜色、气味等已在有关模块中介绍，这里重点介绍二便的性状、次数、便量、排便感等内容。

（一）大便

健康人一般每日或隔日大便一次，便出通畅，色黄呈圆条状，干湿适中，成形不燥，便内无脓血、黏液及未消化食物等，排便时无不适之感。大便异常主要表现在便次、便质和排便感异常。

1. **便次异常**　是指排便次数增多或减少，超出了正常范围，有便秘和泄泻之分。

（1）便秘：指大便秘结不通，排出困难，排便间隔时间延长，便次减少，甚则多日不便，或蹲厕时间延长，或欲便而艰涩不畅的症状，又称"大便难"。多因肠道热结，或阴血内耗，或津液亏少，使肠道燥化太过，传导异常所致；也可因气虚传导无力，或阳虚寒凝，腑气不通所致。便秘有虚实之分。实证多为邪滞肠道，腑气不通；虚证多为气血阴阳不足，肠失濡润，或推动无力。

便秘，兼发热口渴、腹满尿黄、舌苔黄燥，多为"热秘"；兼喜热怕冷、面色苍白、舌淡苔薄白、脉沉迟，多为"冷秘"；兼形瘦气短，或妇女产后血虚，或老人血燥津枯或病后气血未复，多为"虚秘"。

此外，肛门部的病变、肌瘘、肠外肿块压迫、温热病过程中、过服止泻药或温燥之品、腹部手术之后、全身疲惫状态、直肠黏膜脱垂等均可导致便秘，临床应注意鉴别。

（2）泄泻：是指大便次数增多，粪质稀薄，甚至泻下如水样的症状。多因内伤饮食，或感受外邪，或阳气亏虚，或情志失调，使脾失健运，水停肠道，小肠清浊不分，大肠燥化不及，传导亢进所致。泄泻亦应分辨虚实。一般来说，新病泻急，多为实证；久病泻缓，多为虚证。泻下急迫，色黄褐而臭，肛门灼热，腹痛，舌红苔黄腻，多为大肠湿热；泻下酸臭，腹胀肠鸣，泻后痛减，多为伤食泄；久泻不止，食少腹胀，体倦乏力，多为脾虚泻；黎明腹痛作泄，泄后则安，形寒肢冷，腰膝酸软，称"五更泻"，多为脾肾阳虚，寒湿积滞。腹痛作泻，泻后痛减，每因情志抑郁恼怒或精神紧张时症状加重，属肝郁乘脾。

2. 便质异常 指大便质地的改变。除便秘和泄泻均包含有便质异常外，常见的便质改变还有以下几类。

（1）完谷不化：指大便中经常含有较多未消化的食物。多属脾肾阳虚或食滞胃肠。

（2）溏结不调：指大便时稀时干，粪质难以正常者。多因肝郁脾虚所致。大便先干后稀，属脾虚。

（3）脓血便：指大便中含有脓血黏液。多见于痢疾和肠癌。常因湿热疫毒等邪，积滞交阻肠道，肠络受损所致。

（4）便血：指大便带血，或便血相混，或全为血便。多因脾胃虚弱，气不统血，或胃肠积热、湿热蕴结、气血瘀滞等所致。先便后血，血色暗红或紫黑，或大便色黑如柏油状者，为"远血"，多见于胃脘等部位出血；先血后便，便血鲜红，血粪不融，为"近血"，多见于内痔、肛裂、息肉痔、锁肛痔（直肠癌）等肛门部的病变。此外，全身性疾病，如紫癜病、食物中毒、药物中毒等，均可见到便血症状。

3. 排便感异常 常见以下几种。

（1）肛门灼热：指排便时肛门有灼热感的症状。多由大肠湿热，或大肠郁热下迫所致，见于热泻或湿热痢。

（2）里急后重：指腹痛窘迫，时时欲便，肛门重坠，排便不爽（紧急而不可耐，称里急；排便时，便量极少，肛门重坠，便出不爽，或欲便又无，称后重）的症状。多因湿热内阻，肠道气滞所致，是痢疾的主症之一。

（3）排便不爽：指排便不通畅，总感涩滞难尽的症状。多因大肠湿热、肝郁乘脾、食滞肠道，或脾虚气陷所致。

（4）滑泻失禁：指大便不能随意控制，滑出不禁，甚至便出而不自知的症状，又称大便失禁或滑泻。多因脾肾虚衰，肛门失约所致。

（5）肛门气坠：指肛门有下坠感觉的症状。多因脾虚气陷所致，常于劳累或排便后加重，多见于久泻久痢或体虚患者。

（二）小便

健康成人在白天排尿 3 ~ 5 次，夜间 0 ~ 1 次，昼夜总尿量在 1000 ~ 2000mL 之间。尿次和尿量受饮水、温度（气温、体温）、出汗、年龄等因素的影响而略有不同。询问小便有无异常变化，可诊察体内津液的盈亏和有关脏腑的气化功能是否正常。一般应询问尿量、尿次及排尿异常感觉。

1. 尿量异常　指昼夜尿量过多或过少，超出正常范围。

（1）尿量增多：指每天的尿量、尿次明显多于正常人。小便清长量多，畏寒喜暖者，属虚寒证。小便量多，伴多饮、多食而身体消瘦者，属消渴病。

（2）尿量减少：指每天的尿量、尿次明显少于正常人。多因热盛、汗、下、吐、泻伤津，致化源不足；或肺、脾、肾功能失常，气化不利，水湿内停。

2. 尿次异常　是指小便次数过多或过少，超出正常范围。

（1）小便频数：指排尿次数增多，时欲小便的症状。简称尿频。新病小便频数、量少色黄而急迫，多为下焦湿热，膀胱气化不利。久病小便频数，色清量多，夜间明显，多因肾阳虚衰，或肾气不固，膀胱失约所致。

（2）癃闭：小便不畅，点滴而出者为"癃"；小便不通，点滴不出者为"闭"，统称为"癃闭"。实证多为湿热蕴结膀胱，或瘀血、结石阻塞；虚证多为肾阳不足，膀胱气化不利，或肾阴亏损，津液内乏。

3. 排尿感异常　常见的排尿感异常有以下几种。

（1）小便涩痛：指排尿时自觉尿道灼热疼痛，小便涩滞不畅。多因湿热蕴结下焦，膀胱气化不利所致，常见于淋证。

（2）余沥不尽：指排尿后仍有余溺点滴流出。多因肾气虚弱，肾关不固，开合失司所致，常见于老年人或久病体虚者。

（3）小便失禁：指在清醒时小便不能随意控制而自遗。多因肾气亏虚，或尿路损伤，或湿热、瘀血阻滞，以致膀胱失约，气机失常所致。神昏而小便自遗，属神无所用，膀胱失约的危重证候。

（4）遗尿：指睡眠中小便自行排出，俗称尿床。多属肾气不足，膀胱虚衰，失于固摄。亦可见于 3 岁以下健康儿童。

九、 问经带

妇女有月经、带下、妊娠、产育等生理特点，但其异常变化，不仅是妇科常见疾患，也是全身病理的反映。女性患者在问诊时，除了解一般情况外，尤当注意询问经、带、妊、产等情况，以全面收集病情资料及诊察妇科疾病。

（一）月经

月经是发育成熟女子有规律的、周期性的胞宫腔出血。一般每月一次，信而有期，故又称月汛、月水或月信。健康女子，一般在14岁前后月经便开始来潮，称为"初潮"；到49岁前后月经停止，称为"绝经"。在妊娠期和哺乳期月经不来潮。正常月经周期为28天左右，行经天数（经期）为3~5天，经量中等（50~100mL），经色正红，质地不稀不稠无血块。

询问月经应注意了解月经的周期，行经的天数，月经的量、色、质，有无闭经或行经腹痛等兼症，末次月经日期，以及初潮或绝经年龄等情况。

1. 周期异常　指月经周期不在正常天数范围内。常见的周期异常有以下几种。

（1）月经先期：指连续2个月经周期以上出现月经提前7天以上的症状。又称"月经超前"。多因气虚统摄无权，冲任不固；或肝郁血热、阳热炽盛、阴虚火旺，热扰冲任所致。

（2）月经后期：指连续2个月经周期以上出现月经延后超过7天以上的症状。又称"经迟"。有虚实之分，虚证多因营血亏损，肾精不足，使血海不能按时满溢所致；实证多因气滞血瘀、寒凝血瘀、痰湿阻滞，冲任不畅所致。

（3）月经先后不定期：指连续2个月经周期以上出现月经时而提前，或时而延后达7天以上的症状。又称月经紊乱、经期错乱。多因肝郁气滞，或脾肾虚损，或瘀血阻滞，使冲任不调，血海蓄溢失常所致。

2. 经量异常　常见的经量异常有以下几种。

（1）月经过多：指周期基本正常，经量较正常量明显增多者。多因血热，冲任受损；或脾肾气虚，冲任不固；或瘀阻胞络，络伤血溢所致。经量多，色红质稠者为实证、热证；经量多，色淡质稀者为气虚证。

（2）崩漏：指不在行经期间，阴道内大量出血，或持续下血，淋漓不止者。来势急，出血量多，称"崩"，又称"崩中"；来势缓，出血量少，称"漏"，又称"漏下"。"漏者崩之渐，崩者漏之甚"，二者机理一致，互相转化，故统称"崩漏"。多由脾虚、肾虚、血热、血瘀所致。

（3）月经过少：指周期基本正常，经量较正常量明显减少，甚至点滴即净者。多因营血衰少，血海亏虚；或肾气亏虚，精血不足，血海不盈；或寒凝、血瘀、痰湿阻滞，血行不畅所致。

（4）闭经：指女子发育成熟后，月经尚未来潮，或已行经而又中断，闭止3个月以上而未受孕者。前者称"原发性闭经"，后者称"继发性闭经"，古称"女子不月""月事不来""经闭"等。多因肝肾虚损、气虚血亏，血海空虚；或气滞血瘀、寒凝经脉，痰湿阻滞，胞脉不通所致。问诊时注意与妊娠期、哺乳期、绝经期相鉴别。

3. 经色、经质异常 经色是指月经的颜色；经质是指月经性状。正常月经颜色正红，经质不稀不稠，不夹杂血块。色淡红质稀，为血虚不荣；色深红质稠，为血热内炽；经色紫暗，夹有血块，兼小腹冷痛，属寒凝血瘀。

4. 痛经 指在经期，或行经前后，出现周期性小腹疼痛，或痛引腰骶，甚至剧痛难忍的症状。亦称行经腹痛。若经前或经期小腹胀痛或刺痛拒按，多属气滞血瘀；小腹冷痛，得温痛减，多属寒凝或阳虚；经期或经后小腹隐痛、空痛，多属气血两虚，或肾精不足。

（二）带下

在正常情况下，妇女阴道内有少量无色、无臭的分泌物，谓之带下。带下具有濡润阴道的作用。若带下明显过多，淋漓不断，或色、质、气味异常，即为病理性带下。

问带下，应注意询问带下量的多少、色质和气味等情况。凡带下色白、清稀、无臭，多为虚证、寒证；带下色黄或赤，稠黏臭秽，多为实证、热证。

1. 白带 指带下色白量多，质稀如涕，淋漓不绝而无臭味的症状。多因脾肾阳虚，寒湿下注所致。

2. 黄带 指带下色黄，质黏臭秽的症状。多因湿热下注或湿毒蕴结所致。

3. 赤白带 指白带中混有血液，赤白杂见的症状。多为肝经郁热，或湿热下注所致。若绝经后仍见赤白带淋漓不断者，可能由癌瘤引起。

十、 问男子

对男子的询问，应注意有无阴茎勃起、泄精等方面的异常。

（一）阳痿

阳痿指患者阴茎不能勃起，或勃起不坚，或坚而不能持久，不能进行性交的症状。阳痿不是患者的不适感觉，而是性功能低下的表现。

阳痿，腰膝酸软，畏寒肢冷者，多因肾阳虚，命火衰微，性机能衰减所致。阳痿，心悸失眠，纳呆腹胀者，多因思虑过度，损伤心脾所致。阳痿，精神抑郁易怒者，多因肝气郁结，失于疏泄，宗筋弛缓所致。阳痿，肢体困重，苔黄腻者，多因湿热下注，宗筋弛纵所致。暴受惊恐之后而出现阳痿者，系惊恐伤肾之故。

（二）遗精

遗精指患者不性交而精液遗泄的症状。其中，清醒时精液流出者，谓之"滑精"；梦中性交而遗精者，谓之"梦遗"。成年未婚男子，或婚后夫妻分居者，1月遗精1~2次，为精满自溢，属于生理现象。遗精频繁，甚至清醒时，精液自出，并出现其他症状者，则属于病理表现。梦遗，失眠多梦，腰膝酸软，颧赤潮热者，多是肾阴亏虚，相火扰动精室所致。遗精，过劳则甚，心悸失眠，纳呆腹胀者，多是心脾两虚，气不摄精所致。梦遗频作，甚则滑精，腰膝酸软，面白，头晕耳鸣者，多是肾气亏虚，精关不固所致。遗精，小便混浊，苔黄腻者，多是湿热下注，扰动精室所致。

（三）早泄

早泄指患者阴茎插入阴道不足1分钟，甚至尚未插入便发生射精，不能进行正常性交的症状。

早泄常是肾气亏虚，精关不固的表现。阴虚火旺，心肾不交；肝气郁结，疏泄失度；湿热下注，扰动精室等，亦可引起早泄。

十一、问小儿

儿科古称"哑科"。询问病情比较困难，主要依靠询问陪诊者来获得有关疾病的资料。小儿具有脏腑娇嫩，生机蓬勃，发育迅速等生理特点，故病理上则发病较快，变化较多，易虚易实。问小儿除一般问诊内容外，还必须根据小儿的特点，着重询问以下几个方面。

（一）出生前后情况

新生儿（出生后至1个月）的疾病多与先天因素或分娩情况有关。问诊时应着重询问妊娠期及产育期母亲的营养健康状况，有何疾病，曾服何药，分娩时是否难产、早产等，以便了解小儿的先天情况。

婴幼儿（1个月至3周岁）发育较快，需要的营养远较成人为多，而脾胃功能尚不健全，如喂养不当，易患营养不良、腹泻及五软、五迟等病。问诊时应重点询问喂养方法，以及坐、爬、立、走、出牙、学语的迟早情况，以便了解小儿后天营养状况和生长发育是否正常。

（二）预防接种、传染病史

小儿6个月至5周岁之间，从母体获得的先天免疫力逐渐消失，而后天的免疫功能尚未形成，故易感染水痘、麻疹等急性传染病。预防接种可帮助小儿建立后天免疫功能，以减少感染发病。曾患过某些传染病，如麻疹，常可获得终身免疫力，而不会再患此病。因此，应重点询问预防接种情况，传染病史，传染病接触史，以及家族遗传病史等。

（三）发病原因

易致小儿患病的原因有六淫、饮食、惊吓等。小儿脏腑娇嫩，抵抗力弱，调节功能低下，易受气候、环境影响，感受六淫邪气，而出现发热恶寒、咳嗽、咽痛等外感病证；小儿脾胃薄弱，消化力差，极易伤食，而出现呕吐、泄泻等脾胃病证；婴幼儿脑神经发育不完善，易受惊吓，而出现哭闹、惊叫、抽搐等病证。

项目三 问诊方法与技巧训练

【实训目的】

通过对典型病例的问诊，巩固所学问诊的内容、方法和步骤，掌握抓住主诉并围绕主诉展开问诊的方法和技能，培养中医思维，初步学会整理病史和进行病名、证名诊断。

【实训学时】

2 学时。在实训室或模拟诊室、模拟病房进行。

【实训准备】

1. 物品准备 诊桌、诊椅、脉枕、听诊器、隔离衣、实训病案纸、记录笔、多媒体投影仪、问诊光盘等。

2. 病例准备 选择感冒、头痛、痛经等三位典型的患者。

【实训方法】

按照班级人数分为 6 组。

1. 先进行问诊方法示范，即放问诊录音或问诊实况录像，时间控制在 20 分钟以内。

2. 后进行实例问诊，以小组为单位，练习询问 1～2 位患者的病史，记录病史并写出病史摘要。最后由老师讲评。

【实训内容】

1. 问诊基本内容训练 包括一般情况、主诉、现病史、既往史、个人生活史、月经生育史、家族史等。

2. 典型病例问诊要点

（1）感冒问诊要点：①寒热类型、汗出情况；②是否伴有咽喉疼痛、咳嗽（配合望诊，观察咽喉形态色泽及分泌物的颜色与性状）；③有无头身疼痛、性质；④饮食情况及大小便；⑤发病原因、病程长短；⑥治疗经过；⑦个人生活习惯，既往史等。

（2）头痛问诊要点：①头痛的部位、性质及时间长短；②有无寒热，呕吐，饮食，睡眠，二便等情况；③发病原因及诊治经过；④有无高血压、高脂血症；⑤既往史、个人生活史、家族史等对本病诊断有重要的参考价值。

（3）痛经问诊要点：①疼痛的时间、性质、部位、程度等情况与发病原因；②平时有无寒热现象，或有精神过度紧张、经期冒雨涉水、过食生冷等病史；③既往史（以往有无经行腹痛病史）、个人生活史对本病有一定的诊断意义。

3. 注意事项 尊重患者，注意接诊和送诊的基本礼仪。尊重患者主诉，围绕主诉进行问诊，专心关注患者，语气平和亲切，语言要通俗易懂，切合患者理解水平，力戒使用医学术语，不要套问和暗示，适时中止患者漫无目的的陈述，引导到与病情相关的事宜。态度要和蔼，耐心细致。

4. 要求

（1）认真做好病史记录。

（2）以小组为单位在展开讨论的基础上，书面整理病史记录，写出病史摘要，归纳诊断依据，给出中医病名诊断和证名诊断。

（3）选派代表参与全班讨论。

【实训小结】

通过实训，你的最大收获是什么？谈谈实训体会。

目标检测

A1 型题

1. 患者自觉视物旋转动荡，如坐舟车，称为（　　）

　　A. 目昏　　　　　　　B. 雀盲　　　　　　　C. 歧视

　　D. 目眩　　　　　　　E. 目痒

2. 身重兼脘闷，苔腻，多因（　　）

　　A. 湿困脾阳　　　　　B. 水泛肌肤　　　　　C. 脾气虚

　　D. 气阴两伤　　　　　E. 肾阳虚

3. 问一般情况的内容，不包括（　　）

　　A. 性别　　　　　　　B. 职业　　　　　　　C. 民族

　　D. 婚否　　　　　　　E. 收入

4. 患者的饮食起居，属于（　　）

　　A. 现病史　　　　　　B. 既往史　　　　　　C. 个人生活史

　　D. 家庭史　　　　　　E. 一般情况

5. 饥不欲食，多因（　　）

　　A. 胃热炽盛　　　　　B. 胃阴虚　　　　　　C. 虫积肠道

　　D. 脾气虚　　　　　　E. 食积

A2 型题

6. 黄某，女，58 岁。常觉口干，但欲漱水不欲饮，兼舌质青紫，脉涩。此属（　　）

　　A. 气虚　　　　　　　B. 湿热　　　　　　　C. 阴虚

D. 热入营分　　　　　　E. 瘀血

7. 李某，男，18岁。在暑假与同学烧烤聚餐后，次日大便秘结难排，口臭。此属（　　）

   A. 热邪内结　　　　　　B. 寒凝大肠　　　　　　C. 气虚

   D. 中暑　　　　　　　　E. 肠枯津亏

8. 患者女，35岁，近半年来月经时而提前，时而延后达10天以上，此属（　　）

   A. 月经先期　　　　　　B. 月经后期　　　　　　C. 月经先后不定期

   D. 闭经　　　　　　　　E. 月经过少

9. 某小儿，1岁2个月，常于睡时汗出，醒后汗止。此为（　　）

   A. 自汗　　　　　　　　B. 盗汗　　　　　　　　C. 绝汗

   D. 半身汗　　　　　　　E. 战汗

B 型题

   A. 胀痛　　　　　　　　B. 灼痛　　　　　　　　C. 刺痛

   D. 冷痛　　　　　　　　E. 隐痛

10. 气滞者，其疼痛常表现为（　　）

11. 虚证患者的疼痛多表现为（　　）

   A. 恶寒发热　　　　　　B. 寒热往来　　　　　　C. 骨蒸潮热

   D. 壮热　　　　　　　　E. 畏寒

12. 表证最具诊断意义的症状是（　　）

13. 阴虚发热的特点是（　　）

   A. 口淡　　　　　　　　B. 口涩　　　　　　　　C. 口酸

   D. 口咸　　　　　　　　E. 口黏腻

14. 热盛津伤者多见（　　）

15. 肾虚者多见（　　）

扫一扫，知答案

模块四

切 诊

扫一扫，看课件

【学习目标】

1. 掌握寸口诊脉的部位、方法和指法，脉象要素、平脉特征及意义；常见病脉浮、沉、迟、数、虚、实、洪、细、滑、涩、弦、紧、缓、濡、弱、微、结、促、代等19种脉的脉象特征及临床意义；按肌肤的方法、内容及临床意义；按腹部辨疼痛、痞满、积聚的临床意义。

2. 熟悉脉象形成的原理，病脉芤、革、散、伏、牢、疾、动、短、长等9种脉的脉象特征及临床意义，相兼脉的临床意义及脉症从舍的含义，按诊的其他方法及按手足、胸胁、腧穴的临床意义。

3. 了解脉诊发展简史，遍诊法、三部诊法及真脏脉的概念，按诊的注意事项。

案例导入

1. 胡某，男，39岁，干部，2013年5月20日就诊。少腹痛1月余，疼痛拒按，时轻时重，每因情绪波动而发，兼两胁胀痛，腹痛泄泻，急躁易怒，舌淡红苔薄黄。

问题：根据四诊合参的诊断原则，本案缺少什么诊法？

2. 刘某，女，17岁，学生，于2004年6月7日就诊。咽痛咳嗽3天。现症：咳声较剧，咳痰色黄量少而黏，鼻塞，流浊涕，咽喉肿痛，发热，微恶风寒，口微渴，舌尖红，苔薄黄，脉浮数。

问题：本案脉浮数是如何获得的？为什么会出现浮数脉？有什么临床意义？让我们从下面的学习中找到答案吧！

切诊是医生运用手的触觉在患者体表进行触、摸、按、压，以了解病情的一种诊察方法。包括脉诊和按诊两部分内容。

项目一 脉 诊

一、脉诊概述

脉诊，亦称切脉、候脉、按脉、把脉或持脉，是医生以手指切按患者的动脉搏动，体验脉动应指的形象，以了解病情、辨别病证的诊察方法。是中医独具特色的诊察疾病的方法。

脉诊是依靠医生手指的灵敏触觉加以体验识别，因此，学习脉诊既要熟悉脉学的基本知识，又要掌握切脉的基本技能，反复训练，仔细体会，才能逐步识别各种脉象，有效地运用于临床。

（一）脉象形成的原理

脉象是手指感觉脉搏跳动的形象，即脉动应指的形象。人体的血脉贯通全身，内连脏腑，外达肌表，运行气血，周流不休，所以，脉象能够反映全身脏腑功能、气血、阴阳的盛衰等情况。脉象的产生与心脏的搏动、心气的盛衰、脉道的通利和气血的盈亏及各脏腑的协调作用直接相关。

1. 心、脉是形成脉象的主要脏器 心之搏动是形成脉象的动力。心主血脉，在宗气和心气的作用下，心脏搏动把血液排入脉管而形成脉搏。脉象的至数与心搏动的频率、节律一致，并受心之气血的影响。心血与心阴是心之生理活动的物质基础，心气和心阳是心的功能活动。心阴心阳是维持正常脉搏的基本条件。生理状态下，心气旺盛，血液充盈，心阴心阳调和，心搏动的节奏和谐有力，脉象亦从容和缓。反之，可以出现脉象的过大过小，过强过弱，过速过迟或节律失常。

脉为血之府，是气血运行的通道，具有约束、控制和推进血液沿着脉管运行的作用。当血液由心排入脉管，则脉管必然扩张，然后脉管依靠自身的弹性收缩，压迫血液向前运行，脉管的这种一舒一缩功能，既是气血周流、循行不息的重要条件，也是产生脉搏的重要因素。所以脉管的舒缩功能正常与否，能直接影响脉搏，产生相应的变化。

2. 气血是形成脉象的物质基础 气、血是构成人体组织和维持生命活动的基本物质。脉为血府，赖血以充，赖气以行。心脏搏动的强弱、节律赖气以调节，血液的运行靠宗气来推动；而血为气之载体，脉管自身的功能亦需要血的濡养。因此，气血是形成脉象的物质基础，脉象在一定程度上反映着气血的状况。若气血不足，则脉象细弱或虚软无力；气滞血瘀，可以出现脉象细涩而不利；气盛血流薄疾，则脉多洪大滑数等。

3. 其他脏腑与脉象形成的关系 血液循行于脉管之中，流布全身，环周不休，运行不息，除心脏的主导作用外，还必须有各脏器的协调配合。肺朝百脉，循行全身的血脉均汇聚于肺，且肺主气，通过肺气的敷布，血液才能布散全身；脾胃为气血生化之源，脾主统血，血液的循行，有赖于脾气的统摄；肝主藏血，主疏泄以调节循环血量；肾藏精，精化气，是人体阳气的根本，各脏腑组织功能活动的原动力，且精可以化血，是生成血液的物质基础之一。故脉象的形成不仅与心、脉、气、血有关，与整体脏腑阴阳功能活动亦有密切的关系。

（二）脉诊的部位

关于脉诊的部位，有遍诊法、三部诊法及寸口诊法三种。

1. 遍诊法　即《素问》三部九候法。切脉的部位有头、手、足三部，每部又分为天、地、人三候，三三合而为九，故称为三部九候法（图4-1）。

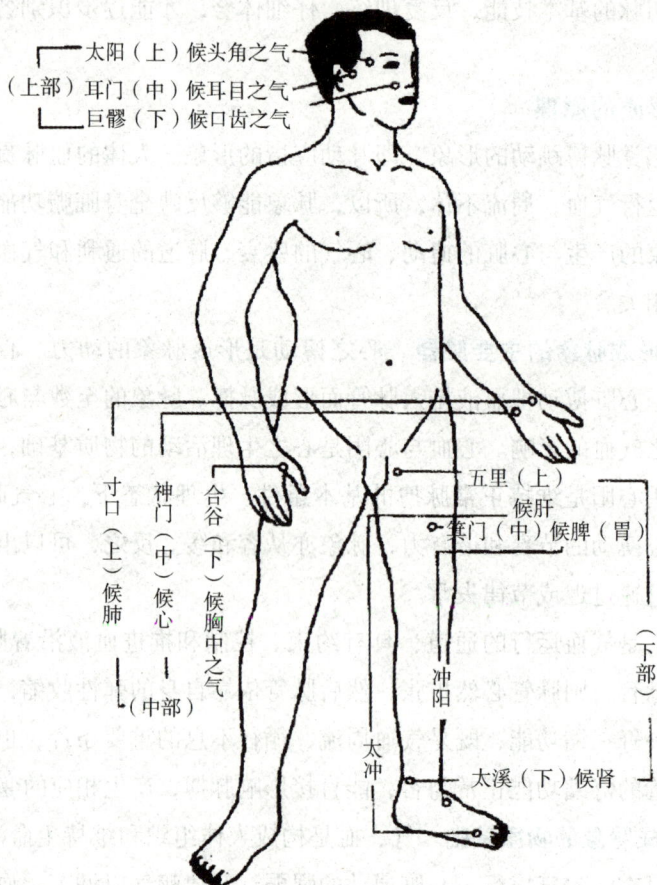

图4-1　三部九候诊法示意图

2. 三部诊法　见于张仲景《伤寒杂病论》。即人迎、寸口、趺阳三脉。其中以寸口候十二经，以人迎、趺阳分候胃气。也有加太溪以候肾者。

以上两种诊脉部位，后世已少采用（只在危急的病证及两手无脉时，才诊察人迎、趺阳、太溪，以确定胃肾之气的存绝），自晋以来普遍采用寸口诊法。

3. **寸口诊法**　始见于《黄帝内经》，详于《难经》，推广于晋代王叔和的《脉经》。寸口又称气口或脉口，是指单独切按桡骨茎突内侧一段桡动脉的搏动，根据其脉动形象，以推测人体生理、病理状况的一种诊察方法。

（1）诊脉独取寸口的原理：一是因为寸口为手太阴肺经原穴太渊之所在，十二经之气汇聚于此，故称其为"脉之大会"；二是因"肺朝百脉"，故寸口脉气能够反映五脏六腑的气血状况；三是寸口脉在腕后，肌肤薄嫩，脉易暴露，切按方便。故此历代医家非常重视诊脉独取寸口。

（2）寸口分部：寸口脉分寸、关、尺三部（图4-2）。通常以腕后高骨（桡骨茎突）为标志，高骨内侧为关，关前（腕侧）为寸，关后（肘侧）为尺。两手各有寸、关、尺三部，共六部脉。寸、关、尺三部又可施行浮、中、沉三候，这是寸口诊法的三部九候。《难经·十八难》说："三部者，寸、关、尺也；九候者，浮、中、沉也。"这和遍诊法的三部九候名同而实异。

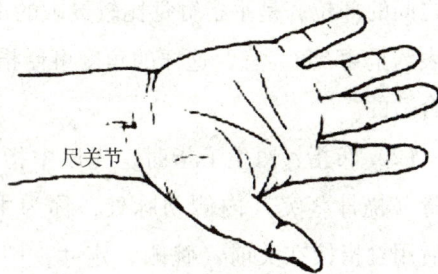

图4-2　寸口脉寸关尺示意图

（3）寸口分候脏腑：关于寸关尺分候脏腑，文献记载有不同说法，但基本精神是一致的，现在临床上一般是根据《黄帝内经》"上竟上""下竟下"的原则，即上（寸脉）以候上（身躯上部），下（尺脉）以候下（身躯下部），来划分寸口三部所分候的脏腑：左寸候心，右寸候肺，并统括胸以上及头部的疾病；左关候肝胆，右关候脾胃，统括膈以下至脐以上部位的疾病；两尺候肾，并包括脐以下至足部疾病。

此外，也有不分寸、关、尺，但以浮、中、沉分候脏腑的方法，如以左手浮取候心，中取候肝，沉取候肾；右手浮取候肺，中取候脾，沉取候肾（命门）。

寸口脉象主病的意义，在临床上常用"独异"主病的概念，即诊察六部脉象时，注意发现是否在某一部位有独特的变化，根据脏腑与寸口脉相应的关系，推测发病部位。但也不能把三部候脏腑的方法机械地看待，临证时必须结合具体病证综合各方面情况加以分析，才能得出比较正确的结论。

（三）诊脉方法和注意事项

1. **时间**　诊脉的时间，以清晨（平旦）未起床、未进食时最佳。清晨未起床、未进食时，机体内外环境比较安定，脉象能比较准确地反映机体的基础生理情况，故容易鉴别病脉。但也不是说其他时间不能诊脉。总的来说，诊脉时要求有一个安静的内外环境。诊

99

脉之前，先让患者休息片刻，使气血平静，医生也要平心静气，同时保持诊室安静，然后开始诊脉。在紧急情况下，应随时随地诊察患者，不必拘泥于这些条件。

2. 体位 诊脉时要让患者采取正坐位或仰卧位，手臂自然放平，和心脏处于同一水平，直腕，手心向上，在腕关节下垫上脉枕，有利于气血运行，不会影响脉象，且便于切脉。不正确的体位会影响局部气血运行而干扰脉象。

3. 指法 指医生诊脉的具体操作方法。正确而规范地运用指法，可以获取比较丰富而准确的病理信息。临床诊脉常用的指法，可概括为选指、布指和运指等。

（1）选指：医生和患者侧向坐，用左手按诊患者的右手寸口，用右手按诊患者的左手寸口。诊脉时应当选用食指、中指和无名指三个手指的指目（指甲二角连线和指腹交界隆起之间的部位，是手指触觉比较灵敏的部位），手指指端平齐，手指呈弓形倾斜与受诊者体表约呈45°角为宜，这样的角度可使指目紧贴于脉搏搏动处。三指平按或垂直下指都是不合适的。

（2）布指：医生下指时，先以中指按在掌后高骨（桡骨茎突）内侧动脉处，称为中指定关，然后用食指按在关前（腕侧）定寸，用无名指按在关后（肘侧）定尺（图4-3）。切诊时布指的疏密要得当，要与患者手臂长短和医生的手指粗细相适应，患者的手臂长或医生手指较细者，布指宜疏，反之宜密。小儿寸口部位甚短，一般多用"一指（拇指或食指）定关法"，而不必细分寸、关、尺三部。

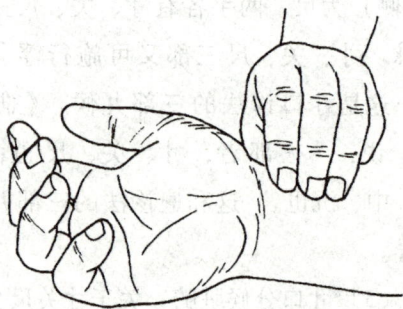

图4-3 诊寸口脉示意图

（3）运指：医生布指之后，运用指力的轻重、挪移及布指变化以体察脉象。常用的指法有：①举法：指医生的手指较轻地按在寸口脉搏跳动部位以体察脉象。用举的指法取脉又称为"浮取"。②按法：指医生手指用力较重，甚至按到筋骨以体察脉象。用按的指法取脉又称为"沉取"。③寻法：寻即寻找之意，指医生手指用力不轻不重，按到肌肉，并调节适当指力，或前后左右推寻，以细细体察脉象。用力不轻不重，按至肌肉而取脉，称为"中取"。④总按：即三指同时用大小相等的指力诊脉的方法，从总体上辨别寸关尺三部和左右两手脉象的形态、脉位、脉力等。⑤单按：用一个手指诊察一部脉象的方法。主要用于分别了解寸、关、尺各部脉象的位、形、数、势等变化特征。

临床时一般三指均匀用力，但亦可三指用力不一，总按和单按配合运用，以求全面捕获脉象信息。

4. 平息 指医生在诊脉时要保持呼吸调匀，清心宁神，以自己的呼吸计算患者的脉搏至数。平息的主要意义有二：一是指以医生的一次正常呼吸为时间单位，来检测患者的脉搏搏动次数。一呼一吸叫作一息，一息脉动四至（间或五至，相当于 70 ~ 90 次 / 分）为正常。《素问·平人气象论》说："人一呼脉再动，一吸脉亦再动，呼吸定息，脉五动，闰以太息，命曰平人。平人者，不病也。常以不病调患者，医不病，故为患者平息以调之为法。"二是指在诊脉时平息，有利于医生思想集中，专注指下，以仔细地辨别脉象，即所谓"持脉有道，虚静为保"。诊脉时最好不要参入问诊，以避免医生分散精力，避免患者由于情绪的波动而引起脉象变化。

5. 五十动 每次诊脉，必满五十动。即每次按脉时间，每侧脉搏跳动不应少于五十次。其意义有二：一方面为了解五十动中有无促、结、代脉，防止漏诊。如果第一个五十动仍辨不清楚，可延至第二个或第三个五十动，必须以辨清脉象为目的，所以每次诊脉时间以 2 ~ 3 分钟为宜。另一方面，又提醒医生诊脉时不得三举两按草率从事。

（四）脉象要素

脉象的辨识主要依靠手指的感觉。脉象的种类很多，中医文献常从位、数、形、势四个方面加以分析归纳，可分解为脉位（脉搏跳动显现的部位的深浅）、至数（脉搏的频率）、均匀度（脉动节律和脉力是否均匀）、脉长（脉动应指轴向范围的长短）、脉宽（脉动应指径向范围的大小）、流利度（脉搏来势的流利通畅程度）、紧张度（脉管的劲急或弛缓程度）和脉力（脉搏的强弱，脉搏应指的力量）八个方面。掌握脉象要素，对于理解各种脉象的特征及形成机理，可起到执简驭繁的作用。

1. 脉位 指脉搏跳动显现的部位和长度。每次诊脉均应诊察脉搏显现部位的浅深、长短。正常脉搏的脉位不浮不沉，中取可得，寸、关、尺三部有脉。如脉位表浅者为浮脉；脉位深沉者为沉脉等；脉搏超越寸、关、尺三部者为长脉；脉动不及寸、尺者为短脉。

2. 脉数 指脉搏跳动的至数和节律。每次诊脉均应诊察脉搏的频率快慢和节律是否均匀。正常成人，脉搏的频率每分钟 70 ~ 90 次，且节律均匀，没有歇止。如一息五至以上为数脉；一息不满四至为迟脉；出现歇止者，有促、结、代等脉的不同；脉律快慢不匀者，为三五不调。

3. 脉形 指脉搏跳动的宽度等形态。每次诊脉均应诊察脉搏的大小、软硬等形状。脉形主要与脉管的充盈度、脉搏搏动的幅度等因素有关。如脉管较充盈，搏动幅度较大者为洪脉；脉管充盈度较小，搏动幅度较小者为细脉；脉管弹性差、欠柔和者为弦脉；脉体柔软无力者为濡脉、缓脉等。

4. 脉势 指脉搏应指的强弱、流畅等趋势。脉势包含着多种因素，如脉动的轴向和径向力度。主要有由心脏和阻力影响所产生的流利度；由血管弹性和张力影响而产生的紧张度等。每次诊脉均应诊察脉动势力的强弱及流畅程度。正常脉象，应指和缓，力度适中。应指有力为实脉；应指无力为虚脉；通畅状态较好，脉来流利圆滑者为滑脉；通畅状态较差，脉来艰涩不畅者为涩脉等。

以上是构成脉象的基本要素，也是体察脉象的基本要点。脉象的辨别，主要依据医生指下感觉，因此，医生察脉，必须反复练习指感，细心体察，尤其是对脉象的位、数、形、势等更应反复体察，将各种脉象要素综合起来进行分析，才能形成比较完整的脉象，才能正确地分辨各种病脉。

二、正常脉象

正常脉象也称平脉、常脉。是指正常人在生理条件下出现的脉象，既具有基本的特点，又有一定的变化规律和范围，而不是指固定不变的某种脉象。

（一）正常脉象的特点

正常脉象的特点是：寸关尺三部皆有脉，不浮不沉，不快不慢，一息4～5至，相当于70～90次/分（成年人），不大不小，从容和缓，节律一致，尺部沉取有一定的力量，并随生理活动和气候环境等的不同而有相应变化。平脉有胃、神、根三个特点。

1. **有胃**　即脉有胃气。脉有胃气，主要反映脾胃运化功能的盛衰、营养状况的优劣及全身气血的盈亏。正如《素问·平人气象论》所说："人以水谷为本，故人绝水谷则死，脉无胃气亦死。"

有胃气的脉象，古人说法很多，《灵枢·终始》认为是"谷气来也徐而和"，戴启宗《脉诀刊误》则称："凡脉不大不细，不长不短，不浮不沉，不滑不涩，应手中和，意思欣欣，难以名状者，为胃气。"总的来说，平人脉象不浮不沉，不疾不缓，来去从容，节律一致，是为有胃气。即使是病脉，不论浮沉迟数，但有冲和之象，便是有胃气。诊察脉象有无胃气，对于推断疾病的预后具有重要的意义。

2. **有神**　即脉有神气。反映机体血气充盈，心神健旺。

心主血而藏神，脉为血之府，血气充盈，心神便健旺，脉象自然有神。脉神的形态是柔和有力，节律整齐。即使微弱的脉，微弱之中不至于完全无力的为有神；弦实的脉，弦实之中仍带有柔和之象的为有神。

脉之有胃、有神，都是具有和缓有力之象，有胃即有神，有胃有神的脉象形态是一致的，故周学海说："脉以胃气为有神。"

3. **有根**　即脉有根基。脉之有根无根主要说明肾气的盛衰。

肾为先天之本，是人体脏腑组织功能活动的原动力，肾气足，反映于脉必有根，沉以候肾，尺以候肾，尺脉沉取应指有力就是有根的脉象。若病中肾气犹存，先天之本未绝，尺脉沉取尚可见，便还有生机，正如王叔和《脉经》所说："寸口虽无，尺犹不绝，如此之流，何忧殒灭。"相反，若尺脉沉取不应，则说明肾气已败，病情危笃。

总之，脉贵有胃、有神、有根，是从不同侧面强调正常脉象的必备条件。胃、神、根三者是三位一体的，相互补充而不能截然分开，有胃必然有神、有根，即不论是何种脉象，只要节律整齐，有力中不失柔和，和缓中不失有力，尺部沉取应指有力，就是有胃、有神、有根的表现，说明脾胃、心、肾等脏腑功能不衰，气血精神未绝，虽病而病尚轻浅，正气未伤，生机仍在，预后良好。

（二）脉象的生理变异

平脉随人体内外因素的影响而有相应的生理性变化。

1. 个体因素影响

（1）性别：由于性别的不同，导致体质的差异，而脉象亦随之各异。一般说女性的脉势较男性的脉势弱，且至数稍快，脉形较细小。

（2）年龄：健康人的脉象，随年龄的增长而产生各种变异。年龄越小，脉搏越快，三岁以内的小儿，一息七八至为平脉；五六岁的小儿，一息六至为平脉；年龄渐长则脉象渐趋和缓。青壮年脉搏有力；老年人气血虚弱，精力渐衰，脉搏较弱。

（3）体质：身躯高大的人，脉的显现部位较长；矮小的人，脉的显现部位较短。瘦人脉多浮；胖人脉多沉；运动员脉多缓而有力。由于禀赋的不同，体质的差异，有六脉同等沉细而无病者，称为六阴脉；有六脉同等洪大而无病者，称为六阳脉，均不属病脉。

（4）脉位变异：有的人脉不见于寸口，而从尺部斜向手背，名叫斜飞脉；若脉出现在寸口的背侧，名叫反关脉；还有出现于腕侧其他位置的，都是生理特异的脉位，即桡动脉解剖位置的变异，不属病脉。

2. 外部因素影响

（1）情志：一时性的精神刺激，脉象也发生变化，如喜则气缓而脉多缓，怒则气上而脉多弦，惊则气乱而可脉动暂时无序等，当情志恢复平静之后，脉象也就恢复正常。

（2）劳逸：剧烈活动之后，脉多洪数；入睡之后，脉多迟缓。长期从事体力劳动之人与从事脑力劳动之人比较，脉多大而有力。

（3）饮食：酒后、饭后脉稍数而有力；饥饿时脉多缓弱。

（4）季节：季节气候的变化，时时影响着人体的生理活动，人体为适应自然而进行的生理性调节，亦可反映在脉象上。如春弦、夏洪、秋毛（浮）、冬石（沉）的变化。这是因为，春令虽阳气初升，人体应生发之气，阳气向外浮越，但寒气未尽除，气机仍有约束之象，故脉位较浅，且端直而长，如按琴弦；夏天阳气旺盛，人应盛长之气，气盛血涌，脉管充盈，故脉来形体较大，且来势盛而去势衰；秋天气机开始收敛，人应之而阳气乍敛，故脉在肤下，但脉势已减而但见浮象；冬日气候严寒，人应闭藏之气，腠理致密，阳气内潜，故脉位深沉而有力。此为应时之脉，属无病。

（5）昼夜：一日之中随着平旦、日中、日西、夜半的阴阳消长，脉象也有昼夜节律的变化，总的趋势是昼日脉象偏浮而有力，夜间脉象偏沉而细缓。

（6）地理环境：长时期生活在不同地区的人，由于受地理环境的影响，以致体质有别，因而出现的平脉亦不同。如我国东南方地势低下，气候偏温，空气湿润，人体肌腠缓疏，故脉多细软偏数；西北方地势高，空气干燥，气候偏寒，人体肌腠致密紧缩，故脉象多沉实。

三、病理脉象

疾病反映于脉象的变化，叫病理脉象，简称病脉。一般来说，除了正常生理变化范围及个体生理特异之外的脉象，均属病脉。由于对脉象感觉与体会的差异，历代医家对常见病脉的分类和命名亦存在着差别。《内经》记载有 21 种脉象，《伤寒杂病论》中记载 26 种，《脉经》总结分为 24 种，《景岳全书》只分为 16 种脉，《濒湖脉学》提出 27 种，李士材《诊家正眼》增疾脉而为 28 脉，故近代多从 28 种脉论述。

（一）各种脉象及主病

1. 浮脉

脉象特征：轻取即得，重按稍减而不空，如水上漂木。

浮脉的脉象特点是脉位浅表，因此，轻取即得，按之稍减而不空。

临床意义：主表证。浮而有力为表实证，浮而无力为表虚证。

机理分析：浮脉主表，反映病邪在经络肌表的部位。邪袭肌表，卫阳抵抗外邪，则脉气鼓动于外，应指而浮。但久病体虚，也有见浮脉的，多浮大无力，不可误作外感论治。

相类脉

（1）芤脉

脉象特征：浮大中空，如按葱管。

芤脉的脉象特点是脉位浮，脉形大，脉力表现为上下或两边实而中间空虚。

临床意义：常见于大量失血、伤阴之际。

机理分析：多因血崩、呕血、外伤性大出血等突然出血过多之时，血量骤然减少，无以充脉，或因剧烈吐泻津液大伤，血液不得充养，阴血不能维系阳气，阳气浮散所致。若失血、伤液后，血管自敛，或经输血、补液等而阴液得到补充，则往往不再现芤脉。

（2）散脉

脉象特征：浮散无根，稍按则无，至数不齐。

脉象特点是浮取散漫，中候似无，沉候不应，并常伴有脉动不规则，时快时慢而不匀（但无明显歇止），或脉力往来不一致。故散脉为浮而无根之脉，形容其为"散似杨花无定踪"。

临床意义：主元气离散，脏腑精气衰败，尤其是心、肾之气将绝的危重病证。

机理分析：由于气血虚衰，精气欲竭，阴不敛阳，阳气离散，脉气不能内敛，涣散不收，无力鼓动于脉，以致浮大无根，至数不匀。

（3）革脉

脉象特征：浮而搏指，中空外坚，如按鼓皮。

革脉的脉象特点是浮取感觉脉管搏动的范围较大而且较硬，有搏指感，但重按则乏力，有豁然而空之感，因而恰似以指按压鼓皮上的外急内空之状。《濒湖脉学》谓之为"芤弦相合"的脉象。

临床意义：主亡血、失精、半产、漏下等病证。

机理分析：因精血耗伤，脉管不充，正气不固，气无所恋而浮越于外，以致脉来浮大搏指，外急中空，恰似绷急的鼓皮，有刚无柔，此为太过。为无胃气的真脏脉，多属危候。

2. 沉脉

脉象特征：轻取不应，重按始得，如石沉水底。

沉脉的脉象特点是脉位较深，因此用轻指力按触不能察觉，用中等指力按触搏动也不明显，只有用重指力按到筋骨间才能感觉到脉搏明显的跳动。

临床意义：主里证。沉而有力为里实；沉而无力为里虚。亦可见于正常人。

机理分析：邪实内郁，正气尚盛，邪正相争于里，致气滞血阻，阳气被遏，不能鼓搏脉气于外，故脉沉而有力；若脏腑虚弱，正气不足，阳虚气陷，不能升举，脉气鼓动无力，故脉沉而无力。脉沉而无临床症状者，可见于正常人，不作病脉论。

相类脉

（1）伏脉

脉象特征：重手推筋按骨始得，甚则伏而不见。

伏脉的脉象特点是脉位比沉脉更深，隐伏于筋下，附着于骨上。因此，诊脉时浮取、中取均不见，需用重指力直接按至骨上，然后推动筋肉才能触到脉动，甚至伏而不见。

临床意义：常见于邪闭、厥病和痛极的患者。

机理分析：伏，潜藏伏匿之意。伏脉多为邪气内伏，不得宣通而致。邪气闭塞，气血凝结，乃致正气不能宣通，脉管潜伏而不显，但必伏而有力，多见于暴病。如实邪内伏，气血阻滞所致气闭、热闭、寒闭、痛闭、痰闭等。

（2）牢脉

脉象特征：沉取实大弦长，坚牢不移。

牢脉的脉象特点是脉位沉长，脉势实大而弦。牢脉轻取、中取均不应，沉取始得，但搏动有力，势大形长，为沉、弦、大、实、长五种脉象的复合脉。

临床意义：主阴寒内盛，疝气癥积。

机理分析：牢，指深居于内，坚固牢实之意。邪气牢固，而正气未衰者，如阴寒内积，阳气沉潜于下，或气血瘀滞，凝结成癥积而固结不移，在脉象上则可表现为沉弦实大的牢脉。若失血、阴虚等患者反见牢脉,当属危重征象。

3. 迟脉

脉象特征:脉来迟慢,一息不足四至(脉搏每分钟不超过 60 次)。

迟脉的脉象特点是脉管搏动的频率小于正常脉率。

临床意义:主寒证。迟而有力为实寒证;迟而无力为虚寒证。亦见于邪热结聚之实热证。

机理分析:寒凝气滞,阳失温运,故脉象见迟,迟而有力为实寒证;迟而无力为虚寒证。

若邪热结聚,阻滞气血运行,也可见迟脉,但必迟而有力,按之必实。迟脉不可概认为寒证,当脉症合参。

运动员或经过体力锻炼之人,脉迟而有力;正常人入睡后,脉率较慢,均不属病脉。

4. 数脉

脉象特征:脉来急促,一息五至以上而不满七至。

数脉的脉象特点是脉率较正常为快,脉搏每分钟 90 ~ 120 次。

临床意义:主热证。数而有力为实热证,数而无力为虚热证。

机理分析:邪热亢盛,气血运行加速,故见数脉。实热内盛,正气不衰,邪正相争,则数而有力;久病阴虚,虚热内生,则数而无力。若虚阳外浮而见数脉,必数大而无力,按之豁然而空。上述三者鉴别,还当脉症合参。

相类脉 疾脉

脉象特征:脉来急疾,一息七八至。

疾脉的脉象特点是脉率比数脉更快,相当于脉搏每分钟 120 次以上。

临床意义:主阳极阴竭,元气欲脱。

机理分析:若疾而有力,按之愈坚,为阳亢无制,真阴垂绝之候,可见于外感热病之热极时。若脉疾而弱,按之不鼓指,多为虚阳外越,元阳欲脱使然。3 岁以下小儿脉搏可在一息七至以上,为平脉,不作病论。

5. 虚脉

脉象特征:三部脉举之无力,按之空虚,应指松软。亦是无力脉象的总称。

虚脉的脉象特点是脉力软弱,寸、关、尺三部,浮、中、沉三候均无力。是脉管的紧张度减弱,脉管内充盈度不足的状态。

临床意义:主虚证,多为气血两虚。

机理分析:气虚无力推运血行,搏击力弱故脉来无力;气虚不敛则脉管松弛,故按之空虚;血虚不能充盈脉管,则脉细无力。迟而无力多阳虚,数而无力多阴虚。

6. 实脉

脉象特征：三部脉举寻按均有力，即脉来去俱盛，坚实有力。亦为有力脉象的总称。

实脉的脉象特点是脉力强，寸、关、尺三部，浮、中、沉三候均有力量，脉管宽大。

临床意义：主实证。亦见于常人。

机理分析：邪气亢盛，正气不虚，邪正相搏，气血壅盛，脉管内充盈度较高，脉管呈紧张状态，故脉来充实有力。实脉也见于正常人，必兼和缓之象，且无病证表现。

7. 洪脉

脉象特征：脉体宽大，充实有力，来盛去衰，状若波涛汹涌。

洪脉的脉象特点是脉位偏浮，脉形宽大，脉力较强，脉来势盛而去势衰。

临床意义：主阳明气分热盛。

机理分析：邪热亢盛，充斥内外，且正气不衰而奋起抗邪，邪正剧烈交争，气盛血涌，脉管扩大，故脉大而充实有力。

大脉，脉体宽大，但无脉来汹涌之势。大脉的特点为寸口三部皆脉大而和缓、从容。多见于健康人，或为邪盛病进，又主虚。辨别邪正盛衰，区别在于大脉的有力无力。

相类脉 长脉

脉象特征：首尾端直，超过本位。

长脉的脉象特点是脉搏的搏动范围显示较长，超过寸、关、尺三部。

临床意义：主阳证，热证，实证。亦可见于平人。

机理分析：若阳亢、热盛、痰火内蕴，正气不衰，使气血壅盛，脉管充实而致脉搏搏动长，超过寸尺，如循长竿之状。

正常人气血旺盛，精气盛满，脉气充盈有余，故搏击之势过于本位，可见到柔和之长脉，为强壮之象征。老年人两尺脉长而滑实，多长寿。《素问·脉要精微论》说："长则气治。"说明长脉亦是气血充盛，气机调畅的反映。

8. 细脉

脉象特征：脉细如线，但应指明显。

细脉的脉象特点是脉道狭小，但应指的感觉清晰明显。

临床意义：主气血两虚，湿邪为病。

机理分析：阴血亏虚不能充盈脉管，气虚则无力鼓动血行，致脉管的充盈度减小，故脉来细小且无力。湿性重浊黏滞，脉管受湿邪阻遏，气血运行不利而致脉体细小而缓。

相类脉 短脉

脉象特征：首尾俱短，不满本位。

短脉的脉象特点是脉搏搏动的范围短小，脉体不如平脉之长，脉动不满本位，多在关部及寸部应指较明显，而尺部常不能触及。

临床意义：主气病。短而有力为气郁，短而无力为气虚。

机理分析：《素问·脉要精微论》说："短则气病。"心气亏虚，无力鼓动血行，则气血不仅难以达于四末，亦不能充盈脉道，致使寸口脉搏动短小且无力。气滞血瘀或痰凝食积，致使气机阻滞，脉气不能伸展而见短脉者，必短涩而有力。故短而有力为气郁，短而无力为气虚。

9. 滑脉

脉象特征：往来流利，应指圆滑，如盘走珠。

滑脉的脉象特点是流利度较高，脉搏形态应指圆滑，如同圆珠流畅地从尺部向寸部滚动，浮、中、沉取皆可感到。

临床意义：主痰饮，食积，实热。亦是青壮年的常脉，妇女的孕脉。

机理分析：痰湿留聚、食积饮停，皆为阴邪内盛，邪气充溃脉道，鼓动脉气，故脉滑。火热之邪波及血分，血行加速，则脉来亦滑但必兼数。

滑而和缓之脉为平人之脉，多见于青壮年。育龄妇人脉滑而经停，应考虑为妊娠，是气血充盛而调和的表现。

相类脉 动脉

脉象特征：脉形如豆，厥厥动摇，见于关部，滑数有力。

动脉的脉象特点是具有短、滑、数三种脉象的特点，其脉搏搏动部位在关部明显，应指如豆粒动摇。

临床意义：主惊恐、疼痛等。

机理分析：惊则气乱，痛则气结，阴阳不和，气血阻滞。故因惊、因痛致使阴阳相搏，气血运行乖乱，脉行躁动不安，则出现滑数而短的动脉。

10. 涩脉

脉象特征：形细而行迟，往来艰涩不畅，如轻刀刮竹。

涩脉的脉象特点是流利度低，艰涩不畅，至数较缓，脉形偏细，脉力与脉率不匀。

临床意义：主气滞，血瘀，痰食内停，精伤，血少。

机理分析：气滞、血瘀、痰浊、饮食等邪气内停，阻滞脉道，血脉被遏，以致脉气往来艰涩，此系实邪内盛，正气未衰，故脉涩而有力。精血亏少，津液耗伤，不能充盈脉管，久而脉管失去濡润，血行不畅，以致脉气往来艰涩而无力。总之，脉涩而有力者，为实证；脉涩而无力者，为虚证。

11. 弦脉

脉象特征：端直以长，如按琴弦。

弦脉的脉象特点是脉形端直而似长，脉势较强，脉道较硬，切脉时有挺然指下、直起直落的感觉，故形容为"从中直过""挺然于指下"。其弦硬程度随病情轻重而不同，轻则如按琴弦，重则如按弓弦，甚至如循刀刃。

临床意义：主肝胆病，疼痛，痰饮。或为胃气衰败。亦见于老年健康者。

机理分析：弦是脉气紧张的表现。肝主疏泄，调畅气机，以柔和为贵。若邪气滞肝，疏泄失常，气机不利，肝失条达则脉多弦劲，故弦脉在脏应肝，多主肝胆病。

寒热诸邪、痰饮内停、情志不遂、疼痛等，使肝失疏泄，气机郁滞，脉气因而紧张，则出现弦脉。

虚劳内伤，中气不足，肝病乘脾，亦常见弦脉；若脉弦劲如循刀刃，为胃气衰败，病多难治。

老年人精血衰减，脉道失其濡养而弹性降低，故老年健康者脉多兼弦。

春季健康人常见脉弦而柔和者，不属病脉。

12. 紧脉

脉象特征：绷急弹指，状如牵绳转索。

紧脉的脉象特点是脉管的紧张度、力度均比弦脉高，其指感比弦脉更加绷急有力，且有旋转绞动或左右弹指的感觉，但脉体较弦脉柔软。

临床意义：主实寒证，疼痛，食积。

机理分析：寒为阴邪，主收引凝滞，困遏阳气。寒邪侵袭机体，则脉管收缩紧束而拘急，正气未衰，正邪相争剧烈，气血向外冲击有力，则脉来绷急而搏指，状如切绳，故主实寒证。寒邪侵袭，阳气被困而不得宣通，气血凝滞，不通则痛；宿食积于中焦，气机失和，脉管受阻亦可见紧脉。

13. 缓脉

脉象特征：一息四至（每分钟 60~70 次），来去怠缓。

缓脉的脉象特点是脉搏的跳动不疾不徐，从容和缓稍慢于正常而快于迟脉。

临床意义：主湿病，脾胃虚弱。亦可见于正常人。

机理分析：湿性黏滞，阻遏脉管，气机被困，则脉来虽缓，必见怠慢不振，脉管弛缓。脾胃为气血生化之源，脾胃虚弱，气血不足，则脉管不充，亦无力鼓动，其脉必见怠缓弛纵之象。若有病之人，脉转和缓，是正气恢复之征，疾病将愈。

14. 濡脉

脉象特征：浮细无力而软。

濡脉的脉象特点是位浮、形细、势软。其脉管搏动的部位在浅层，形细而软，如絮浮水，轻取即得，重按不显，故又称软脉。

临床意义：主诸虚证，湿证。

机理分析：濡，即浮软之意。精血阳气亏乏之人，脉管因气虚而不敛，无力推运血行，形成松弛软弱之势；精血虚而不荣于脉，脉管不充，则脉形细小应指乏力，多见于崩中漏下、失精、泄泻、自汗喘息等病证。湿困脾胃，阻遏阳气，脉气不振，也可以出现濡脉。

15. 弱脉

脉象特征：沉细无力而软。

弱脉的脉象特点是位沉、形细、势软。由于脉管细小不充盈，其搏动部位在皮肉之下靠近筋骨处，指下感到细而无力。

临床意义：主阳气虚衰，气血俱虚。

机理分析：阴血亏少，不能充其脉管，故脉形细小；阳气衰少，无力推动血液运行，脉气不能外鼓，则脉位深沉，脉势软弱。

16. 微脉

脉象特征：极细极软，按之欲绝，若有若无。

微脉的脉象特点是脉形极细小，脉力极软弱，以致轻取不见，重按起落不明显，似有似无。

临床意义：主气血大虚，阳气衰微。

机理分析：营血大虚，脉管失充则脉细；阳气衰微，鼓动无力则脉弱，按之欲绝，似有似无。临床上以心肾阳气衰微较为多见。久病脉微是正气将绝，新病脉微主阳气暴脱。

17. 结脉

脉象特征：脉来缓慢，时有中止，止无定数。

结脉的脉象特点是脉率缓慢而有不规则的歇止。

临床意义：主阴盛气结，寒痰血瘀，癥瘕积聚。亦可见于气血虚衰。

机理分析：阴寒偏盛则脉气凝滞，故脉率缓慢；气结、痰凝、血瘀等积滞不散，心阳被抑，脉气阻滞而失于宣畅，故脉来缓慢而时有一止，且为结而有力；若久病气血衰弱，尤其是心气、心阳虚衰，脉气不续，故脉来缓慢而时有一止，且为结而无力。

正常人有因情绪激动、过劳、酗酒、饮用浓茶等而偶见结脉者。

18. 促脉

脉象特征：脉来数而时有一止，止无定数。

促脉的脉象特点是脉率较快且有不规则的歇止。

临床意义：主阳盛实热，气血痰食停滞。亦见于脏气衰败。

机理分析：阳邪亢盛，热迫血行，心气亢奋，故脉来急数；热灼阴津则津血衰少，心气受损，脉气不相接续，故脉有歇止；气滞、血瘀、痰饮、食积等有形实邪阻滞，脉气接续不及，亦可形成间歇。两者均为邪气内扰，脏气失常所致，故其脉来促而有力。若因真元衰惫，心气衰败，虚阳浮动，亦可致脉气不相顺接而见促脉，但必促而无力。

正常人有因情绪激动、过劳、酗酒、饮用浓茶等而偶见促脉者。

19. 代脉

脉象特征：脉来一止，止有定数，良久方来。

代脉的脉象特点是脉律不齐，表现为有规则的歇止，歇止的时间较长，脉势较软弱。

临床意义：主脏气衰微，疼痛，惊恐，跌仆损伤等病证。

机理分析：脏气衰微，元气不足，以致脉气不相接续，故脉来时有中止，止有定数，脉势软弱，常见于心脏器质性病变。疼痛、惊恐、跌打损伤等见代脉，是因暂时性的气结、血瘀、痰凝等阻抑脉道，血行涩滞，脉气不能衔接，而致脉代而应指有力。

（二）脉象鉴别

在二十八种常见病脉中，有些脉象很相似，容易混淆不清，必须加以鉴别。现将两种鉴别方法介绍如下：

1. 比类法 比类法可从两个方面着手：一是归类，或称分纲，即将相似的脉象归为一类；二是辨异，即分析相似脉象的区别。

（1）归类：由于脉象繁多，且有很多脉象彼此相似，不易掌握和记忆。将二十八种脉进行归类、分纲，就能提纲挈领，执简驭繁。现按浮、沉、迟、数、虚、实六个纲脉加以归纳比较（表4-1）。

表4-1 常见病脉归类简表

脉纲	共同特点	脉名	脉象	主病
浮脉类	轻取即得	浮	举之有余，按之不足	表证，亦主虚证
		洪	脉体阔大，充实有力，来盛去衰	热盛
		濡	浮而细软	主虚，又主湿
		散	浮散无根，至数不齐	元气离散，脏腑之气将绝
		芤	浮大中空，如按葱管	失血、伤阴之际
		革	浮而搏指，中空外坚	亡血、失精、半产、崩漏
沉脉类	重按始得	沉	轻取不应，重按始得	里证
		伏	重按推筋至骨始得	邪闭、厥证、痛极
		牢	沉按实大弦长	阴寒内积、疝气、癥积
		弱	沉细无力而软	气血不足
迟脉类	一息不足四至	迟	脉来迟慢，一息不足四至	寒证，亦见血热结聚
		缓	一息四至，脉来怠缓	湿证，脾虚
		涩	往来艰涩，迟滞不畅	气滞血瘀，精伤血少，痰食内停
		结	迟而时一止，止无定数	阴盛气结，寒痰血瘀，气血虚衰

111

脉纲	共同特点	相类脉		
		脉名	脉象	主病
数脉类	一息五至以上	数	一息五至以上，不足七至	热证，亦主里虚证
		促	数而时一止，止无定数	阳盛实热，气滞血瘀，痰食停积
		疾	一息七至以上，脉来急疾	阳极阴竭，元气将脱
		动	脉短如豆，滑数有力	疼痛，惊恐
虚脉类	应指无力	虚	举按无力，应指松软	虚证，多为气血两虚
		微	极细极软，似有似无，至数不明	气血大虚，阳气暴脱
		细	脉细如线，应指明显	气血俱虚，湿证
		代	迟而中止，止有定数，良久方来	脏气衰微，疼痛、惊恐、跌仆损伤
		短	首尾俱短，不及本部	有力为气郁，无力为气损
实脉类	应指有力	实	举按均有力	实证，平人
		滑	往来流利，应指圆滑，如盘走珠	痰饮、食滞、实热，青壮年，孕妇
		紧	紧张有力，如转绳索	实寒证、疼痛、宿食
		长	首尾端直，超过本位	阳气有余，阳证、热证、实证、平人
		弦	端直以长，如按琴弦	肝胆病，痛证，痰饮等，老年健康者

（2）辨异：在了解同类脉象相似特征的基础上，再将不同之处进行比较而予以区别，这就是脉象的辨异。这样有比较有鉴别，更易于掌握，也便于诊察。

浮脉与芤脉、革脉、散脉：四种脉象的脉位均表浅，轻取皆可得。不同的是浮脉举之有余，重按稍减而不空，脉形不大不小；芤脉浮大无力，中间独空，如按葱管；革脉是浮取弦大搏指，外急中空，如按鼓皮；散脉是浮而无根，至数不齐，脉力不匀。

沉脉与伏脉、牢脉：三种脉象的脉位均在皮下深层，故轻取不应。不同的是沉脉重按乃得；伏脉较沉脉部位更深，须推筋着骨始得，甚则暂时伏而不见；牢脉沉取实大弦长，坚牢不移。

迟脉与缓脉、结脉：三者脉率均小于一息五至。但迟脉一息不足四至；缓脉虽然一息四至，但脉来怠缓无力；结脉不仅脉率不及四至，而且有不规则的歇止。

数脉与疾脉、滑脉、促脉：四种脉象的共同点是脉率均有快于正常脉象的感觉。不同的是数脉一息五至以上，不足七至；疾脉一息七八至；滑脉仅指脉形往来流利，应指圆滑似数但并不数；促脉不仅脉率每息在五至以上，且有不规则的歇止。

细脉与微脉、弱脉、濡脉：四种脉象都是脉形细小且脉势软弱无力。细脉形小而应指明显，主要从脉搏的形态而言；微脉则极软极细，按之欲绝，若有若无，起落模糊，不仅从脉形言，而且主要指脉搏的力量弱；弱脉为沉细而无力；濡脉为浮细而无力，即脉位与弱脉相反，轻取即得，重按反不明显。

实脉与洪脉：二者在脉势上都是充实有力，但实脉应指有力，举按皆然，来去俱盛；而洪脉状若波涛汹涌，盛大满指，来盛去衰。

短脉与动脉：二者在脉搏搏动范围上都较小，仅关部明显。但短脉常兼迟涩；动脉其形如豆，常兼滑数有力之象。

结脉与代脉、促脉：三者均属有歇止的脉象。但促脉为脉数而中止，结脉为脉缓而中止，二者歇止均不规则；代脉是脉来一止，其脉率可快可慢，且歇止有规则，歇止时间较长。

2. 对举法　对举法就是把两种相反的脉象对比而加以鉴别的方法。除上述六纲脉的分类包含有对举的内容之外，再举例说明如下。

浮脉与沉脉：是脉位浅深相反的两种脉象。浮脉脉位浅表，轻取即得，重按反弱，"如水漂木"；沉脉脉位深沉，轻取不应，重按始得，"如石投水"。

迟脉和数脉：是脉率慢快相反的两种脉象。迟脉脉率比平脉慢，一息不足四至；数脉脉率比平脉快，一息五至以上不足七至。

虚脉与实脉：是脉搏气势相反的两种脉象。虚脉三部脉举按均无力；实脉三部脉举按皆有力。

滑脉与涩脉：是脉搏流利度相反的两种脉象。滑脉是往来流利，应指圆滑，"如盘走珠"；涩脉是往来艰涩，滞涩不畅，"如轻刀刮竹"。

洪脉与细脉：是脉体大小和气势强弱相反的两种脉象。洪脉的脉体宽大，充实有力，来势盛而去势衰；细脉脉体细小如线，其势软弱无力，但应指明显。

长脉与短脉：是脉位长短相反的两种脉象。长脉的脉象是脉管搏动的范围超过寸、关、尺三部；短脉的脉象是脉管的搏动短小，仅在关部明显，而在寸、尺两部不明显。

弦脉与紧脉：是因脉管性质有差异而脉势脉形有别的两种脉象。弦脉主要是脉管较硬，弹性差，端直以长，如按琴弦；紧脉主要是脉管绷急，弹性高，脉体不大而脉势有力，弹指如转索。

紧脉与缓脉：是脉搏气势相反的两种脉象。紧脉脉势紧张有力，如按切绞绳转索，脉管的紧张度较高；缓脉脉势怠缓，脉管的紧张度较低，且脉来一息仅四至。

散脉与牢脉：是脉位与气势相反的两种脉象。散脉脉位浅表，浮取应指，脉势软弱，散而零乱，至数不清，中取、沉取不应；牢脉脉位深沉，脉势充实有力，实大弦长，坚牢不移。

（三）相兼脉与主病

凡两种或两种以上的单因素脉相兼出现，复合构成的脉象即称为相兼脉或复合脉。

由于疾病是一个复杂的过程，可以由多种致病因素相兼致病，疾病中邪正斗争的形势会不断发生变化，疾病的性质和病位亦可随之而变。因而脉象往往也不是一脉独见，在二十八脉中，有些脉本身就是由几种脉合成的，牢脉由沉、实、大、弦、长五脉合成。这些脉象均属于二十八脉之内，其主病如上述。所谓相兼脉象是指这些脉象以外的互相兼现来说，徐灵胎称之为合脉，有二合脉、三合脉、四合脉之分。如浮数为二合脉，浮数而虚为三合脉，浮数滑实为四合脉。实际上临床所见脉象基本上都是复合脉，这些相兼脉的主病，往往等于各个脉所主病的总和。如浮为表，数为热，合之即为表热；浮为表，迟为寒，合之即为表寒。又如浮数而无力为表虚热；沉迟有力为里实寒。余可类推。

现将临床常见相兼脉及其主病列举如下：

浮紧脉：多见于外感寒邪之表寒证，或风寒痹病疼痛。

浮缓脉：多见于风邪伤卫，营卫不和的太阳中风证。

浮数脉：多见于风热袭表的表热证。

浮滑脉：多见于表证夹痰，常见于素体多痰湿而又感受外邪者。

沉迟脉：多见于里寒证。

沉弦脉：多见于肝郁气滞，或水饮内停。

沉涩脉：多见于血瘀，尤常见于阳虚而寒凝血瘀者。

沉缓脉：多见于脾虚，水湿停留。

沉细数脉：多见于阴虚内热或血虚。

弦紧脉：多见于寒证、痛证，常见于寒滞肝脉，或肝郁气滞等所致疼痛等。

弦数脉：多见于肝郁化火或肝胆湿热、肝阳上亢。

弦滑数脉：多见于肝火夹痰，肝胆湿热或肝阳上扰，痰火内蕴等病证。

弦细脉：多见于肝肾阴虚或血虚肝郁，或肝郁脾虚等证。

滑数脉：多见于痰热（火）、湿热或食积内热。

洪数脉：多见于阳明经证、气分热盛，多见于外感热病。

（四）真脏脉

真脏脉是在疾病危重期出现的无胃、无神、无根的脉象。是病邪深重，元气衰竭，胃气已败的征象，故又称"败脉""绝脉""死脉""怪脉"。

元代危亦林《世医得效方》列怪脉十种，称为"十怪脉"，后世医家在十怪脉中除去偃刀、转豆、麻促，称为"七绝脉"，这些脉象，临床上可以遇到，现将七绝脉的形态及临床意义叙述如下：

1. **釜沸脉**　脉在皮肤，浮数之极，至数不清，如釜中沸水，浮泛无根。为三阳热极，阴液枯竭之候，主脉绝，多是临死前的脉象。

2. **鱼翔脉**　脉在皮肤，头定而尾摇，似有似无，如鱼在水中游动。此为三阴寒极，阳亡于外之候。

3. **虾游脉**　脉在皮肤，如虾游水，时而跃然而去，须臾又来，急促躁动之象仍如前。

为孤阳无依，躁动不安之候，主大肠气绝。

4. 屋漏脉 脉在筋肉间，如屋漏残滴，良久一滴，即脉搏极迟慢，溅起无力。此为胃气营卫将绝之候。

5. 雀啄脉 脉在筋肉间，连连数急，三五不调，止而复作，如雀啄食状。此为脾无谷气已绝于内。

6. 解索脉 脉在筋肉间，乍疏乍密，如解乱绳状。这是一种时快时慢，散乱无序的脉象。此为肾与命门之气皆亡。

7. 弹石脉 脉在筋肉之下，如指弹石，辟辟顶指，毫无软缓之象。此为肾气竭绝之象。

真脏脉，过去文献一向认为，凡见这些脉象，就无药可救，必死无疑。随着医疗技术的不断提高，通过不断研究和临床实践，对真脏脉亦有新的认识。真脏脉绝大部分是心律失常的脉象，而其中绝大部分又是心脏器质性病变所造成的，也有少数是功能性的，除少数功能性者外，真脏脉的出现，预示疾病已发展到极严重的阶段，但并非必死无疑，仍应尽最大努力进行救治。

四、 妇人脉与小儿脉

（一）诊妇人脉

妇人有经、孕、产育等特殊的生理活动和病变，相关的脉诊简述如下。

1. 诊月经脉 妇人左关、尺脉忽洪大于右手，口不苦，身不热，腹不胀，是月经将至。寸、关脉调和而尺脉弱或细涩者，月经多不利。

妇人闭经，尺脉虚细涩者，多为精血亏少；尺脉弦涩者，多为气滞血瘀；脉象弦滑者，多为痰湿阻于胞宫。

2. 诊妊娠脉 已婚妇女，平时月经正常，突然停经，脉来滑数冲和，兼饮食偏嗜者，多为妊娠之征。凡孕妇脉沉而涩，多为精血不足，胎元受损；脉涩而无力，多主阳虚、死胎。

3. 诊临产脉 孕妇即将分娩的脉象特点，一是尺脉"急转如切绳转珠"；二是中指顶节两旁脉动较平时明显而剧烈，均主即将临产。

（二）诊小儿脉

诊小儿脉在《内经》中已有记述，自后世医家提出望小儿指纹的诊法后，对于3岁以内的婴幼儿，往往以望指纹代脉诊，对3岁以上者才采用脉诊。

1. 诊小儿脉方法 小儿寸口部位短，难以布三指以分三关，故诊小儿脉与诊成人不同，常采用一指总候三部诊法，简称"一指定三关"。

操作方法是医生用左手握小儿手，对3岁以内婴幼儿，可用右手拇指或食指按于掌后高骨处诊得脉动，不分三部，以定至数为主（图4-4）；对3~5岁患儿，以高骨中线为关，向高骨的前后两侧（掌端和肘端）滚转寻三部（图4-5）；对6~8岁患儿，可以向高骨的前后两侧（掌端和肘端）挪动拇指，分别诊寸、关、尺三部；对9~10岁患儿，可以次第下指，依寸、关、尺三部诊脉；对10岁以上的患儿，则可按诊成人脉的方法取脉。

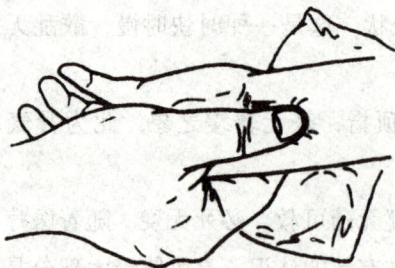

图4-4　诊小儿脉法示意图

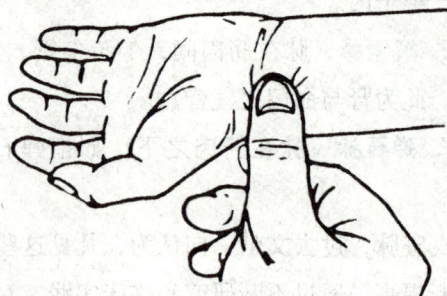

图4-5　诊小儿脉法示意图

2. 小儿正常脉象的特点　由于小儿脏腑娇嫩、形气未充，且又生机旺盛、发育迅速，故正常小儿的平和脉象，较成人脉软而速，年龄越小，脉搏越快。若按成人正常呼吸定息，2~3岁的小儿，脉动6~7次为常脉，每分钟脉跳100~120次；5~10岁的小儿，脉动6次为常脉，每分钟脉跳100次左右，4~5至为迟脉。

3. 小儿病脉　由于小儿疾病一般都比较单纯，故其病脉也不似成人那么复杂。主要以脉的浮、沉、迟、数辨病证的表、里、寒、热；以脉的有力、无力定病证的虚、实。浮脉多见于表证，浮而有力为表实，浮而无力为表虚；沉脉多见于里证，沉而有力为里实，沉而无力为里虚；迟脉多见于寒证，迟而有力为实寒，迟而无力为虚寒；数脉多见于热证，浮数为表热，沉数为里热，数而有力为实热，数而无力为虚热。

此外，痰热壅盛或食积内停可见滑脉；湿邪为病可见濡脉；心气、心阳不足可见歇止脉。

五、 脉诊的意义及脉症从舍

（一）脉诊的意义

诊脉是中医临床不可缺少的诊察步骤和内容。脉象能传递机体各部分的生理病理信息，是窥探体内脏腑功能变化的窗口，可为诊断疾病提供重要依据，因此，脉诊在临床上具有重要意义。

1. 判断病证的病位　病位就是发生疾病时，病邪在表在里，或侵犯何脏何腑等。五脏六腑的气血，无不通于心脉。因此，当脏腑生理功能发生病理改变时，便会影响气血的正常运行而在脉象上表现出来。如浮脉多主表证，沉脉多主里证。左右寸口的不同部位分属于不同的脏腑，某部脉象发生特异变化，预示相应脏腑可能发生了病变。如两手尺部现微弱脉，多为肾气虚衰；右关现弱脉，多为脾胃气虚；右寸现洪脉，多为心火上炎或上焦实热；若三部脉现促、结、代脉，则为心病等。

2. 判断病证性质　病性是指疾病属寒或属热，以及痰饮瘀滞等，可以根据不同的脉象判断病变的性质。寒证多见迟脉、紧脉等，有力的为实寒证，无力的为虚寒证；热证多见数脉、滑脉、洪脉等，有力的为实热证，无力的为虚热证。

3. 分辨邪正盛衰　疾病过程中邪正双方的盛衰，必然影响脉象的变化，故诊察脉象可以分辨疾病过程中的邪正盛衰。虚证脉多虚弱无力，如细、弱、濡、缓、微、散等脉，提示气血不足、精亏、阳气衰微；实证脉多应指力强，如洪、弦、滑、紧等脉，提示邪气亢盛，正气不衰，正邪交争剧烈。

4. 推断疾病预后　脉诊对于推断疾病的进退预后，有一定的临床意义。如久病脉见缓和，是胃气渐复，病退向愈之兆；久病气虚，虚劳、失血，久泄久痢而见洪脉，则多属邪盛正衰危候。外感热病，热势渐退，脉象出现缓和，是将愈之候；若脉急数，烦躁，则病进。又如战汗，汗出脉静，热退身凉，为病退向愈；若脉急疾，烦躁则为病进危候。

（二）脉症顺逆与从舍

1. 脉症顺逆　是指脉与症相应与不相应，以判断病情的顺逆。一般而论，脉与症相一致者为顺，反之为逆。如暴病脉来浮、洪、数、实者为顺，反映正气充盛能够抗邪；久病脉来沉、细、微、弱者为顺，说明正虽不足而邪亦不盛。若新病脉反沉、细、微、弱，说明正气虚衰；久病反见浮、洪、数、实等，则表示正气衰而邪不退，均属逆证。

2. 脉症从舍　脉与症有时有不相应者，其中必有一真一假，所以临床时必须辨明脉症的真假，根据疾病的本质决定从舍，或舍脉从症，或舍症从脉。

（1）舍脉从症：在症真脉假的情况下，必须舍脉从症。例如，症见腹部胀满，疼痛拒按，大便燥结，舌红苔黄厚焦燥，而脉迟细者，则症所反映的是实热内结胃肠，是真；脉所反映的是因热结于里，阻滞血脉流行，故出现迟细脉，是假象，此时当舍脉从症。

（2）舍症从脉：在症假脉真的情况下，必须舍症从脉。例如伤寒热闭于里，症见四肢厥冷，而脉滑数，脉所反映的是真热，症所反映的是热邪内伏，格阴于外，出现四肢厥冷，是假寒，此时当舍症从脉。

脉有从舍，说明脉象只是疾病表现的一个方面，因而不能把它作为诊断疾病的唯一依据，只有全面运用四诊合参，才能从舍得宜，全面认识疾病的本质，得出正确的诊断。

项目二　按　诊

一、按诊概述

按诊是医生用手直接触摸或按压患者体表某些部位，以了解局部冷热、润燥、软硬、压痛、肿块或其他异常变化，从而推断疾病部位、性质和病情轻重等情况的一种诊断方法。

（一）按诊的方法

1. 按诊的体位　根据按诊的目的和准备检查部位的不同，应采取不同的体位和手法。诊前需选择好体位，并充分暴露按诊部位。一般患者应取坐位或仰卧位。皮肤、手足及腧穴按诊时，患者取坐位，医生应面对患者而坐或站立进行，用左手稍扶病体，右手触摸按压某一局部。胸腹部按诊时，患者须采取仰卧位，全身放松，两腿自然伸直，两手臂放在身旁，医生站在患者右侧，用右手或双手对患者胸腹某些部位进行切按。在切按腹内肿块或腹肌紧张度时，可让患者屈起双膝，使腹肌松弛或做深呼吸，以便于切按。

必要时可采取侧卧位。右侧位按诊时，患者右下肢伸直，左下肢屈髋、屈膝；左侧位按诊时，患者左下肢伸直，右下肢屈髋、屈膝，进行触摸推寻。此种方法，常用于仰卧位触摸不清或难以排除时，换位后再进一步确诊。另外，对腹部肿瘤的按诊，必要时亦可采取肘膝位，患者用两肘、双膝趴在检查床上，医生站在患者左侧，用右手稍抚患者腰背部，左手按摸推寻患者腹部。

2. 按诊的手法　主要有触、摸、按、叩四法。

（1）触法：是以手指或手掌轻轻接触患者局部，如额部、四肢及胸腹部的皮肤，以了解肌肤的凉热、润燥等情况，用于分辨疾病属于外感还是内伤，是否出汗，以及阳气津血的盈亏。

（2）摸法：是以手指稍用力抚摸局部，如胸腹、腧穴、肿胀部位等，以探明局部的感觉情况，有无疼痛及肿物的形态、大小等，以辨病位及虚实。

（3）按法：是以重手按压或推寻局部，如胸腹、肿物部位，以了解深部有无压痛或肿块，肿块的形态、质地、大小、活动程度、肿胀程度、性质等，以辨脏腑虚实和邪气的痼结情况。

知识链接

触、摸、按法的区别

触、摸、按三法的区别主要表现在指力轻重不同，所达部位浅深有别。触者用力轻诊皮肤，摸是稍用力达于肌层，按是重力诊至筋骨或腹腔深部。操作时可综合运用，一般先触摸，后按压，指力由轻到重，由浅入深，先远后近，先上后下的进行诊察。

（4）叩法：即叩击法，是医生用手叩击患者身体某个部位，使之震动产生叩击音、波动感或震动感，以确定病变性质和程度的一种检查方法。可分为直接叩击法和间接叩击法。直接叩击法是医生用中指指尖或并拢的二、三、四、五指的掌面直接敲击体表部位。例如，对鼓胀患者可进行直接叩诊，若叩之如鼓者为气鼓；叩之音浊者为水鼓。也可将手放于患者腹部两侧对称部位，用一侧手叩击，若对侧手掌感到有震动波者，是有积水的表现。间接叩击法是医生用左手掌平贴在体表，右手握成空拳叩击左手背，边叩边询问患者叩击部位的感觉，有无局部引痛，以推测病变部位和程度。如腰部有叩击痛，可能是局部骨骼疾病或肾脏疾病。

3. 按诊的注意事项　按诊时，医生举止要稳重大方，态度要严肃认真，手法要轻巧柔和，要避免突然暴力或冷手按诊。争取患者的主动配合，使患者能准确地反映自己的感觉。还要边检查边观察患者的表情变化，了解其痛苦所在及程度。

（二）按诊的意义

按诊是切诊的一部分，是四诊中不可忽略的一环。在望、闻、问诊的基础上，通过按诊可以进一步探明疾病的部位、性质和程度，同时也使一些病证表现进一步客观化，是对望、闻、问诊所获资料的补充和完善，为全面分析病情、判断疾病提供重要的体征和依据。

二、按诊内容

按诊的运用范围较广。临床上常用的有按肌肤、按手足、按胸腹、按腧穴等。

（一）按肌肤

按肌肤是指触摸某些部位的肌肤，通过诊察肌肤的寒热、润燥、疼痛、肿胀、疮疡等情况，以分析疾病的寒热虚实及气血阴阳盛衰的诊断方法。

1. 辨寒热　凡阳气盛者身多热，阳气衰者身多寒。按肌表不仅能从冷暖以知寒热，更可以从热的甚微而分表里虚实。凡身热初按热甚，久按热反而轻者，是热在表，属表热证；若久按其热反甚，热自内向外蒸发者，为热在里，属里热证。

2. 辨润燥　皮肤干燥者，尚未出汗或阴津不足；干瘪者，津液不足；湿润者，身已汗出；肌肤甲错者，血虚失荣或内有瘀血。

3. 辨疼痛　一般肌肤濡软而喜按者，为虚证；硬痛拒按者，为实证。轻按即痛者，病在表浅；重按方痛者，病在深部。

4. **辨肿胀**　重手按压肌肤肿胀情况，以辨别水肿和气肿。按之凹陷，举手不能即起者，为水肿；按之凹陷，举手即起者，为气肿。

5. **辨疮疡**　触按疮疡局部的凉热、软硬，可判断证之阴阳寒热。一般肿硬不热者，属寒证；肿处灼手而有压痛者，为热证；根盘平塌漫肿的，属虚证；根盘收束而高起的，属实证。患处坚硬多属无脓；边硬顶软多已成脓。

（二）按手足

按手足主要为了探明寒热。阳虚之证，四肢犹温是阳气尚存；若四肢厥冷，多病情深重。手足俱冷者，是阳虚寒盛，属寒证；手足俱热者，多为阳盛热炽，属热证。热证见手足热者，属顺候；热证反见手足逆冷者，属逆候，多因热盛而阳郁于里不能外达的表现，应注意鉴别。诊手足时，还可以辨别外感病或内伤病。手足背较热的，为外感发热；手足心较热的，为内伤发热。此外，还有以手心热与额上热的比较来分别表热或里热的方法。额上热甚于手心热的，为表热；手心热甚于额上热的，为里热。

在儿科方面，小儿指尖冷主惊厥；中指独热主外感风寒；中指指尖独冷为麻痘将发之象。

（三）按胸腹

按胸腹是指根据病情的需要，有目的地对胸前区、胁肋部和腹部进行触摸、按压，必要时进行叩击，以了解其局部的病变情况。

胸腹各部位的划分如下：膈上为胸、膈下为腹。胸部两侧，从腋下至十一、十二肋骨的区域为胁。腹部大体分为心下、胃脘、大腹、小腹、少腹等部分。剑突的下方，称为心下；心下的上腹部，称胃脘部；脐以上的部位，称大腹；脐以下至耻骨上缘，称小腹；小腹的两侧，称少腹。

胸腹部按诊的内容，可分为按虚里、按胸胁和按脘腹三部分。

1. **按虚里**　虚里位于左乳下心尖搏动处，为诸脉所宗。按虚里可了解宗气的强弱、病之虚实、预后之吉凶。诊虚里时，患者取仰卧位，医生站其右侧，用右手平抚于虚里部。正常情况下，虚里按之应手，动而不紧，缓而不急，动气聚而不散，节律清晰一致，一息4~5至，是心气充盛，宗气积于胸中的正常征象。

虚里按之其动微弱者为不及，是宗气内虚之征；若动而应衣为太过，是宗气外泄之象。按之弹手，洪大而搏或绝而不应者，心肺气绝，属于危候；孕妇胎前产后或劳瘵病者尤忌，应当提高警惕。

2. **按胸胁**　按胸胁主要了解心、肺与肝胆的病变。前胸高起，按之气喘者，为肺胀证。胸胁按之胀痛者，可能是痰热气结或水饮内停。若扪及肿大的肝脏，或软或硬，多属气滞血瘀；若表面凹凸不平，则要警惕肝癌。右胁胀痛，摸之热感，手不可按者，为肝痈；疟疾日久，胁下出现肿块，称为疟母。

3. **按脘腹** 按脘腹主要了解凉热、软硬度、胀满、肿块、压痛等情况，以协助疾病的辨证诊断。

（1）辨凉热：通过触按腹部的凉热，可以辨别疾病的寒热虚实。腹壁冷，喜暖手按抚者，属虚寒证；腹壁灼热，喜凉物安放者，属实热证。

（2）辨疼痛：凡腹痛，喜按者多属虚证；拒按者多属实证。按之局部灼热，痛不可忍者，为内痈。

（3）辨腹胀：腹部胀满，按之有充实感，有压痛，叩之声音重浊的，为实满；腹部胀满，但按之不实，无压痛，叩之作空声的，为气胀，多属虚满。腹部高度胀大，如鼓之状者，称为鼓胀，病情严重，可分为水鼓与气鼓。

鉴别方法：医生两手分置腹部两侧对应位置，一手轻轻叩拍腹壁，另一手有波动感，按之如囊裹水者，为水鼓；一手轻轻叩拍腹壁，另一手无波动感，叩击如击鼓之膨膨然者，为气鼓。另外，有些高度肥胖的人，亦见腹大如鼓，但按之柔软，且无脐突及其他重病征象，当与鼓胀鉴别。

（4）辨痞满：痞满是自觉心下或胃脘部痞塞不适和胀满的一种症状。按之柔软，无压痛者，属虚证；按之较硬，有抵抗感和压痛者，属实证。脘部按之有形而胀痛，推之辘辘有声者，为胃有水饮。

（5）辨结胸：胃脘胀闷，按之则痛者，属小结胸；胸脘腹硬满疼痛且拒按者，属大结胸。

（6）辨肿块。按诊时要注意肿块的大小、形态、硬度、压痛等情况。腹内肿块，按之坚硬，推之不移，痛有定处者，为癥积，多属血瘀。肿块时聚时散，或按之无形，痛无定处者，为瘕聚，多属气滞。左少腹作痛，按之累累有硬块者，肠中有宿粪。右少腹作痛，按之疼痛，有包块应手者，为肠痈。

（四）按腧穴

是按压身体的某些特定穴位，通过穴位的变化与反应来判断内脏某些疾病的方法。腧穴是脏腑经络之气转输之处，是内脏病变反映于体表的反应点。腧穴的变化主要是出现结节或条索状物，其异常反应主要有压痛及敏感反应。如肺病可在肺俞穴摸到结节，或按中府穴有明显压痛。肝病在肝俞穴或期门穴有压痛。胃病在胃俞穴和足三里有压痛。肠痈在上巨虚（阑尾穴）有明显压痛。

诊断脏腑病变的常用腧穴有：

肺病：中府、肺俞、太渊。

心病：巨阙、膻中、大陵。

肝病：期门、肝俞、太冲。

脾病：章门、太白、脾俞。

肾病：气海、太溪。

大肠病：天枢、大肠俞。

小肠病：关元。

胆病：日月、胆俞。

胃病：胃俞、足三里。

膀胱病：中极。

项目三 切诊方法与技巧训练

实训一 切脉的方法与技巧训练

【实训目的】

学习正确的切脉方法，训练切脉技能，体会、掌握常见病脉的脉象特征及临床意义。

【实训学时】

1学时。在示教室或模拟病房进行。

【实训准备】

桌、椅、脉枕。学生每两人一组，互扮医生和患者。

【实训方法】

教师示教，学生训练。

1. **体位** 患者取正坐位，身体靠近诊桌边，左（或右）手臂自然伸出，屈肘100度左右，直腕仰掌。腕下垫一脉枕，使腕部与心脏处于同一水平面，以保证气血的流畅和脉象的正常显现。如患者取仰卧位，则手臂自然伸直，外展30度，余同坐位。

2. **指法** 医生用右（或左）手中指按在患者腕部桡骨茎突内侧桡动脉搏动处，定为"关"部，再以食指按在"关"前（掌侧）定"寸"部，无名指按在"关"后（肘侧）定"尺"部。切脉时手指微曲，呈弓形，三指头平齐，以指腹按触脉体。布指疏密应根据被测者手臂长度而定，长者宜疏，短者宜密。

3. **运指** 先以三个手指轻按在寸口皮肤上（举法），然后用力按到筋骨（按法），再以不轻不重的中等指力，上下左右推移，以取得脉搏最清晰的感觉（寻法），体会不同指法下脉象的特征。演示总按与单按的切脉技法。

4. **平息** 医生调整呼吸，保持呼吸调匀，以自己的呼吸计算患者的脉搏至数。

【实训内容】

1. 切脉训练

（1）技法训练：学生按照教师的演示，按角色练习切脉，逐项演练体位、指法、运指（总按、单按）、平息（调息）等操作。

（2）断脉：根据脉象要素（脉位、脉数、脉形、脉势），在总按指法下，体会指下感觉，依脉位（浮、沉、缓）、脉数（迟、数、结、代、促）、脉形（洪、细、濡、弦、紧）、脉势（滑、涩、虚、实）比较脉象特征，判断脉象并记录。

（3）扩展训练：组间学生交换切脉，每生至少接受 5 名学生的脉诊。记录诊脉结果和临床意义。

（4）讨论：统计对某一学生所诊之脉，验证所断之脉的一致性。教师抽样复核该生的脉象。学生分析所诊之脉与教师所复之脉不一致的原因。再次为该生切脉，体会纠错，提高技能。

2. 注意事项

（1）切脉指法的训练，在教师指导下，同学间可相互练习，互相纠正。

（2）切脉时要聚精会神，注意调息，保持安静，1 次切脉不少于 1 分钟。

【实训小结】

1. 简述切脉的方法。

2. 把你体验到的脉象特征描述出来，并说出其主病。

实训二 按诊的方法与技巧训练

【实训目的】

学习正确的按诊方法，训练按诊技能，体会、掌握按诊的要领、常见体征的临床意义。

【实训学时】

1 学时。在示教室或模拟病房进行。

【实训准备】

桌、椅、诊床；学生每两人一组，互扮医生和患者。

【实训方法】

教师示教，学生练习。

1. 安排体位

医生根据拟检查的部位指导患者暴露检查部位。皮肤、手足及腧穴按诊时，患者取坐位，医生应面对患者而坐或站立进行。用左手稍扶病体，右手触摸按压某一局部。胸腹部按诊时，患者须采取仰卧位，全身放松，两腿自然伸直，两手臂放在身旁。医生站在患者右侧，用右手或双手对患者胸腹某些部位进行切按。在切按腹内肿块或腹肌紧张度时，可让患者屈起双膝，使腹肌松弛或做深呼吸，以便于切按。

必要时，可采取侧卧位。右侧位按诊时，患者右下肢伸直，左下肢屈髋、屈膝。左侧位按诊时，患者左下肢伸直，右下肢屈髋、屈膝，进行触摸推寻。

2. 按诊手法 演示触、摸、按、叩的手法，强调操作要领、应用范围、注意事项及各手法的运用目的。

【实训内容】

1. 按诊训练

（1）按照教师的演示，按所扮角色进行按诊，逐项正确训练按诊手法，包括触、摸、按、叩四法。

（2）重点体会按肌肤和按腹部的方法及内容，熟悉按诊的其他方法及临床意义。

2. 注意事项

（1）按诊手法的训练，在教师指导下，同学间可相互练习，互相纠正。

（2）按诊时举止要稳重大方，态度要严肃认真，手法要轻巧，避免突然暴力，冷天要注意先把手暖和后再行检查。

【实训小结】

1. 简述按诊的方法。

2. 把你体验到的按诊内容描述出来，并说出其临床意义。

目标检测

A1 型题

1. 有根的脉象是指（ ）

    A. 不浮不沉   B. 节律一致   C. 不快不慢

    D. 和缓有力   E. 尺部沉取应指有力

2. 浮紧脉可见于（ ）

    A. 太阳中风证   B. 表寒证   C. 表热证

    D. 里寒证   E. 表证挟痰

3. 缓脉的主病为（ ）

    A. 水饮   B. 痰证   C. 湿证

    D. 食积   E. 气滞

4. 气滞血瘀可见 （　　）

    A. 虚脉　　　　B. 革脉　　　　C. 长脉　　　　D. 细脉　　　　E. 涩脉

5. 弱脉与濡脉的共同特征是 （　　）

    A. 沉而无力　　　　　　　B. 浮而无力　　　　　　　C. 脉来空虚无力

    D. 细而无力　　　　　　　E. 迟而无力

6. 诊脉时，手指用力较重，甚至按到筋骨以体察脉象，为 （　　　）

    A. 举　　　　　　　　　　B. 寻　　　　　　　　　　C. 按

    D. 循　　　　　　　　　　E. 推

7. 以下病证中，不属于细脉所主病的是 （　　）

    A. 气血两虚　　　　　　　B. 热证　　　　　　　　　C. 诸虚劳损

    D. 湿证　　　　　　　　　E. 痛症

A2 型题

8. 李某，女，45 岁。情志抑郁，急躁易怒，胁肋胀痛，食少，嗳气，舌淡红，苔薄白，脉弦细。临床诊断为 （　　）

    A. 肝气郁结　　　　　　　B. 痰浊上扰　　　　　　　C. 寒凝心脉

    D. 心火炽盛　　　　　　　E. 阴虚火旺

9. 某男，65 岁，身体灼热，四肢厥冷，此属 （　　）

    A. 表热证　　　　　　　　B. 里热证　　　　　　　　C. 里寒证

    D. 真热假寒证　　　　　　E. 真寒假热证

B 型题

    A. 浮脉　　　　　　　　　B. 濡脉　　　　　　　　　C. 芤脉

    D. 沉脉　　　　　　　　　E. 弱脉

10. 轻取不应，重按始得，举之不足，按之有余，为 （　　　）

11. 浮大中空，按之如葱管，应指浮大而软，按之上下或两边实而中间空，为 （　　　）

    A. 洪数脉　　　　　　　　B. 浮数脉　　　　　　　　C. 滑数脉

    D. 濡数脉　　　　　　　　E. 弦数脉

12. 肝郁化火多见 （　　）

13. 食积内热多见 （　　）

    A. 长脉　　　　　　　　　B. 短脉　　　　　　　　　C. 结脉

    D. 代脉　　　　　　　　　E. 促脉

14. 脉率较速或快慢不定，间有不规则的歇止，为 （　　　）

15. 脉率比较缓慢而有不规则的歇止，为 （　　　）

扫一扫，知答案

中篇 辨 证

　　辨证是治疗的基础，是中医学的特色和精华，是中医诊治疾病时必须遵循的原则，是中医认识疾病和诊断疾病的方法。辨证是在整体观念的指导下，将四诊所收集的病情资料（症状、体征），进行分析、综合、归纳，辨清疾病的原因、部位、性质、邪正关系及发展趋势，概括、判断为某种证候的过程，以便为治疗提供可靠的依据。

　　中医辨证的方法有多种，如八纲辨证、病因辨证、气血津液辨证、脏腑辨证、六经辨证、卫气营血辨证、三焦辨证等。其中八纲辨证是各种辨证的总纲，脏腑辨证是在八纲辨证基础上进一步确定病位的辨证方法，六经辨证是外感伤寒的辨证方法，而卫气营血辨证则是外感温病的辨证方法。各种辨证方法虽有各自的特点和适用范围，但在临床应用时，往往是相互联系和相互补充的。

扫一扫，看课件

模块五

八纲辨证

【学习目标】

1. 掌握八纲辨证、八纲各纲证候的概念，八纲各证的临床表现、辨证要点。
2. 熟悉八纲证候间的关系。
3. 了解八纲各证的证候分析。

📖 **案例导入**

1. 黎某，男，16岁。发热、咳嗽三天，头痛，恶风，微有汗出，痰黄口渴，咽喉痛，溲黄便干，舌质红，苔薄白微黄，脉浮数。

问题：该患者的病情属于中医的什么证候？

2. 韩某，男，39岁。咳嗽十余年，初时咯痰色白，痰出咳止。现咳痰黏稠，时见痰中带有血丝，咳声不扬，甚则音哑，口渴咽燥，午后潮热，形体消瘦，皮肤干燥，舌红而干，脉虚数。

问题：应从什么入手给该患者进行正确治疗？想实现医生梦吗？就请继续下面的学习吧！

八纲即阴、阳、表、里、寒、热、虚、实八个纲领。八纲辨证是指将四诊收集到的病情资料，运用八纲进行分析综合，从而辨别疾病的病位、病性、邪正盛衰和证候类型的一种辨证方法。

疾病的表现尽管是极其复杂的，但基本上都可以用八纲加以归纳。如疾病的类别，可分为阴证与阳证；病位的浅深，可分为表证与里证；疾病的性质，可分为寒证与热证；邪正的盛衰，可分为实证与虚证。这样，运用八纲辨证就能将错综复杂的临床表现，归纳为表里、寒热、虚实、阴阳四对纲领性证候，从而找出疾病的关键，掌握其要领，确定其类型，预决其趋势，为治疗指出方向。其中，阴阳又可以概括其他六纲，即表、热、实证为阳；里、寒、虚证属阴，故阴阳又是八纲中的总纲。

八纲是分析疾病共性的辨证方法，是各种辨证的总纲。在诊断过程中，有执简驭繁、提纲挈领的作用，适应于临床各科的辨证。无论内、外、妇、儿、五官等科证候，均可应用八纲来归纳概括。在八纲的基础上，结合脏腑病变的特点，则分支为脏腑辨证；结合气血津液病变的特点，则分支为气血津液辨证；结合温病的病变特点，则分支为卫气营血辨证等。任何一种辨证，都离不开八纲，所以说八纲辨证是各种辨证的基础。

八纲辨证并不意味着把各种证候截然划分为八个区域，它们是相互联系而不可分割的。如表里与寒热虚实相联系，寒热与虚实表里相联系，虚实又与寒热表里相联系。由于疾病的变化，往往不是单纯的，而是经常会出现表里、寒热、虚实交织在一起的夹杂情况，如表里同病，虚实夹杂，寒热错杂。在一定的条件下，疾病还可出现不同程度的转化，如表邪入里，里邪出表，寒证化热，热证转寒，实证转虚，因虚致实等。在疾病发展到一定阶段时，还可以出现一些与疾病本质相反的假象，如真寒假热，真热假寒，真虚假实，真实假虚等。阴证、阳证也是如此，在疾病变化中可出现阴阳转化，阴阳互损，甚至出现亡阴、亡阳等危重证候。因此，进行八纲辨证，不仅要熟练掌握各类证候的特点，还要注意它们之间的相兼、转化、夹杂、真假等情况，这样才能正确而全面地认识病证，为论治提供可靠依据。

项目一　八纲基本证候

一、表里辨证

表里是辨别疾病病位内外深浅的一对纲领。表里辨证适应于外感病。一般地说，病在皮毛、肌腠、经络者属表证；病在脏腑、气血、骨髓者属里证。表证病浅而轻，里证病深而重。在外感疾病过程中，表证入里为病进，里证出表为病退。病邪入里一层，病深一层；出表一层，病轻一层。这种相对概念的认识，在六经辨证和卫气营血辨证中尤为重要。

（一）表证

表证是指外邪经皮毛、口鼻侵入机体，正气抗邪于肌表所产生的证候。多见于外感病的初期阶段，一般起病急，病程短，以恶寒发热为主要表现。

【临床表现】新起恶风寒，或恶寒（或恶风）发热，苔薄，脉浮。可兼见头身疼痛，鼻塞、流涕、喷嚏，咽喉痒痛，微有咳嗽等症状。

【证候分析】外邪袭表，正邪相争，阻遏卫气的正常宣发、温煦功能，故见新起恶风寒，或恶寒（或恶风）发热。外邪束表，经气阻滞不畅，故见头身疼痛。肺失宣肃，窍道受阻，故见鼻塞、流涕、喷嚏，咽喉痒痛，微有咳嗽诸症。邪气在表，未伤及里，故苔薄；正邪相争于肌表，脉气鼓动于外，故脉浮。

表寒证：以外感寒邪为主。其特点为恶寒重，发热轻，无汗，头身疼痛，苔薄白而润，脉浮紧。寒为阴邪，外感风寒，卫阳被遏，故恶寒重发热轻；寒性凝滞致腠理密闭，汗孔闭塞，故无汗；寒主收引，经脉紧束而拘急，故见脉浮紧。

伤风证：以外感风邪为主。其特点为恶风，微发热，汗出，头痛，脉浮缓。风为阳邪，其性开泄，卫气不固，营不内守，营卫不和，故汗出；腠开表虚故恶风，微发热；汗出营阴不足，故脉浮而缓。与表寒证无汗的表实相对而言，本证汗出则为表虚。

表热证：以外感热邪为主。其特点为发热重，恶寒轻，咽痛，口渴，舌边尖稍红，苔薄白而干或苔微黄，脉浮数。热为阳邪，其性燔灼，故发热重恶寒轻；热易伤津，故见咽痛、口渴、苔干。

【辨证要点】为外感病的初期阶段，以恶寒发热并见，舌苔变化不明显，脉浮为辨证依据。

知 识 链 接

表寒证、伤风证、表热证的中成药推介

表证为中医传统意义上的感冒。表寒证，亦称风寒表证，可用风寒感冒颗粒、感冒清热颗粒治疗，如兼头重如裹者，可用荆防败毒颗粒。伤风证，亦称风寒表虚证，可用桂枝颗粒治疗、感冒清热颗粒治疗。表热证，亦称风热表证，可用风热感冒颗粒、桑菊感冒颗粒（片）、银翘解毒颗粒、感冒灵等。半表半里证，可用小柴胡颗粒。此种类型感冒，一定不要用清开灵类制剂！

（二）里证

里证是疾病深入于内（脏腑、气血、骨髓）所表现的一类证候。多见于外感病的中、后期或内伤疾病。

【临床表现】里证的范围极为广泛，其表现多种多样，一般很难以某几个症状概括或代表里证的典型临床特征。但其特点是无恶寒发热并见症状，而以脏腑症状为主要表现。总而言之，凡不属表证及半表半里证的证候，都属于里证的范畴，即所谓"非表即里"。

【证候分析】里证的成因，大致有三种情况：一是表邪不解内传入里，侵犯脏腑所致；二是外邪直接侵犯脏腑而成；三是七情刺激、饮食不节、劳逸过度等因素，损伤脏腑，引起功能失调，气血逆乱而致病。

不同的里证，可表现为不同的症状，但基本特征一般是病情较重，病位较深，病程较长。

里证的病位虽同属于"里"，但仍有浅深之差别。一般病位在腑、在上、在气者，较为轻浅；病位在脏、在下、在血者，较为深重。

【辨证要点】外感病如无表证，便是里证。内伤病均为里证。

（三）半表半里证

半表半里证是指病变既非完全在表，又未完全入里，病位处于表里进退变化之中所表现的证候。

【临床表现】寒热往来，胸胁苦满，心烦喜呕，默默不欲饮食，口苦，咽干，目眩，脉弦等。

【证候分析】半表半里证在六经辨证中通常称为少阳病证，是外感病邪由表入里的过程，邪正分争，少阳枢机不利所表现的证候。详见六经辨证中的少阳病证。

【辨证要点】以寒热往来为半表半里证的特征性热型。

（四）表证和里证的鉴别

辨别表证和里证，主要审察寒热症状、内脏证候是否突出、舌象、脉象等变化。见表5-1。

表5-1　表证与里证鉴别表

证别	病期	脏腑证候	寒热	舌象	脉象
表证	病程较短	脏腑证候不明显	发热恶风寒	舌苔少有变化	脉浮
里证	病程较长	脏腑证候明显	但热不寒或但寒不热或无寒热	舌苔多有变化	脉沉
半表半里	病程较短	胸胁苦满	寒热往来	舌苔少有变化	脉弦

二、寒热辨证

寒热是辨别疾病性质的一对纲领。寒证与热证反映机体阴阳的偏盛与偏衰。阴盛或阳虚表现为寒证；阳盛或阴虚表现为热证。所谓"阳盛则热，阴盛则寒"，"阳虚则寒，阴虚则热"即是此意。

寒证、热证与恶寒、发热的概念不同。恶寒、发热，是疾病中的两个症状，而寒热之辨证，则不仅仅是依靠恶寒或发热与否来判断，而是通过四诊所得的一系列症状与体征进行分析、归纳得来的。具体地说，热证是对一组有热象的症状、体征的概括；寒证是对一组有寒象的症状、体征的概括。所以，寒证、热证反映了疾病的本质。

寒热辨证在治疗上有重要意义。《素问·至真要大论》说："寒者热之""热者寒之"，就是在辨清寒热后确立的治疗大法，两者治法正好相反。所以寒热辨证，必须确切无误。

（一）寒证

寒证是感受寒邪，或阳虚阴盛，导致机体机能活动衰退所表现的具有冷、凉特点的证候。

【临床表现】各类寒证的临床表现不尽一致，常见的表现有：恶寒或畏寒，冷痛，喜暖，肢冷蜷卧，面色㿠白，口淡不渴，痰、涎、涕清稀量多，小便清长，大便稀溏，舌淡苔白而润滑，脉迟或紧等。

【证候分析】因感受寒邪，或过服生冷寒凉所致，起病急骤，体质壮实者，多为实寒证；因内伤久病，阳气耗伤而阴气偏胜者，多为虚寒证，即阳虚证。寒邪袭于肤表，多为表寒证；寒邪客于脏腑，或因阳气亏虚所致者，多为里寒证。

寒邪侵袭，阳气被遏，或阳气不足，形体失其温煦，故见恶寒或畏寒，冷痛，喜暖，肢冷蜷卧，面色㿠白。寒不消水，津液未伤，故口淡不渴。阳虚不能温化水液，故痰、涎、涕、尿等排出物皆为澄澈清冷而量多。寒邪伤脾，或脾阳久虚，运化失司，则见大便稀溏。阳虚不化，寒湿内生，则舌淡苔白而润滑。脉紧或迟均主寒盛阳虚。

【辨证要点】以冷、白、清、润、迟为辨证依据。

（二）热证

热证是感受热邪，或阴虚阳亢，导致机体机能活动亢进所表现的具有温、热特点的证候。

【临床表现】各类热证的临床表现也不尽一致，常见的表现有：发热，恶热喜冷，口渴喜冷饮，面红目赤，烦躁不宁，痰、涕黄稠，小便短赤，大便干结，舌红苔黄而干燥，脉数等。或两颧潮红，心烦易怒，盗汗，口舌干燥少津，脉细数。

【证候分析】因外感火热阳邪，或过服辛辣温热之品，或体内阳热之气过盛所致。病势急骤而形体壮者，多为实热证；因内伤久病，阴液耗损而阳气偏胜者，多为虚热证。风热之邪袭于肤表，多为表热证；热邪盛于脏腑，或因阴虚阳亢所致者，多为里热证。

阳热偏盛，则发热、恶热喜冷、脉数；火热伤阴，津液被耗，故小便短赤；津伤则需引水自救，故口渴喜冷饮；火性上炎，则见面红目赤、舌红苔黄而干燥；热扰心神，则烦躁不宁；津液被阳热煎熬，则痰、涕黄稠；肠热津亏，水少舟停，则大便秘结。阴液亏虚而虚火上炎，则见两颧潮红、盗汗；虚火扰神，则心烦易怒；津液亏耗，则见口舌干燥少津、脉细数。

【辨证要点】以热、红、黄、燥、动为辨证依据。

（三）寒证和热证的鉴别

辨别寒证与热证，不能孤立地根据某一症状作判断，应对疾病的全部表现进行综合观察，尤其是恶寒发热、对寒热的喜恶、口渴与否、面色的赤白、四肢的凉温、二便、舌象、脉象等，是辨别寒证与热证的重要依据。见表5-2。

表5-2　寒证与热证鉴别表

证别	寒热	口渴	面色	四肢	小便	二便	舌象	脉象
寒证	恶寒喜暖	不渴	白	冷	清长	稀溏	舌淡苔白润	迟或紧
热证	恶热喜凉	渴喜冷饮	红	热	短赤	干结	舌红苔黄燥	数

三、虚实辨证

虚实是辨别邪正盛衰的一对纲领，主要反映病变过程中人体正气的强弱和致病邪气的盛衰。《素问·通评虚实论》说："邪气盛则实，精气夺则虚。"实主要指邪气盛实，虚主要指正气不足。所以实与虚是用以概括和辨别邪正盛衰的两个纲领。

由于邪正斗争是疾病过程中的根本矛盾，阴阳盛衰及其形成的寒热证候，亦存在着虚实之分，即所谓"百病之生，皆有虚实"（《素问·调经论》），所以分析疾病中邪正的虚实关系，是辨证的基本要求。

通过虚实辨证，可以掌握病体邪正盛衰的情况，为治疗提供依据，实证宜攻，虚证宜补。只有辨证准确，才能攻补适宜，免犯虚虚实实之误。

（一）实证

实证是指人体感受外邪，或疾病过程中阴阳气血失调，体内病理产物蓄积，以邪气盛、正气不虚为基本病理，表现为有余、亢盛、停聚特征的各种证候。

【临床表现】由于感邪性质的不同，致病的病理因素的差异，以及病邪侵袭、停聚部位的差别，因而证候表现各不相同，所以很难以某些症状作为实证的代表。临床一般是新起、暴病多实证，病情急剧者多实证，体质壮实者多实证。

【证候分析】实证范围极为广泛，临床表现十分复杂，其病因病机主要可概括为两个方面：一是风寒暑湿燥火、疫疠以及虫毒等邪气侵犯人体，正气奋起抗邪，故病势较为亢奋、急迫，以寒热显著、疼痛剧烈、呕泻咳喘明显、二便不通、脉实等症为突出表现。二是内脏功能失调，气化失职，气机阻滞，形成痰、饮、水、湿、脓、瘀血、宿食等有形病理物质，壅聚停积于体内。因此，风邪、寒邪、暑邪、湿邪、热邪、燥邪、疫毒为病，痰阻、饮停、水泛、食积、虫积、气滞、血瘀、脓毒等病理改变，一般都属实证的范畴。

【辨证要点】以邪气亢盛，正邪剧争所致有余、亢盛的临床表现，及痰饮、水湿、瘀血、结石、食积、虫积、脓毒等有形病理产物壅聚停积于体内为辨证依据。

（二）虚证

虚证是指人体阴阳、气血、津液、精髓等正气亏虚，而邪气不著，表现为不足、松弛、衰退特征的各种证候。

【临床表现】各种虚证的表现极不一致，各脏腑虚证的表现更是各不相同，所以很难用几个症状全面概括。临床一般以久病、势缓者多虚证，耗损过多者多虚证，体质素弱者多虚证。

【证候分析】形成虚证的病因病机，虽可以由先天禀赋不足所导致，但主要是由后天失调和疾病耗损所产生，如饮食失调，营血生化之源不足；思虑太过、悲哀卒恐、过度劳倦等，耗伤气血营阴；房室不节，耗损肾精元气；久病失治、误治，损伤正气；大吐、大泻、大汗、出血、失精等，使阴液气血耗损等，均可形成虚证。

【辨证要点】以阴、阳、气、血、精、津虚损及脏腑功能减退为辨证依据。

（三）虚证和实证的鉴别

虚证与实证主要从病程、病势、体质及症状、舌脉等方面加以鉴别。见表5-3。

表5-3　虚证与实证鉴别表

证别	病程	体质	精神	声息	疼痛	胸腹胀满		发热恶寒		舌象		脉象
虚证	长（久病）	多虚弱	萎靡	声低息微	喜按	按之不痛	胀满时减	长期低热	畏寒	质嫩	苔少	无力
实证	短（新病）	多壮实	亢奋	声高气粗	拒按	按之疼痛	胀满不减	蒸蒸壮热	恶寒	苍老	苔厚腻	有力

四、阴阳辨证

阴阳是辨别疾病属性的一对纲领，是八纲中的总纲。

阴、阳分别代表事物相互对立的两个方面，它无所不指，也无所定指，故疾病的性质、临床的证候，一般都可归属于阴或阳的范畴，所以阴阳是辨证的基本大法。《素问·阴阳应象大论》说："善诊者，察色按脉，先别阴阳。"《类经·阴阳类》说："人之疾病……必有所本，或本于阴，或本于阳，病变虽多，其本则一。"《景岳全书·传忠录》亦说："凡诊病施治，必须先审阴阳，乃为医道之纲领，阴阳无谬，治焉有差？医道虽繁，而可以一言蔽之者，曰阴阳而已。"由此可见阴阳是病证归类的两个基本纲领。

由于阴阳是对各种病情从整体上做出最基本的概括，因此，根据阴和阳的基本属性，可以对疾病的症状、病位、病性、病势等，进行阴阳分类。八纲中的表里、寒热、虚实六纲，可以从不同侧面概括病情，但只能说明疾病某一方面的特征，而不能反映疾病的全貌，而阴阳两纲则可以对病情进行总的归纳，使复杂的证候纲领化，因此又可以用阴阳来统括八纲中的其余六纲，即表、热、实属阳，里、寒、虚属阴，故有人称八纲为"二纲六要"。所以说阴阳是证候分类的总纲，是辨证归类的最基本纲领。

（一）阴证

凡符合"阴"的一般属性的证候，称为阴证。凡见抑制、沉静、衰退、晦暗等表现的里证、寒证、虚证，以及症状表现于内的、向下的、不易发现的，或病邪性质为阴邪致病、病情变化较慢的，均属于阴证范畴。

【临床表现】不同的疾病，所表现的阴证证候不尽相同，各有侧重。其特征性表现主要有：面色㿠白或暗淡，精神萎靡，身重蜷卧，畏寒肢冷，倦怠无力，语声低怯，纳差，口淡不渴，小便清长或短少，大便溏泄气腥，舌淡胖嫩，脉沉迟，或弱，或细。

【证候分析】精神萎靡，倦怠乏力，语声低怯是气虚的表现。身重蜷卧，形寒肢冷，口淡不渴，小便清长，大便溏泄气腥，是里寒的症状。舌淡胖嫩，脉沉迟，或弱，或细均为虚寒舌脉。

【辨证要点】以症状、体征符合"阴"的属性为辨证依据。

（二）阳证

凡符合"阳"的一般属性的证候，称为阳证。凡见兴奋、躁动、亢进、明亮等表现的表证、热证、实证，以及症状表现于外的、向上的、容易发现的，或病邪性质为阳邪致病、病情变化较快的，均属于阳证范畴。

【临床表现】不同的疾病，所表现的阳证证候不尽相同，各有侧重。其特征性表现主要有：面色赤，恶寒发热，肌肤灼热，烦躁不安，语声高亢，呼吸气粗，喘促痰鸣，口干渴饮，小便短赤涩痛，大便秘结奇臭，舌红绛，苔黄黑生芒刺，脉浮数、洪大、滑实。

【证候分析】恶寒发热并见是表证的特征；面色赤，肌肤灼热，烦躁不安，口干渴饮，小便短赤涩痛，为热证表现；语声高亢，呼吸气粗，喘促痰鸣，大便秘结奇臭，为实证症状；舌红绛，苔黄黑起刺，脉浮数、洪大、滑实，均为高热之特征。

【辨证要点】以症状、体征符合"阳"的属性为辨证依据。

（三）阴证和阳证的鉴别

阴证和阳证的鉴别，体现在表里、寒热、虚实证候的鉴别中，也可从四诊角度对照鉴别。见表5-4。

表5-4　阴证、阳证鉴别表

四诊	阴证	阳证
望诊	面色苍白或暗淡，身重蜷卧，倦怠无力，萎靡不振，舌淡而胖嫩，苔润滑	面色潮红或通红，身热喜凉，狂躁不安，口唇燥裂，或苔黑而生芒刺
闻诊	语声低微，静而少言，呼吸怯弱，气短	语声壮厉，烦而多言，呼吸气粗，喘促痰鸣，狂言叫骂
问诊	大便溏泻气腥，饮食减少，口中无味，不烦不渴，或喜热饮，小便清长	大便或硬或秘，或有奇臭，恶食，口干，烦渴引饮，小便短赤
切诊	腹痛喜按，身寒足冷，脉象沉微细涩、迟弱无力	腹痛拒按，身热足暖，脉象浮洪数大、滑实而有力

项目二　八纲证候间的关系

八纲中，表里寒热虚实阴阳各自从不同方面概括着疾病的病理本质，然而病理本质的各个方面是互相联系着的。寒热病性、邪正相争不能离开表里病位而存在，反之也没有可以离开寒热虚实等病性而独立存在的表证或里证。因此，用八纲来分析、判断、归纳证候，并不是彼此孤立、绝对对立、静止不变的，其相互间可有兼夹、错杂，可有中间状态，并随病变发展而不断变化。临床辨证时，不仅要注意八纲基本证候的辨别，更应把握八纲证候之间的相互关系，只有将八纲联系起来对病情做综合性的分析考察，才能对证候有比较全面、正确地认识。

八纲证候间的相互关系，主要可归纳为证候相兼、证候错杂、证候真假、证候转化四个方面。

一、 证候相兼

广义的证候相兼，是指各种证候的相兼存在。本处所指为狭义的证候相兼，即指在疾病某一阶段，其病位无论是在表、在里，但病情性质上没有寒与热、虚与实等相反的证候存在。

表里、寒热、虚实各自从不同的侧面反映疾病某一方面的本质，故不能互相概括、替代，而临床上的证候，又不可能只涉及病位或病性的某一方面。因而在辨证时，论病位之在表在里，必然要区分其寒热虚实性质；论病性之属寒属热，必然要辨别病位在表或在里、是邪盛还是正虚；论病情之虚实，必察其病位之表里、病性之寒热。

八纲辨证在临床上常见的相兼证候有表实寒证、表实热证、里实寒证、里实热证、里虚寒证、里虚热证等，其临床表现一般是有关纲领证候的相加。这里仅就表寒、表热、里寒、里热证，虚寒与实寒证，虚热与实热证做鉴别，见表5-5、5-6、5-7。

表5-5 表里与寒热相兼证鉴别表

证别	症状	舌象	脉象
表寒证	恶寒重，发热轻，头身疼痛或无汗	舌淡红，苔薄白润	浮紧
表热证	发热微恶风寒，口微渴，或有汗	舌边尖红，苔薄白干或微黄	浮数
里寒证	形寒肢冷，面色苍白，口渴或不渴，或喜热饮，静而少言，尿清便溏	舌淡，苔白润	沉迟
里热证	身热面红，口烦渴，喜冷饮，烦躁多言，小便短黄，大便干结	舌红绛，苔黄干	洪数

表5-6 虚寒、实寒证鉴别表

证别	症状	舌象	脉象
虚寒证	精神不振，面色淡白，畏寒肢冷，腹痛喜按，大便稀溏，小便清长，少气乏力	舌淡嫩，苔薄润或少苔	微或沉迟无力
实寒证	精神尚佳，面色苍白，恶寒肢冷，腹痛拒按，大便秘结或肠鸣腹泻，或痰多喘促，小便清长	苔白厚腻	沉伏或弦紧有力

表5-7 虚热、实热鉴别表

证别	症状	舌象	脉象
虚热证	潮热盗汗，两颧红赤，形体消瘦，五心烦热，咽干口燥	舌红少苔	细数
实热证	壮热烦渴，面红目赤，甚或神昏谵语，或腹胀满痛拒按，便秘尿赤	舌红苔黄	洪数或滑实

临床上尚有表虚、表实的说法。所谓"表虚"，主要是指卫表（阳）不固（偏于虚

寒），然而以往常将表证有汗出者，称之为"表虚"；表证无汗者，称之为"表实"。其实表证的有无汗出，只是在外邪的作用下，毛窍闭与未闭，是邪正相争的不同反应。毛窍未闭、肤表疏松而有汗出，不等于疾病的本质属虚。所以，表虚寒证、表里虚寒证，实际上是阳气虚弱所致的里虚寒证；表虚热证、表里虚热证，实际上是阴液亏少所致的里虚热证。

二、证候错杂

证候错杂是指在疾病某一阶段，不仅表现为病位的表里同时受病，而且呈现寒、热、虚、实的性质相反的证候。八纲中表里寒热虚实的错杂关系，表现为表里同病、寒热错杂、虚实夹杂。临床辨证应对其进行综合考察。

（一）表里同病

患者同时出现表证和里证，称为表里同病。表里同病大体有三种情况：

1. 初病既见表证，又见里证　如小儿伤风夹食，既有恶寒、发热、头痛、流涕等表证，又见呕吐酸腐、腹痛、泄泻等食滞不化的里证表现。

2. 表证未罢，又出现里证　如患者外感风寒，有恶寒、发热、咳嗽、痰稀白等表证，后化热入里而表证未罢，症见壮热、微恶风寒、汗多、口渴、咳嗽、痰转黄稠等。

3. 原有里证，又新感外邪　如患者素有食少、腹胀、肠鸣、腹泻等里证，又感风寒而出现恶寒、发热、鼻塞、流清涕等表证。

（二）寒热错杂

在患者身上同时出现寒证与热证，称为寒热错杂。常见的有四种情况：

1. 上热下寒证　患者在同一时间内，表现为上部有热，下部有寒的证候。例如，口臭、渴而喜饮、牙龈肿痛，同时又兼见腹痛喜暖、大便溏泻等症。此为胃热肠寒的表现。

2. 上寒下热证　患者在同一时间内，表现为上部有寒，下部有热的证候。例如，胃脘冷痛、呕吐清涎，同时又兼见尿频、尿痛、小便短赤等症。此为胃中虚寒、下焦湿热的表现。

3. 表寒里热证　是表里寒热错杂的一种表现。常见于本有内热，又感风寒；或外邪传里化热而表寒未解的病证。例如，小儿先有食积内热，又外感风寒之邪，临床上既能见到由内热食积引起的腹痛、烦躁、口渴、苔黄，又可兼见恶寒、微发热、身痛等症。此为寒在表，热在里的证候。

4. 表热里寒证　也是表里寒热错杂的一种表现。常见于素有里寒而复感风热，或表热未解，误下以致脾胃阳气损伤的病证。例如，平素脾肾阳虚之人，又感风热之邪，表现为既有肢冷、便溏或下利等症，又兼见发热、恶风、咽喉肿痛等症。此为热在表，寒在里的证候。

（三）虚实夹杂

患者同时出现正虚和邪实两方面的病变，称为虚实夹杂。临床上可见虚证夹实、实证夹虚、虚实并重三种情况：

1. 实中夹虚证 此证的发生，常由实证过程中邪气太盛，损伤了人体正气而致，亦可见于原来体虚而复感外邪的患者。本病的特点是以邪实为主，正虚为次。例如，外感温热病过程中常见的热甚伤阴之证，既有发热、便秘、舌红、脉数等里热实证的表现，又兼见舌绛苔燥裂、口渴等阴津伤耗的虚证表现。

2. 虚中夹实证 此证可见于素体虚弱，复感邪气，或因正气不足，而兼有瘀血、痰饮、食积的患者。例如，素体脾胃虚弱的患者，常易出现食滞不化的虚中夹实病证。

3. 虚实并重证 此证形成，一为原有较重的实证，迁延日久，正气大伤，而实邪未减；二是原来正气本已甚弱，又感较重邪气。其特点是正虚与邪实均十分明显，病情较重。例如鼓胀患者，出现腹胀满如鼓、腹壁青筋暴露、二便不通等实邪盛于内之症状，同时又出现形体羸瘦、不能食、精神萎靡等正气大伤之症状，此属虚实并重证候。

虚实夹杂的辨证，要分清虚实的先后、轻重、缓急，以决定临床用药的轻重主次。虚证夹实，以补为主，兼以祛邪；实证夹虚，以祛邪为主，兼以扶正；虚实并重，攻补并施。

三、证候真假

某些疾病在病情的危重阶段，可以出现一些与疾病本质相反的"假象"（症状、体征），掩盖着病情的真象。

所谓"真"，是指与疾病的内在本质相符的证候；所谓"假"，是指疾病表现出某些不符合常规认识的假象，即与病理本质所反映的常规证候不相应的某些表现。对于证候的真假，必须认真辨别，才能去伪存真，抓住疾病的本质，对病情做出准确的判断。

（一）寒热真假

当疾病发展到寒极或热极的严重阶段，有时会出现一些与其寒、热本质相反的"假象"症状或体征，即所谓真热假寒、真寒假热。

1. 真热假寒证 是指内有真热而外见某些假寒的"热极似寒"证候。真热假寒证常有热深厥亦深的特点，故可称作热极肢厥证，或阳盛格阴证。

【临床表现】身热，胸腹灼热，口鼻气灼，口臭息粗，渴喜冷饮，小便短赤，大便燥结或热痢下重，舌红苔黄而干，脉搏有力等，又见四肢厥冷，神识昏沉，面色紫暗，脉沉。

【证候分析】邪热内盛，伤津耗液，故见身热、胸腹灼热、口鼻气灼、口臭息粗、渴喜冷饮、小便短黄、大便燥结或热痢下重、舌红苔黄而干、脉有力等实热证表现。邪热内闭，气血不畅，故见神志昏沉、面色紫暗。阳气郁闭于内而不能布达于外，故可表现出四肢厥冷、脉沉等假寒之象。

真热假寒证，内热愈盛则肢冷愈严重，即所谓"热深厥愈深"。

2. 真寒假热证 指内有真寒而外见某些假热的"寒极似热"证候。真寒假热证实际是虚阳浮越证，亦称阴盛格阳证、戴阳证。

【临床表现】自觉发热，反欲盖衣被，触之胸腹无灼热，下肢厥冷；面色浮红如妆，非满面通红；神志躁扰不宁，疲乏无力；口渴喜热饮，饮亦不多；咽痛而不红肿；脉浮大或数，按之无力；便秘而便质不燥，或下利清谷；小便清长（或尿少浮肿），舌淡，苔白。

【证候分析】由于阳气虚衰，阴寒内盛，逼迫虚阳浮越于外，故自觉发热、反欲盖衣被、面色浮红如妆、躁扰不宁、口渴咽痛、脉浮大或数等颇似阳热证的表现。但其本质为阳气虚衰，肢体失于温煦，水液不能正常输布和气化，故触之胸腹必然无灼热、下肢厥冷、口渴喜热饮而饮亦不多、咽部不红肿、面色亦不会满面通红，并见疲乏无力、小便清长、或尿少浮肿、便质不燥、甚至下利清谷、脉按之无力、舌淡苔白等里虚寒的证候。

3. 寒热真假的鉴别 辨别寒热证候的真假，应以表现于内部、中心的症状为准、为真，肢末、外部的症状是现象，可能为假象，故胸腹的冷热是辨别寒热真假的关键，胸腹灼热者，为热证。胸腹部冷而不灼热者，为寒证。

对于寒热真假的辨别，《温疫论·论阳证似阴》指出："捷要辨法，凡阳证似阴，外寒而内必热，故小便血赤；凡阴证似阳者，格阳之证也，上（外）热下（内）寒，故小便清白。但以小便赤白为据，以此推之，万不一失。"确为经验之谈。见表5-8。

表5-8 寒热真假鉴别表

证候鉴别		真寒假热证		真热假寒证	
		假候	真象	假候	真象
症状	面色	面红	仅在颧颊上浅红娇嫩，时隐时现	面色晦滞	但目光炯炯有神，唇红焦燥
	寒热	身热	反欲盖衣被	四肢厥冷	但不欲衣被，胸腹灼热
	神志	躁扰不宁	但精神萎靡，形体倦怠	表情默默	但时有烦躁，扬手掷足，形强有力
	渴饮	口渴	却不欲饮，或喜热饮		
	小便		清长		短赤
	大便			下利	但气味臭秽或挟燥屎
脉象		大	按之无力	沉	数而有力

（二）虚实真假

虚证和实证，都有真假疑似的情况。《内经知要》所谓"大实有羸状"、"至虚有盛候"就是指证候的虚实真假。辨证时要从错杂的临床表现中，详辨真假，以去伪存真，才不会在治疗中犯"虚虚实实"之戒。

1. **真实假虚证** 指本质为实证，反见某些虚羸现象的证候。即所谓"大实有羸状"。

【临床表现】常见神情默默，倦怠懒言，身体羸瘦，脉象沉细等表现。但仔细观察，虽默默不语，语时却声高气粗；虽倦怠乏力却动之觉舒；虽身体羸瘦却胸腹硬满拒按；虽脉沉细却按之有力。

【证候分析】由于热结肠胃、痰食壅积、湿热内蕴、瘀血停蓄等，邪气大积大聚，以致经脉阻滞，气血不能畅达，因而表现为神情默默、倦怠懒言、身体羸瘦、脉象沉细等类似虚证的假象。但病变的本质属实，故虽默默不语，语时却声高气粗，虽倦怠乏力却动之觉舒，虽身体羸瘦却胸腹硬满拒按，虽脉沉细却按之有力。

2. **真虚假实证** 指本质为虚证，反见某些盛实现象的证候。即所谓"至虚有盛候"。

【临床表现】常出现腹部胀满，呼吸喘促，二便闭塞等症。但仔细观察，则可发现虽腹部胀满而有时缓解，或触之腹内无肿块而喜按；虽喘促而气短息弱；大便虽闭而腹部不甚硬满；虽小便不利但无舌红口渴。并伴有神疲乏力、面色萎黄或淡白，舌淡胖嫩，脉虚弱等。

【证候分析】其病机多为脏腑虚衰，气血不足，运化无力，气机不畅，则可出现腹部胀满、呼吸喘促、二便闭塞等类似实证的假象。但其本质属虚，故腹部胀满而有时缓解，或触之腹内无肿块而喜按，可知并非实邪内积，而是脾虚不运所致；喘促而气短息弱，可知并非邪气壅滞、肺失宣降，而是肺肾气虚、摄纳无权之故；大便虽闭而腹部不甚硬满，系阳气失其温运之能而腑气不行的表现；阳气亏虚而不能气化水液，或肾关开合不利，可表现为小便不通；神疲乏力，面色萎黄或淡白，舌淡胖嫩，脉虚弱，更是正气亏虚的本质表现。

3. **虚实真假的辨别** 虚实真假之辨，关键在于脉象的有力无力、有神无神，其中尤以沉取之象为真谛；其次是舌质的嫩胖与苍老，言语呼吸的高亢粗壮与低怯微弱；患者体质状况、病之新久、治疗经过等，也是辨析的依据。

应当指出，临床上反映于虚实方面的证候，往往虚实夹杂者更为常见，即既有正气虚的表现，又有邪气实的症状，病性的虚实夹杂与虚实真假难以截然分开。临床辨证时，应区分虚实的孰轻孰重，并分析其间的因果关系。

四、 证候转化

证候转化是指八纲中相互对立的证候之间，在一定条件下，可以向自己相反方向发生转化。

证候转化是证候的本质与现象均已变换，因此它与证候的相兼、错杂、真假等概念都不同。但应看到，在证候转化这种质变之前，往往有一个量变的过程，因而在证候转化之先，又可呈现出证候相兼、证候错杂的关系。

证候的转化有两种情况，一是病情由浅及深，由轻而重，向加重的方向转化；二是病情由重而轻，由深而浅，向好转的方向转化。

（一）表里出入

表里出入是指在正邪消长变化的作用下，病邪可由表入里，也可从里出表，而出现的表里证候间的转化。病邪有表入里，多提示病情转重；病邪有里出表，多提示病情减轻。

1. 由表入里 指先有表证，后见里证，且表证随之消失，此乃表证转化为里证。提示病邪由浅入深，病势发展。

六淫等邪袭表，若不从外解，则常内传入里，表现为表证消失，里证出现。如先有恶寒发热、脉浮等表证的证候，当恶寒消失，出现但发热不恶寒、渴饮、尿赤、舌红苔黄、脉数等症时，表明表邪已经入里化热而形成里热证。

2. 由里出表 指侵袭内脏（在里）的病邪向体表透达，提示邪有出路，病情有向愈的趋势，但绝非里证转化为表证。

某些里证，在治疗及时、护理得当时，机体的抵抗力增强，驱邪外出，从而表现出病邪向外透达的症状或体征。如麻疹患儿热毒内闭，疹不出而见发热、喘咳、烦躁，若经治疗，麻毒外透肌表，则疹出而烦热喘咳消除。外感温热病中，见发热烦渴等症，随汗出而热退身凉，烦躁等症减轻，便是邪气从外透达的表现。

（二）寒热转化

寒热转化是指疾病的寒热性质发生相反的转化。寒证和热证的相互转化，是由邪正力量的对比所决定，其关键又在机体阳气的盛衰。由寒证转化为热证，多属正气尚强，阳气较为旺盛，邪气从阳化热所致。热证转化为寒证，多属邪气虽衰而正气不支，阳气耗损至衰败状态，邪气从阴化寒所致。总之，寒证化热示阳气旺盛，热证转寒示阳气衰惫。

1. 寒证化热 指病本为寒证，后来出现热证，而寒证随之消失的情况。多因治疗不当，过服温燥药物；或外感寒邪未能及时发散，而机体阳气偏盛，寒邪从阳化热所致。如寒湿痹证，初为关节冷痛、重着、麻木，病程过久或服用温燥太过，患者关节渐变为红肿热痛。又如感受寒邪，疾病开始见恶寒重发热轻、身痛无汗、苔薄白、脉浮紧之表寒证，由于误治、失治而出现壮热、不恶寒、反恶热、心烦、口渴、苔黄、脉数之里热证，这就是由寒证转化为热证的表现。

2. 热证转寒 指病本为热证，后来出现寒证，而热证随之消失的情况。多因失治、误治，损伤阳气；或因邪气过盛，耗伤正气，正不胜邪，机能衰败所致。这种转化有突变者，如高热患者，由于大汗不止，阳从汗泄，或吐泻过度，阳随津脱，出现体温骤降、四肢厥冷、面色苍白、脉微欲绝的虚寒证（亡阳）。也有病情迁延，日久不愈渐变者，如热痢日久不愈，阳气日耗，转化为虚寒痢，这就是由热证转化为寒证的表现。

（三）虚实转化

虚实转化是指疾病的虚实性质在一定条件下向相反的方向转化，提示邪与正之间的盛衰关系发生了本质性的改变。由实转虚是疾病的一般规律，由虚转实则往往提示疾病的虚实夹杂，多为因虚而致实，病情较复杂。

1. 实证转虚　指病情先表现为实证，由于邪盛伤正太过，或久病、失治、误治，致正不胜邪而转化为虚证，提示病情发展，正气不足。例如，初为咳嗽痰多、息粗而喘、苔腻脉滑，迁延日久则见喘而气短、声低懒言、面白神疲、舌淡脉弱，此即邪虽去而正已伤，由实证转化为虚证。

2. 虚证转实　指在原有虚证的基础上，转化为以实证为主要矛盾或矛盾主要方面的证候。其病机是因虚致实，并非病势向愈，而是提示病情在发展且病情复杂。例如，心阳虚日久，温煦失职，推动无力，致血行迟缓而成瘀，在原有心悸气短、脉弱或涩等心气虚的基础上，出现心胸刺痛、唇舌紫暗、脉结代等，此为心血瘀阻证。血瘀之实已超过心气之虚，而成为疾病的主要矛盾方面，此即由虚转实。

项目三　八纲辨证的意义

八纲是从具体事物中抽象出来的概念，用八纲辨别归纳证候，是分析疾病共性的辨证方法，是八纲概念在中医学中应用的一个方面。

表里，是用来辨别疾病病位深浅的基本纲领；寒热虚实，是用以辨别疾病性质的基本纲领；阴与阳则是区分疾病类别、归纳证候的总纲，并用来概括表里寒热虚实六纲。由于八纲是对疾病过程中机体反应状态最一般的概括，是对辨证诊断提出的最基本的原则性要求，因此，八纲证候属于纲领证。通过八纲可找出疾病的关键，掌握其要领，确定其类型，预测其趋势，为治疗指出方向。

八纲辨证是辨证的基础，在辨证中有执简驭繁、提纲挈领的作用，适用于临床各科、各种疾病的辨证，而其他辨证分类方法则是八纲辨证的具体深化。

八纲辨证是从八个方面对疾病本质做出纲领性的辨别。但是，这并不意味着八纲辨证只是把各种证候简单、截然的划分为八个区域，由于八纲之间不是彼此孤立的，而是相互联系的、可变的。其间，可以相兼、错杂、转化，如表里同病、寒热错杂、虚实夹杂、表里出入、寒热转化、虚实转化等，并且可能会出现一些与疾病性质相反的假象，如真热假寒、真寒假热、真实假虚、真虚假实等，这就大大增加了八纲辨证的复杂程度，从而可组合成多种较为具体的证候，如表里实寒证、表寒里热证等，于是扩大了对病情进行辨证的可行性、实用性。临床上，证候尽管复杂多变，但都可以用八纲进行概括。

当然，八纲辨证对疾病本质的认识，仍有其局限性，不够深刻和具体。如里证的概念太过广泛，临床需要和脏腑辨证、六经辨证等其他方法结合使用。寒与热不能概括湿、燥等邪气的病理性质；虚证、实证各有不同的具体病变内容。因此，八纲毕竟是"纲"，八纲辨证是比较笼统、抽象的辨证，临床时不能只满足于对八纲的分辨，而应当结合其他辨证分类方法，对疾病的证候进行深入的分析判断。

我们不能把八纲辨证仅仅理解为几类较为笼统证候的简单归纳，而应认识到八纲通过其相互关系，较为突出地反映了辩证法的思想。中医学的许多辨证观点都是通过八纲的关系体现出来的，理解八纲之间的辨证关系，就可认识到疾病中的各种事物是处在相互联系的矛盾之中、变化之中。矛盾着的事物不仅有对立面的存在，并且是与对立面相对而确定的，彼此间有中间、过渡阶段，而且可以相互转化等。因此，八纲概念的确定，标志着中医辩证思维的完善，它反映了辩证思维的许多基本内容，抓住了疾病中带普遍性的主要矛盾，这对于其他辨证方法的学习，对于临床正确认识疾病过程，具有重要的指导意义。

项目四　八纲辨证技能训练

【实训目的】

通过运用八纲辨证理论对病案进行分析，提高八纲辨证的临床思维能力，掌握八纲辨证的方法和技术。

【实训学时】

2 学时。

【实训准备】

准备若干份相应的病案，每生 1 份。

【实训方法】

学生准备，小组讨论，教师讲评。

【实训内容】

病案 1　陈某，男，18 岁。5 天前运动后汗出当风，次日即见发热，微恶风寒，头痛，咽干，有汗，微咳，舌尖红，脉浮数。

要求：①对本病案进行证候分析。②列出诊断依据。③证名诊断。

病案 2　梁某，男，54 岁。双下肢及足底发凉 1 年。患者自述夏天不能吹空调，双下肢感觉尤为敏感，初夏穿着秋裤和毛裤也不觉得热，曾多处求医，但是效果不佳。当时症状：腹胀，左下腹尤甚，自觉有气窜痛，按压后缓解，双下肢及足底发凉，双膝关节僵硬，口苦，时常咽痛，纳可，大小便正常。舌暗，苔厚腻，脉沉细。

要求：①对本病案进行证候分析。②列出诊断依据。③证名诊断。

病案 3 刘某，女，42 岁。10 年来，先是 3～4 天，后是 7～8 天排便 1 次，每次排便都要用中西药才可暂通。患者为了促进排便，经常食用大量水果、蜂蜜。但近 1 年来便秘更加严重，腹满胀痛，喜按，纳呆乏力，面色萎黄，少气懒言。舌淡胖，苔薄白，脉沉细无力。

要求：①对本病案进行证候分析。②列出诊断依据。③证名诊断。

病案 4 张某，男，44 岁。2015 年 8 月 22 日初诊。主诉：发热、咳嗽，身痛不适 5 天。病史：患者于 8 月 18 日晚起，周身疼痛，发热、咳嗽，19 日体温高达 38.9℃。经某医院诊为上呼吸道感染，治疗后体温降至正常，21 日晚再次发烧。刻下：发热、头痛、咳嗽、吐白黏痰、咽痛而干，流涕，胸闷，纳差，四肢酸痛无力，舌淡红，苔薄黄不燥，脉浮数。

要求：①进行证候分析，归纳病机。②列出诊断依据。③证名诊断。患者经治疗后体温降而复升的根本原因是什么？

【实训小结】

你对上述四个案例的分析与诊断，与老师讲评的结果有无出入，如有错处，错在哪里？请分析其原因。

目标检测

A1 型题

1. 表证之恶寒，是由于（ ）

    A. 风性开泄，腠理疏松   B. 阳气不足   C. 外邪束表，卫阳闭郁

    D. 肺气不足   E. 邪伏募原，正邪相争

2. 下列各项，不属于里证的特点的是（ ）

    A. 脏腑的证候明显   B. 病情一般较重   C. 病程一般较长

    D. 恶寒发热并见   E. 病因可有多方面

3. 八纲辨寒热是指（ ）

    A. 辨病位的浅深   B. 辨正气的强弱   C. 辨疾病的性质

    D. 辨恶寒发热的有无   E. 辨邪正斗争的胜负

4. 真寒假热的病机是（ ）

    A. 阳盛格阴   B. 阴盛格阳   C. 阳气暴脱

    D. 阴阳俱衰   E. 由阴转阳

5. 胸中烦热，频欲呕吐，腹痛喜按，大便稀薄。证属（　　　）

    A. 表寒里热   B. 表热里寒   C. 表里俱热

    D. 上热下寒   E. 真热假寒

6. "虚证"最确切的含义是（　　　）

    A. 精髓失充   B. 邪气不盛   C. 正气亏虚

    D. 阳气不足   E. 阴血亏损

A2 型题

7. 患者先有高热大汗、面赤、口渴饮、脉洪大，后突然出现面色苍白，四肢厥冷，脉微欲绝，此属于（　　　）

    A. 阳盛格阴   B. 阴盛格阳   C. 寒热错杂

    D. 阳证转阴   E. 表热里寒

8. 患者二十天前出现高热，大汗淋漓等症，经治疗后，现自觉虚羸少气，不欲饮食，舌光红无苔，脉细数无力，为（　　　）

    A. 真虚假实   B. 实证转虚   C. 实证夹虚

    D. 虚实并重   E. 真实假虚

B 型题

（9～10 题共用备选答案）

    A. 阳虚证   B. 阴虚证   C. 亡阳证

    D. 亡阴证   E. 脱血证

9. 症见心烦失眠，口苦咽干，午后颧红，大便秘结，舌红少苔，脉细数者，为（　　　）

10. 症见尿少水肿，便溏，面白无华，口不渴，四肢凉，舌淡胖，脉弱者，为（　　　）

扫一扫，知答案

扫一扫，看课件

模块六
病因辨证

【学习目标】

1. 掌握病因辨证的概念和基本内容，重点掌握外感六淫辨证、内伤七情辨证、劳伤辨证各证候的基本概念、临床表现、辨证要点及其机理。

2. 熟悉疫疠辨证的致病特点、临床表现及辨证要点。

3. 了解食积辨证、虫积辨证、外伤辨证的临床表现及辨证要点。

案例导入

1. 邓某，男，30 岁，2005 年 4 月 10 日就诊。患者于 3 日前从兰州出差归来，即感口燥咽干，咳嗽，今日咳嗽加重，痰少难咯，咽干唇裂，渴欲饮水，皮肤干，舌红苔薄略干，脉细数。

问题：什么原因引起了这些临床变化？

2. 张某，女，35 岁，1998 年 4 月 8 日初诊。患者性格内向，平素寡言少语，数日前与人争吵后，一直情绪郁闷，自觉两胁胀满，叹息则舒，少腹、乳房胀痛不适，月经量适中，舌红苔薄，脉弦。

问题：患者出现了哪些临床症状？你觉得主要原因是什么？

病因辨证是在中医病因学的指导下，根据临床所收集的病情资料，进行分析、归纳，以确定引起疾病当前病因的一种辨证方法，也称为"审证求因"。

引起疾病的原因很多，但具体来说，主要有外感病因包括六淫、疠气，内伤病因包括内伤七情、劳逸失度、饮食失宜，其他病因包括寄生虫、外伤等，这是发病的必要条件，属于病因学的范畴。而通过辨证所确定的病因，则是通过证候的分析，综合了邪正双方情况而对疾病当前病理本质所做出的结论，属于辨证学的范畴。

项目一 外感病因辨证

外感病是指感受六淫、疠气等外邪引起的疾病。外感病因辨证的重点是识别外邪的具体种类，以确定治疗原则。外感病因辨证主要包括六淫辨证和疫疠辨证。

一、六淫辨证

六淫辨证是根据四诊所收集的症状和体征，对照六淫病邪的致病特点，通过分析，辨别疾病当前病理本质中是否存在着六淫证候的辨证方法。

知 识 链 接

内生"五邪"

内生"五邪"，并非外感六淫所致，而是在疾病过程中，由于脏腑功能失调所产生的化风、化寒、化燥、化湿、化热（火）等病理变化，称为内风、内寒、内燥、内湿和内热（火）。因其临床表现和外感六淫颇为相似，在发病过程中又相互联系，故在学习时要注意鉴别。

（一）风淫证

风淫证指风邪侵袭人体肌表、经络，导致卫外功能失常，表现出符合"风"性特征的证候。

【临床表现】恶风寒，微发热，汗出，苔薄白，脉浮缓；或有鼻塞、流清涕、喷嚏，或伴咽喉痒痛、咳嗽；或为突发皮肤瘙痒、丘疹；或为突发肌肤麻木、口眼㖞斜；或为肢体关节游走作痛；或新起面睑、肢体浮肿等。

【证候分析】风邪袭表，肺卫失调，腠理疏松，卫气不固，则见恶寒发热、脉浮等表证的特征症状，并以汗出、恶风、苔薄白、脉浮缓为特点，为风邪袭表证；风邪袭肺，肺气失宣，鼻窍不利，则见咳嗽、咽喉痒痛、鼻塞、流清涕、喷嚏等症，为风邪犯肺证。

风邪侵袭肌腠，邪气与卫气搏击于肌表，则见皮肤瘙痒、丘疹，形成风邪客肤证。风邪或风毒侵袭经络、肌肤，经气阻滞，肌肤失荣，则见肌肤麻木、口眼㖞斜等，为风邪中络证。风与寒湿相合，侵袭筋骨关节，阻痹经络，则见肢体关节游走作痛，形成行痹证。风邪侵袭肺卫，宣降失司，通调失职，则见新起面睑、肢体浮肿。

【辨证要点】以新起恶风、微热、汗出、脉浮缓，或突起风团、瘙痒、麻木、肢体关节游走性疼痛等为辨证依据。

（二）寒淫证

寒淫证指寒邪侵袭机体，阳气被遏，以恶寒甚、无汗、头身或胸腹疼痛、苔白、脉紧等为主要表现的实寒证候。

【临床表现】恶寒重，或伴发热，无汗，头身疼痛，鼻塞或流清涕，脉浮紧。或见咳嗽、哮喘、咯稀白痰；或为脘腹疼痛、肠鸣腹泻、呕吐；或为肢体厥冷、局部拘急冷痛等；口不渴，或渴喜热饮，小便清长，面色白或青，舌苔白，脉弦紧或伏。

【证候分析】本证主要是因感受阴寒之邪所致，感受寒邪的常见途径有淋雨、涉水、衣单、露宿、在冰雪严寒处停留及过食生冷等。常分为伤寒证和中寒证。

伤寒证是指寒邪外袭肤表，阻遏卫阳，阳气抗邪于外所表现的表实寒证，又称外寒证、表寒证、寒邪束表证、太阳表证、太阳伤寒证等。寒为阴邪，其性清冷，遏制并损伤阳气，寒性凝滞、收引，阻碍气血运行，郁闭肌肤，阳气失却温煦，则见恶寒，或伴发热、头身疼痛、无汗、鼻塞或流清涕、苔白、脉浮紧等。

中寒证是指寒邪直接内侵脏腑、气血，遏制并损伤阳气，阻滞脏腑气机和血液运行所表现的里实寒证，又称内寒证、里寒证等。寒邪客于不同脏腑，可有不同的证候特点，寒邪客肺，肺失宣降，则见咳嗽、哮喘、咯稀白痰等症；寒滞胃肠，使胃肠气机失常，运化不利，则见脘腹疼痛、肠鸣腹泻、呕吐等症。若寒邪郁于经脉，阳气损伤，壅遏气机，则见肢体厥冷、局部拘急冷痛；寒为阴邪，不消水液，津液未伤，故口不渴或渴喜热饮，小便清长；寒遏阳气或伤人阳气，气血运行不畅，故面色白或青；寒邪收引，凝滞经脉，则脉弦紧或伏。

【辨证要点】新病突起，病势较剧，有感寒原因可查，以寒冷症状为辨证依据。

（三）暑淫证

暑淫证指感受暑热之邪，耗气伤津，以发热、口渴、疲乏、汗出、尿黄等为主要表现的证候。

【临床表现】发热恶热，汗出，口渴喜饮，气短，神疲，肢体困倦，小便短黄，舌红，苔白或黄，脉虚数。或见高热，神昏，胸闷，腹痛，呕恶，无汗等；或发热，猝然昏倒，汗出不止，气喘，甚至昏迷、惊厥、抽搐等。

【证候分析】暑证的产生有严格的季节性，在夏月炎暑之季最易感受。暑性炎热升散，则见发热恶热，汗出不止；暑邪耗气伤津，则见口渴喜饮，气短神疲，尿短黄；暑夹湿邪，阻碍气机，则见肢体困倦，苔白或黄；暑闭心神，引动肝风，则见神昏，甚至猝然昏倒、昏迷、惊厥、抽搐；暑闭气机，心胸气滞，则胸闷；脾胃运化失司、气机升降失调，则见腹痛、呕恶；肺气闭阻，玄府不通，则见无汗、气喘。

【辨证要点】夏月有感受暑热之邪的病史，以发热、口渴、汗出、疲乏、尿黄等为辨证依据。

（四）湿淫证

湿淫证指感受外界湿邪，阻遏气机与清阳，以身体困重、肢体酸痛、腹胀腹泻等为主要表现的证候。

【临床表现】头昏沉如裹，嗜睡，身体困重，胸闷脘痞，口腻不渴，纳呆，恶心，肢体、关节、肌肉酸痛，大便稀溏，小便混浊。或为局部渗漏湿液，或皮肤出现湿疹、瘙痒，妇女可见带下量多，面色晦垢，舌苔滑腻，脉濡缓或细。

【证候分析】本证多因外湿侵袭，如淋雨涉水、居住潮湿、冒受雾露等而形成，又称为外湿证。湿为阴邪，具有阻碍气机、损伤阳气、黏滞缠绵、重浊趋下等致病特点。

湿邪困阻气机，阻遏清阳，则见头昏沉如裹，嗜睡，身体困重；湿邪郁滞中焦气机，脾胃运化失常，则见胸闷脘痞，口腻不渴，纳呆，恶心，腹胀便溏，小便混浊；湿邪聚于人体的皮肤、肌肉、筋骨，则见肢体、关节、肌肉酸痛，局部渗漏湿液，或皮肤出现湿疹、瘙痒；湿邪下注，则见妇女带下量多；面色晦垢，舌苔滑腻，脉濡缓或细，为湿邪黏腻，阻碍气机之征。

【辨证要点】起病较缓而缠绵，以困重、酸楚、痞闷、腻浊等为辨证依据。

（五）燥淫证

燥淫证指外界气候干燥，耗伤津液，以皮肤、口鼻、咽喉干燥等为主要表现的证候。

【临床表现】皮肤干燥甚则皲裂、脱屑，口唇、鼻腔、咽喉干燥，口渴饮水，舌苔干燥，大便干燥，或见干咳少痰，痰黏难咯，小便短黄，脉象偏浮等。

除以上临床表现外，凉燥常有恶寒发热、无汗、头痛、脉浮缓或浮紧等表寒症状；温燥常有发热有汗、咽喉疼痛、心烦、舌红、脉浮数等表热症状。

【证候分析】燥邪具有干燥、伤津耗液、易伤肺脏等致病特点。燥证发生有明显的季节性，是秋天的常见证候，发于初秋气温者为温燥，发于深秋气凉者为凉燥。

燥邪侵袭，易伤津液，而与外界接触的皮肤、清窍和肺系首当其冲，故常见皮肤干燥甚则皲裂、脱屑，口唇、鼻腔、咽喉干燥，舌苔干燥，干咳少痰等症；大便干燥，小便短黄，口渴饮水，为津伤的表现。由于燥证主要是感受外界燥邪所致，所以除了干燥的证候外，还伴有表证的一般表现，如轻度恶寒发热、脉浮等。初秋之季，气候尚热，余暑未消，燥热侵犯肺卫，故除了干燥津伤之证外，又见类似风热表证之象；深秋季节，气候既凉，气寒而燥，人感凉燥，除了燥象之外，又见类似寒邪袭表之表寒证候。

【辨证要点】常见于秋季或处气候干燥的环境，以肌肤、孔窍干燥不润等为辨证依据。

（六）火淫证

火淫证指外感火热邪毒，或饮食不当，或情志过极等，导致阳热内盛，以发热、口渴、面红、便秘、尿黄等为主要表现的证候。

【临床表现】发热恶热，烦躁，口渴喜饮，汗多，大便秘结，小便短黄，面色赤，舌红或绛，苔黄干燥或灰黑，脉数有力（洪数、滑数、弦数等）。甚者或见神昏、谵语，惊厥、抽搐，吐血、衄血，痈肿疮疡。

【证候分析】火、热、温邪的性质同类，仅有轻重、缓急等程度之别，故在程度上有"温为热之渐，火为热之极"之说，在病机上有"热自外感，火自内生"之谓，但从辨证学的角度看，火证及热证均是指具有温热性质的证候，概念基本相同。

形成火热证的原因，可有外界阳热之邪侵袭，如高温劳作、感受温热、火热烧灼等，过食辛辣燥热之品，寒湿等邪气郁久化热，情志过激而化火，脏腑气机过旺等。火为阳邪，具有炎上、耗气伤津、生风动血、易致肿疡等特性。

阳热之气过盛，火热燔灼急迫，气血沸涌，则见发热恶热，颜面色赤；热扰心神，则见烦躁不安，重则神昏谵语；邪热迫津外泄，故见多汗；热盛伤津，则口渴喜饮，大便秘结，小便短黄；火热迫血妄行，则见吐血、衄血；火热使局部气血壅聚，灼血腐肉，则见痈肿疮疡；火热炽盛可致肝风内动，则见惊厥、抽搐；舌红或绛，苔黄干燥或灰黑，脉数有力，均为火热之象。

【辨证要点】新病突起，病势较剧，以发热、口渴、便秘、尿黄、舌红或绛、苔黄干、脉数有力等为辨证依据。

二、 疫疠辨证

疫疠，是指感受疠气所引发的急性、烈性传染病的总称。疫疠种类繁多，表现各异，本节仅介绍疠气致病的基本特点及临床表现。

【致病特点】①传染性强，流行面广，一旦暴发，疫区内不论男女老幼或体质强弱，触之即发。②发病急骤，病情危笃，传变迅速。③疠气感人的途径多从口鼻而入，不同的疠气对人体的易感部位有其特异性。但同一疠气感人，不论性别、年龄，症状相似。④疫疠的形成和流行，必定以一定的自然、社会环境为条件，如气候极度反常、自然灾害、战争动乱、饥饿贫困、环境卫生恶劣等。

【临床表现】可分为燥热疫和湿热疫两大类。①燥热疫：以热毒充斥表里、脏腑，津血大亏为基本病机。症见大热大渴，头痛如劈，两目昏瞀，或狂躁谵妄，咽喉痛烂，骨节烦疼，腰如被杖，或吐衄发斑，或肠绞痛绝，或抽搐强直，或猝然仆地不省人事，舌绛苔焦或起芒刺，脉数或浮大。②湿热疫：以湿遏热伏，邪阻膜原，三焦气滞，传变复杂为基本病机。症见憎寒恶热，尔后但热不寒，午后热甚，头身疼痛，或腹痛吐泻，或猝发黄疸，或神昏谵语，或痰喘肿胀，舌红绛，苔浊腻或白厚如积粉，脉濡数。

【辨证要点】以传染性强、症状相似、病情危重、传变快，兼燥热或湿热见症为辨证依据。

项目二　内伤七情辨证

内伤七情辨证是指根据患者所表现的症状、体征等，对照情志致病的特点，通过分析，辨别疾病当前病理本质是否有情志证候存在的辨证方法。

一、喜证

喜证是指由于过度喜乐，导致神气失常，以喜笑不休、精神涣散等为主要表现的情志证候。

【临床表现】喜笑不休，心神不安，精神涣散，思想不集中，甚则语无伦次，举止失常，肢体疲软，脉缓。

【证候分析】喜为心志，适度的喜乐能使人心情舒畅，精神焕发，营卫调和。然喜乐无制，可损伤心神，使心气弛缓，神气不敛，则见肢体疲软，喜笑不休，心神不安，精神涣散，思想不集中等；暴喜过度，神不守舍，导致痰火扰乱心神，则见语无伦次，举止失常等。

【辨证要点】有导致喜悦的情志因素存在，以喜笑不休、精神涣散等为辨证依据。

二、怒证

怒证是指由于暴怒或过于愤怒，导致肝气横逆、阳气上亢，以烦躁多怒、胸胁胀闷、面赤头痛等为主要表现的情志证候。

【临床表现】烦躁多怒，胸胁胀闷，头胀头痛，面红目赤，眩晕，或腹胀、泄泻，甚至呕血，发狂，昏厥，舌红苔黄，脉弦有力。

【证候分析】怒为肝志，怒则气上。大怒不止，可使肝气升发太过，阳气上亢。肝气郁滞而欲发，则见胸胁胀闷，烦躁多怒；肝气上逆，血随气涌，则见面红目赤，头胀头痛，眩晕，甚至呕血；阳气暴张而化火，冲扰神气，可表现为发狂，或突然昏厥；肝气横逆犯脾，则见腹胀、泄泻；舌红苔黄，脉弦有力，为阳亢气逆之征。

【辨证要点】有导致愤怒的情志因素存在，以烦躁多怒、胸胁胀闷、面赤头痛等为辨证依据。

三、思证

思证是指由于思虑过度，导致心脾等脏腑气机紊乱，以倦怠少食、健忘、失眠多梦等为主要表现的情志证候。

【临床表现】倦怠少食，面色萎黄，头晕健忘，失眠，多梦，心悸，消瘦，脉沉结。

【证候分析】脾在志为思。思虑过度，气结不散，脾不得正常受纳、运化，则倦怠少食；暗耗心血，血不养神，则见头晕健忘，失眠，多梦，心悸等；心脾两虚，气血不足，则面色萎黄，消瘦等；中焦气结，中气失运，故脉沉结。

【辨证要点】有思虑过度的情志因素存在，以倦怠少食、健忘、失眠多梦等为辨证依据。

四、忧证

忧证是指由于忧愁过度，导致脾肺之气机抑郁，以忧愁不解、胸闷气短、倦怠乏力等为主要表现的情志证候。

【临床表现】郁郁寡欢，忧愁不乐，表情淡漠，胸闷腹胀，善太息，倦怠乏力，脉涩等。

【证候分析】肺在志为忧，忧则气沉，忧愁过度，必伤于肺，因脾肺有母子之气相通，也有伤于脾者。忧愁过度，气机沉郁，情志不舒，则见郁郁寡欢，忧愁不乐，表情淡漠，善太息等；肺气郁闭不宣，则胸闷；脾气不运，则腹胀，倦怠乏力等；脉涩为气滞不宣之象。

【辨证要点】有导致忧愁的情志因素存在，以忧愁不解、胸闷、倦怠乏力等为辨证依据。

五、悲证

悲证是指由于悲伤过度，使气机消沉，伤及肺脏，以情绪悲哀、神疲乏力等为主要表现的情志证候。

【临床表现】善悲喜哭，精神萎靡，神疲乏力，面色惨淡，脉结等。

【证候分析】悲则气消，悲哀太过，则神气涣散，意志消沉，故见善悲喜哭，精神萎靡，神疲乏力，面色惨淡等；气消则血行不畅，故见脉结。

【辨证要点】有导致悲伤的情志因素存在，以情绪悲哀、神疲乏力等为辨证依据。

六、恐证

恐证是指由于恐惧过甚，致使气机沉降，伤及肾脏，出现以恐惧不安为主要表现的情志证候。

【临床表现】恐惧不安，心悸失眠，常被噩梦惊醒，甚则二便失禁，或为滑精、阳痿等。

【证候分析】恐则伤肾，恐则气下，肾气不固，神气不宁，则见恐惧不安，心悸失眠，常被噩梦惊醒，甚则二便失禁，或为滑精、阳痿等症。

【辨证要点】有导致过度恐惧的情志因素存在，以恐惧不安等为辨证依据。

七、惊证

惊证是指由于经受过度惊骇，导致气机逆乱，出现以胆怯易惊、惊悸不宁、坐卧不安、失眠多梦等为主要表现的情志证候。

【临床表现】胆怯易惊，惊悸不宁，坐卧不安，失眠多梦，或见短气，体倦自汗等。

【证候分析】惊则心无所倚，神无所归，虑无所定，气机逆乱，故见胆怯易惊，惊悸不宁，坐卧不安，失眠多梦等症；短气，体倦自汗等症则系过度惊吓导致气虚所为。

【辨证要点】有导致过度惊骇的情志因素存在，以胆怯易惊、惊悸不宁、坐卧不安、失眠多梦等为辨证依据。

项目三　劳伤辨证

劳伤辨证是指对过于劳累或过于安逸导致内脏功能失调，气血紊乱的临床表现，进行分析、综合，以确定患者劳伤的具体病因病机的辨证方法。

【致病特点】劳逸失度的致病特点：一是渐积而发，起病徐缓，逐渐加重，病程较长；二是以伤及脏腑气血为主，其次可伤及筋肉、经络及关节；三是多表现为虚证和慢性病。

【临床表现】劳伤辨证的主要证候如下：

1. **劳力过度**　体力劳动或体育锻炼时间过长、用力不当、强度过大，则脏腑和肢体均可积劳成疾。常见两种证型：一是肺脾气虚津亏证，症见气短乏力，嗜睡体倦，神疲懒言，食欲不振，汗多口干，小便短黄等；二是筋骨损伤证，局部或全身酸软、胀痛不适，多发生于腰背、四肢关节等用力部位，常伴有压痛、活动受限等症状。

2. **过逸少动**　长期不劳动，坐卧安逸过度，可导致虚、实两种病变：一是脾胃功能减退，后天失养，气血渐弱，症见头昏心悸，身倦乏力，动则汗出、气短，食少纳呆，面白少华，日渐消瘦，易感冒，舌淡体瘦，脉细无力。二是气血运行迟缓，渐至气滞血瘀，痰湿内停，经络阻滞，症见胸闷腹胀，二便不利，四肢胀痛、麻木、酸软，关节肿胀而活动不便，形体肥胖或沉重，易发眩晕、心痛、中风等病。

3. **劳神过度**　思虑、阅读、计算、记忆、写作等脑力活动过度，则暗耗心血、脑髓，损伤心脾之气，而逐渐发病。症见头晕眼花，视力下降，心悸健忘，神思恍惚，心烦失眠，食少纳呆，脘痞嗳气，腹胀矢气，排便困难或便溏等。

4. **房劳过度**　性生活过频，或早婚手淫，或多产堕胎，均可致肾精亏损、肾气不固，从而引发腰膝酸软疼痛，眩晕耳鸣，神疲健忘，齿摇发脱，尿频夜尿，或尿后余沥不尽，白浊，性欲下降，或遗精滑精，阳痿早泄，或月经不调，滑胎不孕等。

【辨证要点】劳伤辨证时应抓住三点：一是有过劳或过逸的经历；二是起病缓慢，症状逐渐显现；三是不同劳伤的病因病机、证候重点不同，如劳力过度可导致脾肺气虚和筋骨损伤的证候，劳神过度可导致心血不足和脾失健运的证候，房劳过度可导致肾精亏虚证候，而过逸少动则可导致气血不足和气血瘀滞的证候。

项目四 食积辨证与虫积辨证

一、食积辨证

食积辨证是指以食积引起的内脏功能失调，气血紊乱为内容进行辨证的方法，就是通过辨证以确定食积的病因与病机。饮食失宜是常见病因，其中最多见者，乃由暴饮暴食、贪食厚味及酗酒，以致饮食停滞于胃肠道而不能及时运化，遂形成食积证。

【致病特点】一是妨碍胃肠通降，导致腑气逆滞的症状；二是食物停积不化则酸腐变质，产生异常气味；三是积食久停，可进而损脾，生痰或化热，形成脾虚证、痰证或里热证，在小儿可转化为疳积。

【临床表现】胃脘胀满或疼痛，嗳腐吞酸，纳呆厌食，恶心或吐出酸腐不化的食物，舌苔厚腻浊垢，脉滑有力，为食滞胃脘；脐腹胀满疼痛，肠鸣而矢气频传，排便不爽，泄出糊状、水样粪便，臭如败卵，苔微黄而根厚腻，脉沉滑，为食滞肠道。临床中两组证候可兼见。若积食进一步伤脾，亦可生痰、化热，表现出相应的一些症状。

【辨证要点】以脘腹胀满或痛、嗳腐吞酸、纳呆厌食、排便臭如败卵、舌苔垢腻、脉滑有力等为辨证依据。

二、虫积辨证

虫积证是指寄生虫侵入机体生长繁殖，以致阻碍脏腑气机，耗伤营血等所表现的证候。虫积辨证就是通过辨证以确定寄生虫种类和虫积性质的方法。

【致病特点】一是病位以肠道为主，有时亦可侵入胃、胆、肝等脏腑为患；二是虫积肠胃，以腑气滞逆及营血耗损为基本病机；三是诸虫致病具有一定的活动规律，如蛔虫易绞结于肠道而形成虫团，或上窜于胆道、食道，或下泄于肛门，而蛲虫常于夜间爬出肛门产卵等；四是不同的寄生虫可引起各自特有的症状、体征，如蛔虫的吐蛔、便蛔，蛲虫的肛门瘙痒，钩虫的多食易饥、血虚"黄胖"等。

【临床表现】脐周腹痛，时作时止，腹部可触及条索状虫团，胃脘嘈杂，大便失调，或吐虫便虫，或嗜食异物，或睡中齘齿，或面目有虫斑，或发"蛔厥"等；或面色萎黄，形体消瘦，神疲乏力，头晕心悸，唇爪淡白无华，舌淡脉细弱等。

【辨证要点】虫积辨证的重点在于：一是腹痛时作时止，吐虫便虫，或触及虫团；二是面黄肌瘦等营养不良的表现；三是大便镜检发现虫卵。

项目五　外伤辨证

外伤是指各种外力或外物直接作用于人体所造成的组织、器官、脏腑损伤的总称。外伤病因范围甚广，诸如跌打损伤、撞击挤压伤、扭伤、金刃枪弹伤、烧烫伤、虫兽咬伤、冻伤、雷击电击伤、溺水等均属外伤范畴。外伤辨证，就是通过对临床资料的综合分析，判断导致外伤的具体病因、损伤程度及确定病机的一种辨证方法。

【致病特点】外伤致病的原因和部位，临床表现各不相同，但却有基本的致病特点：一是起病意外、突然、急速，外力（物）作用人体后立即或稍后即发病；二是以局部组织、器官的损伤为首要表现，如局部疼痛、肿胀、青紫、创口、流血、筋断、骨折等；三是伤后的轻重程度迥异，轻者可不治自愈，重者则瞬间死亡，其轻重程度主要取决于外力（物）的种类、作用力强度和持续时间、受伤部位等因素。

【临床表现】软组织损伤，局部气滞血瘀而致肿胀、青紫、疼痛、活动受限、压痛等；体表创伤，可见伤口、弹孔、皮损、流血、剧痛，若感染毒气，局部迅速红肿热痛，化脓溃烂，伴恶寒发热或持续高热；骨折和脱臼，多见局部肿痛、拒按、活动受限、功能障碍；脏器及血管损伤，轻者局部疼痛、压痛拒按，少量渗血，相关脏腑功能障碍，重则可致大出血、呼吸困难、神昏、生命体征消失、甚至死亡。至于烧烫伤、冻伤、雷击电击伤、虫兽咬伤、溺水等表现各异，不一一列举。

【辨证要点】①有外伤史，伤后立即或稍后发病；②伤处有痛、瘀、肿、伤口、流血等表现；③脱臼、骨折、内出血、脏器损伤可借助影像学检查确诊。

项目六　病因辨证技能训练

【实训目的】

试用本章的有关知识进行病案分析，以提高思维、分析及综合运用能力。掌握病因辨证的方法和技能。

【实训学时】

2学时。

【实训方法】

个人准备，集体讨论，教师讲评。

【实训内容】

病案1 王某，男，44岁，教师。主诉：头晕、腹胀、肛门下坠1年余。病史：平素头晕，气短，神疲乏力，食少腹胀。近1年来讲课过多，纳食更少，自觉肛门坠胀，大便稀溏，且有便意未尽之感，努挣过久则有痔核脱出，需用手托方能回纳。既往有胃下垂、肺结核等病史。检查：体瘦，面色晦暗，舌质淡，苔少，脉弱。

要求：①证候分析与证名诊断。②指出本案的病因病机，并结合患者的发病过程及临床表现简述过劳的致病特点。

病案2 钱某，男，8岁。家长代诉，患儿常脐周腹痛，时作时止，大便失调，伴面色萎黄，形体消瘦，神疲乏力，头晕心悸，唇爪淡白无华，舌淡脉细弱。查：腹部可触及条索状虫团，大便镜检发现蛔虫卵。

要求：①证候分析；②诊断依据是什么；③拟出病名与证名诊断。

病案3 李某，女，29岁。主诉：哭笑无常，自言自语50余天。病史：50天前，因事不遂而哭笑无常，自言自语，阵发性发作。近来病情加重，发作期间神志不清，胡言乱语，昼夜不眠。平素性情忧郁，胸胁胀闷喜太息，神志时清时昧，躁扰不安，时或暴怒，时或悲泣，生活不能自理。检查：舌淡苔白腻，脉弦数细。

要求：①指出本案的病因、病位；②结合患者的发病过程及临床表现阐述内伤七情的致病特点。

【实训小结】

你对上述病案的分析与诊断结果与老师的讲评有无出入？如有错漏，错在哪里？并试述其原因。

目标检测

A1 型题

1. 下列哪项不是风邪致病的表现（　　）

    A. 恶风汗出　　　　　　　B. 咳嗽咽痒　　　　　　　C. 皮肤瘙痒

    D. 四肢抽搐　　　　　　　E. 口渴喜饮

2. 患者出现头重如裹，胸闷口腻，肢体困重，属（　　）

    A. 火热证　　　　　　　　B. 暑淫证　　　　　　　　C. 燥淫证

    D. 湿淫证　　　　　　　　E. 寒淫证

3. 下列何种情志活动主要与气耗相关（　　）

    A. 心烦　　　　　　　　　B. 郁闷　　　　　　　　　C. 思虑

D. 悲伤　　　　　　　　E. 愤怒

4. 下列哪项不是虫积证的特有表现（　　）

  A. 吐蛔便蛔　　　　　B. 嗜食异物　　　　　C. 脐周腹痛

  D. 嗳腐吞酸　　　　　E. 腹部虫团

5. 下列除哪项外，均是食积证的主要表现（　　）

  A. 脘腹胀痛　　　　　B. 纳呆厌食　　　　　C. 大便腐臭

  D. 脉滑有力　　　　　E. 肢体困重

A2 型题

6. 患者恶寒发热，无汗，头痛，身痛，喘咳，舌苔薄白，脉浮紧。其证属（　　）

  A. 湿淫证　　　　　　B. 暑淫证　　　　　　C. 寒淫证

  D. 风淫证　　　　　　E. 燥淫证

7. 若见脘腹痞胀，恶心呕吐，大便稀溏，四肢不温，舌苔滑腻，脉濡缓等症，属（　　）

  A. 湿困脾阳　　　　　B. 湿热蕴脾　　　　　C. 肠道湿热

  D. 肝胆湿热　　　　　E. 膀胱湿热

8. 张某，女，26 岁，萍乡人，操舟为业。恶心欲吐，食欲不振，四肢困倦，肌肉酸痛，大便溏薄，病已逾 3~4 月。舌苔薄白腻，脉象浮濡。辨证当属（　　）

  A. 湿淫证　　　　　　B. 暑淫证　　　　　　C. 寒淫证

  D. 风淫证　　　　　　E. 燥淫证

9. 夏月，见发热恶热，汗出，口渴喜饮，气短神疲，困倦乏力，小便短黄，舌红苔黄，脉虚数，此属（　　）

  A. 湿淫证　　　　　　B. 暑淫证　　　　　　C. 寒淫证

  D. 风淫证　　　　　　E. 燥淫证

B 型题

  A. 恶寒发热，无汗头痛　　B. 发热恶风，头痛汗出　　C. 恶热汗出，乏力尿黄

  D. 肢体困倦，头重胸闷　　E. 发热口渴，谵妄吐衄

10. 风邪致病的特点是（　　）

11. 火邪致病的特点是（　　）

12. 湿邪致病的特点是（　　）

  A. 咳嗽，咯痰泡沫　　B. 咳嗽，痰多稀白　　C. 咳喘，咯痰黄稠

  D. 干咳，痰少难咯　　E. 痰多易咯

13. 热邪壅肺证可见（　　）

14. 燥邪犯肺证可见（　　）

15. 风寒犯肺证可见（　　）

模块七

气血津液辨证

【学习目标】

1. 掌握气血津液辨证的概念和基本内容，重点掌握气病辨证、血病辨证、津液病辨证和气血津液兼病辨证各证候的基本概念、临床表现和辨证要点。

2. 熟悉气血津液辨证及其兼病辨证各证候的证候分析。

3. 了解相关证候的鉴别要点及气血津液辨证的辨证意义。

案例导入

1. 肖某，男，48岁。因腹胀，右胁刺痛，小便不利前来就诊。患者10年前患"乙型肝炎"，未能积极有效治疗，经常右胁痛、腹胀、纳呆、便溏。近半年病情加重，腹胀如鼓，西医诊断为"肝硬化并腹水"，经多方治疗无好转，邀中医会诊。刻诊：患者腹胀，右胁刺痛，小便不利，面色黧黑，颈部有蜘蛛痣，肝掌，腹壁青筋显露，腹大如瓮，四肢消瘦，肌肤甲错，舌紫暗，有瘀斑，脉细涩。

问题：运用中医诊断，该患者得了什么病证？

2. 某女，29岁。因分娩大出血，突然面色苍白，四肢厥冷，大汗淋漓而晕厥。舌淡，脉浮大而散。

问题：这类急重症应该怎样运用中医知识辨证呢？跟我们本章的内容有何联系呢？

气血津液辨证，是运用气血津液的理论，对收集到的病情资料进行分析、判断，以确定患者气、血、津液的具体病机和证型的一种辨证方法。

气血津液辨证不仅是八纲辨证在气、血、津液不同层面的深化和具体化，也是对病因辨证的补充。同时，气血津液都是脏腑功能活动的物质基础，而它们的生成及运行又有赖于脏腑的功能活动。因此，在病理上，脏腑发生病变，可以影响到气血津液的变化；而气血津液的病变，也必然要影响到脏腑的功能。所以，气血津液的病变，是与脏腑密切相关的。气血津液辨证应与脏腑辨证互相参照。

项目一　气病辨证

气病辨证，是以气的生理功能为依据，分析导致气病的病因、病机及其证候的辨证方法。

气的病证很多，《素问·举痛论篇》说："百病生于气也。"指出了气病的广泛性。临床常见的气病证候有气虚证、气陷证、气虚不固证、气脱证、气滞证、气逆证、气闭证等。其中，气虚证和气滞证分别是虚证和实证的基础证型。

一、气虚证

气虚证是指元气不足，气的推动、固摄、防御、气化等功能减退或脏腑组织的机能减退，以气短、乏力、神疲、脉虚等为主要表现的虚弱证候。

【临床表现】气短声低，少气懒言，精神疲惫，体倦乏力，脉虚，舌质淡嫩，或有头晕目眩，自汗，动则诸症加重。

【证候分析】本证多由久病、重病或劳累过度使元气耗损；或因先天不足、后天饮食失调，使元气生成匮乏；或因年老体弱，脏腑功能衰退而元气自衰等导致。

由于元气亏虚，脏腑组织机能减退，故见气短声低，少气懒言，精神疲惫，体倦乏力；气虚清阳不升，不能上荣于头目，则头晕目眩，舌淡嫩；卫气虚弱，不能固护肌表，则自汗；劳则耗气，故活动时诸症加剧；气虚鼓动血行之力不足，故脉虚。

【辨证要点】以神疲乏力，气短，脉虚为辨证依据。

二、气陷证

气陷证是指气虚无力升举，清阳之气下陷，以自觉气坠，或脏器下垂为主要表现的虚弱证候。

【临床表现】腰腹坠胀，久痢久泄，便意频频，白浊带下，脱肛、子宫脱垂等脏器下垂，伴见头晕眼花，耳鸣、神疲乏力，气短难以接续等气虚的一般见症，舌淡苔白、脉弱。

【证候分析】气陷多是气虚的发展，或为气虚的一种特殊表现形式，一般指脾（中）

气下陷。

脾失健运，水谷精微下趋，则见久泄久痢、便意频频、白浊带下；气陷无力升举，不能维持脏器正常位置，则见腰腹坠胀、脱肛、子宫脱垂等脏器下垂；清阳之气不升，则见头晕眼花、耳鸣、神疲乏力、气短难以接续等；舌淡苔白，脉弱为气虚之体征。

【辨证要点】以久泻久痢、脏器下垂伴气虚证为辨证依据。

三、 气虚不固证

气虚不固证是指气虚失其固摄功能，以自汗，或大便、小便、经血、精液、胎元等不固为主要表现的虚弱证候。

【临床表现】气短，疲乏，面白，舌淡，脉虚无力；或见自汗不止；或为流涎不止；或见遗尿、余沥不止、小便失禁；或为大便滑脱失禁；或各种出血、妇女崩漏；或为滑胎、小产；或见男子遗精、滑精、早泄。

【证候分析】本证多由气虚发展而来。多见于慢性杂病，病程一般较长。

气不固，主要体现在不能固摄津液、血液、小便、大便、精液、胎元等。气虚，故见气短、乏力、面白、舌淡、脉弱无力等。气不摄血，则可导致各种慢性出血、妇女崩漏；气不摄津，则可见自汗、流涎；气虚不能固摄二便，则可见遗尿、余沥不止、小便失禁，或为大便滑脱失禁；气不摄精，则见遗精、滑精、早泄、带下量多；气虚胎元不固，可导致妇女滑胎、小产等症。

【辨证要点】以精、血、津液之过度外泄，胎元不固等症状，伴气虚证为辨证依据。

四、 气脱证

气脱证是指元气亏虚已极，急骤外泄，以气息微弱、汗出不止等为主要表现的危急证候。

【临床表现】呼吸微弱而不规则，汗出不止，口开目合，全身瘫软，神识朦胧，二便失禁，面色苍白，口唇青紫，舌淡，舌苔白润，脉微欲绝。

【证候分析】本证可由气虚证、气不固证发展而来，也可在大汗、大泻、大失血、出血中风等情况下，出现气随血脱、气随津脱。

真气欲脱，则心、肺、脾、肾等脏腑之气皆衰。肺气衰竭，则呼吸微弱而不规则；心气衰竭，则面色苍白、汗出不止、口唇青紫、神识朦胧、脉微欲绝；脾肾之气衰竭，故目合口张、全身瘫软、二便失禁。

【辨证要点】以病势危重，呼吸微弱，汗出不止，脉微欲绝为辨证依据。

五、 气滞证

气滞证是指人体某一脏腑，某一部位气机阻滞，运行不畅，以胀闷疼痛为主要表现的证候。

【临床表现】胸胁、脘腹等处或损伤部位胀闷或疼痛，疼痛性质或为胀痛、窜痛、攻痛，症状时轻时重，部位不固定，按之一般无形，痛胀常随嗳气、肠鸣、矢气等而减轻，或症状随情绪变化而增减，脉弦，舌象可无明显变化。

【证候分析】引起本证的原因，主要有三方面：一是情志不舒，忧郁悲伤，思虑过度，而致气机郁滞；二是痰饮、瘀血、宿食、蛔虫、砂石等病理物质的阻塞，或阴寒凝滞，湿邪阻碍，外伤络阻等，都能导致气机郁滞。三是脏气虚弱，运行乏力而气机阻滞。

气滞证候的主要机制是气的运行发生障碍，气机不畅则痞胀，阻碍不通则疼痛，气得运行则症减，故气滞以胀闷疼痛为主要表现。

【辨证要点】以胀闷，胀痛，窜痛为辨证依据。

六、 气逆证

气逆证是指气机失调，气上冲逆，以咳嗽喘促、呃逆、呕吐等为主要表现的证候。

【临床表现】咳嗽频作，呼吸喘促；呃逆、嗳气不止，或呕吐、呕血；头痛、眩晕，甚至昏厥、咯血等。

【证候分析】气逆一般是在气滞基础上的一种表现形式。表现为气机的当降不降而反上升，或升发太过。主要是指肺胃之气不降而上逆，或肝气升发太过而上逆。导致气逆的原因，可有外邪侵袭、痰饮瘀血内停、寒热刺激、情志过激等。

外邪袭肺，或痰涎壅肺，致肺失肃降，上逆而发咳喘；寒、痰、食积等停留于胃，胃失和降，上逆而为嗳气、呃逆，或呕吐、呕血。郁怒伤肝，肝气升发太过，肝气上逆而见头痛、眩晕，甚则昏厥、咯血等症。

【辨证要点】以肺、胃、肝气机上逆所致之咳喘、呃逆、头痛眩晕等为辨证依据。

七、 气闭证

气闭证是指邪气阻闭神机或脏腑、官窍，以突发昏厥或绞痛为主要表现的实性急重证候。

【临床表现】突然昏厥，或内脏绞痛，或二便闭塞，呼吸气粗，声高，脉沉弦有力等。

【证候分析】多因强烈精神刺激，神机闭塞；砂石、虫、痰瘀等阻塞脉络、管腔，气机闭塞；溺水、电击等意外事故，心肺气闭所致。

极度精神刺激，神机闭塞，则见突然昏厥；瘀血、痰浊、砂石、蛔虫等阻塞脉络，管腔等，气机闭塞，则见内脏绞痛，或二便不通；证因邪实所致，病体不虚，故见呼吸气粗、声高、脉沉弦有力。

【辨证要点】以突发昏厥，绞痛，二便不通，息粗，脉实为辨证依据。

项目二　血病辨证

血病的常见证候有血虚证、血瘀证、血热证、血寒证四种证候。

一、血虚证

血虚证是指血液亏虚，不能濡养脏腑、经络、组织，以面、睑、唇、舌色淡白，脉细为主要表现的虚弱证候。

【临床表现】面色淡白或萎黄，眼睑、口唇、舌质、爪甲的颜色淡白，头晕，或见眼花、两目干涩，心悸，多梦，健忘，神疲，手足发麻，或妇女月经量少、色淡、延期甚或闭经，脉细无力等。

【证候分析】血虚证的形成，有禀赋不足；或脾胃虚弱，生化乏源；或各种急慢性出血；或久病不愈；或思虑过度，暗耗阴血；或瘀血阻络新血不生；或因患肠寄生虫病而致。

血液亏虚，脉络空虚，形体组织缺乏濡养荣润，则见颜面、眼睑、口唇、舌质、爪甲的颜色淡白，脉细无力；血虚而脏器、组织得不到足够的营养，则见头晕，眼花，两目干涩，心悸，手足发麻，妇女月经量少、色淡、延期甚或闭经；血虚失养而心神不宁，故见多梦，健忘，神疲。

【辨证要点】以面、睑、唇、舌、爪甲颜色淡白，脉细为辨证依据。

二、血瘀证

血瘀证是指瘀血内阻，血行不畅，以固定刺痛、肿块、出血、瘀血色脉征为主要表现的证候。

【临床表现】有疼痛、肿块、出血、瘀血色脉征等方面的证候。①疼痛特点：刺痛，痛处拒按，固定不移，常夜间痛甚；②肿块性状：在体表者包块色青紫，腹内者肿块坚硬，推之不移；③出血特征：出血反复不止，色紫暗或夹杂血块，或大便色黑如柏油状，或妇女血崩、漏血、经闭；④瘀血色脉征：面色黧黑，唇甲青紫，或皮下紫斑，或肌肤甲错，或腹露青筋，或皮肤出现丝状红缕，舌质紫暗或有瘀点瘀斑、舌下络脉曲张，脉细涩或结、代。

【证候分析】本证形成原因：一是外伤、跌仆及其他原因造成的体内出血，离经之血未及时排出或消散，淤积于内；二是气滞而血行不畅，以致血脉瘀滞；二是血寒而使血脉凝滞，或血热而使血行壅聚或血受煎熬，血液浓缩黏滞，致使脉道淤塞；四是湿热、痰浊、砂石等有形实邪压迫，阻塞脉络，以致血运受阻；五是气虚、阳虚而运血无力，血行迟缓。

血瘀证的机理主要为瘀血内积，气血运行受阻，不通则痛，故有刺痛、固定、拒按等特点；夜间阳气内藏，阴气用事，血行较缓，瘀滞益甚，故夜间痛增；血液瘀积不散而凝结成块，则见肿块紫暗、出血紫暗成块；血不循经而溢出脉外，则见各种出血并反复不止；血行障碍，气血不能濡养肌肤，则见皮肤干涩、肌肤甲错；血行瘀滞，则血色变紫变黑，故见面色黧黑、唇甲青紫；脉络瘀阻，则见腹露青筋，丝状红缕，舌色紫暗或有瘀点瘀斑、舌下络脉曲张，脉细涩或结代。

【辨证要点】以刺痛，痛有定处，拒按，肿块，出血，瘀血色脉征为辨证依据。

三、 血热证

血热证是指火热内炽，热迫血分，以身热口渴、斑疹吐衄、烦躁谵语、舌绛、脉数等为主要表现的实热证候。即血分的热证。

【临床表现】身热夜甚，或潮热，口渴，面赤，心烦，失眠，躁扰不宁，甚或狂乱、神昏谵语，或见各种出血色深红，或斑疹显露，或为疮痈，舌绛，脉数疾等。

【证候分析】本证多因感受火热病邪，或情志失调，郁而化火，或过食辛辣燥热之品等因素引起。

热在血分，血行加速，脉道扩张，则见面赤，舌绛、脉数疾；血热迫血妄行，可见各种出血（咳血，吐血，鼻衄、齿衄、舌衄、肌衄，尿血，便血，月经过多，崩漏等）；血热内扰心神，则见心烦，失眠，躁扰不宁，甚则狂乱、神昏谵语；热邪内犯营血，灼肉腐血，可为疮痈；身热夜甚，口渴，为热邪升腾，耗伤津液之象。

【辨证要点】以身热口渴，斑疹吐衄，烦躁谵语，舌绛，脉数等为辨证依据。

四、 血寒证

血寒证是指寒邪客于血脉，凝滞气机，血行不畅，以患处冷痛拘急、畏寒、唇舌青紫，妇女月经延期、经色紫暗夹块等为主要表现的实寒证候。即血分的寒证。

【临床表现】畏寒，手足或少腹等处冷痛拘急、得温痛减，肤色紫暗发凉，或为痛经、月经延期、经色紫暗、夹有血块，唇舌青紫，苔白滑，脉沉迟弦涩等。

【证候分析】本证多因寒邪侵犯血脉，或阴寒内盛，凝滞脉络而成。

寒凝脉络，气血运行不畅，阳气不得流通，组织失于温养，故见畏寒、手足或少腹等患处冷痛；寒性凝滞收引，故疼痛拘急、得温痛减；肤色紫暗，月经延期、经色紫暗、夹有血块，唇舌青紫，脉沉迟弦涩等，均为血行不畅之瘀血征象。

【辨证要点】以患处冷痛拘急、唇舌青紫，妇女月经延期、经色紫暗夹块等为辨证依据。

项目三　津液病辨证

津液病辨证，就是根据津液代谢的生理特点，分析、判断津液代谢异常的辨证方法。一般可概括为津液不足和水液停聚两个方面。

一、津液不足证

津液不足证是指体内津液亏少，脏腑、组织、官窍失去津液的滋润、濡养、充盈，以口渴尿少，官窍及皮肤、大便干燥等为主要表现的证候。又称津液亏虚证。

【临床表现】口、鼻、唇、舌、咽喉、皮肤、大便干燥，皮肤枯瘪而缺乏弹性，眼球深陷，口渴欲饮水，小便短少而黄，舌红，脉细数无力等。

【证候分析】多由大汗、大吐、大泻、高热、烧伤等，使津液耗损过多；外界气候干燥，或体内阳气偏亢，使津液耗损；饮水过少，或脏气虚衰，使津液生成不足等所致。

津液亏少，不能充养、濡润脏器、组织、官窍，则见口、鼻、唇、舌、咽喉、皮肤、大便等干燥，皮肤枯瘪而缺乏弹性，眼球深陷，口渴欲饮水等一派干燥少津的症状；津液亏少，阳气偏旺，则见舌红、脉细数无力等。

【辨证要点】以口渴尿少，口、鼻、唇、舌、皮肤、大便干燥等为辨证依据。

二、水液停聚证

水液停聚证，是指体内水液输布、排泄障碍停聚体内所引起的水肿、痰饮等病证。凡外感六淫、内伤七情，皆可导致本证发生。

（一）水肿

水肿，是指体内水液停聚，泛滥肌肤所引起的面目、四肢、胸腹甚至全身浮肿的病证。根据水肿的起因、病势不同，临床将水肿分为阳水、阴水两大类。

1. 阳水　起病急，表现为眼睑、颜面先肿，迅速遍及全身者，称为阳水，常伴有恶寒发热、咽痛咳嗽等表证。多为外感风邪，或水湿浸淫，或湿热内蕴，或疮疖余毒未尽等因素引起。

【临床表现】阳水常见于水肿病的初、中期。头面水肿，一般从眼睑开始，继而遍及全身，小便短少，来势迅速，皮肤薄而光亮。外感引起者，常伴恶风或恶寒，发热，关节酸重，苔薄白，脉浮紧；或伴见咽喉肿痛，舌红，脉象浮数。由水湿浸淫引起者，则来势较缓，全身水肿，按之没指，肢体困重，小便短少，脘闷纳呆，泛恶欲吐，苔白腻，脉沉。

【证候分析】感受风邪，肺卫受病，宣降失常，通调失司，水津失布，泛溢肌肤，风水相合而成水肿，故又称风水相搏证。肺位上焦，宣发受阻，水液停滞，所以水肿先见眼睑头面；三焦不利，膀胱气化失司，故小便短少；上焦失宣，中焦失布，下焦失司，三焦俱病，水无去路，泛溢肌肤，则来势迅速，继而遍及全身，皮肤薄而光亮。外感风邪，故见恶风或恶寒，发热，关节酸重，咽痛等卫表症状；风水相搏，其证属实；苔薄白，脉浮紧是风水偏寒；舌红，脉浮数，为风水偏热。

若水湿浸淫之阳水，则为脾土受困，运化失职而成，则水肿来势较缓，渐及全身，按之没指；水湿困脾，湿渍肢体，则肢体困重；膀胱气化失司，则小便短少；脾病及胃，湿蕴中焦，则脘闷纳呆；胃气上逆，则泛恶欲吐；苔白腻，脉沉，为水湿内盛之征。

【辨证要点】阳水以发病急，来势猛，先见眼睑头面，上半身肿甚者为辨证依据。

2. 阴水 发病较缓，病程长，表现为足胫、下肢先肿，渐及全身者，称为阴水。常兼畏寒神疲等里虚寒证。多因久病正虚，劳倦内伤，或房事不节伤肾等因素引起。

【临床表现】阴水常见于水肿病的中、后期。水肿，腰以下为甚，按之凹陷不起，小便短少，脘闷腹胀，纳呆便溏，面色苍白，神倦肢困，舌淡，苔白滑，脉沉。或水肿日益加剧，小便不利，腰膝冷痛，四肢不温，畏寒神疲，面色㿠白或灰滞，舌淡胖，苔白滑，脉沉迟无力。

【证候分析】脾虚不能运化水湿，肾虚不能升清降浊，均导致水液代谢障碍，泛溢肌肤而成阴水。水势趋下，故水肿从足部开始，腰以下为甚，按之凹陷不起；膀胱气化失司，则小便短少；脾病及胃，中焦健运失常，则脘闷腹胀，纳呆便溏；脾主肌肉，脾虚水湿内渍，则面色苍白，神倦肢困；阴水正气虚衰，气血不能上荣舌体，则舌淡；水湿内盛，则苔白滑；病本在里，故见脉沉。

脾虚水肿，久病不愈，伤及肾阳，或肾阳亏虚，开合不利，水液不能排泄，亦能形成阴水。肾阳虚的水肿，较脾虚水肿更为严重，则肿势日益加剧；肾与膀胱相表里，肾阳不足，膀胱气化失司，则小便不利；肾阳不足，腰府失温，则腰膝酸冷；不能温煦肢体，则四肢不温，畏寒神疲；阳虚水寒之气内盛，则面色㿠白或灰滞；舌淡体胖、苔白滑，脉沉迟无力，均为肾阳虚衰，水寒之气内盛，气血失于温运的表现。

【辨证要点】以发病缓，来势徐，水肿先从足部开始，腰以下肿甚为辨证依据。

（二）痰饮

痰和饮是由于脏腑功能失调，以致水液停滞所产生的病证。临床分为痰证和饮证。

1. 痰证 痰证是指水液凝结，质地稠厚，停聚于脏腑、经络、组织之间而引起的病证。常由外感六淫，内伤七情，导致脏腑功能失调而产生。因其致病广泛，病证表现多样，故有"百病多由痰作祟"和"怪病多痰"之说。

【临床表现】咳嗽咯痰，痰质黏稠，胸脘痞闷，纳呆呕恶，头晕目眩，或形体肥胖，或喉中痰鸣，甚至神昏癫狂，或肢体麻木，半身不遂，或瘰疬、瘿瘤、乳癖、痰核、咽喉异物感等，舌苔白腻或黄腻，脉滑。

【证候分析】痰证表现多端，临床有风痰，热痰，寒痰，湿痰，燥痰之分。痰阻于肺，肺失宣降，肺气上逆，则咳嗽咯痰，痰质黏稠；气为痰阻，肺气不利，则胸闷不舒；痰滞于胃，胃失和降，则脘痞纳呆；胃气上逆，则恶心呕吐痰涎；痰阻清阳，则头晕目眩。若痰迷心窍，心神受蒙，则神昏癫狂。痰随气逆，则喉中痰鸣。痰阻经络，则肢体麻木，甚则半身不遂；痰结皮下肌肉，凝聚成块，在颈可见瘰疬，在肢体可见痰核，在乳房可见乳癖，在咽则有异物感（梅核气）。痰泛溢肌肤，则形体肥胖；痰证舌苔多腻，白腻为湿痰，黄腻为热痰，脉滑为有痰之征。

【辨证要点】以咳嗽痰多，或眩晕呕恶，或瘰疬痰核，伴苔腻脉滑等为辨证依据。

2. 饮证　饮证是指水饮质地清稀，停滞于脏腑组织之间所表现的病证。饮为阴邪而具寒象，常停积于肺、心、胃肠、胸胁及四肢。可因外邪侵袭，或为中阳素虚，使水液输布障碍，而停聚成饮。

【临床表现】脘痞腹胀，泛吐清水，脘腹部水声辘辘，食少纳呆；或肋间饱满，咳唾引痛，转侧痛剧，胸闷息促；心悸，胸闷，咳逆倚息不得卧，气喘息涌；身体、肢节疼重；胸部紧闷，咳吐清稀痰涎，或喉间哮鸣有声；头目眩晕，舌苔白滑，脉弦或滑。

【证候分析】饮证根据其停积的部位，有痰饮、悬饮、溢饮、支饮之分。饮停胃肠，阻滞气机，胃失和降，故脘痞腹胀，泛吐清水，胃中有振水声，肠间有辘辘水鸣声，食少纳呆，是为狭义的痰饮；饮停胸胁，气机受阻，压迫肺脏，故肋间饱满，咳唾引痛，转侧痛剧，胸闷息促，是为悬饮；饮邪停于心包，阻遏心阳，阻滞气血运行，故心悸，胸闷，咳逆倚息不得卧，气喘息涌，是为支饮；饮邪流行，归于四肢，当汗出而不汗出，身体、肢节疼重，是为溢饮；饮邪犯肺，肺失宣降，气道滞塞，则胸部紧闷，咳吐清稀痰涎，或喉间哮鸣有声；饮邪内阻，清阳不升，则头目眩晕；舌苔白滑，脉弦或滑等，为饮证的表现。

【辨证要点】以胸闷脘痞、呕吐清水、咳吐清稀痰涎、肋间饱满、舌苔白滑、脉弦等为辨证依据。

项目四　气血津液兼病辨证

气、血、津液在生理上存在相互依存、相互转化的密切关系，病理上也彼此影响。因此，在疾病过程中，气、血、津液的病变既可互为因果，亦常兼夹并见，形成多种兼病证型。

一、 气血两虚证

气血两虚证是指气虚证与血虚证同时存在的复合证候。多由久病不愈，气虚不能生血，或血虚无以化气所致。

【临床表现】头晕目眩，少气懒言，乏力自汗，面色淡白或萎黄，唇甲淡白，心悸失眠，健忘，肢体麻木，甚则瘫痪，舌质淡嫩，脉细弱。

【证候分析】气血亏虚，脑海（或髓海）失养，故头晕目眩；脾肺气虚，则少气懒言、乏力自汗；血不养心，则心悸失眠、健忘；气血不足，肌肤失养，脉道不充，则手足麻木，甚则瘫痪；血虚不能充盈脉络，则唇甲淡白、脉细弱；气血两虚不得上荣于面、舌，则见面色淡白或萎黄，舌淡嫩。

【辨证要点】以气虚证和血虚证共见为辨证依据。

二、 气虚血瘀证

气虚血瘀证是指气虚运血无力而致血液瘀滞所表现的证候，属本虚标实。多因久病气虚，运血无力而逐渐形成瘀血内停所致。

【临床表现】面色淡白无华或晦滞青灰，神倦乏力，少气懒言，食少纳呆，或体表局部青紫、肿胀、刺痛不移而拒按，或肢体瘫痪、麻木，或可触及肿块而质硬，舌淡紫或有瘀点瘀斑，脉细涩。

【证候分析】面色淡白，神倦乏力，少气懒言，食少纳呆，为气虚之征；气虚运血无力，血行缓慢，瘀阻络脉，故面色晦滞青灰，或体表局部青紫、肿胀，或肢体瘫痪、麻木，或可触及肿块而质硬；血行瘀阻，不通则痛，故疼痛如刺而拒按。舌淡紫或有瘀点瘀斑，脉细涩，为气虚血瘀证常见舌脉。

【辨证要点】以气虚证和血瘀证共见为辨证依据。

三、 气不摄血证

气不摄血证是指气虚不能统血，而致血溢脉外的各种出血证候。多因久病气虚，失其摄血之功所致。

【临床表现】吐血、便血、尿血、齿衄、肌衄、崩漏等慢性出血，并见面白无华，气短懒言，倦怠乏力，食少纳呆，腹胀便溏，舌淡，脉细弱。

【证候分析】气虚统摄无权，以致血液离经外溢，则见吐血、便血、尿血、齿衄、肌衄、崩漏等慢性出血；气虚机能减退，则气短懒言，倦怠乏力；脾气虚而运化失司，则食少纳呆，腹胀便溏；气虚血不上荣，络脉不充，则面白无华，舌淡，脉细弱。

【辨证要点】以各种慢性出血，色淡质稀，伴气虚症状为辨证依据。

四、 气随血脱证

气随血脱证是指因大出血而导致气脱的危重证候。多由肝、胃、肺等脏器本有宿疾而脉道突然破裂，或外伤，或妇女崩中、分娩等引起。

【临床表现】大出血时突然面色苍白，四肢厥冷，大汗淋漓，甚至晕厥，舌淡，脉微欲绝，或浮大而散。

【证候分析】大量出血，气无所依而随之外脱，气脱阳亡，不能上荣于面，则面色苍白；不能温煦四肢，则手足厥冷；不能固摄玄府，则大汗淋漓；神随气散，神无所主，则晕厥；血失气脱，正气大伤，舌体失养，故舌淡；脉道失充，则脉微欲绝。若阳气浮越于外，则脉浮大而散。

【辨证要点】以大出血，伴面色苍白，四肢厥冷，脉微欲绝为辨证依据。

五、 气滞血瘀证

气滞血瘀证是指气机郁滞以致血运障碍，出现既有气滞又有血瘀的证候。多由情志不遂，或外邪侵袭，导致肝气久郁不解所引起。

【临床表现】身体局部痞满、胀痛、窜痛，继之出现刺痛、拒按而不移；或肿块坚硬，局部青紫肿胀；或情志抑郁，急躁易怒，健忘失眠，甚则狂乱；或面色晦暗青紫，皮肤青筋暴露，肌肤甲错。或妇女乳胀、痛经、经闭、产后恶露不尽，血色紫暗有血块；舌紫暗或见瘀点瘀斑，脉弦涩或结代。

【证候分析】气行则血行，气滞则血瘀，故本证大多由气滞而致血瘀。痞满、胀痛、窜痛为气滞证的基本症状。肝气郁滞，则情志抑郁，急躁易怒，乳胀，舌暗脉弦；血瘀，则刺痛拒按而不移、或腹部肿块坚硬、局部青紫肿胀、舌紫暗或有瘀点瘀斑、脉涩或结代；瘀血扰乱心神，则健忘失眠，甚则狂乱；瘀血阻滞体表络脉，肌肤失荣，则皮肤青筋暴露，面色晦暗，肌肤甲错。妇女气滞血瘀，冲任经脉受阻，则痛经、经闭、产后恶露不尽、血色紫暗有血块。

【辨证要点】以病程较长，气滞与血瘀症状并见为辨证依据。

六、 气虚津泄证

气虚津泄证是指气虚不能摄津而致津液外泄的复合证候。属"气虚不固证"的另一种形式。

【临床表现】气短息微，声低懒言，神疲乏力，自汗不止，或涕泪清稀而量多，或咯吐大量清稀痰涎，或小便清长、余沥不尽，或遗尿，大便溏薄或久泻，或妇女带下清稀量多，舌质淡，苔薄白，脉缓弱。

【证候分析】津液的代谢产物，包括汗、唾、涕、泪、尿、白带、大便等，排泄主要受脏气控制。脏气虚弱则固摄津液的功能低下，以致排泄过多、过频而质地清稀。肺卫气虚不固，则自汗不止，鼻流清涕，咳吐大量稀痰；脾胃气虚，则咯吐清涎，便溏或久泻，带下清稀；肾气虚，则小便清长，余沥不尽，或遗尿；神疲乏力，气短息微，声低懒言，舌淡苔薄白，脉缓弱，均为气虚证的表现。

【辨证要点】以汗、唾、涕、泪、尿、白带、大便等任何一个方面排泄过多、质地清稀，伴气虚症状为辨证依据。

七、 气随津脱证

气随津脱证是指津液大泄导致气脱的危重证候。常由大吐、大汗、大泻而致。

【临床表现】在大汗、大吐或大泻的同时，出现面色苍白，声息低微，神情淡漠或昏愦，四肢厥冷，全身软瘫，舌淡瘦薄而干，脉微欲绝或芤。

【证候分析】津能化气、载气。津液大量、急速丢失，气无所附而随之外脱，气脱阳亡，不能上荣于面，则面色苍白；不能温煦，则手足厥冷，全身软瘫；神随气散无所主，则神情淡漠或昏愦，阴液亡失，不能濡养，故舌淡瘦薄而干；脉微欲绝或芤，为气随津脱之征。

【辨证要点】以津液大量丢失，伴面色苍白，四肢厥冷，脉微欲绝为辨证依据。

八、 气滞津停证

气滞津停证是指因气滞而致津液内停的复合证候。气滞为因，津停为果。

【临床表现】气滞证以胸胁苦满，善太息，局部胀满、痞闷、胀痛；津停证具有水肿、痰饮证的临床表现。

【证候分析】气的推动和气化功能是津液运行、输布、排泄的动力和前提，气行则津行，气滞则津停。气滞，则胸胁苦满，善太息，局部胀满、痞闷、胀痛；气滞津停，则转化为痰、饮、水、湿等内生病邪，进而形成水肿、痰饮证。

【辨证要点】以气滞证与水液停聚证并见为辨证依据。

九、 津血俱亏证

津血俱亏证是指津液亏虚证和血虚证同时存在的证候。

【临床表现】口唇、鼻腔、咽喉、皮肤干燥或燥裂，毛发干枯，口渴喜饮，小便短少，大便干结，面、唇、爪甲淡白无华，头晕眼花，心悸怔忡，心烦失眠，手足麻木，四肢拘急，形体消瘦，舌淡嫩而干瘦，脉细数无力。

【证候分析】津血互化、互补，津亏可致血虚，血虚也可致津亏，最终形成津血俱亏证。津液亏虚，孔窍、肌肤失于濡润，故口唇、鼻腔、咽喉、皮肤干燥或燥裂，毛发干枯，形体消瘦；脏腑缺乏津液的润养，则口渴，尿少，便干；血虚不能濡养心脑，则面唇、爪甲淡白无华，头晕眼花，心悸怔忡，心烦失眠；津血亏虚，不能滋养经脉，则手足麻木，四肢拘急；舌淡瘦，脉细数无力，均为津血不足之征。

【辨证要点】以津亏证和血虚证共见为辨证依据。

十、 痰瘀互结证

痰瘀互结证是指痰浊与瘀血相互结聚，停于机体脏腑、经络或局部所表现的复杂证候。

【临床表现】局部肿块坚硬难消，或肢体麻木、偏瘫，或局部持续胀痛、刺痛、闷痛，痛处拒按不移，或痴呆癫狂，或心胸闷痛，或关节肿大变形，或腹部胀大，青筋暴露，面色晦暗无华，舌紫暗有瘀斑，苔厚腻，脉弦滑或沉涩。

【证候分析】痰浊为津液代谢失常的产物，瘀为血滞所致，痰瘀互结证，实为气、血、津液功能紊乱的综合表现，痰瘀胶结难解，故病势缠绵，病情复杂。痰瘀结于心脑，故心胸闷痛，甚而痴呆癫狂；痰瘀结于腹中，故腹部肿块坚硬难消，或腹部胀大，青筋暴露；痰瘀结于关节经络，则见关节肿大变形，或肢体麻木、偏瘫；痰瘀阻于局部，则持续胀痛、刺痛、闷痛，痛处拒按不移；面色晦暗无华，舌紫暗有瘀斑，苔厚腻，脉弦滑或沉涩，皆为痰瘀互结之征。

【辨证要点】以起病缓慢，病势缠绵，肿块坚硬难消，拒按不移，舌紫暗苔厚腻，脉弦滑为辨证依据。

项目五　气血津液辨证技能训练

【实训目的】

试用本章的有关知识进行病案分析，以提高思维、分析及综合运用能力。掌握气血津液辨证的诊断能力。

【实训时间】

2学时。

【实训方法】

个人准备，集体讨论，教师讲评。

【实训内容】

病案1　张某，女，43岁。主诉：胃脘胀闷，呃逆15天。病史：近15天来觉胃脘胀闷不适，食少纳呆，复因情志抑郁，遂感胸闷不舒，腹胀，时发呃逆。自昨晚起呃逆不止，不能入睡。

检查：表情痛苦，呃声连连，舌尖红，苔黄腻，脉弦数。

要求：请用气血津液辨证理论进行证候分析，此病例属何证型？主要病位何在？为什么？

病案 2 韩某，女，28 岁。分娩 1 个月，因产后失血过多而致头昏眼花，心悸失眠，腹部刺痛拒按，痛处不移，舌质紫黯有瘀斑，脉细而涩。

要求：请进行证候分析，并归纳辨证要点。

病案 3 刘某，男，50 岁。3 月前起食欲下降，胸腹胀满，面目及下肢浮肿，心悸气短。近 1 月来心悸加重，下肢水肿明显，小便不利，不能平卧，脘腹胀满，畏寒，四肢不温，舌淡胖，苔薄腻，脉弦滑。

要求：请写出主诉，进行证候分析，并归纳辨证要点。

【实训小结】

你对上述病案的分析与诊断结果与老师的讲评有无出入？如有错漏，错在哪里？并试述其原因。

目标检测

A1 型题

1. 下列哪项不是气虚证的表现（　　）

　A. 声低息弱　　　　　B. 心悸失眠　　　　　C. 神疲乏力

　D. 少气懒言　　　　　E. 脉象虚弱

2. "干、渴、细、瘦"是下列何证的辨证要点（　　）

　A. 血虚证　　　　　　B. 气虚证　　　　　　C. 阴虚证

　D. 津液亏虚证　　　　E. 消渴病

3. 妇女崩漏，突然面色苍白，四肢厥冷，脉微欲绝，多为（　　）

　A. 气血两虚证　　　　B. 气不摄血证　　　　C. 气虚下陷证

　D. 气随血脱证　　　　E. 阴虚阳亢证

4. 痰白滑而量多，易咯出者，属（　　）

　A. 风痰　　　　　　　B. 寒痰　　　　　　　C. 热痰

　D. 湿痰　　　　　　　E. 燥痰

5. 临床上常见的气逆证，多与下列何项关系密切（　　）

A. 脾、肺、肾 B. 肺、胃、肾 C. 肝、肺、胃

D. 肝、心、肺 E. 心、肾、肺

A2 型题

6. 患者先有高热大汗、面赤、口渴引饮、脉洪大，后突然出现面色苍白，四肢厥冷，脉微欲绝，其证属（　　　）

A. 伤津耗气 B. 津随气脱 C. 津气两伤

D. 气随津脱 E. 表热里寒

7. 头晕眼花，头发干燥，月经延迟量少，面色淡白，证属（　　　）

A. 气阴两伤 B. 精气耗竭 C. 元气耗伤

D. 血虚失养 E. 津液不足

8. 面色无华，少气懒言，头晕乏力，反复感冒，此属（　　　）

A. 气虚　　B. 血虚　　C. 精亏　　D. 津亏　　E. 液少

9. 患者高热烦渴，脉疾无力，汗出如油，热而黏手者，属于（　　　）

A. 阳气耗竭 B. 暑伤津气 C. 阴液耗竭

D. 湿热郁蒸 E. 阴阳俱亡

B 型题

A. 气逆证　B. 气陷证　C. 气滞证　D. 气虚证　E. 气郁证

10. 情绪激动，心烦易怒，头痛，面红目赤，自觉气从少腹上冲咽喉，舌红脉弦，为（　　　）

11. 患者头晕，纳少，腹胀，肛门下坠，大便后痔核脱出，须用手托方能回纳，舌淡，苔少，脉弱，为（　　　）

A. 血虚证　B. 血瘀证　C. 血寒证　D. 血热证　E. 血亏证

12. 前胸憋闷疼痛，面色黯沉，舌下静脉曲张粗大色紫，脉弦，为（　　　）

13. 月经后期，经前腹痛，得温则痛减，舌淡紫脉弦，属（　　　）

A. 津亏证　B. 津脱证　C. 血燥证　D. 湿阻证　E. 痰饮证

14. 因饮食不洁，上吐下泻，经禁食后缓解，见双目凹陷，脉虚缓，为（　　　）

15. 胸部憋闷不舒，头昏身重，舌淡胖有齿痕，苔腻，脉滑，为（　　　）

扫一扫，知答案

扫一扫，看课件

模 块 八
脏腑辨证

【学习目标】

1. 掌握脏腑辨证的概念、基本内容和病机特点。重点掌握脏腑辨证与脏腑兼病辨证各证候的基本概念、临床表现及辨证要点。

2. 熟悉脏腑辨证在各种辨证方法中的核心地位，熟悉脏腑辨证及脏腑兼病辨证各证候的成因及证候分析。

3. 了解脏腑之间的发病关系。

案例导入

1. 李某，男，49岁。2015年3月19日就诊。头痛1年，加重月余。患者于1年前因烦劳太过，出现头痛且胀，时发时止，并兼眩晕，测血压偏高，可至170/100mmHg，虽服降压药，但效果不佳。近1月来，因工作不顺心，诸症加剧。现症：头胀痛且眩，伴胁痛，夜寐不宁，心烦易怒，口干苦，舌质红，苔薄黄，脉沉弦有力。

问题：什么原因引起了这些临床变化？

2. 张某，男，28岁，公务员。近2个月来因工作不顺而心情苦闷，出现惊悸不寐，头晕目眩，胸闷胁胀，耳鸣，烦躁，口苦呕恶，苔黄腻，脉弦滑。

问题：这是哪个脏腑出现了健康问题？应当诊断为什么证候，已学过的知识能解答吗？如果有疑问，那就努力学习下面的内容吧。

脏腑辨证，是在全面认识脏腑的生理功能和病理变化特点的基础上，将四诊收集的症状、体征及有关病情资料，进行综合分析，从而判断疾病所在的脏腑部位及其病性的一种辨证方法。简言之，即以脏腑病位为纲，对疾病进行辨证。

脏腑辨证是中医辨证体系中的重要组成部分，是临床各科诊断疾病的基本方法。中医临床应用的辨证方法固然很多，如八纲辨证、气血津液辨证、六经辨证、卫气营血辨证、三焦辨证等，尽管各具特色，各有侧重，但均与脏腑定位密切相关，最终都要落实到脏腑辨证上来。所以说，脏腑辨证是临床各科各种辨证的基础，是中医临床辨证论治的核心。

脏腑辨证，包括脏病辨证、腑病辨证及脏腑兼病辨证。其中脏病辨证是脏腑辨证的主体。

项目一 心与小肠病辨证

心居胸中，心包络卫护于外，与小肠相表里，在体合脉，其华在面，在窍为舌，在志为喜，在液为汗。心的生理功能为主血脉和主神志；小肠的生理功能是受盛化物和泌别清浊。因此，心病以血脉功能紊乱和神志功能异常为主要病理变化，常见症状有心悸、怔忡、心痛、失眠、健忘、神识不清、谵语、舌疮、脉结代等。小肠病以其分清泌浊功能失常为主要病理变化，常见症有尿赤涩灼痛、尿血等。

心病证候有虚、实之分。虚证多由思虑劳神太过，或先天不足，脏气虚弱，久病伤心，导致心血虚、心阴虚、心气虚、心阳虚、心阳暴脱等证；实证多因痰阻、火扰、寒凝、气郁、瘀血等原因，导致心火亢盛、心脉痹阻、痰蒙心神、痰火扰神及瘀阻脑络等证。

小肠的病变主要表现为泌别清浊的功能失常，临床上主要表现为小肠实热证。

一、心气虚证

心气虚证是指因心气不足，鼓动无力所表现的虚弱证候。

【临床表现】心悸，胸闷，气短，精神疲倦，或有自汗，活动后诸症加重，面色淡白，舌淡，脉虚。

【证候分析】多因久病，体虚，禀赋不足，年高气衰，或劳倦过度等原因所致。

心气虚衰，鼓动无力，则心悸，胸闷；气虚卫外不固，则自汗；机能活动衰减，则气短，精神疲倦；动能耗气，则活动后诸症加重；气虚运血无力，气血不足，血失充荣，则面色淡白，舌淡，脉虚。

【辨证要点】以心悸、胸闷，与气虚症状并见为辨证依据。

二、心阳虚证

心阳虚证是指心阳虚衰，温运失职，虚寒内生所表现的虚寒证候。

【临床表现】心悸怔忡，心胸憋闷或痛，气短，自汗，畏寒肢冷，神疲乏力，面色㿠白，或面唇青紫，舌质淡胖或紫暗，苔白滑，脉弱或结代。

【证候分析】常由心气虚证逐步发展，或由其他脏腑病证损伤心阳所致。

心阳虚衰，鼓动、温运无力，心动失常，故轻则心悸，重则怔忡；心阳不振，胸中阳气痹阻，故心胸憋闷或痛；阳虚者多伴气虚，故气短，自汗，神疲乏力；阳虚不能温煦，故畏寒肢冷；心阳不足，运血无力，血行不畅，故面色㿠白，或面唇青紫，舌质紫暗，脉弱或结代；舌淡胖，苔白滑，为阳虚寒盛，水湿不化之征。

【辨证要点】以心悸怔忡，胸闷或痛，与阳虚症状并见为辨证依据。

三、 心阳暴脱证

心阳暴脱证是指心阳衰极，阳气暴脱所表现的危重证候。

【临床表现】在心阳虚证的基础上，突然冷汗淋漓，四肢厥冷，面色苍白，呼吸微弱，或心悸，心胸剧痛，神志模糊或昏迷，口唇青紫，脉微欲绝。

【证候分析】多由心阳虚证发展而来，或由寒邪暴伤心阳，或痰瘀阻塞心窍所致。

心阳暴脱，不能卫外，则冷汗淋漓；不能温煦肢体，则四肢厥冷；宗气外泄，不能助肺司呼吸，则呼吸微弱；阳气外脱，脉道失充，故面色苍白；阳衰寒凝，血运不畅，瘀阻心脉，则心悸，心胸剧痛，口唇青紫；心神涣散，则神志模糊，甚则昏迷；脉微欲绝，为阳气外亡之征。

【辨证要点】以心悸、胸痛、冷汗、肢厥、脉微等表现为辨证依据。

心气虚、心阳虚、心阳暴脱三证在病理上是由轻转重的递进关系，临床表现既有相同之处，又有相异之处，为明辨三证，列表鉴别如下（表8-1）：

表8-1 心气虚、心阳虚、心阳暴脱三证鉴别表

证别	相同点	不同点
心气虚证	心悸怔忡	面色淡白，神疲乏力，少气懒言，舌淡苔白，脉虚
心阳虚证	胸闷气短	畏寒肢冷，心痛，面色㿠白或晦暗，舌质淡胖，苔白滑，脉微细
心阳暴脱证	时自汗出 活动后加重	突然冷汗淋漓，四肢厥冷，呼吸微弱，面色苍白，口唇青紫，神志模糊，或昏迷

四、 心血虚证

心血虚证是指心血不足，心神失养所表现的证候。

【临床表现】心悸，头晕眼花，失眠，多梦，健忘，面色淡白或萎黄，唇、舌色淡，脉细无力。

【证候分析】多因脾虚、肾精亏虚，生血不足；或久病伤及营血，或失血过多，或劳

神太过而耗血等所致。

心血不足，心失所养，则心悸；心神失养，神不守舍，则失眠、多梦；血虚不能上荣于头、面，则头晕眼花、健忘、面色淡白或萎黄，唇舌色淡；血少不能充盈脉道，则脉细无力。

【辨证要点】以心悸、失眠、健忘，与血虚症状并见为辨证依据。

五、 心阴虚证

心阴虚证是指心阴不足，虚热内扰所表现的证候。

【临床表现】心烦，心悸，失眠，多梦，口燥咽干，形体消瘦，或见手足心热，潮热盗汗，两颧潮红，舌红少苔乏津，脉细数。

【证候分析】多因思虑劳神太过，暗耗心阴；或因热病后期，耗伤阴液；或肝肾阴亏，累及于心所致。

心阴不足，心失所养，心动异常，则心悸；心阴亏虚，虚热扰心，则心烦，失眠，多梦；阴虚失润，不能制阳，则口燥咽干，形体消瘦；手足心热，潮热盗汗，两颧潮红，舌红少苔乏津，脉细数等，均为阴虚内热之征。

【辨证要点】以心烦、心悸、失眠，与阴虚症状并见为辨证依据。

心血虚、心阴虚证的鉴别见表8-2。

表8-2　心血虚、心阴虚二证鉴别表

证别	相同点	不同点
心血虚证	心悸怔忡	眩晕，健忘，面色淡白，或萎黄，口唇色淡，舌质淡白，脉细弱
心阴虚证	失眠多梦	手足心热，潮热，盗汗，两颧潮红，舌红，少苔或无苔，脉细数

六、 心火亢盛证

心火亢盛证是指由于心火内炽所表现的实热证候。

【临床表现】心烦，失眠，面赤，口渴，身热，便秘，溲黄，舌尖红绛，苔黄，脉数有力。或口舌生疮，溃烂疼痛；或小便短赤，灼热涩痛；或吐血、衄血；或见肌肤疮疡，红肿热痛；甚或狂躁谵语，神志不清。

【证候分析】多因情志抑郁化火，或火热之邪内侵，或过食辛辣刺激、温补之品，久蕴化火，内炽于心所致。

心火内炽，扰动心神，神志不宁，则心烦，失眠，身热；火邪伤津，则口渴，便秘，溲黄；火毒壅滞脉络，局部气血不畅，则见肌肤疮疡，红肿热痛；火邪炎上，则面赤，舌尖红绛，苔黄；火热内炽，气血运行加速，则脉数有力。

以口舌生疮、溃烂疼痛为主者，称为心火上炎证；以吐血、衄血表现突出者，称为心火迫血妄行证；以小便短赤、灼热涩痛者，称为心火下移证，习称心移热于小肠；以狂躁谵语、神志不清为主症者，称为热扰心神证或热闭心神证。

【辨证要点】以心烦失眠、舌赤生疮，与里实热证并见为辨证依据。

七、心脉痹阻证

心脉痹阻证是指心脏脉络之气血运行不畅，甚则痹阻不通所致的证候。

【临床表现】心悸怔忡，心胸憋闷疼痛，痛引肩背内臂，时发时止。或以刺痛为主，舌质晦暗或有青紫斑点，脉细涩或结代；或以心胸憋闷为主，体胖痰多，身重困倦，苔白腻，脉沉滑或沉涩；或以遇寒痛剧为主，得温痛减，畏寒肢冷，舌淡苔白，脉沉迟或沉紧；或以胀痛为主，与情志变化有关，善太息，舌淡红，脉弦。

【证候分析】多因正气先虚，心阳不振，运血无力，而致气滞、血瘀、痰浊、阴寒等邪气阻滞，心脉痹阻所致。病属本虚标实。根据诱因的不同，可分为瘀阻心脉、痰阻心脉、寒凝心脉、气滞心脉等证。

心阳不振，失于温运，心动失常，则心悸怔忡；阳气不宣，血行无力，心脉阻滞不畅，则心胸憋闷疼痛；手少阴心经之脉横出腋下，循肩背、臂内后缘，则痛引肩背内臂，时发时止。

瘀阻心脉证的疼痛，以刺痛为特点，伴见舌质晦暗或有青紫斑点，脉细涩或结代等瘀血内阻的症状。

痰阻心脉证的疼痛，以闷痛为特点，伴见体胖痰多，身重困倦，舌苔白腻，脉沉滑或沉涩等痰浊内盛的症状。

寒凝心脉证的疼痛，以痛势剧烈、突然发作、遇寒痛剧、得温痛减为特点，伴见畏寒肢冷，舌淡苔白，脉沉迟或沉紧等寒邪内盛症状。

气滞心脉证的疼痛，以胀痛为特点，发作常与精神因素有关，伴有胁胀，善太息，舌淡红，苔薄白，脉弦等气滞症状。

【辨证要点】以心悸怔忡，胸部憋闷疼痛为辨证依据。

心脉痹阻四型的比较见表8-3。

表8-3 心脉痹阻四型鉴别表

证别	共有症状	病因	症状特点
瘀阻心脉证	心悸怔忡，心胸憋闷疼痛，痛引肩背内臂，时发时止	瘀血内阻	刺痛，舌暗或有青紫斑点，脉细涩或结代
痰阻心脉证		痰饮内停	闷痛，体胖痰多，身重困倦，苔白腻，脉沉滑
寒凝心脉证		阴寒凝滞	则痛剧，得温痛减，畏寒肢冷，舌淡苔白，脉沉迟或沉紧
气滞心脉证		气机郁结	疼痛而胀，且发作时与情志波动有关，舌淡红，苔薄白，脉弦

八、痰蒙心神证

痰蒙心神证是指痰浊蒙闭心窍，以致神志异常所表现的证候，又称痰迷心窍（包）证。

【临床表现】神情痴呆，意识模糊，甚则昏不知人；或精神抑郁，表情淡漠，喃喃独语，举止失常；或突然昏仆，不省人事，口吐涎沫，喉中痰鸣；并见面色晦暗，胸闷，呕恶，舌苔白腻，脉滑。

【证候分析】多因湿浊酿痰，阻遏气机；或情志不遂，气郁生痰；或痰浊内盛，夹肝风内扰，致痰浊蒙蔽心神所致。

痰浊上蒙心神，神明失司，则神情痴呆，意识模糊，甚则昏不知人。情志不遂，肝失疏泄，气郁痰凝，痰气互结，蒙蔽神明，则精神抑郁，表情淡漠，喃喃独语，举止失常，属癫证。若痰浊内盛，引动肝风，肝风夹痰，闭阻心神，则突然昏仆，不省人事，口吐涎沫，喉中痰鸣，属痫证。痰浊内阻，清阳不升，浊气上泛，气血不畅，则面色晦滞；痰阻胸阳，胃失和降，则胸闷，呕恶；苔白腻，脉滑，均为痰浊内盛之象。

【辨证要点】以神志异常，兼痰浊内盛症状并见为辨证依据。

九、痰火扰心证

痰火扰心证是指痰浊与火热之邪交结，扰乱心神所表现的证候。又称痰火扰神证。

【临床表现】身热气粗，面红目赤，口渴，便秘尿黄，喉间痰鸣，咳痰黄稠，神昏谵语，舌红，苔黄腻，脉滑数。或见心烦失眠，头晕目眩，胸闷痰多；或见神识不清，言语错乱，哭笑无常，狂言怒骂，言语不避亲疏，狂躁妄动，打人毁物，力逾常人。

【证候分析】多因精神刺激，思虑动怒，气郁化火，炼液成痰，痰火内盛；或外感温热、湿热之邪，热邪煎熬，灼津为痰，痰火内扰所致。

本证既可见于外感热病，又可见于内伤杂病。外感热病中，邪热内蕴，里热炽盛，则身热气粗，面红目赤；热灼津伤，则口渴，便秘尿黄；痰火扰乱，则神昏谵语；痰火内盛，则咯痰黄稠，喉间痰鸣，苔黄腻，脉滑数。内伤杂病中，由于气郁化火，炼液为痰，痰阻气道，则胸闷痰多；清阳被遏，则头晕目眩；痰火内盛，闭扰心神，轻则心烦失眠，甚则神识不清，言语错乱，哭笑无常，狂言怒骂，言语不避亲疏，狂躁妄动，打人毁物，力逾常人等，病属狂证。

【辨证要点】以神志异常及痰热内盛症状并见为辨证依据。

知 识 链 接

痰蒙心神、痰火扰神二证的鉴别

痰蒙心神证与痰火扰神证，均有神志异常的表现。其不同点：痰蒙心神证，以精神抑郁、神情痴呆、意识模糊、表情淡漠、喃喃独语、举止失常等痰浊兼肝郁为主要证候；痰火扰神证，以发热烦躁、口渴面赤、心烦失眠，或狂躁妄动、打人毁物、不避亲疏、胡言乱语、哭笑无常等火热夹痰证为主要证候。

十、 瘀阻脑络证

瘀阻脑络证是指因瘀血上阻脑络所致的头痛、头晕为主症的证候。

【临床表现】头晕、头痛经久不愈，痛如针刺，痛处固定，或健忘，失眠，心悸，或头部外伤后昏不知人，面色晦暗，舌质紫暗或有瘀斑，脉细涩。

【证候分析】本证多因头部外伤，瘀血停于脑内；或久病入络，瘀血内停，阻塞脑络所致。

瘀血阻滞脑络，不通则痛，故头痛经久不愈，痛如针刺，痛处固定；脑络不通，气血不得正常流布，脑失所养，故头晕不已；瘀血不去，新血不生，心神失养，故健忘，失眠，心悸；外伤严重，脑神受损，故昏不知人；面色晦暗，舌质紫暗或有瘀斑，脉细涩，皆为瘀血内阻之征。

【辨证要点】以头痛、头晕和瘀血症状并见为辨证依据。

十一、 小肠实热证

小肠实热证是指小肠里热炽盛，分清泌浊功能失司所表现的实热证候。

【临床表现】小便短赤，灼热涩痛，或尿血，心烦，口渴饮冷，口舌生疮，舌红，苔黄，脉数有力。

【证候分析】多因心火亢盛，下移小肠，或外感湿热之邪，或过食辛辣温燥之品，火热炽盛于小肠所致。

心热下移小肠，小肠分清泌浊功能失司，则小便短赤，灼热涩痛；热伤血络，则尿血；心火内炽，津为热灼，心神扰乱，则心烦，口渴饮冷，口舌生疮。舌红，苔黄，脉数有力，为里热之象。

【辨证要点】以小便短赤、灼热涩痛，与心火亢盛症状并见为辨证依据。

心病常见证的中成药

心气虚证，可选用参脉饮；心阳虚证，可选参附强心丸或附子理中丸；心阴虚证，亦可选用参脉饮；心火亢盛证，可选用朱砂安神丸；气滞心脉证和瘀阻心脉证，舌淡青紫者可用血府逐瘀类成药，舌红绛紫者可用复方丹参类成药；寒凝心脉证，可用苏合香丸；痰阻心脉证，可用安神温胆丸；瘀阻脑络证，可用血府逐瘀类成药。

项目二　肺与大肠病辨证

肺居胸中，与大肠互为表里。肺主气司呼吸，主宣发肃降，通调水道，在体合皮，其华在毛，开窍于鼻，在志为悲（忧），在液为涕；大肠主传导、排泄糟粕。肺病以呼吸功能障碍、水液输布失常、卫外功能失调、宣降失司等为主要病理变化。故肺病常见症状有咳嗽，气喘，咯痰，胸痛，咽喉痒痛，声音变异，鼻塞流涕，或水肿等。大肠的病变以传导功能失常为主要病理变化。故大肠病常见便秘、泄泻、腹胀、腹痛、肠鸣矢气、里急后重、痢下脓血等症。

肺病的证候有虚、实之分。虚证多因久病咳喘，或他脏病变累及于肺所致，常见肺气虚证、肺阴虚证；实证多见风、寒、燥、热等外邪侵袭和痰饮停聚于肺而成，而有风寒犯肺、风热犯肺、燥邪犯肺、寒痰阻肺、肺热炽盛、痰热壅肺、饮停胸胁、风水相搏等证。大肠病证有肠燥津亏、肠热腑实、大肠湿热、大肠虚寒等。

一、肺气虚证

肺气虚证是指肺的机能减退，致其主气和卫外功能失职所表现的虚证。

【临床表现】咳嗽无力，气短而喘，动则尤甚，咯痰清稀，声低懒言，或有自汗、畏风，易于感冒，神疲体倦，面色淡白，舌淡苔白，脉弱。

【证候分析】多因久病咳喘，耗损肺气；或脾气虚弱，生化不足，肺失充养所致。

肺气亏虚，宗气不足，呼吸功能减弱，宣降无权，则咳喘无力，气短而喘；动能耗气，肺气更虚，则咳喘加重；宗气衰少，发声无力，则声低懒言；肺虚，津液不布，聚而成痰，则咯痰清稀；不能宣发卫气于肌表，腠理不密，卫表不固，则自汗、畏风，易于感冒；面色淡白，神疲体倦，舌淡苔白，脉弱，为气虚之象。

【辨证要点】以咳喘无力、痰液清稀、自汗畏风，与气虚症状并见为辨证依据。

二、 肺阴虚证

肺阴虚证是指肺阴不足，失于清肃，虚热内扰所表现的证候。

【临床表现】干咳无痰，或痰少而黏，不易咯出，或痰中带血，声音嘶哑，口燥咽干，形体消瘦，五心烦热，潮热盗汗，两颧潮红，舌红少苔乏津，脉细数。

【证候分析】多因燥热伤肺，或痨虫蚀肺，或汗出伤津，或嗜好烟酒、辛辣燥热之品，或久病咳喘，老年体弱，渐致肺阴亏耗所致。

肺阴不足，虚热内扰，灼液成痰，失于清肃，则干咳无痰，或痰少而黏，不易咯出；肺络受灼，络伤血溢，则痰中带血；肺阴不足，失于滋润咽喉，则声音嘶哑，口燥咽干。形体消瘦，五心烦热，潮热盗汗，两颧潮红，舌红少苔乏津，脉细数，均为阴虚内热之象。

【辨证要点】以干咳无痰或痰少而黏、不易咯出，与阴虚症状并见为辨证依据。

三、 风寒犯肺证

风寒犯肺证是指风寒之邪侵犯肺表，以致肺卫失宣所表现的证候。

【临床表现】咳嗽，咳少量稀白痰，气喘，微有恶寒发热，鼻塞，流清涕，喉痒，或见身痛无汗，舌苔薄白，脉浮紧。

【证候分析】多因风寒外邪，侵袭肺卫，导致肺卫失宣所致。

肺司呼吸，外合皮毛，风寒外感，最易袭表犯肺，肺气被束，失于宣降而上逆，则咳嗽、气喘；肺津不布，聚而成痰，则咳痰色白清稀；肺气失宣，鼻咽不利，则鼻塞、流清涕、喉痒；风寒袭表，卫阳被遏，不能温煦肌表，则微有恶寒发热；经气不利，则头身疼痛；腠理闭塞，则无汗；苔薄白，脉浮紧，为感受风寒之征。

【辨证要点】以咳嗽、咳痰清稀色白，与风寒表证症状并见为辨证依据。

四、 风热犯肺证

风热犯肺证是指风热之邪侵犯肺系，造成肺卫失宣所表现的证候。

【临床表现】咳嗽，痰少而黄，气喘，鼻塞，流黄浊涕，咽喉肿痛，发热，微恶风寒，口微渴，舌尖红，苔薄白少津，或薄黄，脉浮数。

【证候分析】多因风热外邪，侵袭肺卫，致使肺卫失宣而成。

风热袭肺，肺失清肃，肺气上逆，则咳嗽；风热熏蒸，灼津为痰，则痰少而黄；肺气失宣，鼻窍不利，津液为热邪所灼，则鼻塞、流黄浊涕；风热上扰，咽喉不利，则咽喉肿痛；风热袭表，卫气抗邪，阳气浮郁于表，则发热；卫气被遏，肌表失于温煦，则微恶风寒；热伤津液，则口微渴；舌尖红，苔薄白少津，或薄黄，脉浮数，为风热袭表犯肺之征。

【辨证要点】以咳嗽、痰少色黄，与风热表证症状并见为辨证依据。

五、 燥邪犯肺证

燥邪犯肺证是指外感燥邪侵犯肺卫，耗伤肺津所致的证候。简称肺燥证。

【临床表现】干咳无痰，或痰少而黏，不易咯出，甚则胸痛，痰中带血，或鼻衄，口、唇、鼻、咽、皮肤干燥，尿少，大便干结，苔薄而干燥少津。或微有发热恶风寒，少汗或无汗，脉浮数或浮紧。

【证候分析】多因时处秋令，或干燥少雨之地，感受燥邪，耗伤肺津，肺卫失和，或因风温之邪化燥伤津及肺所致。

燥邪犯肺，津液耗损，肺失滋润，清肃无权，则干咳少痰，或痰少而黏，不易咯出；咳甚损伤血络，则胸痛，痰中带血，或鼻衄；燥邪伤津，清窍、皮肤失其濡润，则口、唇、鼻、咽、皮肤干燥，苔薄而干燥少津；肠道失润，则大便干结；津伤液亏，则尿少。燥袭卫表，卫气失和，则微有发热恶风寒。

夏末秋初，或久晴无雨，燥与热合，多发温燥，腠理开泄，则汗出，脉浮数；秋末冬初，或隆冬无雪，燥与寒合，多病凉燥，腠理闭塞，则无汗，脉浮紧。

【辨证要点】以干咳无痰或少痰，孔窍、皮肤干燥少津症状为辨证依据。

风寒犯肺、风热犯肺、燥邪犯肺三证的鉴别见表8-4。

表8-4 风寒犯肺、风热犯肺、燥邪犯肺三证鉴别表

证别	相同症状	不同症状
风寒犯肺证	恶寒发热，汗出异常，苔薄，脉浮	咳嗽，痰白清稀，伴外感风寒表证
风热犯肺证		咳嗽，痰稠色黄，伴外感风热表证
燥邪犯肺证		干咳无痰或少痰，口、唇、鼻、咽、皮肤干燥，伴外感燥邪表证

六、 寒痰阻肺证

寒痰阻肺证是指寒邪与痰浊停聚于肺，肺失宣降所表现的证候。又名寒饮停肺证、痰浊阻肺证。

【临床表现】咳嗽，痰多、色白、质稠或清稀、易咯，胸闷，气喘，或喉间有哮鸣声，恶寒，肢冷，舌质淡，苔白腻或白滑，脉弦或滑。

【证候分析】多因素有痰疾，复感寒邪，内客于肺；或寒湿外邪，侵袭于肺，或中阳不足，寒从内生，聚湿生痰，上干于肺所致。

寒痰阻肺，肺失宣降，肺气上逆，则咳嗽，气喘，胸闷；津液不布，凝聚成痰，则痰

多、色白、质稠或清稀、易咯；痰气搏结，阻于气道，则喉中有哮鸣声；寒为阴邪，易伤阳气，则恶寒、肢冷；舌淡，苔白腻或白滑，脉弦或滑，均为寒痰内盛之征。

【辨证要点】以咳嗽气喘，痰白量多，痰白腻等为辨证依据。

七、 肺热炽盛证

肺热炽盛证是指邪热壅肺，肺失清肃所表现的证候。简称肺热证或肺火证。

【临床表现】咳嗽，气粗而喘，甚则鼻翼扇动，鼻息气灼，发热，口渴，胸痛，或咽喉红肿疼痛，小便短黄，大便秘结，舌红苔黄，脉洪数。

【证候分析】多由外感风热之邪，侵入肺脏，或风寒之邪入里化热所致。

肺热炽盛，肺失清肃，气逆于上，则咳嗽，气粗而喘，甚则鼻翼扇动，鼻息气灼；邪气郁于胸中，阻碍气机，则胸痛；肺热上熏于咽喉，气血壅滞，则咽喉红肿疼痛；内热壅盛，蒸腾于外，则发热较甚；热盛伤津，则口渴，小便短黄，大便秘结；舌红苔黄，脉洪数，为邪热内盛之征。

【辨证要点】以咳喘气粗、鼻翼扇动，与实热症状并见为辨证依据。

八、 痰热壅肺证

痰热壅肺证是指痰热互结，壅闭于肺，肺失清肃所表现的证候。又称痰热阻肺证。

【临床表现】咳嗽，咯痰黄稠而量多，胸闷，气喘息粗，甚则鼻翼扇动，喉中痰鸣，或咳吐脓血腥臭痰，胸痛，发热口渴，烦躁不安，小便短赤，大便秘结，舌红苔黄腻，脉滑数。

【证候分析】多因邪热犯肺，肺热炽盛，灼伤肺津，炼液成痰；或宿痰内盛，郁而化热，痰热互结，壅阻于肺所致。

痰热壅肺，肺失宣肃，气逆上冲，则咳嗽，气喘息粗，甚则鼻翼扇动；痰热互结，随肺气上逆，则咯痰黄稠而量多，或喉中痰鸣；若痰热阻滞肺络，气滞血壅，肉腐血败，则咳吐脓血腥臭痰；痰热内盛，壅塞肺气，则胸闷，胸痛；里热炽盛，蒸达于外，则发热；热扰心神，则烦躁不安；热灼津伤，则口渴，小便短赤，大便秘结；舌红苔黄腻，脉滑数，为痰热内盛之征。

【辨证要点】以咳喘、痰多黄稠，与里实热证并见为辨证依据。

九、 饮停胸胁证

饮停胸胁证是指水饮停于胸胁，阻滞气机，以胸胁胀满，咳唾引痛为主症的证候，又称悬饮。

【临床表现】胸胁胀闷或痛，咳唾痛甚，气息短促，呼吸、咳嗽或身体转侧时牵引胁痛，或头目眩晕，舌苔白滑，脉沉弦。

【证候分析】多因外邪侵袭，肺失通调，或中阳素虚，气不化水，水停胸胁所致。

饮停胸胁，阻碍气机，升降失司，络脉不利，则胸胁胀闷或痛，气息短促；水饮停于胸腔，上迫于肺，肺失宣降，胸胁气机不利，则咳唾痛甚，呼吸、咳嗽或身体转侧时牵引胁痛；水饮阻遏，清阳不升，则头目眩晕；舌苔白滑，脉沉弦，皆为水饮内停之征。

【辨证要点】以胸胁胀闷或痛，咳唾引痛为辨证依据。

十、 风水相搏证

风水相搏证是指风邪袭肺，肺失宣降，水液通调失常，水湿溢于肌肤所表现的证候。属水肿之阳水的范畴。

【临床表现】眼睑头面先肿，继而遍及全身，上半身肿甚，来势迅速，皮肤薄而发亮，小便短少，或恶寒重发热轻，无汗，舌苔薄白，脉浮紧。或发热重恶寒轻，咽喉肿痛，舌苔薄黄，脉浮数。

【证候分析】多由外感风邪，肺卫受病，宣降失常，通调失司，风遏水阻，风水相搏，泛溢肌肤所致。

风为阳邪，易袭阳位，肺居上焦，为水之上源，风邪犯肺，肺宣发肃降失职，不能通调水道，风水相搏，水气泛溢，则眼睑头面先肿，继而遍及全身，上半身肿甚；由于是外邪新感，则发病较急，水肿迅速，皮肤薄而发亮；上源不通，水液不能下输膀胱，则小便短少。若伴见恶寒重发热轻，无汗，舌苔薄白，脉浮紧等症，为风水偏寒；若伴见发热重恶寒轻，咽喉肿痛，舌苔薄黄，脉浮数等症，为风水偏热。

【辨证要点】以突起眼睑头面先肿，继而遍及全身，上半身肿甚，与外感表证症状并见为辨证依据。

十一、 肠燥津亏证

肠燥津亏证是指阴津不足，失于濡润，大肠传导不利所表现的证候。又称大肠津亏证。

【临床表现】大便干燥如羊屎，难以排出，数日一行，腹胀作痛，左少腹或可触及包块，口干咽燥，或口臭，或头晕，舌红少津，苔黄燥，脉细涩。

【证候分析】多由素体阴亏，年老阴津不足，嗜食辛辣燥烈食物，汗、吐、下、久病，温热病后期等耗伤津液所致。

阴津不足，失于濡润，大肠传导不利，则大便干燥如羊屎，难以排出，甚或数日一行；大肠有燥屎，气机阻滞，则腹胀作痛，或左下腹触及包块；腑气不通，秽浊不得下泄而上逆，则口臭，头晕；阴津亏损，不能上润，则口干咽燥，舌红少津；阴液不能充盈濡润脉道，则脉细涩。

【辨证要点】以大便干燥，难以排出，与津亏症状并见为辨证依据。

十二、 肠热腑实证

肠热腑实证是指邪热入里，与肠中糟粕相搏，燥屎内结所表现的实热证候。又称大肠热结证，大肠实热证。

【临床表现】高热，或日晡热甚，汗多，口渴，脐腹胀满硬痛、拒按，大便秘结，或热结旁流，大便恶臭，小便短黄，甚则神昏谵语，狂乱，舌质红，苔黄厚而燥，或焦黑起刺，脉沉数（迟）有力。

【证候分析】多因邪热炽盛，汗出过多；或误用发汗，津液耗损，肠中干燥，里热炽盛，燥屎内结所致。

里热炽盛，伤津耗液，肠道失润，邪热与肠中燥屎内结，腑气不通，则脐腹胀满硬痛、拒按，大便秘结；大肠属阳明，经气旺于日晡，则日晡热甚；燥屎内结，邪热迫津下泄，则热结旁流（泻下青黑恶臭粪水），大便恶臭；肠热壅滞，腑气不通，邪热与秽浊上熏，侵扰心神，则神昏谵语，狂乱；里热熏蒸，迫津外泄，则高热，汗出口渴，小便短黄；实热内盛，则舌质红，苔黄厚而干燥，脉沉数有力；若燥屎与邪热互结，煎熬熏灼，则舌苔焦黑起刺；阻碍脉气运行，则脉来沉迟有力。

【辨证要点】以发热，大便秘结，腹满硬痛为辨证依据。

十三、 大肠湿热证

大肠湿热证是指湿热内蕴，阻滞肠道，以致大肠传导失司所表现的证候。又名肠道湿热证。

【临床表现】腹痛，下痢脓血，里急后重，或暴注下泻，色黄而臭，伴肛门灼热，小便短赤，身热，口渴，舌红，苔黄腻，脉滑数或濡数。

【证候分析】多因夏秋之季感受暑湿外邪，侵犯肠道，或饮食不洁，以致湿热秽浊之邪蕴结肠道所致。

湿热蕴结，大肠气机阻滞，则腹痛，里急后重；熏灼肠道，损伤脉络，血腐为脓，则下痢脓血；热迫肠道，则里急；湿阻气滞，则后重；湿热之气下迫，则暴注下泻，肛门灼热；身热，口渴，小便短赤，舌红，苔黄腻，为湿热之象。湿热为病，有湿重、热重之分。若湿重于热，则脉多濡数；热重于湿，则脉多滑数。

【辨证要点】以腹痛，排便次数增多，或下痢脓血，或下黄色稀水为辨证要点。

十四、 大肠虚寒证

大肠虚寒证是指脾肾阳虚，固摄失权，以致肠虚滑泻无度的证候。又称肠虚滑泄证。

【临床表现】大便泻下无度，或大便滑脱失禁，甚则脱肛，腹痛隐隐，喜温喜按，舌淡，苔白滑，脉沉弱。

【证候分析】多因久泻久痢伤及脾肾之阳所致。

久泻久痢，下利伤阳，导致命门火衰，脾失健运，固摄无权，则大便泻下无度，或大便滑脱失禁，甚则脱肛；阳虚生内寒，中阳受损，则腹痛隐隐，喜温喜按；舌淡，苔白滑，脉弱，为阳虚阴盛之征。

【辨证要点】以便泻无度，或大便失禁，与阳虚内寒症状并见为辨证依据。

大肠湿热、肠热腑实、肠燥津亏、大肠虚寒四证鉴别见表8-5。

表8-5　大肠病四证鉴别表

证别	主症	兼症	舌象	脉象
大肠湿热	下痢脓血或下利黄浊臭稀水	腹痛，里急后重，肛门灼热，小便短赤，或烦热	舌红苔黄腻	滑数
肠热腑实	大便秘结或热结旁流	日晡潮热，腹满腹痛拒按，小便短赤，或时有谵语	舌红苔黄而焦燥	脉沉实有力
肠燥津亏	大便秘结干燥，数日一行	口干咽燥，或口臭头晕	舌红少津	脉细涩
大肠虚寒	泻泄无度或大便失禁，或脱肛	腹痛绵绵，喜温喜按	舌淡苔白滑	脉沉弱

知 识 链 接

肺病常见证的中成药

肺气虚证，可用玉屏风颗粒；肺阴虚证，可用养阴清肺丸、玄麦甘桔颗粒；咳嗽，风寒犯肺证可用止嗽口服液、通宣理肺丸；风热犯肺证可用桑菊感冒颗粒；燥邪犯肺证之温燥选用桑杏颗粒、凉燥选用止嗽口服液；肺热炽盛证选用银黄口服液、双黄连口服液；痰热壅肺证可选用牛黄蛇胆川贝液、清金止嗽化痰丸、清肺化痰丸；寒痰阻肺证可选用二陈丸＋平胃丸；饮停胸胁证选用小青龙颗粒。

项目三　脾与胃病辨证

脾居中焦，与胃相表里。脾的生理功能是主运化水谷、水液，主升清，主统血，在体合肉，主四肢，开窍于口，其华在唇，在志为思，在液为涎，喜燥恶湿。脾的病变主要反映在运化功能的失常和统摄血液功能的障碍，以及清阳不升等方面。临床常见症状为腹胀、腹痛、纳少、便溏、水肿、四肢困重、出血、内脏下垂等。胃的生理功能是受纳和腐熟水谷，其性喜润恶燥，以降为顺。胃的病变主要表现在受纳、腐熟功能障碍及胃失和降，胃气上逆等方面。临床常见症状为食少、胃脘胀或痛、呕恶、嗳气、呃逆、嘈杂等。

脾与胃病的证候都有虚实之分，但临床上脾病多虚证，胃病多实证。脾病虚证多因思虑、劳倦、饮食不节所致，常见脾气虚证、脾虚气陷证、脾不统血证、脾阳虚证；实证多因外感或内生湿热或寒湿所致，常见寒湿困脾证、湿热蕴脾证。胃病虚证多因饮食不节或热病伤阴所致，常见胃气虚证、胃阳虚证、胃阴虚证；实证多因寒、热、水饮、食积等所致，常见胃火炽盛证、寒滞胃肠证、寒饮停胃证、胃肠气滞证、食滞胃肠证。

一、 脾气虚证

脾气虚证是指脾气不足，运化失健所表现的证候。又称脾失健运证。

【临床表现】不欲食，纳少，脘腹胀满，食后胀甚，或饥时饱胀，大便溏稀，肢体倦怠，神疲乏力，少气懒言，形体消瘦，或肥胖、浮肿，面色淡黄或萎黄，舌淡苔白，脉缓或弱。

【证候分析】多因饮食不节，劳倦过度，忧思日久，损伤脾土；或禀赋不足，素体虚弱；或年老体衰；或大病初愈，调养失慎等所致。

脾气虚弱，运化无力，则不欲食，纳少，脘腹胀满；食入则脾气益困，故腹胀尤甚；饥饿之时，脾气更乏，中虚气滞，则饥时饱胀；脾虚水湿不化，流注于肠道，则大便溏稀；脾虚化源不足，无以荣养肢体、头面，则肢体倦怠，神疲乏力，少气懒言，形体消瘦，面色淡黄或萎黄；脾气虚弱，水湿泛溢于肌肤，则形体肥胖，或肢体浮肿；舌淡苔白，脉缓或弱，为脾气虚弱之征。

【辨证要点】以食少腹胀，食后尤甚，便溏，与气虚症状并见为辨证依据。

二、 脾虚气陷证

脾虚气陷证是指脾气亏虚，升举无力而反下陷所表现的证候。又称中气下陷证、脾气下陷证。

【临床表现】脘腹重坠作胀，食后益甚；或便意频数，肛门重坠，或久泄不止，甚或脱肛，或小便混浊如米泔，或内脏、子宫下垂，气短懒言，神疲乏力，头晕目眩，面白无华，食少，便溏，舌淡苔白，脉弱或缓。

【证候分析】多因脾气虚进一步发展，或久泄久痢，或劳累过度，或女子孕产过多，产后失于调护所致。

脾气亏虚，升举无力，气坠于下，则脘腹重坠作胀，食后益甚；中气下陷，内脏失于举托，则便意频数，肛门坠重，或久泄不止，甚或脱肛，或内脏（胃、肝、肾）、子宫下垂；脾主散精，精微不能正常输布，反注膀胱，则小便混浊如米泔；清阳不升，头目失养，则头晕目眩；脾失健运，则食少，便溏；化源亏乏，脏腑功能减退，则气短懒言，神疲乏力，面白无华，舌淡苔白，脉弱或缓。

【辨证要点】以脘腹重坠作胀、脏器下垂，与脾气虚证候并见为辨证依据。

三、 脾不统血证

脾不统血证是指脾气亏虚，无力统摄血液所表现的证候。

【临床表现】各种慢性出血，如便血、尿血、吐血、鼻衄、紫斑，妇女月经过多、崩漏，食少，便溏，神疲乏力，少气懒言，面色萎黄，舌淡，脉细弱。

【证候分析】多因久病气虚，或劳倦过度，损伤脾气，以致统摄无权所致。

脾气亏虚，统血无权，血溢脉外，则见各种慢性出血：血从胃肠外溢，则吐血、便血；从膀胱外溢，则尿血；从肌肤外渗，则为紫斑（肌衄）；由齿龈而出，则齿衄；从鼻外渗，则鼻衄；冲任不固，则妇女月经过多，甚则崩漏；食少，便溏，神疲乏力，少气懒言，面色萎黄，舌淡，脉细弱，均为脾气虚弱、气血两亏之象。

【辨证要点】以慢性出血症，与脾气虚症状并见为辨证依据。

四、 脾阳虚证

脾阳虚证是指脾阳虚衰，阴寒内生所表现的证候。又名脾虚寒证。

【临床表现】食少，腹胀，腹痛绵绵，喜温喜按，畏寒怕冷，四肢不温，面白少华或虚浮，口淡不渴，大便稀溏，甚至完谷不化，或肢体浮肿，小便不利，或白带清稀量多，舌质淡胖或有齿痕，苔白滑，脉沉迟无力。

【证候分析】多因脾气虚进一步发展，或过食生冷，损伤脾阳，或肾阳不足，命门火衰，火不生土所致。

脾阳虚衰，运化失权，则食少，腹胀，大便稀溏，甚至完谷不化；中阳不足，寒凝气滞，则腹痛绵绵，喜温喜按；水湿不化，泛溢肌肤，则肢体浮肿，小便不利；水湿下注，损伤带脉，则白带清稀量多；温煦失职，则畏寒怕冷，四肢不温；阳虚气血不荣，水气上泛，则面色少华或虚浮，舌质淡胖，或有齿痕，苔白滑，脉沉迟无力，为阳虚失运之征。

【辨证要点】以食少，腹胀，腹痛绵绵，喜温喜按，与阳虚症状并见为辨证依据。

脾气虚、脾气下陷、脾不统血、脾阳虚四证鉴别见表8-6。

表8-6　脾气虚、脾气下陷、脾不统血、脾阳虚四证鉴别表

证别	相同点	不同点
脾气虚证		形体消瘦，面色萎黄，或肥胖，浮肿，舌淡，苔白，脉缓弱
脾气下陷证		脘腹重坠作胀，或便意频数，肛门坠重；或久泄久痢不止，甚或脱肛；或子宫下垂；或小便浑浊如米泔等。
脾不统血证	食少，腹胀，食后尤甚，便溏，肢倦，少气懒言，面色萎黄，舌淡	各种慢性出血，如便血、尿血、肌衄、齿衄，或月经过多，甚则崩漏，血色浅红。
脾阳虚证		腹痛绵绵，喜温喜按，大便稀溏，畏寒肢冷，舌质淡胖有齿痕，苔白滑，脉沉迟无力

知 识 链 接

脾虚四证的中成药推介

　　脾气虚证，可选用四君子丸，舌苔白厚者可选香砂六君子丸，大便溏泻者，用参苓白术丸；脾虚气陷证，可用补中益气丸；脾不统血证，可用归脾丸或人参归脾丸；脾阳虚证，可选用理中丸、附子理中丸。

五、寒湿困脾证

　　寒湿困脾证是指寒湿内盛，困阻脾阳，脾失温运所表现的证候。又称湿困脾阳证，寒湿中阻证，太阴寒湿证。

　　【临床表现】脘腹痞闷，口腻纳呆，泛恶欲呕，口淡不渴，腹痛便溏，头身困重，或小便短少，肢体肿胀，或身目发黄，面色晦暗不泽，或妇女白带量多，舌质淡胖，苔白滑或白腻，脉濡缓或沉细。

　　【证候分析】多因淋雨涉水，居处潮湿，气候阴雨，寒湿内侵伤中；或过食生冷瓜果，寒湿停滞中焦，或嗜食肥甘，湿浊内生，困阻脾阳所致。

　　寒湿内侵，困阻脾阳，运化失司，则脘腹胀闷或痛，食少；湿滞气机，则口腻纳呆；水湿下渗，则大便稀溏；胃失和降，则泛恶欲呕；湿性重浊，泛溢肢体，则头身困重，肢体肿胀，小便不利；寒湿困阻中阳，肝胆疏泄失常，胆汁外溢，则身目发黄，面色晦暗不泽，病属阴黄；寒湿下注，损伤带脉，则妇女白带量多；口淡不渴，舌质淡胖，苔白滑腻，脉濡缓或沉细，均为寒湿内盛之象。

　　【辨证要点】以脘腹胀闷，便溏，身重，与寒湿症状并见为辨证依据。

六、 湿热蕴脾证

湿热蕴脾证是指湿热内蕴中焦，脾失运化所表现的证候。又称中焦湿热证，脾经湿热证。

【临床表现】脘腹胀闷，纳呆，恶心欲呕，口中黏腻，渴不多饮，便溏不爽，小便短黄，肢体困重，或身热不扬，汗出热不解，或面目发黄色鲜明，或皮肤发痒，舌红，苔黄腻，脉濡数或滑数。

【证候分析】多因感受湿热之邪，或过食肥甘酒醴，酿生湿热，内蕴脾胃所致。

湿热阻滞中焦，纳运失健，气机阻滞，则脘腹胀闷，纳呆，恶心欲呕；湿热蕴脾，上蒸于口，则口中黏腻，渴不多饮；湿热下注，阻碍气机，大肠传导失司，则便溏不爽；湿热交结，热蒸于内，湿泛肌肤，阻碍经气，气化不利，则肢体困重，小便短黄；湿遏热伏，郁蒸于内，则身热不扬；湿性黏滞缠绵，则汗出热不解；若湿热内蕴，熏蒸肝胆，肝胆疏泄失权，胆汁不循常道，外溢肌肤，则身目发黄色鲜明，病属阳黄；湿热行于皮里，则皮肤瘙痒；舌红，苔黄腻，脉濡数或滑数，皆为湿热内盛之征。

【辨证要点】以脘腹胀闷，纳呆，或身目发黄色鲜明，与湿热症状并见为辨证依据。

寒湿困脾、湿热蕴脾二证鉴别见表8-7。

表8-7　寒湿困脾证与湿热蕴脾证鉴别表

证别	相同症状	不同症状	舌象	脉象
寒湿困脾证	脘腹胀闷，纳呆，恶心欲呕，肢体困重，便溏不爽	口淡不渴，身目发黄色晦暗，或浮肿尿少，带下色白量多	舌淡胖，苔白滑或白腻	脉濡缓
湿热蕴脾证		身热不扬，汗出不解，身目发黄色鲜明，皮肤瘙痒，小便短黄	舌红，苔黄腻	脉濡数或滑数

知 识 链 接

脾病常见证的中成药推介

脾气虚证，可选用四君子丸，舌苔白厚者可选香砂六君子丸，大便溏泻者用参苓白术丸；脾虚气陷证，可用补中益气丸；脾不统血证，可用归脾丸或人参归脾丸；脾阳虚证，可选用理中丸、附子理中丸；寒湿困脾证，选用藿香正气类成药，阴黄者除外。

七、 胃气虚证

胃气虚证是指胃气不足，受纳、腐熟功能减弱，以致胃失和降所表现的证候。

【临床表现】胃脘隐痛或痞胀，按之觉舒，食欲不振，得食痛缓，食后胀甚，嗳气，口淡不渴，面色萎黄，气短懒言，神疲倦怠，舌质淡，苔薄白，脉弱。

【证候分析】多因饮食不节，饥饱失常，或劳倦伤中，或久病失养，致使耗损胃气所致。

胃气亏虚，受纳、腐熟功能减退，胃气失和，气滞中焦，则胃脘隐痛或痞胀，食欲不振，按之觉舒；胃气本虚，食后不负腐熟之任，则食后胀甚；胃气失和，不降而反上逆，则嗳气；胃虚影响及脾，脾失健运，化源不足，面失所荣，则面色萎黄；全身机能衰减，则气短懒言，神疲倦怠；舌质淡，苔薄白，脉弱，为气虚之征。

【辨证要点】以胃脘痞满，隐痛喜按，与气虚症状并见为辨证依据。

八、 胃阳虚证

胃阳虚证是指胃阳不足，虚寒内生，以致胃失和降所表现的证候。又称胃虚寒证。

【临床表现】胃脘冷痛，绵绵不已，时发时止，喜温喜按，食后缓解，泛吐清水，或夹不消化食物，食少脘痞，口淡不渴，倦怠乏力，畏寒肢冷，舌淡胖嫩，脉沉迟无力。

【证候分析】多由饮食不节，过食生冷，或过用苦寒、攻伐之品，或脾胃素弱，阳气自衰，或其他脏腑病变累及，损伤胃阳所致。

胃阳不足，虚寒内生，气机凝滞不通，则胃脘冷痛，绵绵不已，时发时止，喜温喜按，食后缓解；胃之受纳、腐熟功能减退，水谷不化，胃失和降，则食少脘痞，泛吐清水，或夹不消化食物；阳虚气弱，全身失于温养，功能减退，则畏寒肢冷，倦怠乏力；阳虚内寒，津液未伤，则口淡不渴；舌淡胖嫩，苔白，脉沉迟无力，为虚寒之征。

【辨证要点】以胃脘冷痛，喜温喜按，与阳虚症状并见为辨证依据。

九、 胃阴虚证

胃阴虚证是指胃阴不足，失于濡润，以致胃失通降所表现的证候。虚热证不明显者，则称胃燥津亏证。

【临床表现】胃脘嘈杂，饥不欲食，或痞胀不舒，隐隐灼痛，干呕，呃逆，口燥咽干，大便干结，小便短少，舌红少苔乏津，脉细数。

【证候分析】多因热病后期，胃阴耗伤；或情志不遂，气郁化火，灼伤胃阴；或吐泻太过，伤及阴津；或过食辛辣、香燥之品，过用温燥之药，耗伤胃阴所致。

胃阴不足，虚热内生，胃失和降，则胃脘嘈杂，饥不欲食，或痞胀不舒，隐隐灼痛，干呕，呃逆。胃阴亏虚，津液不能上承，则口燥咽干；阴虚不能下润肠道，则大便干结，小便短少；舌红少苔乏津，脉细数，为阴虚内热之征。

【辨证要点】以胃脘嘈杂，隐隐灼痛，饥不欲食，与阴虚症状并见为辨证依据。

十、 胃热炽盛证

胃热炽盛证是指胃中火热炽盛，胃失和降所表现的实热证候。又称胃热证，胃火证。

【临床表现】胃脘灼痛、拒按，渴喜冷饮，或消谷善饥，或口臭，牙龈肿痛溃烂，齿衄，小便短黄，大便秘结，舌红苔黄，脉滑数。

【证候分析】多因嗜食辛辣、温燥之品，积热化火；或情志不遂，肝郁化火犯胃；或邪热内侵，胃火亢盛所致。

胃中积热，壅塞胃气，则胃脘灼痛、拒按；胃火炽盛，受纳腐熟机能亢进，则消谷善饥；胃中浊气上冲，则口臭；胃火上炎齿龈，气血壅滞，则牙龈肿痛溃烂；热伤龈络，则齿衄；热盛伤津，则渴喜冷饮，大便秘结，小便短黄；舌红苔黄，脉滑数，为火热内盛之征。

【辨证要点】以胃脘灼痛拒按，口臭，消谷善饥，与实热症状并见为辨证依据。

十一、 寒滞胃肠证

寒滞胃肠证是指寒邪侵犯胃肠，凝滞气机，和降无权所表现的证候。又名中焦实寒证。

【临床表现】胃脘、腹部冷痛，痛势暴急，遇寒加剧，得温则减，恶心呕吐，吐后痛缓，口淡不渴，或口泛清水，腹泻清稀，或腹胀便秘，面白或青，恶寒肢冷，舌苔白润，脉弦紧或沉紧。

【证候分析】多因脘腹受凉，或过食生冷，寒凝胃肠所致。

寒邪侵犯胃肠，凝滞气机，则胃脘、腹部冷痛，痛势暴急，遇寒加剧，得温则减；胃气上逆，则恶心呕吐；吐后气滞暂以舒缓，则痛减。寒伤胃阳，水饮不化，随胃气上逆，则口泛清水。寒不伤津，则口淡不渴；寒伤阳气，水湿下注，则腹泻清稀；寒凝气机，大肠传导失司，则腹胀便秘；寒邪阻遏，阳气不能外达，血行不畅，则恶寒肢冷，面白或青；舌苔白润，脉弦紧或沉紧，为阴寒内盛之征。

【辨证要点】以胃脘、腹部冷痛，痛势暴急，得温则减，与实寒症状并见为辨证依据。

十二、 寒饮停胃证

寒饮停胃证是指寒饮停积于胃，胃失和降所表现的证候。《金匮要略》称此为狭义之痰饮。

【临床表现】脘腹痞胀，胃中有振水声，呕吐清水痰涎，口淡不渴，头晕目眩，苔白滑，脉沉弦。

【证候分析】多因饮食不节，嗜饮无度；或手术创伤，劳倦内伤，中阳不振，水停为饮，留滞胃中，胃失和降所致。

寒饮停留中焦，气机阻滞，胃失和降，则脘腹痞胀；饮邪留积胃腑，则胃中有振水声；饮停于胃，胃气上逆，水饮随胃气上泛，则呕吐清水痰涎；饮邪内阻，清阳不升，则头晕目眩；饮为阴邪，津液未伤，则口淡不渴；苔白滑，脉沉弦，为水饮内停之征。

【辨证要点】以脘腹痞胀，胃中有振水声，呕吐清水痰涎等为辨证依据。

十三、 胃肠气滞证

胃肠气滞证是指外邪侵扰或内脏气机失调，致使胃肠气机阻滞所表现的证候。

【临床表现】胃脘、腹部胀满疼痛，走窜不定，痛而欲吐或欲泻，泻而不爽，嗳气，肠鸣，矢气，得嗳气、矢气后痛胀可缓解。或无肠鸣、矢气则胀痛加剧，或大便秘结，苔厚，脉弦。

【证候分析】多因情志不遂，外邪内侵，病理产物或病邪停滞，导致胃肠气机阻滞所致。

胃肠气机阻滞，传导、通降失司，则胃脘、腹部胀满疼痛；气或聚或散，则胀痛走窜不定；胃气失降而上逆，则嗳气、欲吐；肠道气滞不畅，则肠鸣、矢气频作，欲泻或泻而不爽；肠鸣、矢气之后，阻塞之气机暂得通畅，则胀痛得减；若气机阻塞严重，上不得嗳气，下不得矢气，气聚而不散，则脘腹胀痛加剧；胃肠之气不降，则大便秘结；苔厚，脉弦，为浊气内停，气机阻滞之征。

【辨证要点】以脘腹胀痛，嗳气，肠鸣，矢气为辨证依据。

十四、 食滞胃肠证

食滞胃肠证是指饮食停滞胃肠，以脘腹痞胀疼痛、呕泻酸馊腐臭等为主要表现的证候。

【临床表现】脘腹胀满疼痛、拒按，厌食，嗳腐吞酸，呕吐酸馊食物，吐后胀痛得减，或腹痛，肠鸣，矢气臭如败卵，泻下不爽，大便酸腐臭秽，舌苔厚腻，脉滑或沉实。

【证候分析】多因饮食不节，暴饮暴食所致，也可因脾胃虚弱，运化失司等原因导致。

食滞胃肠，胃失和降，气机不畅，则脘腹胀满疼痛、拒按；食积于内，不能受纳，则厌食；胃中未消化之食物夹腐浊之气上逆，则嗳腐吞酸，或呕吐酸馊食物，吐后胀痛得减；食积肠腑，阻塞气机，则腹痛，肠鸣，矢气臭如败卵，泻下不爽；腐败食物下注，则泻下之物酸腐臭秽；胃肠秽浊之气上蒸，则舌苔厚腻；脉滑或沉实，为食滞之征。

【辨证要点】以脘腹胀满疼痛、拒按，呕泻酸馊腐臭等为辨证依据。

胃病八证鉴别见表8-8。

表8-8 胃病八证鉴别表

证别	疼痛性质	呕吐	口味	二便	舌象	脉象
胃气虚证	胃脘痞胀隐痛喜按	恶心欲呕	口淡不渴	便溏不爽	舌淡苔白	缓弱
胃阳虚证	胃脘冷痛绵绵不休	泛吐清水	口渴不渴	便溏，完谷不化	舌淡胖，苔白滑	沉迟
胃阴虚证	隐隐灼痛	干呕呃逆	口干咽燥	大便干，小便短少	舌红少苔	细数
胃热炽盛证	胃脘灼痛	酸水	渴喜冷饮	大便秘结，小便黄	舌红苔黄	滑数
寒滞胃肠证	脘腹冷痛	口泛清水	口淡不渴	大便溏，小便清长	舌苔白滑	沉紧
寒饮停胃证	脘腹痞胀	清水痰涎	口淡不渴	大便黏滞不爽	苔白滑	沉弦
胃肠气滞证	胀满窜痛	嗳气	口淡不渴	便泻不爽，矢气	舌苔白厚	脉实
食滞胃肠证	脘腹胀痛	酸馊腐臭	口臭嗳腐	便泻酸腐臭秽	舌苔厚腻	滑实

知 识 链 接

胃病常见证中成药

　　胃气虚证，可选用四君子丸；胃阳虚证，可选用温胃舒、虚寒胃痛颗粒、附子理中丸；胃阴虚证，可选用阴虚胃痛颗粒、养胃舒；胃热炽盛证，可选用三黄片、清胃黄边丸；寒滞胃肠证，可选用良附丸、温胃舒、附子理中丸；寒饮停胃证，可选用二陈丸+平胃丸；胃肠气滞证，可选用香砂养胃丸、木香顺气丸；食滞胃肠证，可选用保和丸、枳术丸、小儿消食片。

项目四　肝与胆病辨证

　　肝居右胁，与胆互为表里。肝主疏泄，主藏血，在体为筋，其华在爪，在窍为目，在志为怒，在液为泪。肝的病变主要表现在疏泄失常，血不归藏，筋脉不利，各种目疾等方面。常见症状有精神抑郁，急躁易怒，善太息，胸胁、少腹、乳房胀痛，眩晕，手足抽搐，肢体震颤，目疾，月经不调，睾丸胀痛等。胆的生理功能是贮藏、排泄胆汁，主决断。胆病主要表现为胆汁的排泄异常和情绪方面，常见症状有口苦，黄疸，失眠，胆怯易惊等症。

　　肝的病证有虚、实之分，实证多见。虚证多因久病失养，他脏病变所累，失血，热病伤阴，而致肝血虚、肝阴不足；实证多因情志所伤，肝失疏泄，致肝郁气滞、肝火炽盛、肝阳上亢、肝风内动，及寒邪、湿热侵犯，致寒凝肝脉、肝胆湿热。胆病多为胆郁痰扰证。

一、 肝血虚证

肝血虚证是指血液亏虚，肝失濡养所表现的证候。

【临床表现】头晕眼花，视力减退或夜盲，或肢体麻木，关节拘急，手足震颤，肌肉瞤动，或女子月经量少、色淡，甚则经闭，爪甲不荣，面白无华，舌淡，脉细。

【证候分析】多因脾胃亏虚，化源不足；或失血过多；或久病重病，失治误治，耗伤肝血所致。

肝血不足，面目失养，则面白无华，头晕眼花，视力减退或夜盲；肝在体为筋，爪甲为筋之余，筋失血养，则肢体麻木，关节拘急，手足震颤，肌肉瞤动，爪甲不荣；女子以肝为先天，肝血不足，冲任失养，血海空虚，则月经量少、色淡，甚则经闭；舌淡，脉细，为血虚之象。

【辨证要点】以眩晕、视力减退、经少、肢麻震颤，与血虚症状并见为辨证依据。

二、 肝阴虚证

肝阴虚证是指阴液亏虚，肝失濡养，虚热内扰所表现的证候。

【临床表现】头晕眼花，两目干涩，视力减退，或胁肋隐隐灼痛，面部烘热或两颧潮红，或手足蠕动，口咽干燥，五心烦热，潮热盗汗，舌红少苔乏津，脉弦细数。

【证候分析】多因情志不遂，气郁化火，耗伤肝阴；或热病后期，阴液耗伤；或肾阴亏虚，水不涵木所致。

肝阴不足，头目失濡，则头晕眼花，两目干涩，视力减退；虚火上炎，则面部烘热，两颧潮红；肝脉失养，虚火内灼，疏泄失职，则胁肋隐隐灼痛；筋脉失养，则手足蠕动；五心烦热，潮热盗汗，口咽干燥，舌红少苔乏津，脉弦细数，为肝阴亏虚，虚热内扰之征。

知 识 链 接

肝血虚、肝阴虚二证的鉴别

肝血虚与肝阴虚同为肝之虚证，均有头晕眼花等表现。其不同点：肝血虚证为血虚，无热象，常见眩晕、视物模糊、妇女月经量少、肢体麻木、手足震颤等症；肝阴虚证为阴虚，虚热表现明显，常见两目干涩、胁肋隐痛、潮热盗汗、两颧潮红、手足蠕动等症。

【辨证要点】以头晕眼花，两目干涩，胁肋隐痛，与阴虚症状并见为辨证依据。

三、 肝气郁结证

肝气郁结证是指肝失疏泄，气机郁滞所表现的证候。又称肝郁气滞证。

【临床表现】情志抑郁，善太息，胸胁、少腹胀满疼痛，走窜不定。或咽部异物感，或颈部瘿瘤、瘰疬，或胁下肿块。妇女可见乳房胀痛，月经不调，痛经。苔薄白，脉弦。病情轻重与情绪变化关系密切。

【证候分析】多因精神刺激，情志不遂；或病邪侵扰，阻遏肝脉；或其他脏腑病变的影响，使肝气郁滞所致。

肝失疏泄，气机郁滞，则胸胁、少腹胀满疼痛、走窜不定，情志抑郁，善太息；肝郁气滞，血行不畅，气血失和，冲任失调，则见乳房胀痛，月经不调，痛经；肝气郁结，气郁生痰，痰气搏结于咽喉，则觉咽部异物感；痰气搏结于颈部，则为瘿瘤、瘰疬。气病及血，气滞日久致瘀，阻于胁下，则见胁下肿块；苔薄白，脉弦，为肝气郁结之象。

【辨证要点】多与情志因素有关，以情志抑郁，胸胁、少腹胀痛，善太息等为辨证依据。

四、 肝火炽盛证

肝火炽盛证是指肝经火盛，气火上逆所表现的证候。又称肝火上炎证，肝经实火证，简称肝火证。

【临床表现】头晕胀痛，痛势剧烈，面红目赤，口苦口干，急躁易怒，耳鸣如潮，甚或突发耳聋，失眠，恶梦纷纭。或胁肋灼痛，吐血、衄血，小便短黄，大便秘结，舌红苔黄，脉弦数。

【证候分析】多因情志不遂，肝郁化火，或因火热之邪内侵，或他脏火热累及于肝，以致肝经气火上逆所致。

肝火炽盛，循经上攻头目，气血壅滞脉络，则头晕胀痛，痛势剧烈，面红目赤；热灼气阻，则胁肋灼痛；热扰神魂，心神不宁，魂不宁舍，则急躁易怒，失眠，恶梦纷纭；肝热移胆，循经上冲于耳，则耳鸣如潮，甚或突发耳聋；肝火夹胆气上溢，则口苦；热盛迫血妄行，则吐血、衄血；火邪灼津，则口干，大便秘结，小便短黄；舌红苔黄，脉弦数，为肝经实火炽盛之征。

【辨证要点】以头晕胀痛、胁肋灼痛，与实热症状并见为辨证依据。

五、 肝阳上亢证

肝阳上亢证是指肝肾阴虚，不能制阳，以致肝阳偏亢所表现的上实下虚证候。又称阴虚阳亢证。

【临床表现】眩晕耳鸣，头目胀痛，面红目赤，急躁易怒，失眠多梦，头重脚轻，腰膝酸软，舌红少津，脉弦有力或弦细数。

【证候分析】多因性情多怒，气郁化火，耗伤肝肾之阴；或平素肾阴亏虚；或房劳太过伤肾，或年老肾阴亏虚，水不涵木，阴不制阳，肝阳偏亢所致。

肝肾阴虚，肝阳亢逆，气血上冲，则眩晕耳鸣，头目胀痛，面红目赤；亢阳扰动心神、肝魂，则急躁易怒，失眠多梦；肝阳亢于上，肾阴亏于下，上盛下虚，则头重脚轻；肝肾阴虚，筋骨失养，则腰膝酸软；舌红少津，脉弦有力或弦细数，为肝肾阴虚，肝阳亢盛之征。

【辨证要点】以眩晕耳鸣，头目胀痛，腰膝酸软，头重脚轻等为辨证依据。

六、 肝风内动证

肝风内动证是指因风阳、火热、阴血亏虚等所致，以肢体抽搐、眩晕、震颤等主要表现的证候。根据病因病性、临床表现的不同，常可分为肝阳化风、热极生风、阴虚动风和血虚生风四种证型。

（一）肝阳化风证

肝阳化风证是指肝阳上亢，肝风内动所表现的动风证候。

【临床表现】眩晕欲仆，步履不稳，头胀头痛，急躁易怒，头摇，肢体震颤，手足麻木，语言謇涩，面赤，舌红，或有苔腻，脉弦细有力。甚至突然昏仆，口眼㖞斜，半身不遂，舌强语謇。

【证候分析】多由肝阳素亢，耗伤阴液；或情志不遂，化火伤阴；或肝肾阴亏，阴不制阳，阳亢日久而化风所致。

肝阳上亢，阴不制阳，阳亢化风，则眩晕欲仆，头摇，步履不稳；气血壅滞络脉，则头胀头痛，面赤；风动筋脉挛急，阴亏筋脉失养，则肢体震颤，手足麻木；风阳窜扰，夹痰阻碍舌络，则语言謇涩；舌红，或有苔腻，脉弦细有力，为阴虚阳亢之征。若风阳暴升，气血逆乱，肝风夹痰，蒙蔽清窍，则突然昏仆；风痰窜扰经络，经气不利，则见口眼歪斜，半身不遂，舌强语謇。

【辨证要点】以眩晕欲仆、头摇、肢体震颤、手足麻木、步履不稳，甚或猝然昏仆、半身不遂等为辨证依据。

（二）热极生风证

热极生风证是指邪热炽盛，耗伤津液，筋脉失养所表现的动风证候。

【临床表现】高热口渴，烦躁谵语或神昏，颈项强直，两目上视，手足抽搐，角弓反张，牙关紧闭，舌红绛，苔黄燥，脉弦数。

【证候分析】多因外感温热病邪，邪热亢盛，燔灼肝经，伤津耗液，筋脉失养所致。

邪热内盛，则高热；热扰心神，则烦躁谵语或神昏；邪热炽盛，燔灼肝经，筋脉拘挛，则手足抽搐，颈项强直，两目上视，角弓反张，牙关紧闭；舌红绛，苔黄燥，脉弦数，为肝经热盛之征。

【辨证要点】以高热，神昏，抽搐等为辨证依据。

（三）阴虚动风证

阴虚动风证是指阴液亏虚，筋脉失养所表现的动风证候。

【临床表现】手足震颤、蠕动，或肢体抽搐，眩晕耳鸣，口燥咽干，形体消瘦，五心烦热，潮热颧红，舌红少津，脉弦细数。

【证候分析】多因外感热病后期，阴液耗损，或内伤久病，阴液亏损，筋脉失养所致。

肝阴不足，筋脉失养，筋膜挛急，则手足震颤、蠕动，或肢体抽搐；阴虚不能上濡头面，则眩晕耳鸣；形体消瘦，口燥咽干，五心烦热，潮热颧红，舌红少津，脉弦细数，皆为阴液不足，虚热内炽之征。

【辨证要点】以眩晕，手足蠕动，与阴虚症状并见为辨证依据。

（四）血虚生风证

血虚生风证是指血液亏虚，筋脉失养所表现的动风证候。

【临床表现】眩晕，肢体震颤、麻木，手足拘急，肌肉瞤动，皮肤瘙痒，爪甲不荣，面白无华，舌质淡白，脉细或弱。

【证候分析】多因久病血虚，或急、慢性失血，以致营血亏虚，筋脉肌肤失养所致。

肝血不足，不能上荣头面，则眩晕，面白无华；筋失血养，则肢体震颤，手足拘急，肌肉瞤动，爪甲不荣；肢体、皮肤失养，则肢体麻木，皮肤瘙痒；舌淡，脉细或弱，为血虚之征。

【辨证要点】以眩晕，肢体麻木，手足震颤，肌肉瞤动，与血虚症状共见为辨证依据。

肝风内动四证的鉴别见表8-9。

表8-9　肝风内动四证的鉴别表

证别	性质	主症	兼症	舌象	脉象
肝阳化风证	上实下虚	眩晕欲仆，头摇肢颤，语言謇涩，或猝然昏仆、不省人事，偏瘫	手足麻木，头重脚轻，步履不稳，舌强不语	舌红，苔白或腻	弦细有力
热极生风证	实证	手足抽搐，颈项强直，两目上视，角弓反张，牙关紧闭	高热烦躁，神昏	舌红绛，苔黄燥	弦数有力
阴虚动风证	虚证	手足蠕动	五心烦热，潮热盗汗，颧红，口干，消瘦	舌红少津	细数
血虚生风证	虚证	手足瘛疭，肢体麻木，肌肉瞤动	眩晕耳鸣，视力减退，面色淡白，爪甲不荣	舌淡苔白	细弱

七、 寒凝肝脉证

寒凝肝脉证是指寒邪侵袭，凝滞肝脉，以少腹、前阴、颠顶等处冷痛为主要表现的实寒证候。又称寒凝肝经证，肝寒证，肝经实寒证。

【临床表现】少腹冷痛，阴部坠胀作痛，或阴器收缩引痛，或颠顶冷痛，得温则减，遇寒痛重，恶寒肢冷，舌淡，苔白润，脉沉紧或弦紧。

【证候分析】多因感受外寒，寒凝肝经经脉所致。

足厥阴肝经绕阴器，循少腹，上颠顶。寒邪内侵肝经，导致气血运行不畅，经气不利，则少腹冷痛，阴部坠胀作痛，或阴器收缩引痛，或颠顶冷痛；寒凝气血，则疼痛遇寒加重，得热则减；寒邪阻遏，阳气失布，则恶寒肢冷。舌淡，苔白润，脉沉紧或弦紧，为寒盛之象。

【辨证要点】以少腹、前阴、颠顶等处冷痛，与实寒症状并见为辨证依据。

八、 肝胆湿热证

肝胆湿热证是指湿热蕴结肝胆，疏泄失常所表现的证候。以阴痒、带下黄臭等为主要表现者，称肝经湿热下注证。

【临床表现】身目发黄，胁肋胀痛，或胁下痞块，纳呆，厌食油腻，泛恶欲呕，腹胀，大便不调，小便短赤，发热或寒热往来，口苦口干，舌红，苔黄腻，脉弦滑数。或阴部潮湿、瘙痒、湿疹，阴器肿痛，带下黄稠臭秽等。

知 识 链 接

肝胆湿热证与湿热蕴脾证的鉴别

肝胆湿热证与湿热蕴脾证均有发热，苔黄腻，脉滑数等湿热证候，但前者以胁肋胀痛灼热，胁下痞块，黄疸，阴部湿痒、湿疹、肿痛等为主症；后者以腹胀，纳呆，呕恶，大便不调等为主症。

【证候分析】多因外感湿热之邪，侵犯肝胆或肝经；或嗜食肥甘，酿生湿热；或脾胃纳运失常，湿浊内生，郁结化热，湿热壅滞肝胆所致。

湿热蕴结，肝胆疏泄失常，气机不畅，则胁肋胀痛灼热；胆汁不循常道，外溢肌肤，则身目发黄；胆气上逆，则口苦；若气滞血瘀，则胁下痞块；肝气乘脾犯胃，脾胃纳运失司，升降失常，则纳呆，厌食油腻，泛恶欲呕，腹胀，大便不调；湿热循经下注，则阴部潮湿、瘙痒、湿疹，或阴器肿痛，或带下黄稠臭秽。邪居少阳胆经，枢机不利，正邪相争，则寒热往来；发热，口干，小便短赤，舌红，苔黄腻，脉弦滑数，皆为湿热内蕴之象。

【辨证要点】以胁肋灼热胀痛，身目发黄，阴部瘙痒，带下黄臭，与湿热症状并见为辨证依据。

九、胆郁痰扰证

胆郁痰扰证是指胆失疏泄，痰浊或痰热内扰所表现的证候。

【临床表现】胆怯易惊，惊悸不宁，失眠多梦，烦躁不安，胸胁闷胀，善太息，头晕目眩，耳鸣，口苦，呕恶，吐痰涎，舌淡红或红，苔白腻或黄滑，脉弦缓或弦数。

【证候分析】多因情志不遂，气郁化火，灼津为痰，痰热互结，内扰心神，胆气不宁，心神不安所致。

痰浊内蕴，胆气不宁，心神不安，则胆怯易惊，或惊悸不宁，失眠多梦，烦躁不安；胆气郁滞，失于疏泄，气机不利，则胸胁闷胀，善太息；胆脉络头目、入耳，痰热内蕴，循经上犯，则头晕目眩，耳鸣；热蒸胆气上溢，则口苦；胆气犯胃，胃失和降，则泛恶欲呕；舌淡红，苔白腻，脉弦缓，为痰浊内蕴之征；舌红，苔黄滑，脉弦数，为痰热内蕴之象。

【辨证要点】以胆怯易惊，失眠多梦，眩晕，口苦呕恶，苔腻等为辨证依据。

知识链接

肝病常见证的中成药推介

肝阴虚证，可选用二至丸、杞菊地黄丸；肝气郁结证，轻者可选用逍遥丸、加味逍遥丸，重者可选用柴胡疏肝丸；肝火炽盛证、肝胆湿热证，可选用龙胆泻肝丸。

项目五　肾与膀胱病辨证

肾位腰部，与膀胱互为表里。肾的生理功能主藏精，主水，主纳气，在体合骨，生髓充脑，其华在发，在窍为耳及二阴，在志为恐，在液为唾。肾的病变主要反映在生长发育、生殖机能障碍，水液代谢失常，呼吸功能减退，以及脑、髓、骨、发、耳及二便异常等方面。常见症状有腰膝酸软或疼痛，耳鸣耳聋，齿摇发脱；阳痿遗精，精少不育；经少经闭，不孕；水肿，气喘，二便异常等。膀胱的生理功能为贮尿和排尿。其病变主要为小便异常，常见症状有尿频、尿急、尿痛、尿闭，以及遗尿、小便失禁等。

肾病多虚，多因禀赋不足，或幼年精气未充，或老年精气亏损，或房事不节，或他脏病久及肾等所致。常见肾阳虚、肾虚水泛、肾阴虚、肾精不足、肾气不固等证。膀胱病多实证，主要是因湿热蕴结所致的膀胱湿热证，膀胱的虚证多归于肾虚。

一、肾阳虚证

肾阳虚证是指肾阳亏虚，机体失去温煦所表现的虚寒证候。又称命门火衰证。

【临床表现】腰膝酸软冷痛，畏寒肢冷，下肢为甚，精神萎靡，面色㿠白或黧黑，或小便清长，夜尿频多，或男子阳痿早泄、滑精精冷，女子宫寒不孕，或久泄不止，完谷不化，五更泄泻，舌淡胖，苔白滑，脉沉迟无力，尺脉尤甚。

【证候分析】多因素体阳虚，年老体衰，久病不愈，房劳过度，或其他脏腑病变伤久肾阳所致。

肾阳虚衰，不能温暖腰膝、肢体，则腰膝酸软冷痛，畏寒肢冷，下肢尤甚；肾阳亏虚，失于振奋，则精神萎靡；阳虚不能温运气血荣面，则面色㿠白；肾阳虚惫，气血运行不畅，则面色黧黑；命门火衰，性机能减退，则阳痿早泄、滑精精冷，女子宫寒不孕；命门火衰，火不暖土，脾失健运，则久泄不止，完谷不化，五更泄泻；肾阳不足，气化失职，肾气不固，则小便清长，夜尿频多；舌淡胖，苔白滑，脉沉迟无力，尺脉尤甚，为肾阳不足之征。

【辨证要点】以腰膝冷痛，畏寒肢冷，性欲减退，夜尿频多，与阳虚症状并见为辨证依据。

二、肾虚水泛证

肾虚水泛证是指肾阳亏虚，气化失权，水湿泛滥所表现的证候。

【临床表现】身体浮肿，腰以下尤甚，按之没指，小便短少，腰膝冷痛，畏寒肢冷，或腹部胀满，或见心悸，气短，咳喘痰鸣，舌质淡胖，苔白滑，脉沉迟无力。

【证候分析】多因素体阳虚，或久病房劳伤阳所致。

肾阳虚衰，不能蒸腾气化，水湿泛溢肌肤，则身体浮肿，小便短少；阳虚气化不行，水湿趋下，则腰以下肿甚，按之没指；温煦失职，则腰膝冷痛，畏寒肢冷；火不暖土，脾失健运，气机阻滞，则腹部胀满；水气凌心，抑遏心阳，则心悸；水寒射肺，肺失宣降，则咳嗽气喘，喉中痰鸣；舌质淡胖，苔白滑，脉沉迟无力，为阳虚水停之征。

【辨证要点】以身体浮肿、腰以下尤甚，心悸，咳喘，与肾阳虚症状并见为辨证依据。

三、 肾阴虚证

肾阴虚证是指肾阴亏损，失于濡润，虚热内扰所表现的证候。

【临床表现】腰膝酸软，头晕，耳鸣，齿松，发脱，男子遗精、早泄、阳强易举，女子经少或经闭、崩漏，失眠，健忘，口干咽燥，形体消瘦，五心烦热，潮热盗汗，骨蒸发热，午后颧红，小便短黄，舌红少津，少苔或无苔，脉细数。

【证候分析】多因虚劳久病，耗伤肾阴；禀赋不足，肾阴素亏；情欲妄动，阴精内损；过服温燥，劫夺肾阴；温病后期，消灼肾阴所致。

肾阴不足，脑髓、官窍、骨骼失养，则腰膝酸软，头晕，耳鸣，健忘，齿松，发脱；虚热内扰于骨，则骨蒸发热；肾水亏虚，水火失济，心神不宁，则失眠；虚热扰动精室，精关不固，则男子遗精、早泄、阳强易举；阴精虚损，经血来源不足，则女子经少或经闭；若阴不制阳，虚火亢盛，迫血妄行，则崩漏；形体消瘦，五心烦热，盗汗，口干咽燥，两颧潮红，小便短黄，舌红少津，少苔或无苔，脉细数，为阴虚内热之象。

【辨证要点】以腰膝酸软，眩晕耳鸣，男子遗精，女子经少，与阴虚症状并见为辨证依据。

四、 肾精不足证

肾精不足证是指肾精亏损，生长发育、生殖功能障碍所表现的证候。

【临床表现】小儿生长发育迟缓，身材矮小，囟门迟闭，智力低下，骨骼痿软；男子精少不育，女子经闭不孕，性欲减退；成人早衰，腰膝酸软，耳鸣耳聋，发脱齿松，健忘恍惚，神情呆钝，两足痿软，动作迟缓，舌淡，脉弱。

【证候分析】多因禀赋不足，后天失养，肾精不充；或因久病劳损，房事不节，耗伤肾精所致。

肾精不足，无以化气生血，充肌长骨，则小儿生长发育迟缓，身体矮小，囟门迟闭，智力低下，骨骼痿软；肾精不足，生殖功能低下，则男子精少不育，女子经闭不孕，性功能减退；成人肾精亏虚，无以充髓实脑，则健忘恍惚，神情呆钝；肾之华在发，齿为骨之余，肾精不足，则发脱，齿松；肾开窍于耳，脑为髓海，精少髓亏，则耳鸣耳聋；肾精不养腰府，则腰膝酸软；精亏骨失充养，则两足痿软，动作迟缓；舌淡，脉弱，为虚弱之象。

【辨证要点】以小儿生长发育迟缓，成人生殖机能减退，以及早衰等为辨证依据。

五、 肾气不固证

肾气不固证是指肾气不足，下元失固所表现的证候。

【临床表现】腰膝酸软，神疲乏力，耳鸣失聪，小便频数而清，或尿后余沥不尽，或遗尿，或夜尿频多，或小便失禁；男子滑精、早泄；女子月经淋漓不尽，或带下清稀量多，或胎动易滑，舌淡，苔白，脉弱。

【证候分析】多因年高体弱，肾气亏虚；先天不足，肾气不充；或房劳、久病、早婚伤肾所致。

肾气亏虚，脑、耳、腰膝失养，则腰膝酸软，神疲乏力，耳鸣失聪。肾气虚弱，气化无力，膀胱失约，则小便频数而清，或尿后余沥不尽，或遗尿，或夜尿频多，或小便失禁；肾气亏损，精关不固，则男子滑精、早泄。肾气虚衰，冲任不固，带脉失约，则女子月经淋漓不尽，或带下清稀量多，或胎动滑胎；舌淡，苔白，脉弱，为肾气亏虚，失于充养所致。

【辨证要点】以腰膝酸软，小便、精液、经带、胎气不固与气虚症状并见为辨证依据。

六、 膀胱湿热证

膀胱湿热证是指湿热蕴结膀胱，膀胱气化失司所表现的证候。

【临床表现】小便频数、急迫、短黄，排尿灼热、涩痛，或小便混浊、尿血、有砂石，或腰部、小腹胀痛，发热，口渴，舌红，苔黄腻，脉滑数或濡数。

【证候分析】多因外感湿热之邪，侵及膀胱，或饮食不节，湿热内生，下注膀胱所致。

湿热蕴结膀胱，热迫尿道，故小便频数、急迫、短黄，排尿灼热、涩痛；湿热煎熬，津液被灼，则尿短黄，或混浊，或成砂石；湿热伤及血络，迫血妄行，则尿血；膀胱湿热波及小腹、腰部，经气失调，则腰部、小腹胀痛；发热，口渴，舌红，苔黄腻，脉滑数或濡数，为湿热内蕴之象。

【辨证要点】以尿频、尿急、尿灼痛，与湿热症状并见为辨证依据。

项目六 脏腑兼病辨证

人体在生理上是一个有机的整体，因而发生病理变化时常互相影响。凡两个或两个以上脏腑发生病变时，即为脏腑兼病。

一、 心肺气虚证

心肺气虚证是指心肺两脏气虚所表现的证候。

【临床表现】心悸，胸闷，咳嗽，气短而喘，动则尤甚，吐痰清稀，神疲乏力，声低懒言，自汗，面色淡白，舌淡，苔白，或唇舌淡紫，脉弱或结代。

【证候分析】多因久病咳喘，耗伤肺气，累及于心；或年高体弱，劳倦太过等，心肺之气损伤所致。

心气虚弱，鼓动无力，则心悸；肺气虚弱，肃降无权，气机上逆，则咳嗽，气短而喘；宗气亏虚，气滞胸中，则胸闷；卫外不固，则自汗；动则耗气，加重气虚程度，则活动后诸症加重；气虚水津不布，停聚为痰，则吐痰清稀；气虚脏腑机能活动减弱，则神疲乏力，声低懒言，面色淡白；舌淡，苔白，或唇舌淡紫，脉弱或结代，为心肺气虚之征。

【辨证要点】以心悸、咳喘、胸闷，与气虚症状并见为辨证依据。

二、 心脾两虚证

心脾两虚证是指心血不足，脾气虚弱所表现的证候。又称心脾气血虚证。

【临床表现】心悸怔忡，失眠多梦，头晕健忘，食欲不振，腹胀，便溏，神疲乏力，或皮下紫斑，女子月经量少色淡、淋漓不尽，面色萎黄，舌淡嫩，脉弱。

【证候分析】多因病久失调，或思虑劳神太过，或饮食不节，损伤脾胃，或慢性出血，血亏气耗所致。

心血不足，神失所养，心神不宁，则心悸怔忡，失眠多梦，头晕健忘。脾气虚弱，运化无权，则食欲不振，腹胀，便溏；摄血无权，则皮下紫斑，女子月经量少、色淡，淋漓不尽。面色萎黄，神疲乏力，舌质淡嫩，脉细弱，为气血亏虚之象。

【辨证要点】以心悸失眠，腹胀便溏，紫斑，与气血亏虚症状并见为辨证依据。

三、 心肝血虚证

心肝血虚证是指心肝两脏血虚，组织器官失养所表现的证候。

【临床表现】心悸健忘，失眠多梦，头晕目眩，两目干涩，视物模糊，肢体麻木，震颤拘挛，女子月经量少色淡，甚则经闭，面白无华，爪甲不荣，舌质淡白，脉细弱。

【证候分析】多因思虑劳神，暗耗阴血，或失血过多，心肝血亏所致。

心血不足，神失所养，心神不安，则心悸健忘，失眠多梦；肝血不足，目失所养，则两目干涩，视物模糊；筋脉、爪甲失于濡养，则爪甲不荣，肢体麻木，震颤拘挛；女子以血为本，心肝血虚，冲任失养，则月经量少色淡，甚至经闭；头晕目眩，面白无华，舌质淡白，脉细弱，为血虚之象。

【辨证要点】以心悸失眠，视物模糊，肢体麻木，与血虚症状并见为辨证依据。

四、 心肾不交证

心肾不交证是指心肾阴液亏虚，阳气偏亢所表现的证候。又称心肾阴虚阳亢（火旺）证。

【临床表现】心烦失眠，惊悸健忘，头晕，耳鸣，腰膝酸软，或梦遗，五心烦热，潮热盗汗，咽干口燥，便结尿黄，舌红少苔或无苔，脉细数。

【证候分析】多因劳神太过，耗损心肾之阴，或房室不节，肾阴亏损，不能上济心火所致。

心火下降于肾，以温肾水；肾水上济于心，以制心火，心肾相交，则水火既济。若肾水不足，心火失济，则心阳偏亢；或心火独炽，下及肾水，以致肾阴亏于下，火炽于上，水火不济，心阳偏亢，心神不宁，则心烦失眠，惊悸；肾阴亏损，骨髓不充，脑髓失养，则头晕，耳鸣，健忘；腰膝失养，则腰膝酸软；虚火扰动精室，则梦遗；五心烦热，潮热盗汗，咽干口燥，舌红少苔或无苔，脉细数，为阴虚内热之象。

【辨证要点】以心悸失眠，健忘遗精，腰膝酸软，与肾阴虚症状并见为辨证依据。

五、 心肾阳虚证

心肾阳虚证是指心肾阳气虚衰，失于温煦，阴寒内生所表现的虚寒证候。又称心肾虚寒证，水肿明显者，可称水气凌心证。

【临床表现】心悸怔忡，胸闷气喘，畏寒肢冷，肢体浮肿，腰以下甚，小便不利，神疲乏力，腰膝冷痛，唇甲青紫，舌淡紫，苔白滑，脉弱。

【证候分析】多因心阳虚衰，病久及肾，或肾阳亏虚，气化失司，水气凌心所致。

肾阳亏虚，气化失司，水气上犯凌心，则心悸怔忡，胸闷气喘；肾阳不振，水液内停，泛溢肌肤，则肢体浮肿，腰以下甚，小便不利；温运无力，血行不畅，则唇甲青紫，舌淡紫；心肾阳虚，失于温养，则畏寒肢冷，神疲乏力；苔白滑，脉弱，为心肾阳虚之征。

【辨证要点】以心悸，水肿，与虚寒症状并见为辨证依据。

六、 肺脾气虚证

肺脾气虚证是指肺脾气虚，脾失健运，肺失宣降所表现的虚弱证候。

【临床表现】久咳不止，气短而喘，咯痰清稀，食欲不振，食少，腹胀，食后尤甚，便溏，面部虚浮，下肢微肿，少气懒言，神疲乏力，面白无华，舌淡，苔白滑，脉弱。

【证候分析】多因久病咳喘，耗损肺气，肺虚及脾；或饮食不节，损伤脾胃，脾虚及肺所致。

久病咳喘，耗伤肺气，宣降失职，气逆于上，则咳喘不止，气短；肺气虚，不能输布水津，聚湿生痰，则咯痰清稀；脾气虚，运化无权，则食欲不振，食少，腹胀，食后尤甚；水湿不化，流注于肠道，则便溏；水湿泛滥于肌肤，则面部虚浮，下肢微肿；少气懒言，神疲乏力，面白无华，舌淡，苔白滑，脉弱，均为气虚之象。

【辨证要点】以咳喘气短，腹胀便溏，与气虚症状并见为辨证依据。

七、 肺肾气虚证

肺肾气虚证是指肺肾气虚，摄纳无权，气不归元所表现的证候。又称肾不纳气证。

【临床表现】喘息短气，呼多吸少，动则尤甚，语声低微，自汗乏力，腰膝酸软，耳鸣，尿随咳出，舌淡，苔白，脉弱。

【证候分析】多因久病咳喘，耗伤肺气，病久及肾；或劳伤太过，先天不足，年老体弱，肾气亏虚，纳气无权所致。

肺为气之主，肾为气之根，肺肾气虚，降纳无权，气不下纳，则喘息短气，呼多吸少，动则尤甚；肾气虚，形体、官窍失于充养，则腰膝酸软，耳鸣；肺肾气虚，下纳与封藏失司，则尿随咳出；语声低微，自汗乏力，舌淡，苔白，脉弱，为气虚之象。

【辨证要点】以喘息短气，呼多吸少，动则喘甚，尿随咳出，与气虚症状并见为辨证依据。

八、 肺肾阴虚证

肺肾阴虚证是指肺肾两脏阴虚，虚火内扰所表现的证候。

【临床表现】咳嗽痰少，或痰中带血，或声音嘶哑，腰膝酸软，形体消瘦，口燥咽干，骨蒸潮热，盗汗，颧红，或男子遗精，女子经少、崩漏，舌红，少苔或无苔，脉细数。

【证候分析】多因燥热、痨虫耗伤肺阴；或久病咳喘，损伤肺阴，病久及肾；或房劳太过，肾阴耗伤，由肾及肺所致。

肺阴亏损，失于滋养，虚火扰动，清肃失职，则咳嗽痰少；损伤肺络，则痰中带血；虚火熏灼，咽喉失润，则声音嘶哑；肾阴不足，腰膝失其濡养，则腰膝酸软；阴虚内热，扰动精室，则男子遗精；肾水不足，冲任空虚，则女子经少；虚热亢盛，迫血妄行，则崩漏；形体消瘦，口燥咽干，骨蒸潮热，盗汗，颧红，舌红，少苔或无苔，脉细数，均为阴虚内热之象。

【辨证要点】以咳嗽少痰，声音嘶哑，腰膝酸软，遗精，与阴虚症状并见为辨证依据。

九、 脾肾阳虚证

脾肾阳虚证是指脾肾阳气亏虚，温化无权所表现的虚寒证候。

【临床表现】腰膝、下腹冷痛，畏寒肢冷，久泻久痢，或五更泄泻，完谷不化，便质清冷，或全身水肿，小便不利，面色㿠白，舌淡胖，苔白滑，脉沉迟无力。

【证候分析】多因久泄久痢，脾阳损伤，不能充养肾阳；或水邪久踞，肾阳受损，不能温暖脾阳，导致脾肾阳气同时受损所致。

脾肾阳虚，运化、吸收水谷精微及排泄二便功能失职，则久泻久痢；不能腐熟水谷，则完谷不化，便质清冷；寅卯之交，阴气极盛，阳气未复，命门火衰，阴寒凝滞，则黎明前腹痛泄泻，称为五更泄泻；脾肾阳虚，不能温化水液，泛溢肌肤，则全身水肿，小便不利；腰膝失于温养，则腰膝冷痛；阳虚阴寒内盛，气机凝滞，则下腹冷痛；阳虚不能温煦全身，则畏寒肢冷；阳虚水泛，面部浮肿，则面色㿠白；舌淡胖，苔白滑，脉沉迟无力，均为阳气水寒内停之征。

【辨证要点】以腰膝、下腹冷痛，久泻不止，浮肿，与虚寒症状并见为辨证依据。

十、 肝肾阴虚证

肝肾阴虚证是指肝肾阴液亏虚，阴不制阳，虚热内扰所表现的虚热证候。

【临床表现】头晕目眩，耳鸣，健忘，胁肋隐痛，腰膝酸软，失眠多梦，口燥咽干，或五心烦热，盗汗，颧红，或男子遗精，女子月经量少，舌红，少苔或无苔，脉细数。

【证候分析】多因久病失调，阴液亏虚；或情志内伤，化火伤阴；或房事不节，耗伤肾阴；或温热病久，津液被劫，导致肝肾阴虚所致。

肝肾阴亏，水不涵木，肝阳上亢，则头晕目眩；不能上养清窍，濡养腰膝，则耳鸣，健忘，腰膝酸软；肝络失养，经气不利，则胁肋隐痛；虚火上扰，心神不宁，则失眠多梦；肝肾阴虚，相火妄动，扰动精室，精关不固，则男子遗精；肝肾阴伤，冲任失充，则女子月经量少；口燥咽干，五心烦热，盗汗，颧红，舌红，少苔或无苔，脉细数，均为阴虚内热之象。

【辨证要点】以腰膝酸软，胁肋隐痛，眩晕耳鸣，与虚热症状并见为辨证依据。

十一、 肝脾不调证

肝脾不调证是指肝失疏泄，脾失健运所表现的证候。又称肝郁脾虚证、肝脾不和证、肝气乘脾证。

【临床表现】胸胁胀满窜痛，善太息，情志抑郁，或急躁易怒，食少，腹胀，肠鸣矢气，便溏不爽，或腹痛欲泻、泻后痛减，或大便溏结不调，舌苔白，脉弦或缓弱。

【证候分析】多因所愿不遂，郁怒伤肝，肝失条达，横乘脾土；或饮食不节、劳倦太过，损伤脾气，脾失健运，湿壅木郁，肝失疏泄所致。

肝失疏泄，经气郁滞，则胸胁胀满窜痛；太息可引气舒展，气郁得散，胀闷得舒，故善太息；肝气郁滞，情志不畅，则精神抑郁；气郁化火，肝失柔顺之性，则急躁易怒；肝气横逆犯脾，脾气虚弱，不能运化水谷，则食少腹胀；气滞湿阻，则肠鸣矢气，便溏不爽，或溏结不调；肝气犯脾，气机郁滞，运化失常，则腹痛欲泻；便后气机得畅，故泻后痛缓。舌苔白，脉弦或缓弱，为肝郁脾虚之征。

【辨证要点】以胸胁胀满窜痛、善太息等肝郁证候，与腹胀便溏，肠鸣矢气等脾气虚证候并见为辨证依据。

十二、 肝胃不和证

肝胃不和证是指肝气郁结，横逆犯胃，胃失和降所表现的证候。又称肝气犯胃证，肝胃气滞证。

【临床表现】胁肋、胃脘胀满疼痛，走窜不定，嗳气，吞酸嘈杂，呃逆，不思饮食，情绪抑郁，善太息，或急躁易怒，舌淡红，苔薄白或薄黄，脉弦或弦数。

【证候分析】多因情志不遂，肝气郁结，横逆犯胃，胃失和降所致。

情志不遂，肝失疏泄，横逆犯胃，胃气郁滞，则胁肋、胃脘胀满疼痛，走窜不定；胃气上逆，则嗳气，呃逆；肝失条达，则情绪抑郁，善太息；气郁化火，肝失柔顺，则急躁易怒；肝气犯胃，胃不主受纳，则吞酸嘈杂，不思饮食；舌淡红，苔薄白，脉弦，为肝气郁结之征；若气郁化火，则舌红，苔薄黄，脉弦数。

【辨证要点】以胁肋、胃脘胀满窜痛，呃逆嗳气，吞酸嘈杂为辨证依据。

十三、 肝火犯肺证

肝火犯肺证是指肝火炽盛，上逆犯肺，肺失清肃所表现的证候。又称木火刑金证。

【临床表现】胸胁灼痛，急躁易怒，头胀头晕，面红目赤，口苦口干，咳嗽阵作，痰黄稠黏，甚则咳血，舌红，苔薄黄，脉弦数。

【证候分析】多因郁怒伤肝，气郁化火；或邪热内蕴，肝火炽盛，上逆犯肺所致。

肝火炽盛，上逆犯肺，肺失清肃，则咳嗽阵作；火热灼津，炼液为痰，则痰黄稠黏；火灼肺络，络伤血溢，则咳血。肝火内郁，经气不畅，则胸胁灼痛，急躁易怒；肝火上扰，气血上逆，则头胀头晕，面红目赤；热蒸胆气上溢，则口苦口干；舌红，苔薄黄，脉弦数，为肝火内炽之征。

【辨证要点】以胸胁灼痛、急躁易怒、咳嗽阵作等，与实热症状并见为辨证依据。

知 识 链 接

脏腑兼病常见证的中成药推介

心肺气虚证，可选用参脉饮；心脾两虚证，可选用归脾丸或人参归脾丸；心肝血虚证，可选用四物颗粒、阿胶补血口服液；心肾不交证，可选用天王补心丹；心肾阳虚证，可选用参附强心丸或附子理中丸；肺脾气虚证，可选用四君子丸、补中益气丸；肺肾气虚证，可选用都气丸、蛤蚧定喘胶囊；肺肾阴虚证，可选用麦味地黄丸；脾肾阳虚证，可选用附子理中丸；肝肾阴虚证，可选用六味地黄丸；肝脾不调证、肝胃不和证，可选用逍遥丸、柴胡疏肝丸、木香顺气丸。

项目七　脏腑辨证技能训练

【实训目的】

通过病案分析与讨论，学会运用脏腑辨证的基本理论，准确辨别脏腑证候。

【实训学时】

2学时。

【实训准备】

1. 学生　分组。复习脏腑辨证的相关知识。
2. 教师　准备所需病案资料。

【实训方法】

个人准备，分组讨论，教师讲评。

【实训内容】

病例1　李某，男，3岁。其母代诉，口腔痛3天，拒食饭菜，只喝牛奶，渴喜冷饮，烦躁不安，夜寐不宁，大便2日未解，小便短赤。查体：身热（体温38℃），面赤，舌尖红，舌面多处溃烂，舌苔黄，脉数。

要求：①写出主诉。②中医病名诊断。③证名诊断及依据。④证候分析。

病例2　赵某，男，20岁，2014年11月15日就诊。主诉：咳嗽，吐黄痰3天。3天前受凉后咳嗽气急，咽喉痛，并伴恶风发热，头痛，周身不适，鼻流黄涕，逐渐出现吐痰黄稠，咳嗽频剧。舌红，苔薄黄，脉浮数。听诊两肺可闻及呼吸音增粗。X线摄片提示：肺部未见异常。

要求：①写出中医病名诊断。②运用中医理论分析各临床表现的意义。③给出证名诊断。④证候分析。

病例3　张某，男，41岁，2014年6月2日就诊。主诉：全身水肿，腰以下甚，伴肢冷，便溏半年。半年前不明原因出现全身水肿，尤以腰以下为甚，反复发作，西医按"慢性肾炎"治疗，效果不佳。现症见：全身水肿，腰以下为甚，按之凹陷而不易恢复，脘腹胀闷，纳减，便溏，小便短少，面色不华，神倦肢冷，舌质淡，苔白腻，脉沉弱。

要求：①找出主症。②病名诊断（西医、中医）。③证名诊断。④证候分析。

病例4　何某，男，37岁。2016年10月20日就诊。主诉：间断性胃脘痛7年，加重

1月。7年前因饮食不节而致胃脘疼痛，经西医治疗，疼痛缓解。但此后每遇饮食不慎，胃痛即发。一月前因过食生冷之品而使病情加重。现症见：胃脘隐痛，喜温喜按，空腹痛甚，得食痛减，泛吐清水，纳食减少，神疲乏力，手足不温，大便溏薄，舌淡，苔白，脉迟无力。胃镜示：胃、十二指肠溃疡。

要求：①试给出病名诊断（西医、中医）。②分析各临床表现的意义。③证名诊断。④进行证候分析。

病例5 曹某，女，23岁，2008年4月18日初诊。患者平素性格内向，沉默寡言。2周前与人争吵后，一直情绪郁闷，自觉两胁胀痛，善太息。今行经为第4天，少腹、乳房胀痛不适，经量偏少，色稍暗，苔薄，脉弦。

要求：①试写出主诉。②分析各临床表现的意义。③证名诊断。④用多种方法进行辨证。

病例6 马某，男，66岁。患者高血压、心脏病史多年，近2个月来病情加重。现头晕乏力，恶心不食，小腹坠胀，腰膝冷痛，形寒肢冷，小便点滴不出，大便稀溏，颜面四肢浮肿，舌淡苔白滑，脉弦细。实验室检查：血肌酐730μmol/L，尿素氮51.3mmol/L，CO_2CP14.2mmol/L。试做出诊断并治疗。

要求：①写出主诉。②中医病名诊断。③证名诊断及依据。④证候分析。

病历7 王某，女，33岁。2014年10月15日就诊。主诉：胃脘胀痛，嗳气2周。2周前因家庭矛盾心情不舒，致胃脘胀痛，攻撑走窜，痛连两胁，胸闷，嗳气不舒，善太息，不思饮食，舌苔薄白，脉弦。胃镜示：浅表性胃炎。

要求：①试给出病名诊断（西医、中医）。②分析各临床表现的意义。③证名诊断。④进行证候分析。

【实训小结】

你对上述病历的分析与诊断结果，与老师讲评有无出入，如有错漏，错在哪里？找出发生的原因。

⋯⋯

目标检测

A1 型题

1. 下列各项，不属于心阳虚临床表现的是（　　）
   A. 面唇青紫　　　　　B. 舌质淡胖　　　　　C. 心悸气短
   D. 脉结代　　　　　　E. 心胸灼痛

2. 心悸与下列哪项同见，对诊断心阴虚证有意义（　　）

A. 失眠   B. 面白   C. 健忘

D. 头晕   E. 舌红，少苔

3. 肺气虚证的咳喘特点是（　　）

A. 咳喘痰多，色白清稀   B. 咳喘胸闷，喉中痰鸣   C. 咳喘痰少，不易咳出

D. 咳喘痰多，痰黏易咯   E. 咳喘无力，咯痰清稀

4. 下列各项，为肺阴虚证与燥邪犯肺证鉴别要点的是（　　）

A. 痰量的多少   B. 有无五心烦热   C. 舌色的红淡

D. 吐痰的难易   E. 有无口干咽燥

5. 脾气虚、脾阳虚、脾气下陷、脾不统血证的共同见症是（　　）

A. 畏寒肢冷   B. 食少，便溏   C. 便血，月经量多

D. 腹痛，喜温喜按   E. 脘腹重坠，食后益甚

6. 对鉴别寒湿困脾证与脾胃湿热证有重要意义的是（　　）

A. 有无脘腹痞胀   B. 有无纳呆、呕恶   C. 黄疸鲜明或晦暗

D. 是否腹胀、便溏   E. 是否肢体困重

7. 胁肋胀痛，厌食，口苦，舌红，苔黄腻，此属（　　）

A. 脾胃湿热证   B. 胆郁痰扰证   C. 少阳病证

D. 肝胆湿热证   E. 肝气郁结证

8. 下列各项，不属于肝气郁结证的是（　　）

A. 情志抑郁   B. 咽部异物感   C. 胸胁胀痛

D. 视物模糊   E. 经来腹胀痛

9. 患者屡次滑胎，此次妊娠期中又见腰膝酸软，神疲无力，舌淡，苔白，此属（　　）

A. 脾气下陷证   B. 肾精不足证   C. 气血亏虚证

D. 肾阳虚证   E. 肾气不固证

10. 月经淋漓不断、色红，伴头晕耳鸣，烦热，腰膝酸软，脉细数，此属（　　）

A. 肝阴虚证   B. 血热证   C. 肾阴虚证

D. 心肾不交证   E. 肝肾阴虚证

A2 型题

11. 某女，31 岁。精神抑郁，表情淡漠，神识痴呆，举止失常，舌苔白腻，此属（　　）

A. 痰迷心窍证   B. 风痰上扰证   C. 肝气郁结证

D. 痰火扰心证   E. 胆郁痰扰证

12. 某男，39 岁。小便赤涩灼痛，兼面赤，口渴，心烦不寐，舌红，脉数，此属（　　）

A. 心火亢盛证   B. 膀胱湿热证   C. 小肠实热证

D. 阴虚火旺证   E. 下焦湿热证

13. 某男，42岁。恶风发热，口干咽燥，咳嗽，痰少而黏，不易咳出，此属（　　）

　　A. 燥邪犯肺证　　　　　　B. 痰热壅肺证　　　　　　C. 肺阴虚证

　　D. 风热犯肺证　　　　　　E. 肝火犯肺证

14. 某男，53岁。干咳少痰，难咯，口干咽燥，两颧潮红，潮热，舌红，少苔，脉细数，此属（　　）

　　A. 燥邪犯肺证　　　　　　B. 肺肾阴虚证　　　　　　C. 肺阴虚证

　　D. 肝火犯肺证　　　　　　E. 痰热壅肺证

15. 某女，35岁。纳呆，脘痞，呕恶，身重，身热起伏，尿黄，便溏，苔黄腻，此属（　　）

　　A. 肝胆湿热证　　　　　　B. 大肠湿热证　　　　　　C. 脾胃湿热证

　　D. 膀胱湿热证　　　　　　E. 食滞胃肠证

16. 某女，26岁。因两天前与同事吵架后，胸胁、乳房胀闷痛，善太息，咽喉如梗，食欲不振，舌质淡红，苔薄白，脉弦，此属（　　）

　　A. 肝气郁结证　　　　　　B. 肝火上炎证　　　　　　C. 肝阴虚证

　　D. 脾气虚证　　　　　　　E. 胃阴虚证

17. 某女，29岁。头晕眼花，少气乏力，心悸失眠，食少，舌质淡白，此属（　　）

　　A. 肝肾阴虚证　　　　　　B. 肝阳上亢证　　　　　　C. 肝火上炎证

　　D. 胆郁痰扰证　　　　　　E. 心脾两虚证

18. 某女，58岁。眩晕，头目胀痛，面红目赤，急躁，行走飘浮，腰酸，舌红，少苔，此属（　　）

　　A. 肝肾阴虚证　　　　　　B. 肝阳上亢证　　　　　　C. 肝火上炎证

　　D. 胆郁痰扰证　　　　　　E. 心脾两虚证

B 型题

　　A. 心悸气短，少气懒言　　B. 心悸气短，畏寒肢冷　　C. 心悸失眠，唇舌色淡

　　D. 心悸心烦，潮热盗汗　　E. 心悸闷痛，痛引肩背

19. 属于心脉痹阻证的是（　　）

20. 属于心阳虚证的是（　　）

　　A. 寒湿困脾证　　　　　　B. 湿热蕴脾证　　　　　　C. 脾肾阳虚证

　　D. 寒滞胃肠证　　　　　　E. 脾阳虚证

21. 黎明泄泻，畏寒肢冷，面白神疲，脉沉迟无力，此属（　　）

22. 泄泻清稀，甚如水样，脘腹痞闷，呕恶，苔白腻，此属（　　）

　　A. 肝肾阴虚证　　　　　　B. 肝阳上亢证　　　　　　C. 肝火上炎证

　　D. 胆郁痰扰证　　　　　　E. 心脾两虚证

23. 头晕眼花，神疲乏力，少气懒言，面色萎黄无华，心悸失眠，口淡乏味，食少，舌淡，此属（　　）

24. 眩晕，头目胀痛，面红目赤，急躁易怒，头重脚轻，腰膝酸软，舌红，少苔，此属（　　）

    A. 胃气虚证　　　　　　　B. 胃阳虚证　　　　　　　C. 寒滞胃肠证

    D. 胃热炽盛证　　　　　　E. 食滞胃脘证

25. 胃脘绵绵冷痛，喜温喜按，泛吐清水，口淡食少，此属（　　）

26. 胃脘灼痛，消谷善饥，口臭龈烂，渴喜饮冷，此属（　　）

    A. 心悸气短，咳喘无力　　B. 心悸失眠，腹胀便溏　　C. 心悸健忘，肢体麻木

    D. 心烦不寐，腰膝酸软　　E. 心悸怔忡，腰膝冷痛

27. 心肺气虚证的主症是（　　）

28. 心脾两虚证的主症是（　　）

    A. 头晕胀痛，口苦易怒　　B. 头晕目眩，胆怯易惊　　C. 头晕眼花，心悸健忘

    D. 头晕耳鸣，腰膝酸软　　E. 头痛眩晕，头重脚轻

29. 胆郁痰扰证的主症是（　　）

30. 肾阴亏虚证的主症是（　　）

扫一扫，知答案

模 块 九

其他辨证方法

【学习目标】

1. 掌握六经辨证、卫气营血辨证、三焦辨证的概念和内容。重点掌握三种辨证各证候的基本概念、临床表现、辨证要点，以及直中、传经、合病、并病、逆传的概念。

2. 熟悉六经辨证、卫气营血辨证、三焦辨证的传变规律，以及其证候分析。

3. 了解六经辨证、卫气营血辨证、三焦辨证的代表作、成书年代、作者及其在辨证体系中的作用和地位。

📖 案例导入

1. 王某，男，42岁。2002年8月13日初诊。患者3天前，因寒战高热，体温高达40.5℃，经用柴胡注射液、补液等治疗无效。刻诊：寒热交替，口干目眩，胸胁胀满，恶心呕吐，不思饮食，小便黄赤，舌红苔黄厚，脉弦而数。

问题：根据前面的学习，你认为该患者应属什么证候？你想知道还可以用什么方法辨证吗？

2. 朱某，男，10岁。2006年7月29日入院。入院情况：患儿因发热5天，昏迷1天而入院。体检：体温41℃，神志昏迷，呼吸急促，眼球震颤，下肢强直，有轻度抽搐。入院后经抽脑脊液检查及血清补体结合试验，诊断为乙脑。7月30日上午初诊：体温39.5℃，身热夜甚，神昏谵语，四肢微抽搐，呼吸气促，胸部斑疹隐隐，舌红绛，苔黑，脉数而疾。

问题：你想知道本病用什么方法辨证最简便吗？那就一起进入下面的学习吧！

中医学的辨证方法，除了前面的辨证方法外，还有六经辨证、卫气营血辨证和三焦辨证，主要应用于外感病的辨证。

项目一 六经辨证

六经辨证始见于《伤寒论》，由张仲景在《素问·热论》的理论基础上，结合伤寒病的证候特点和传变规律而总结出来的一种辨证方法。

它以六经（太阳经、阳明经、少阳经、太阴经、少阴经、厥阴经）为纲，将外感病演变过程中所表现的各种证候，总结归纳为三阳病（太阳病、阳明病、少阳病）和三阴病（太阴病、少阴病、厥阴病）六类，分别从邪正盛衰、病变部位、病势进退及其相互传变等方面阐述外感病各阶段的病变特点。凡是抗病能力强、病势亢盛的，为三阳病证；抗病力衰减、病势虚弱的，为三阴病证。

六经病证是经络、脏腑病理变化的反映。其中三阳病证以六腑的病变为基础，三阴病证以五脏的病变为基础。所以六经辨证的应用，不限于外感时病，也可用于内伤杂病。

一、太阳病证

太阳病证是指外感伤寒病初期所表现的证候。太阳统摄营卫，主一身之大表，为诸经之藩篱。太阳为三阳之首，外邪侵袭人体，多从肌表而入，太阳首当其冲与邪抗争，故最先表现出太阳病证。《伤寒论》太阳病之提纲为"太阳之为病，脉浮，头项强痛而恶寒"。根据其发病后的不同表现，太阳病又可分为太阳经证和太阳腑证。

（一）太阳经证

太阳经证是指风寒之邪侵犯人体肌表，正邪抗争，营卫失和，以恶寒、脉浮、头痛等为主要表现的证候。可分为太阳中风证和太阳伤寒证。

1. **太阳中风证** 是指风邪袭于肌表，卫气不固，营阴不能内守而外泄出现的一种证候。

【临床表现】发热，恶风，汗出，头痛，脉浮缓。或见鼻鸣干呕。

【证候分析】太阳主表，统摄营卫。风邪袭表，营卫失调，卫阳被郁，则恶风；卫气与外邪抗争，则发热；邪客肌表，卫外不固，营阴不能内守，则汗出；风邪袭表，汗出肌腠疏松，营阴不足，则脉浮缓。外邪侵入肺胃，肺气失宣，则鼻鸣；胃气失降，则干呕。

【辨证要点】以发热、恶风、汗出、脉浮缓等为辨证依据。

2. **太阳伤寒证** 是指寒邪袭表，太阳经气不利，卫阳被束，营阴郁滞所表现出的证候。

【临床表现】恶寒，发热，头项强痛，体痛，无汗而喘，脉浮紧。

【证候分析】寒邪袭表，卫阳被郁，肌肤失于温煦，则恶寒；卫气与寒邪交争，则发热；卫阳被遏，寒性收引、凝滞，营阴郁滞，筋脉失煦，则头项强痛，体痛；寒邪束表，腠理闭塞，则无汗；肺失宣肃，则喘；正气驱邪于外，而寒邪紧束于表，故见脉浮紧。

【辨证要点】以恶寒、发热、无汗、脉浮紧为辨证依据。

（二）太阳腑证

太阳腑证是指太阳经证不解，内传入腑所表现出的证候。因病机不同，又分为太阳蓄水证和太阳蓄血证。

1. 太阳蓄水证　是指太阳经证不解，邪与水结，膀胱气化失司，水液停蓄所表现出的证候。

【临床表现】发热恶寒，小便不利，小腹满，口渴，或水入即吐，脉浮或浮数。

【证候分析】太阳经证不解，故见发热恶寒、脉浮等表证；邪热内传膀胱之腑，气化失职，邪与水结，水液停蓄，故见小便不利，小腹满；水停而气不化津，津液不能上承，则口渴。若饮多则水停于胃，胃失和降，故水入即吐。

【辨证要点】以小便不利、小腹满，与太阳经证并见为辨证依据。

2. 太阳蓄血证　是指太阳经证不解，邪热内传，与血相结于少腹所表现的证候。

【临床表现】少腹急结或硬满，小便自利，如狂或发狂，善忘，大便色黑如漆，脉沉涩或沉结。

【证候分析】太阳经热内传，血热搏结于少腹，则少腹急结，或硬满；瘀热内结，上扰心神，则神志错乱如狂或发狂，善忘；病在血分，未影响膀胱气化功能，故小便自利；瘀血下行随大便而出，则大便色黑如漆。瘀热内阻，故脉沉涩或沉结。

【辨证要点】以少腹急结、小便自利、大便色黑等为辨证依据。

二、 阳明病证

阳明病证，是指伤寒病发展过程中，阳热亢盛，胃肠燥热所表现的证候。为外感病的极期阶段，以身热汗出、不恶寒、反恶热为基本特征。病位主要在肠胃，根据邪热入里是否与肠中积滞互结，分为阳明经证和阳明腑证。

（一）阳明经证

阳明经证是指邪热亢盛，充斥阳明之经，弥漫全身，肠中并无燥屎内结所表现出的证候，又称阳明热证。

【临床表现】身大热，不恶寒，反恶热，汗大出，大渴引饮，心烦躁扰，面赤，气粗，苔黄燥，脉洪大。

【证候分析】阳明为多气多血之经，阳气亢盛，邪入阳明最易化燥化热。里热炽盛，弥漫全身，蒸腾于外，故见身大热，不恶寒，反恶热；邪热熏蒸，迫津外泄，故汗大出；

热盛伤津，汗出复伤津液，故大渴引饮；邪热上扰，神志不宁，故心烦躁扰；气血涌盛于面，则面赤；热迫于肺，呼吸不利，则气粗；苔黄燥，脉洪大，为阳明里热炽盛之征。

【辨证要点】以大热、大汗、大渴、脉洪大为辨证依据。

（二）阳明腑证

阳明腑证是指阳明经邪热不解，由经入腑，与肠中糟粕互结，阻塞肠道所表现出的临床证候，又称阳明腑实证。

【临床表现】日晡潮热，手足濈然汗出，脐腹胀满疼痛，拒按，大便秘结，甚则神昏谵语、狂躁不得眠，舌苔黄厚干燥，或起芒刺，甚至苔焦黑燥裂，脉沉实或滑数。

【证候分析】阳明经气旺于日晡，四肢禀气于阳明，肠腑实热弥漫，故日晡潮热，手足濈然汗出；邪热与糟粕结于肠中，腑气不通，故脐腹胀满疼痛，大便秘结；邪热上扰心神，则见神昏谵语，狂躁不得眠。燥热内结，津液被劫，故舌苔黄厚干燥，或起芒刺，或焦黑燥裂；邪热亢盛，有形之邪阻滞，脉道壅滞，故脉沉实，若邪热迫急，则脉滑数。

【辨证要点】以潮热汗出、腹满痛、便秘、脉沉实（痞、满、燥、实）等为辨证依据。

三、少阳病证

少阳病证是指外邪侵袭，邪正分争于半表半里之间，少阳枢机不利所表现出的临床证候。少阳病从其病位来看，是已离太阳之表，而又未入阳明之里，正是半表半里之间，因而在其病变的机转上属于半表半里的热证。可由太阳病不解内传，或病邪直犯少阳，或三阴病阳气来复，转入少阳而发病。

【临床表现】口苦，咽干，目眩，寒热往来，胸胁苦满，默默不欲饮食，心烦喜呕，脉弦。

【证候分析】少阳受病，胆火上炎，灼伤津液，故见口苦、咽干；少阳风火上腾，则目眩；邪犯少阳，邪正交争于半表半里，故见寒热往来；胸胁是少阳经循行部位，邪热壅于少阳，经脉阻滞，气血不和，则胸胁苦满；肝胆疏泄不利，影响及胃，胃失和降，则见默默不欲饮食，欲呕；胆热扰心，则心烦；肝胆受病，气机郁滞，故见脉弦。

【辨证要点】以寒热往来、胸胁苦满等为辨证依据。

四、太阴病证

太阴病证是指邪犯太阴，脾胃功能衰弱所表现出的临床证候。太阴病中之"太阴"主要是指脾（胃）而言。可由三阳病治疗失当，损伤脾阳，也可因脾气素虚，寒邪直中而起病。

【临床表现】腹满而吐，食不下，大便泄泻，口不渴，时腹自痛，四肢欠温，舌苔白腻，脉沉缓而弱。

【证候分析】太阴病总的病机为脾胃虚寒，寒湿内聚。脾土虚寒，中阳不足，脾失健运，寒湿内生，湿滞气机，则腹满；寒邪内阻，气血运行不畅，故时腹自痛；中阳不振，寒湿下注，则大便泄泻；寒湿犯胃，胃失和降，则呕吐；脾失健运，则食不下；下焦气化未伤，津液尚能上承，则口不渴；阳虚而失于温煦，故四肢欠温；脾阳虚弱，鼓动无力，故脉沉缓而弱。

【辨证要点】以腹满时痛、腹泻等虚寒表现为辨证依据。

五、 少阴病证

少阴病证是指少阴心肾阳虚，虚寒内盛所表现出的全身性虚弱的一类临床证候。少阴病证为六经病变发展过程中最危险的阶段。病至少阴，心肾功能衰减，抗病能力减弱，病证或从阴化寒，或从阳化热，因而在临床上有寒化、热化两种不同证候。

（一）少阴寒化证

少阴寒化证是指心肾阳气虚衰，阴寒独盛，病性从阴化寒所表现出的临床证候。

【临床表现】无热恶寒，但欲寐，四肢厥冷，下利清谷，呕不能食，或食入即吐；或身热反不恶寒，甚至面赤，脉微细。

【证候分析】病至少阴，心肾阳气俱虚，故表现为整体的虚寒证候。阳气衰微，阴寒内盛，失于温养，故无热恶寒，但欲寐，四肢厥冷；阳虚不能温运脾胃，故下利清谷，呕不能食，或食入即吐；阴寒极盛于下，残阳格拒于上，则自觉身热反不恶寒，甚至面赤；心肾阳虚，鼓动无力，则脉微细。

【辨证要点】以无热恶寒、四肢厥冷、下利清谷、脉微细等为辨证依据。

（二）少阴热化证

少阴热化证是指心肾阴虚阳亢，病性从阳化热所表现出的临床证候。

【临床表现】心烦不得眠，口燥咽干，舌尖红，脉细数。

【证候分析】邪入少阴，从阳化热，热灼真阴，肾阴亏，心火亢，心肾不交，故心烦不得眠；阴亏失润，故口燥咽干；阴伤热灼，内耗营阴，故舌尖红，脉细数。

【辨证要点】以心烦不得眠、咽干、舌红、脉细数为辨证依据。

六、 厥阴病证

厥阴病证是指病至厥阴，机体阴阳调节功能发生紊乱，所表现出的阴阳对峙、寒热交错、厥热胜复的临床证候。

【临床表现】消渴，气上撞心，心中疼热，饥而不欲食，食则吐蛔。

【证候分析】厥阴病为六经病之末，多由化经传变而成。其基本病理变化为上热下寒。

邪入厥阴，心包之火炎上，则上热；热灼津伤，则消渴饮水；厥阴之脉夹胃，上贯膈，火性炎上，肝气横逆莫制，则见气上撞心，心中疼热；又因下焦有寒，脾失健运，更因肝木乘犯，则不能进食，强食则吐，内有蛔虫者，常可吐出蛔虫。

【辨证要点】以上热下寒、寒热错杂为辨证依据。

七、 六经病证的传变

六经病证是脏腑、经络病变的反映，而脏腑、经络之间又是相互联系不可分割的整体，因此，六经病证可以相互传变，从而表现出传经、直中、合病、并病等。

（一）传经

病邪从外侵入，逐渐向里发展，由某一经病证转变为另一经病证，称为"传经"。传经与否，取决于体质的强弱、感邪的轻重、治疗得当与否三个方面。如邪盛正衰，则发生传变；正盛邪退，则病转痊愈。身体强壮者，病变多传三阳；体质虚弱者，病变多传三阴。此外，误汗、误下也能传入阳明，还可以不经少阳、阳明而径传三阴。传经的一般规律有：

1. **循经传** 按六经次序相传。如太阳病不愈，传入阳明；阳明不愈，传入少阳；三阳不愈，传入三阴，首传太阴，次传少阴，终传厥阴。

2. **越经传** 不按上述循经次序，隔一经或隔两经相传。如太阳病不愈，不传阳明，而传少阳，或不传阳明、少阳而直传太阴。越经传的原因，多由病邪亢盛，正气不足所致。

3. **表里传** 按相为表里的经相传。如太阳传入少阴、少阳传入厥阴、阳明传入太阴，是邪盛正虚，由实转虚，病情加剧的证候，与越经传含义不同。

（二）直中

凡病邪初起不从阳经传入，而直中阴经，表现出三阴证候的为直中。

（三）合病

两经或三经同时发病，称为"合病"。如太阳阳明合病，太阳太阴合病。

（四）并病

凡一经病证未罢，又见他经病证的，称为并病。如太阳病，发汗不彻而见阳明病证，称太阳阳明并病。

以上所述，都属由外传内，由阳传阴。此外，还有一种里邪出表，由阴转阳的阴病转阳证。所谓阴病转阳，就是本为三阴病而转变为三阳证，为正气渐复，病有向愈的征象。

项目二 卫气营血辨证

卫气营血辨证，是清代医学家叶天士首创的一种论治外感温热病的辨证方法。卫、气、营、血，即卫分证、气分证、营分证、血分证这四类不同证候。当温热病邪侵入人体，一般先起于卫分，邪在卫分郁而不解则传变而入气分，气分病邪不解，以致正气虚弱，津液亏耗，病邪乘虚而入营血，营分有热，动血耗阴势必累及血分。

一、卫分证

卫分证是指温热病邪侵犯人体肌表，致使肺卫功能失常所表现的证候。

【临床表现】发热，微恶风寒，少汗，头痛，全身不适，口微渴，舌边尖红，苔薄黄，脉浮数，或有咳嗽、咽喉肿痛。

【证候分析】卫分证是温热病的初起阶段。温热之邪侵及卫表，卫气阻遏不能布达于外，故发热，微恶风寒；温邪上犯，肺失宣降，气逆于上，故咳嗽；上灼咽喉，气血壅滞，故咽喉肿痛；上扰清窍，则头痛；卫气被郁，腠理开合失司，则少汗；邪在肺卫之表，津伤不重，故口微渴。舌边尖红，苔薄黄，脉浮数，为邪热在卫表的征象。

【辨证要点】以发热而微恶风寒、舌边尖红、脉浮数为辨证依据。

二、气分证

气分证是指温热病邪内传脏腑，正盛邪炽，阳热亢盛所表现的里实热证候。由于邪入气分及所在脏腑、部位的不同，可导致多种证候，常见有热壅于肺、热扰胸膈、热在胃腑、热迫大肠等。

【临床表现】发热，不恶寒反恶热，舌红苔黄，脉数；常伴有心烦、口渴、尿赤等症。若兼咳喘、胸痛，咯痰黄稠者，为热壅于肺；若兼心烦懊恼、坐卧不安者，为热扰胸膈；若兼口渴甚、便秘、舌苔黄燥者，为热入胃腑；若兼胸痞、烦渴、下利、谵语者，为热迫大肠。

【证候分析】温热病邪，入于气分，正邪剧争，阳热亢盛，故发热，尿赤、舌红、苔黄、脉数；邪不在表，故不恶寒而反恶热；热甚津伤，故口渴；热扰心神故心烦。热壅于肺，气机不利，故咳喘、胸痛；肺热炼液成痰，故咯痰黄稠。热扰胸膈，郁而不达，故心烦懊恼、坐卧不宁。热入胃腑，津液被灼，则口渴甚，便秘，苔黄燥。热迫大肠，肠热炽甚，热结旁流，则胸痞，烦渴，下利，谵语。

【辨证要点】以发热不恶寒、舌红苔黄、脉数有力为辨证依据。

三、营分证

营分证是指温热病邪内陷营阴所表现的证候。营行脉中，内通于心，故营分证以营阴受损，心神被扰的病变为其特点。

【临床表现】身热夜甚，口渴不甚，心烦不寐，甚或神昏谵语，斑疹隐现，舌质红绛，脉细数。

【证候分析】邪热入营,灼伤营阴,真阴被劫,故身热夜甚;邪热蒸腾营阴上朝于口,故口渴不甚;邪热深入营分,心神被扰,故心烦不寐,甚或神昏谵语;热伤血络,则见斑疹隐隐;舌质红绛,脉细数,为邪热入营、营阴劫伤之征。

【辨证要点】以身热夜甚、心烦不寐、舌绛、脉细数等为辨证依据。

四、 血分证

血分证是指温热邪气深入血分,热盛动血、伤阴、动风所表现出的证候。

【临床表现】身热夜甚,躁扰不宁,甚或谵语神昏,斑疹显露、色紫黑,吐血、衄血、便血、尿血,舌质深绛,脉细数。或见抽搐,颈项强直,角弓反张,目睛上视,牙关紧闭,脉弦数;或见手足蠕动、瘛疭等;或见持续低热,暮热早凉,五心烦热,神疲欲寐,耳聋,形瘦,脉虚细。

【证候分析】血分证是温热病发展过程中最为深重的阶段,病变主要累及心、肝、肾三脏。主要表现为血热妄行、热盛动风和血热伤阴三大类型。

邪热入血,灼伤阴血,阴虚内热,夜间阳入于阴,故身热夜甚;血热内扰心神,故躁扰不宁,甚或谵语神昏。

邪热迫血妄行,则见出血诸症;邪热灼津,血行壅滞,故斑疹紫黑,舌质深绛,脉细数。

若血分热炽,燔灼肝经,筋脉挛急,则见"动风"诸症。若肝阴不足,筋失所养,可见手足蠕动、瘛疭等虚风内动之象。

若邪热久羁,劫灼肝肾之阴,阴虚内热,故见持续低热,暮热早凉,五心烦热;肾阴亏耗,耳窍失养,故耳聋;神失所养,则神疲欲寐;形体失养,则体瘦;脉虚细,为精血不充之象。

【辨证要点】以身热夜甚、神昏谵语、出血动风、舌深绛为辨证依据。

五、 卫气营血的传变

温热病的发展过程,实际上就是卫气营血的传变过程,究其传变规律,有顺传、逆传两种。

(一) 顺传

外感温热病多起于卫分,渐次传入气分、营分、血分,即由浅入深、由表及里,按照卫→气→营→血的次序传变,标志着邪气步步深入,病情逐渐加重。

(二) 逆传

即不依上述次序传变,又可分为两种:一是指不循次序传,如在发病初期不一定出现卫分证候，而直接出现气分、营分或血分证候；二是指传变迅速而病情重笃，如热势弥漫，不但气分、营分有热，而且血分亦受燔灼，出现气营同病，或气血两燔。

项目三　三焦辨证

三焦辨证，是清代医家吴鞠通在《温病条辨》中，创立的对外感温热病进行辨证归纳的一种方法。

三焦辨证将外感温热病的证候归纳为上焦病证、中焦病证、下焦病证，用以阐明三焦所属脏腑在温热病发展过程中不同阶段的病理变化、证候表现及其传变规律。

一、　上焦病证

上焦病证是指温热病邪，侵袭上焦肺和心包所表现的证候。

【临床表现】发热，微恶风寒，头痛，汗出，口渴，咳嗽，舌边尖红，脉浮数或两寸独大；或见但热不寒，咳嗽，气喘，口渴，苔黄，脉数；甚则高热，大汗，谵语神昏或昏愦不语，舌蹇肢厥，舌质红绛。

【证候分析】温热之邪犯表，卫气失和，肺气失宣，故见发热，微恶风寒，咳嗽，舌边尖红，脉浮数或两寸独大等症。温邪上扰清窍，则头痛；伤津，则口渴；迫津外泄，则汗出。邪热入里，故身热不恶寒；邪热壅肺，肺失肃降而上逆，则见咳嗽，气喘；口渴，苔黄，脉数，均为邪热内盛之征。

若肺经之邪不解，病情严重时，温热之邪可逆传心包。邪陷心包，热扰心神甚或热闭心神，则见谵语神昏，或昏聩不语，舌蹇；里热炽盛，蒸腾于外，则见高热，大汗；阳热内郁，不达四肢，故肢厥；灼伤营阴，则舌质红绛。

【辨证要点】以发热汗出、咳嗽气喘或谵语神昏等为辨证依据。

二、　中焦病证

中焦病证，是指温热病邪侵袭中焦脾胃，邪从燥化或邪从湿化所表现出的证候。上焦病不解顺传至中焦，则表现出脾胃之证。脾与胃同居中焦而相表里，而其特性各不相同。胃性喜润恶燥，邪入阳明而燥化，则出现阳明燥热证候；脾性喜燥而恶湿，邪入太阴从湿化，则出现太阴的湿热证候。

（一）阳明燥热证

阳明燥热证是指温热之邪传入中焦，邪从燥化，出现阳明燥热的证候。

【临床表现】身热面赤，呼吸气粗，腹满，便秘，神昏谵语，渴欲饮冷，口干唇裂，小便短赤，苔黄燥或焦黑起刺，脉沉实有力。

【证候分析】邪入阳明，热炽津伤，胃肠失润，燥屎内结，故见腹满、便秘；邪热蒸腾，则身热面赤，呼吸气粗；热扰心神，故见神昏谵语；灼津耗液，则渴欲饮冷，口干唇裂，小便短赤；苔黄燥或焦黑起刺，脉沉实有力，为燥热内结，津液被劫之征。

【辨证要点】以壮热、便秘、腹满、苔燥、脉实为辨证依据。

本证病机与临床表现和六经辨证中的阳明病证基本相同。但本证为感受温邪，传变快，人体阴液消耗较多。

（二）太阴湿热证

太阴湿热证是指湿热之邪阻滞中焦，脾虚不运，胃失和降而致的证候。

【临床表现】身热不扬，头身重痛，胸脘痞闷，泛恶欲呕，大便不爽或溏泄，苔黄腻，脉濡数。

【证候分析】邪从湿化，湿热郁阻中焦，脾失健运，胃失和降，故见胸脘痞闷，泛恶欲呕，大便不爽或溏泄；湿遏热伏，郁于肌腠，故身热不扬；湿性重着，湿热郁阻，气机不畅，故头身重痛；苔黄腻，脉濡数，为湿热内蕴之象。

【辨证要点】以身热不扬、脘痞、苔腻、脉濡为辨证依据。

三、下焦病证

下焦病证是指温热之邪犯及下焦，劫夺肝肾之阴所表现的证候。

【临床表现】身热颧红，手足心热，口燥咽干，神倦，耳聋，或见手足蠕动、瘛疭，心中憺憺大动，舌绛苔少，脉细数或虚大。

【证候分析】温病后期，邪传下焦，损及肝肾之阴。肾阴亏耗，耳失充养，故耳聋；神失阴精充养，故神疲；阴亏不能制阳，虚热内生，则见身热颧红、口燥咽干、手足心热、舌绛苔少、脉虚大；热邪久羁，真阴被灼，水亏木旺，筋失所养，虚风内扰，以致出现手足蠕动，甚或瘛疭、心中憺憺大动等症。

【辨证要点】以身热颧红、手足蠕动或瘛疭、舌绛苔少等为辨证依据。

四、三焦病证的传变

三焦病证的传变取决于病邪性质和正气强弱。阴虚体质，正气偏盛，或邪气偏盛，则病多从燥化，为阳明燥化证，入下焦则为肝肾阴虚证。阳虚体质，正气不足，邪气偏寒，则病入中焦多寒湿，为太阴湿化证，入下焦，既可伤阴，又可伤阳。

三焦病证的传变规律，一般有顺传和逆传两种形式。

（一）顺传

温热病邪从上焦证发病，依次为中焦证和下焦证。标志着病位由浅入深，病情由轻到重的病变过程。

（二）逆传

温热病邪发于上焦，不入中焦，直陷心包。提示邪热炽盛，病情危重。

除此以外，也可见其他传变：如病自上焦而愈，不再下传；病自上焦，不经中焦而直入下焦；起病即为中焦太阴病证，或直接为厥阴病证。

目标检测

A1 型题

1. 关于太阳中风证的论述，不正确的是（   ）

   A. 为太阳经证之一　　　B. 恶风发热，汗出　　　C. 治宜调和营卫

   D. 头项强痛　　　　　　E. 脉浮数

2. 阳明经证与阳明腑证的鉴别要点是（   ）

   A. 肠中有无燥屎内结　　B. 神志有无变化　　　　C. 汗出的多少

   D. 腹满的轻重　　　　　E. 发热的高低

3. 关于少阳病的临床表现表述，错误的是（   ）

   A. 神情默默　　　　　　B. 寒热往来　　　　　　C. 胸胁苦满

   D. 大便燥结　　　　　　E. 目眩口苦

4. 太阴病证的主要临床表现是（   ）

   A. 腹满而吐，食不下　　B. 呕不能食，但欲寐　　C. 气上撞心，饥不欲食

   D. 心烦喜呕，默不欲食　E. 小腹满，水入即吐

5. 下列各项，不属卫分证辨证要点的是（   ）

   A. 发热　　　　　　　　B. 微恶风寒　　　　　　C. 心烦口渴

   D. 舌边尖红　　　　　　E. 脉浮数

6. 下列各项，属营分证病机特点的是（   ）

   A. 热在心肝，伤阴动血　B. 热在营分，阴液耗伤　C. 热灼营阴，耗血动血

   D. 热灼营阴，心神被扰　E. 热在心营，伤阴动风

7. 上焦病证的病位是（   ）

   A. 肺与皮毛　　　　　　B. 肺　　　　　　　　　C. 肺与大肠

   D. 心包　　　　　　　　E. 肺与心包

A2 型题

8. 患者，病发一日，见恶寒发热，头项强痛，体痛，无汗而喘，脉浮紧。证属（   ）

   A. 太阳中风证　　　　　B. 太阳伤寒证　　　　　C. 太阳蓄水证

   D. 太阳蓄血证　　　　　E. 表热证

9. 患者，日晡潮热，腹胀满疼痛，便秘，谵语，狂乱，苔黄厚燥，脉沉迟有力，证属（　　）

  A. 阳明经证   B. 阳明腑证   C. 少阳病证

  D. 气分病证   E. 中焦病证

10. 患者，消渴，气上冲心，心中疼热，饥不欲食，证属（　　）

  A. 阳明病证   B. 太阴病证   C. 少阴病证

  D. 少阳病证   E. 厥阴病证

11. 患者，身热夜甚，口不甚渴饮，心烦不寐，甚或神昏谵语，斑疹隐隐，舌红绛，脉细数。证属（　　）

  A. 血分证   B. 气分证   C. 营分证

  D. 气血两燔证   E. 气营两燔证

B 型题

  A. 无热恶寒，但欲寐   B. 腹满而吐，食不下   C. 少腹急结，或发狂

  D. 发热恶寒，小腹满   E. 恶寒发热，脉浮紧

12. 太阳蓄血证的临床表现为（　　）

13. 太阴病证的临床表现是（　　）

14. 少阴寒化证的临床表现是（　　）

扫一扫，知答案

下篇 诊断综合运用

诊断是对病情资料进行综合处理的过程，是一个极为复杂的思维过程。疾病的临床表现复杂多样，有明显、隐晦、轻微、显著、真象、假象等差别，病证有先后、标本、合病、并病等不同。医生要在复杂多变的病情发展过程中抓住疾病的本质，做出正确诊断，就必须善于对各种诊断方法进行综合运用，并进行科学的思维，才能提高临床诊断的水平。

本篇所讨论的诊断思路与方法、病案书写，就是诊断综合运用的体现。

模块十

诊断思路与方法

扫一扫，看课件

【学习目标】

1. 掌握病情资料综合处理的要点，辨证的思维法则、辨证的逻辑思维、辨证的基本内容，疾病诊断的概念、方法、途径和意义，辨证和辨病相结合的临床意义。

2. 重点掌握辨证的步骤和辨证的基本内容。培养熟练运用辨证思维的法则、方法、内容、步骤，综合处理病情资料，进行辨证与辨病的能力。

3. 熟悉四诊与辨证、辨病的关系及其诊断的基本思路，病名诊断的方法。

4. 了解正确对待中医病名的有关内容。

案例导入

1. 郭某，男，56 岁，2008 年 12 月 1 日初诊。患者先天不足，体质较弱，自幼常患咳嗽，尤以冬季为甚，5 年前由于工作过于疲劳，再因淋雨受寒，遂致恶寒发热，咳喘交作，经过治疗，寒热虽除，但咳嗽长期不愈，5 年来经常干咳少痰，夜间低热，颧红，盗汗，咽干舌燥，时有痰中带血。今夏至今，咳嗽加重，气少声低懒言，食欲减退，大便溏薄，每日 2~3 次，精神倍感疲乏，夜间畏寒喜暖，黎明之后，方得逐渐缓解，面色㿠白，小便清长，阳痿。昨晚食梨 1 个，又觉脘腹痞闷隐痛，大便稀溏，舌淡无华，舌苔薄腻，脉濡弱。

问题：你能运用中医诊断理论的知识解释这些病变机理吗？

2. 陈某，男，23 岁，学生，2012 年 1 月 10 日初诊。患者于 1 年前因外感风邪，寒热咽痛，并出现面目浮肿，服感冒药三剂后，表证虽除，但浮肿加重，涉及全身，医生以水肿持久不退为理由，给逐水峻剂舟车丸之类，虽暂时退肿，但日久肿势更甚，至今未能根治，而来求诊。刻下：周身浮肿，下肢尤甚，按之凹陷，面色㿠白。形寒肢冷，手足不温，眩晕，腰酸乏力，腹胀，食欲不振，常欲呕吐，时口干不欲饮，大便溏泄，日 3~4 次，尿量少，次数亦少。舌淡胖嫩，苔白滑，脉沉细而两尺尤甚。

问题：你能运用中医诊断理论知识对其病情进行分析吗？在中医书籍和网络的帮助下能解释这些病变机理吗？对较复杂的病情你是否有清晰的诊断思路？

诊断是临床重要的基本功，诊断过程是极其复杂的思维过程。疾病的临床表现复杂多样，绝不会像教材中的病、证那样标准化和条理化。如何将诊法、辨证的内容融会贯通，在错综复杂的病情中判断疾病本质，这就需要对病情资料综合处理，进行科学缜密的诊断思维，边诊边断、为断而诊、四诊合参、辨病辨证结合，才能做出准确的诊断。作为一名医学生，要不断训练你的中医诊断思路和方法，才能逐步提高临床诊断水平。

项目一　诊断思维的一般方法

诊断是医生的主观思维对客观存在的病证本质的认识过程。诊断的基本思维形式，主要有分析、综合、推理与判断。中医诊断的思维不仅是抽象思维，同时还存在现象思维、灵感思维等。

一、常用的诊断思维方法

中医的诊断思维方法较多，下边列举常用的方法如下。

（一）比较法

比较法是区分患者的某些症状之间或某些证之间的相同点或不同点。一方面可以提高临床资料来源的准确性，另一方面可以进一步确定证的性质、部位和所处阶段。例如：同为呕吐，通过比较可以进一步分辨是呕声微弱，吐势徐缓还是呕声壮厉，吐势较猛，或呕吐呈喷射状。又如，在中医诊断学中证的鉴别诊断也是比较法的具体应用。

（二）类比法

类比法，即对比法，是将患者的症状和某一常见的证进行对比，若两者主要特征相吻合，便可归为一类。例如将具有"动摇"特点的证候，或具有游走性质的，均归为"风证"。熟练掌握各个病证的诊断要点是运用类比法的先决条件。

（三）归纳法

归纳法，即归类法，是对比较复杂的病情通过归类分析，归纳出其共性特征而明确诊断的思维方法。该法是分析复杂证候较好的方法之一。例如：食少、食后腹胀、便溏等为脾气虚弱证；神疲、乏力、少气、倦怠、声低、懒言、舌淡苔白、脉弱等为气虚证；若患者出现食少、食后腹胀、便溏、神疲乏力、少气懒言、声低气怯、舌淡脉弱，前三个症状为脾气虚，后面的症状是气虚，应用中医理论进行综合、辨证分析，则可诊为脾气虚证。

（四）演绎法

演绎法，是对病情进行由浅入深、由粗到精的层层深入分析，直到明确诊断的思维方法。如，根据脏腑的生理功能来推导其病理变化，也是一种演绎法。又如，临床上根据某一疾病的常见证型，选择其中最符合患者病情的证作为诊断，也是一种演绎方法。

（五）反证法

反证法，即否定法，是在辨证中通过否定其他诊断而确定某一诊断的方法。例如：《伤寒论》第61条："下之后，复发汗，昼日烦躁不得眠。夜而安静，不呕，不渴，无表证，脉沉微，身无大热者，干姜附子汤主之。"本条阐述了太阳病误治后的病机变化，运用了反证法，仲景以不呕否定其为少阳病证，以不渴否定其为阳明病证，以无表证否定其为太阳病证，结合"脉沉微，身无大热"，即可诊为少阴病证，治以干姜附子汤。

（六）模糊判断法

模糊判断法是对众多不精确、非特异性的症状信息，进行模糊的综合评判，从而明确诊断的思维方法。例如气虚、血虚、湿阻等所表现的症状非常多，具有很大的模糊性和不确定性，根据中医相关理论及病证特点，求得近似的结论，看似不够精确，但由于它是对各种信息进行了综合分析后做出的评判，因而能从整体上达到认识事物本质的目的。

（七）其他辨证思维方法

如结合患者体质，前人有"从阳化热""从阴化寒""瘦人多火""肥人多痰"等论述，这种方法称预测法。又如通过方药治疗而肯定或否定某证，这种"以方测证"的方法称试探法。

二、 诊断的思维线索

（一） 以主症为中心的思维线索

在四诊过程中，以主症为中心收集病情资料，可使病情资料系统条理、重点突出、主次分明。到了辨证阶段，仍应抓住主症，以主症为中心进行辨证。围绕主症进行辨证的诊断学意义如下。

首先，通过对主症的辨析，可初步确定病位，提示诊断的大致方向。如心悸为主者，病位在心；咳嗽为主者，病位不离乎肺；呕吐为主者，病位在胃；便秘为主者，病位在大肠。

其次，有时虽然主症不能提示病变位置，但可提示病性，若将主症、次症和兼症综合考虑，则可提示病位和病性。如水肿可由肺、脾、肾等多脏病变导致，单凭水肿而不能确诊病位，但其提示水液内停是肯定的。若结合水肿以下肢为甚，形寒肢冷，面色㿠白，腰膝冷痛等次症和兼症综合考虑，就可诊为脾肾阳虚证。

再次，有些主症还可同时提示病位和病性。如小便涩痛短赤为主症，可判断病位在膀胱，多由湿热引起；厌食油腻为主症，可判断病位在肝胆，多由湿热所致。

（二） 全面分析以保证诊断正确

抓准主症，可以作为诊断的主要依据和线索，而对病情的综合分析，则可以全面认识疾病的本质。

临床中每一个症状对于病或证的诊断，都具有一定意义，即使某些阴性症状，如口不渴、大便正常、手足温、脉缓等，也常能起到鉴别诊断的作用。尤其是病情的虚、实、寒、热、滞、瘀、痰、湿等，一般难以一两个症状确定，而是要收集全部资料进行综合判断。

如同为便秘，或因燥屎内结，腑气不通；或因津液亏损，无水行舟，这就需要结合其他症状、体征加以判断。如果患者腹部胀满，按之作痛，小便短赤，口干口臭，口舌生疮，苔燥而身热面赤，甚则舌红苔燥裂有芒刺，此为热秘；倘若面色萎黄无华，头晕目眩，心悸，唇舌淡，此为血虚津少。再如患者牙痛为主症，可见于龋齿、牙痈等病，辨证则有风热、风寒、阴虚、胃火等证型，单凭牙痛症状不可能得出结论，必然要综合全身的各种表现才能做出诊断。如果新起发热恶寒，牙龈红肿，舌红，脉浮数，则为风热犯齿证；若红肿不甚，无热少痛，苔薄白，脉浮紧，则为风寒阻络证；若红肿疼痛较甚，或牙龈渗血溢脓，腮肿连颊，口渴饮冷，口臭，便秘，舌红，苔黄燥，脉数而有力，则为胃火燔齿证；若牙龈暗红微肿，口燥咽干，便秘尿少，舌红苔少，脉细数，则为阴虚胃热证。所以，既要抓住主症，又要全面分析，对其他症状、体征也不可忽略。

（三）特殊性症状常是诊断的关键

虽然抓主症、全面分析是诊断的基本方法，但是某些症状对病证诊断具有特殊价值，是诊断的特异性指标。如身目黄染，可诊为黄疸；寒热往来，发作定时，可诊为疟疾；胸腔积液，诊为悬饮；心包积液，诊为支饮；小儿阵发呛咳，咳后有鸡鸣样回声者，为百日咳的特征等。

有时个别关键症状的发现与正确认识，可能成为鉴别诊断的重要依据。如阴虚、阳虚的本质正好相反，其四肢冰冷与手足心热、小便清长与短黄就是辨别的关键。又如气虚、阳虚主症相同，但形寒肢冷与否又是辨别的关键。再如阴虚火旺的患者与虚阳浮越的患者，都可出现头面部的"火热"现象，而阴虚与阳虚的本质正好相反，到底是阴虚还是阳虚？下肢的冷或不冷、小便的短黄或清长等，往往是辨别的关键。亡阴与亡阳患者均可出现汗出不止，如何辨别？这时汗出身热还是身冷，汗液黏稠还是清稀，面色赤还是白，四肢温或是凉，以及舌象、脉象等都可能是辨证的关键。再如外感新病的有汗或无汗是辨别表虚与表实的关键。所以，任何一个病证的辨证，它的特点、主症、鉴别要点等，作为医生不可不辨。

（四）力求一证概括全部表现

临床辨证时，对患者的临床表现原则上应力求以一种证型来概括。如果诊断的证型过多过杂，势必抓不住重点，导致治疗缺乏针对性，给立法处方带来困难。

由于病情的复杂性和脏腑的相关性，两种及两种以上证候的复合、兼挟是普遍存在的。因此，若难以用单一证型来概括时，考虑复合证、兼挟证的存在是允许的。如肝胃不和证、心脾两虚证等。但是，对于多种证型并存的诊断，要求能分清并体现各证之间的主次、因果、并列等关系。

（五）首先考虑常见证与多发证

常见证与多发证在临床上出现的概率最高，因此，辨证时应首先考虑常见证与多发证，这种直接的思维方法可删繁就简，减少辨证过程中的非必要环节，提高诊断效率。但对于疑难杂症、危急重症等，则应考虑少发证与罕见证。例如，怪病从痰、瘀论治；按常见证久治不愈的患者，尤应考虑到罕见证之可能性。本教材各辨证方法中所列诸证，如表寒证、血虚证、脾气虚证、卫分证等均为常见证、多发证。

新的病证不断出现，而教材中所列常见证有限，加之临床病情复杂，多不典型，因而教材所列证型往往与临床所见不能"对号入座"。这就要求医生能根据临床实际，灵活而简明地概括出具体证名，而不能受教材证型的拘泥。当然，对于非常罕见、非典型证型的命名，也应力求规范，而不应滥造。

（六）在辨证过程中修正和完善

临床辨证，有一个由表及里、由浅入深、从现象到本质、从感性到理性认识的过程。

因此，辨证初期或首次提出的证名诊断，严格意义上还是一种"假设"，正确与否还有待于验证，需要在诊疗过程中不断予以修正和完善。

之所以如此，从主观上看，医生的学识、经验有限，对疾病的认识必然要经历一个不断加深的过程；从客观上看，疾病信息的暴露也有一个由少到多、由轻到重、由片面到全面的发展过程，且病情总是处于不断变化之中。由于病情变化，尤其是主症变化，要求证名诊断也应随之而变化，所以辨证是一个动态过程，需要不断予以修正和完善。

项目二　病情资料的综合处理

病情资料是医生运用各种诊法收集的临床资料，包括症状、体征、病史，以及患者生活的自然、社会环境等信息，是诊病、辨证的依据。因此，为了使诊断结论准确而可靠，在对病情资料综合处理时应注意以下几方面。

一、病情资料的完整性和系统性

病情资料的完整性是指病情资料尽可能完整、全面。不完整或过于简单，则容易造成漏诊、误诊。

病情资料的系统性是指病情资料的条理化。若杂乱无章，主次不明，则难以下诊断结论。

病情资料的完整性和系统性措施是必须牢固树立整体审察的观念，四诊合参，不可偏废。还要结合必要的现代医学检查或专科检查。对病情资料必须进行综合归纳整理，使之条理清晰、主次分明。

二、病情资料的准确性和客观性

病情资料的准确性和客观性是临床正确诊断的关键。患者的临床表现往往错综复杂，如果有些病情资料不够准确和客观，便会影响诊断。决定病情资料准确、客观的因素，包括主观因素和客观因素两个方面。

（一）主观因素

主观因素来源于医患双方。

1. 医生　在临床中必须认真地应用每一种诊法，那种"按寸不及尺，握手不及足"的态度，是极其不负责任的。同时，应防止主观性和片面性，避免先入为主、主观臆断或暗示患者，如问诊时不应只"问其所需"或"录其所需"，否则不仅影响病情资料的完整性，也影响到资料的客观性。

2. 患者　是否如实、准确地反映了病情。由于受年龄、文化程度、表达能力、心理因素及神志状况等因素的影响，陈述病情的准确程度有较大差异，当有表达不准、不全、不清，甚至隐讳、夸大等情况时，医生应及时发现，并设法引导和修正，加以弥补，以保证病情资料的准确、可靠。

（二）客观因素

客观因素多指疾病本身。患者的临床表现，有的虽然显露但并不全面，有的隐藏于内而难以凭感官发现；有的病情真实，有的病情为假象。所以，一方面医生要准确地运用每一种诊法，善于抓住病情的主次，透过现象看本质，不被假象所迷惑；另一方面则应运用有关检查手段，以保证病情资料的可靠性。常规的体格检查，尤其是与病证直接相关的部位检查或专科检查，更应仔细分辨。如心界扩大、心脏杂音，肺部干、湿啰音，腹内肿块大小、质地等，对于辨证或辨病均有重要意义。血液常规、大便常规、小便常规等检查，可以弥补医生凭直观感觉诊察的不足，增强病情资料的准确性。根据不同情况，必要时做各种实验室检查，如心电图检查、X线检查、超声检查、生化检查、病理学检查、内镜检查、磁共振成像检查等，借鉴这些现代检测手段所获得的临床资料，为中医诊断服务，尤其是对于明确疾病的诊断常具有特殊意义。

三、 病情资料的一致性程度

大多数情况下，症状、体征等各种病情资料所揭示的病理意义，与所概括的证候一般是一致的，可用统一的病机加以解释，称为"脉症相应""舌脉相应""症舌相符"。如患者纳少腹胀，或腹痛绵绵，喜温喜按，或畏寒肢冷，少气懒言，神疲乏力，面白不华或虚浮，或口淡不渴，大便稀溏，或见肢体浮肿，小便短少，或见带下量多而清稀色白，舌质淡胖或有齿痕，苔白滑，脉沉迟无力等，均为脾阳虚证或中焦虚寒证。这种病情资料单纯、明显，说明病情不甚复杂，医生认识其本质也就比较容易。

但是，各种病情资料不完全一致，其临床意义不相同，甚至存在着相互矛盾的情况，即所谓"脉症不相应""舌脉不符""舌症相反"等，这在临床上也并不少见，它体现了疾病过程中的特殊性与复杂性。如八纲辨证中的寒热真假、虚实真假，即所谓"至虚有盛候""大实有羸状""热深厥亦深""虚阳浮越"等，其临床表现不一致，甚至相反。此时，医生应核实病情，全面分析病机，辨明主次，排除假象，从而抓住疾病本质。

病情资料之所以不一致，可有多方面的原因。一是病情本来复杂，有多种病机存在，如寒热错杂、虚实相兼等；二是病程动态的不断变化，如表里出入、标本转化，有些症状体征已发生了变化，而有些则停留在原有状态；三是可能受到治疗因素的影响，如热性患者因大量输液而尿已不短黄，消渴患者服西药降糖后症状变得不典型等，需仔细分析，方可抓住病机之关键。

关于病情资料所示病理本质的不一致性，前人虽有所谓"舍症从脉""舍脉从症"

"舍舌从脉""舍脉从舌""舍症从舌""舍舌从症"的说法。但对于这种"舍"与"从"，应具体情况具体分析，切不可简单地舍弃某些病情资料。因为任何病情资料都有一定的临床意义，均反映着一定的病机，都可能是"真"而并不是"假"，即使是不一致，甚至是矛盾的资料，都有可能反映着不同的病机，关键在于能否用中医学理论去正确分析、认识其中的机理。要说"舍"，只能说是舍弃那些常规的、一般的认识，只能说是医生未能了解其所提示的特殊的临床意义罢了。如有的只知阳虚者小便清长、自汗，而不知阳虚不能气化、蒸腾津液时可见尿少、口渴、无汗；只知舌有裂纹主阴津耗损、舌短主风痰阻络或危重病情，而不知皆有属于先天生理性者；只知数脉主热，而不知心阳亏虚者亦常见数脉。只知其常而不知其变，只知其一而不知其二，自然会对某些特殊现象不可理解而以为是假象。当然，病情资料的不一致，一般反映病情复杂、病机多端，给诊断带来了困难，这就要求医生应认真询问、检查，全面掌握病情，熟悉中医学理论，并善于分析思考，方可从错综复杂的病情中把握病证的本质。

四、 病情资料的主次

所谓主症，是一个患者所有病情资料中的主要症状或体征，它一般由医生从患者的主诉中加以分析确定。而主诉是患者就诊时最感痛苦或最需要医生解除的症状、体征及其持续时间。确定主症，要求重点突出，高度概括，简明扼要。

主症多是患者主诉或主诉的一部分，也是其前来就诊的主要原因。任何病证都有包括主症在内的基本临床表现，这正是辨病、辨证的主要依据。所以，在诊断过程中应及早确定主症，并围绕它收集资料，从而避免漫无边际、毫无目的地罗列症状。确定了主症的病情资料，才能系统条理，重点突出，主次分明。中医各科疾病名中，有许多是以症状命名的，如咳嗽、头痛、心悸、失眠等，它们既是病名，又是确定该病名的主症。

对于主症，尤应注意了解、辨别其发生的部位、性质、程度、持续时间、缓解或加重因素等。以头痛为例，就其部位而言，应辨明头痛连项或在两侧、前额还是颠顶部，就其性质而言，应辨明头痛是刺痛、胀痛、隐痛或重痛等。

在复杂疾病中，主症可能是一个，也可能是几个。次症则是与主症密切相关的伴随症，其反映的病机与主症相同；而兼症是与主症病机不同的伴随症。次症和兼症作为辨证相对次要的病情资料，对主症分别起着辅助、旁证、补充乃至反证等作用。在疾病发展过程中，主、次、兼症可能发生变化，尤其是在证候兼夹、转化的时候。

例如：患者男，43 岁。一周前出现两胁疼痛，右侧较重。刻下：寒热往来，两目发黄，胁肋疼痛，胸闷恶心，食欲不振，口苦尿赤，大便干结，前额胀痛，右臂酸痛麻木，舌尖边红，苔白腻、中根色黄，脉濡数。

本病情资料中，主症为胁肋疼痛、右胁较重、寒热往来；次症为食欲不振、胸闷恶心、两目发黄、口苦尿赤、大便干结、舌尖边红、苔白腻、中根色黄、脉濡数；兼症为前额胀痛、右臂酸痛麻木。诊断病名为胁痛，证名为肝胆湿热证。

病情资料的主次，有利于提高诊断的准确率，也可以为判断证的轻重缓急提供依据。患者的临床症状往往非常复杂，临证时必须对所获的资料进行评估，对症状和体征进行排序，分清主次，尽量找出主要问题来重点解决。

五、 病情资料的属性

病情资料属性的划分原则是以病情资料在辨病、辨证中的作用和性质而定。

（一） 必要性资料

必要性资料是指这种资料对疾病或证候的诊断是必然要见到的资料，缺少了这类资料就不能诊断为该病或该证。必要性资料，一般是该病、证的主要表现，诊断该病、证时必不可少，但不是特异性依据，因为它还可以见于其他病与证。如咳嗽是咳嗽病的主症，它是咳嗽病的必要性资料，无咳嗽就不能诊断为咳嗽病；但是不能一见到咳嗽就诊断为咳嗽病，因为咳嗽还可见于哮喘、肺痨等肺系的多种疾病之中。因此，必要性资料并不是排他性资料，即某症对某病某证的诊断为必有，但不等于此症只见于此病或此证。

（二） 特征性资料

特征性资料，又称特异性资料，是指此类资料仅见于该病或该证，而不见于其他病或证，但该病证中又并不一定都可见到这种症状。因此，一般只要出现这种资料，即可诊断为该种病证。如便蛔只见于蛔虫病，而不见于其他疾病，故只要见到便蛔，便可诊断为蛔虫病，但是没有便蛔也不能排除蛔虫病的可能性。又如只要见盗汗，一般认为是阴虚证，但是没有盗汗也不能说就不是阴虚证，因为还可凭骨蒸潮热、五心烦热、舌红少苔、脉细数等进行诊断。

另外，特征性资料还包括一些非特异性资料的有机组合，从而对该病或该证的诊断具有高度的特异性。如阳明经证的大热、大汗出、大渴、脉洪大等"四大症"，就每一症而言，对阳明经证无特异性，但将其组合在一起，则可确定本证的诊断，从而具有特异性。

（三） 偶见性资料

偶见性资料是指这些资料在病证中的出现率较低，可出现，可不出现，随个体差异而定。一般认为，偶见性资料对于诊断的价值不大。如《伤寒论》第96条载："伤寒五六日，中风，往来寒热，胸胁苦满，默默不欲饮食，心烦喜呕。或胸中烦而不呕，或渴，或腹中痛，或胁下痞硬，或心下悸，小便不利，或不渴、身有微热，或咳者，小柴胡汤主之。"可见诊断少阳病小柴胡汤证的主要病情资料为"往来寒热、胸胁苦满、默默不欲饮食、心烦喜呕"，而自"或胸中烦而不呕"以下，皆为或然见症，为偶见性资料。但是，有些偶见性资料可提示病证的转化，则不可忽视。如对胃脘痛来说，柏油便为偶见性资料，但却提示胃络损伤出血，应引起重视。年高者长期干咳少痰，若见痰血，则有肺痨、肺癌之可能，亦应查明病情。

（四）一般性资料

该资料对任何病证的诊断既非必备，又非特异，仅具有一般诊断意义。临床所见症状大多属于一般性资料，单独出现时对任何病证的诊断意义都不大，即缺乏特异性。而当这些资料组合在一起时，就具有诊断意义。例如：神疲、乏力、头晕、头胀、不欲食、身困、思睡、口不渴、舌淡红、苔薄白、脉弦缓或濡缓等。若见神疲、乏力、头晕、少气、懒言等症组合在一起同时出现时，则提示为气虚；若神疲、乏力、头晕、头胀、不欲食、身困思睡、口不渴、脉濡缓等症组合在一起而同时出现时，则又为湿证之征。

（五）否定性资料

这些资料对病证的诊断具有否定性意义，于病证的鉴别诊断尤其重要。如感冒者若"无汗"，则否定风热感冒和伤风感冒，一般情况下即为风寒感冒；若感冒过程中"不恶寒"，则说明已不再是表证；若感冒"口不渴"，说明不是风热感冒，多为风寒。可见阴性症状也是病情资料的重要组成部分。

综上所述，必要性资料和特异性资料是诊断病证的主要依据；偶见性资料诊断意义不大，但常可提示病证转化的可能性；一般性资料具有综合定性的意义；否定性资料则能为病证鉴别诊断提供依据。

项目三　主症诊断思路

任何病、证必然会反映出一定的"症"，主症是患者的主要痛苦，是主要的诊断依据。临床中要善于抓住主症作为诊断的主要线索。

一、主症的诊断意义

主症是患者病情资料中具有代表性的主要症状和体征，如头痛、头晕、失眠、厌食、黄疸、咯血、乳房肿块、腹胀、腹内包块、血压异常、带下等。

对于每一种疾病，不一定都能立即认识其内在的病理本质，尤其是内脏的病变，难以直窥其病所、辨别其性质，于是只能以外现的主要症状或体征来代表疾病的主要矛盾，从而形成了以主症为病名的现象。如发热、自汗、盗汗、头痛、嗜睡、神昏、目盲、耳聋、耳鸣、牙痛、齿衄、失音、咳嗽、气喘、胸痛、心悸、心痛、呕吐、呕血、胃脘痛、胁痛、黄疸、腹痛、泄泻、便血、腰痛、带下、尿血、水肿等，虽然这些实际上都只是"症"，但以往一般将其视作"病"，这就充分说明了主症在诊断中的主导作用。

通过主症可以理出诊察和诊断的线索。在围绕主症进行比较和做出相关分析的思维中，通过对主症的辨析，常可确定病变的位置及性质。如咳嗽，首先应通过咳嗽的程度辨别其是否为主症，同时应详细询问咳嗽产生的原因（或诱因）、咳嗽的时间、特征。其次应了解咳嗽的伴随症状，如有无咯痰及痰的质、量、色、气味，有无气喘、胸闷、胸痛、喉痒等症；再次是询问全身的表现，如有无恶寒、发热、汗出，饮食、二便等情况，以及相关病史等；然后根据需要，进行必要的检查，如望舌、切脉、测量体温、胸部听诊及 X 射线检查等。这样，可以做到诊察有序，不致遗漏，线索清楚，从而有利于思维判断。

二、 确定主症的方法

（一）正确确定主症

主症是患者表现的一个或数个最主要的症状和体征，在一定临床经验的基础上不难确定。然而由于患者的陈述往往零乱、主次不分，主症的确定亦是诊断过程的难点之一。医生要善于从其所述的病理表现中发现要害，及时把握诊察方向。如患者有新起恶寒、发热、无汗、头痛、口渴、不欲食、苔薄黄等症，若不是其他症状特别突出，则一般应以发热作为主症。

主症的正确确定，依赖扎实的中医理论基础、熟练的四诊技巧、丰富的临床经验及细致认真的工作态度。同时，对主症的确定，必须按照症状的自然状态去识别和把握，尊重客观事实，不可主观臆断。

（二）明确辨别主症

对于已经确定的主症，需通过仔细观察，明确其真实含义（主要是病位、病性等），以利于鉴别诊断。

如患者吐出血液，是"呕血"还是"咯血"，不注意观察则很容易混淆。若血中兼有食物残渣，血色暗红或鲜红，是为呕血，病位一般在胃；若血随咳嗽而出，夹杂有泡沫和痰，是为咯血，病位多在肺。其鉴别还可以结合其他资料，如有无胃脘痛、肺病史、肝病史、服用药物及大量饮酒史等。必要时，还需借助内窥镜等检查，以进一步明确主症。

（三）详审主症特征

主症的特征，包括症状发生的确切部位、发生时间、严重程度、性质、加重或减轻的原因及病变的新久缓急等，务必诊察清楚，描述详细。

如头痛是临床常见的主症之一，可见于多种病证之中。把握头痛的不同特征，可以为进一步诊断提供主要依据。如前额痛多属阳明经病变；侧头痛多属少阳经病变；头痛连项多属太阳经病变；头痛连齿多属少阴经病变；颠顶痛多属厥阴经病变；头痛部位固定持久或持续性加重，多属瘀阻脑络。

再如疼痛的性质，可有胀痛、刺痛、冷痛、灼痛、隐痛、空痛、绞痛、酸痛、喜按、拒按等，这些对辨别病情的寒、热、虚、实、气滞、血瘀等，都具有重要意义。

三、 围绕主症进行询查

主症确定以后，还需详细了解与主症密切相关的症状，再诊察全身其他病理资料。

（一） 询问伴随症状

主症的伴随症状，在病理上常与主症密切相关，往往可以进一步提示主症的病因病机。如发热为主要表现者，需询问有无恶寒、汗出、口渴等情况；不寐为主症者，需了解有无多梦、心烦、记忆力降低、神疲等表现；泄泻为主症者，需了解有无腹痛、腹胀、呕吐等症状；腹痛为主症者，需了解脘腹部感觉、食欲食量、大便等情况。比如腹痛暴作，伴呕吐、泄泻剧烈，不能进食，多为类霍乱或暴泻等病；腹痛，伴有里急后重，下痢脓血，多为痢疾；又如头项强痛，因睡姿不当所致者为落枕；伴有发热、呕吐等症者，常见于春温、暑温等急性温热疫病；年龄偏大，久有头项强痛者，多为项痹；久有鼻塞、鼻失嗅者，应考虑是鼻渊所致。

（二） 诊察全身其他症

确定主症，询查伴随症之后，还应诊察全身其他症状、体征，以对尚未了解到的情况，进行详细询问、全面了解，以免漏诊，耽误病情。临证之初，缺乏诊断经验，可以参考"十问歌"的内容进行。按"十问歌"的提示，对寒热、汗出、头身、胸腹、二便、饮食口味、耳目、起病、既往史、个人史等资料进行全面了解。

（三） 重视相关检查

根据主症的不同，应做必要的体格检查及实验室检查。如神昏为主要表现者，体检除脉搏、血压、体温、呼吸外，应做角膜反射、瞳孔反射、病理反射等检查，并根据可能病种，做相应的辅助检查，如血液常规、肝功能、心电图、脑脊液、脑电图、脑血管造影、脑超声波、脑CT等。又如胁痛为主症者，体格检查应明确胁痛的部位，胁部有无隆起或塌陷，胁下有无包块，腹部有无肌紧张，有无触痛、压痛及反跳痛等；一般应做血、小便、大便常规检查，并据病情需要，可做肝功能、肝胆B超、胆道造影、腹部X射线摄片、CT、甲胎球蛋白检测，必要时可做病理组织活检等。

四、 围绕主症进行辨证

辨证即是在深入了解主症特征的基础上，结合伴随症及其他有关资料如起病情况、发病季节、病变经过、诊治情况等综合分析，并概括为某证的诊断思维过程。

如"发热"为主症，根据发热的特征、伴随症状、全身症状、舌象、脉象等的不同，可以辨其病因、病位、病性、病势等证候本质。新起恶寒发热，并有头身疼痛，无汗，鼻塞流清涕，脉浮紧者，为风寒束表证；新起发热而微恶风寒，少汗或无汗，口渴，头痛，咽痛，咳嗽，舌尖红，苔薄黄，脉浮数者，为风热犯表证；发热，面赤，口大渴，汗大出，舌红，脉洪大，为气分热盛证；日晡潮热，手足汗出，脐腹胀满疼痛，大便秘结，舌红，苔黄燥，脉沉实，为阳明腑实证；身热夜甚，心烦不寐，渴不多饮，皮肤干燥，斑疹隐隐，尿黄便结，舌绛，苔黄少津，脉细滑数，为营分热盛证；发热于夜间明显，神昏谵语，斑疹显露，面赤唇红，尿黄便秘，舌深绛，脉滑数，为血分证血热内扰；午后或夜间发热，手足心发热，或骨蒸潮热，心烦，少寐多梦，颧红，盗汗，口燥咽干，便结尿黄，舌质干红或有裂纹，苔少，脉细数，为阴虚内热证；发热常在劳累后发生或加剧，头晕乏力，气短懒言，自汗，易于感冒，食少，便溏，舌质淡，苔薄白，脉弱而数，为气虚发热证；自觉发热，面红如妆，阵发烘热，下肢清冷，小便清长，舌淡苔润，脉浮数无根，为虚阳浮越证；时觉发热，热势常随情绪波动而起伏，精神抑郁或烦躁易怒，胸胁胀闷，口苦而干，苔黄，脉弦数，为气郁发热证；暑季或高温下劳作，症见高热，烦躁甚或神昏，面红目赤，无汗，伴恶心，胸闷，舌红或绛紫，苔黄干，脉沉数，为暑热内郁证。

又如主症为胃脘痛，根据胃脘痛的特征、伴随症状及全身症状、既往病史等，可以辨别证候。胃痛暴作，恶寒喜暖，呕吐清水痰涎，得温痛减，遇冷痛甚，口不渴，苔薄白，脉弦紧，为寒邪犯胃证；胃脘灼热疼痛，身热，汗出，渴喜冷饮，大便干结，小便短黄，舌红苔黄，脉洪数，为胃热炽盛证；胃脘胀闷，攻撑作痛，脘痛连胁，嗳气频繁，大便不畅，每因情志不畅而作痛，舌苔薄白，脉沉弦，为肝胃不和证；胃痛，脘腹胀满，嗳腐吞酸，或呕吐不消化食物，或大便不爽，苔厚腻，脉滑或沉实，为食滞胃脘证；胃痛部位固定而拒按，或痛如针刺，食后痛甚，或见吐血便黑，舌质紫暗，脉涩，为瘀阻胃络证；右上腹突发钻顶样绞痛，缓解后呈持续性胀痛，伴恶心呕吐，吐出胆汁或蛔虫，脉弦，为虫扰胆膈证；胃痛隐隐或灼痛，嘈杂似饥而不欲食，口燥咽干，消瘦乏力，大便干结，舌红少津，脉细数，为胃阴虚证；胃痛隐隐，喜温喜按，空腹痛甚，得食痛减，时吐清水，纳差，神疲乏力，甚则手足不温，大便溏薄，舌质淡，苔白，脉虚或迟缓，为脾胃虚寒证。

项目四　证候诊断思路

"证"实际上包括"证候"和"证名"。疾病过程中，具有内在联系的一组症状和体征，如恶寒发热、头痛、身痛、无汗、苔薄白、脉浮紧等，可将其称为"证候"。对病变过程中某阶段所表现的证候，在中医学理论指导下，通过辨证而确定其病位、病性等性质，并将其综合归纳而形成证名，如上述证候可通过辨证形成"风寒表实证"这一证名。因此，"证"是指病变过程中某一阶段所表现的证候和由病位、病性等病理本质性要素所构成的证名的统一体。证候是证的外候，即表现，证名是代表该证本质的名称。

一、 辨证诸法的关系与特点

中医学通常提到的辨证方法有八纲辨证、气血津液辨证、脏腑辨证、六经辨证、卫气营血辨证、三焦辨证等。

（一）辨证诸法的特点及相互关系

八纲辨证为辨证的基本纲领，表里、寒热、虚实、阴阳可以从总体上分别反映证候的病位、性质、邪正盛衰及类别。

脏腑辨证、六经辨证、卫气营血辨证、三焦辨证，是八纲中辨别表里病位的具体深化，即以辨别病变现阶段的病位（含层次）为纲，而以辨病性为具体内容。其中，脏腑辨证的重点是从"空间"位置上辨别病变所在的脏腑，主要适用于内伤杂病的辨证。而六经辨证、卫气营血辨证和三焦辨证则主要是从"时间（层次）"上区分病情的不同阶段和层次，主要适用于外感时病的辨证。

气血津液辨证主要是分析气血、津液等正气失常所表现的变化，与脏腑辨证的关系更为密切。

总之，八纲是辨证的纲领；辨病位、病性是辨证的基础与关键；脏腑、气血津液、六经、卫气营血、三焦等辨证，是辨证方法在内伤杂病、外感时病中的具体应用。

（二）诸种辨证方法的运用

在熟悉了各种辨证方法的特点与相互关系之后，临床便可根据病情的具体实际情况而灵活选择恰当的辨证方法进行辨证。

一般可首先运用八纲之表里辨证，分析是属于外感时病还是内伤杂病，再运用寒热虚实以初步明确基本病性与邪正关系。

如果属内伤杂病，则选用脏腑辨证为主，结合气血津液等具体内容进行辨证。

如果属外感时病，则选用六经辨证的三阳病证、卫气营血辨证，并注意结合病因之六淫、疫疠等内容进行辨证。

三焦辨证的实质是将三焦所属部位的常见证按三焦进行归类，临床很少单独运用。

六经辨证中的三阴病证实际上主要属脏腑辨证的内容。

经络辨证主要在针灸、推拿诊疗时运用较多，经络循行部位的证候表现明显时，亦应根据经络理论进行辨证。

二、 辨证的统一体系

中医学在历史上形成八纲、脏腑等多种辨证方法，各自从不同的角度对疾病的本质进行分析判断。在分析各种辨证方法的实质时，可从中发现其所包含的具体辨证内容，主要是病变部位和证候性质；任何疾病均与一定的病位、病性等辨证要素相关；任何复杂的

"证"，都是由病位、病性等辨证要素的排列组合而构成的。

因此，辨证的关键和基本要求，主要在于明确病变现阶段的病位与病性。通过分析而确定病位、病性等辨证的基本要素，便抓住了辨证的实质，为把握灵活复杂的辨证体系找到了执简驭繁的纲领。

掌握每一辨证基本要素的概念、主要表现，并了解其相互间的一般组合关系，便能抓住辨证的本质，就可对各种疾病进行辨证诊断。

（一）辨病位的内容

辨病位，即辨别确定疾病现阶段证候所在的位置。其中又可分为空间性病位和时间（层次）性病位。

大的病位概念有表证、里证（以及半表半里证），病在上、病在下。五脏六腑以及头、清窍、目、耳、鼻、口唇、舌、齿龈、咽喉、胸膈、肌肤、筋骨、经络等等，皆为空间病位概念。卫分、气分、营分、血分，上焦、中焦、下焦，太阳、阳明、少阳、太阴、少阴、厥阴等，属于时间（层次）性病位，随着病程的阶段变化，而有浅深层次的意义。

每一病位概念各有特定的证候，如新起恶寒发热、头身疼痛、脉浮等为表证的特定证候；心悸、心痛等为病位在心的主症；身热夜甚、心烦不寐、神昏谵语、斑疹隐隐、舌绛等为营分证的主要表现。注意认识和掌握每一病位的特定表现，有利于辨别证候的病位。

（二）辨病性的内容

辨病性就是确定疾病现阶段证候的本质属性，即病理改变的性质。

证候中属于病性的概念，可有笼统与具体之分。阴证、阳证、寒证、热证、虚证、实证、标证、本证等，属于笼统的病性概念。辨病性的具体证候主要有风证、寒证、暑证、湿证、燥证、火热证、毒证、痰证、饮证、水停证、食积证、虫积证、石阻证、气虚证、气陷证、气不固证、气脱证、气滞证、气逆证、气闭证、血虚证、血脱证、血瘀证、血热证、血寒证、阴虚证、亡阴证、阳虚证、亡阳证、阳亢证、阳浮证、津液亏虚证、精亏证、髓亏证、营亏证、喜证、怒证、忧思证、悲恐证等等。

每一病性概念都各有特定的证候表现。如气短、乏力、神疲、舌淡、脉弱等为气虚的表现；面色淡白或萎黄、唇舌爪甲色淡、脉细等为血虚的表现；潮热、盗汗、五心烦热、舌红少苔、脉细数等为阴虚的表现；身体困重、关节肌肉酸痛、食欲不振、腹胀、便溏、舌苔滑腻、脉濡等为湿的证候；固定刺痛拒按，有包块、舌暗有斑点、脉涩等为血瘀之征。掌握每一病性的基本临床表现，有利于辨别证候的性质。

通过辨证而确定的病性，是疾病当前的病理本质，是对疾病当前阶段整体反应状态的概括，是对邪正相互关系的综合认识，因此具有整体、动态的特点。对病性的认识，一般要对全身症状、体征以及体质、环境等进行综合分析才能确定，所以准确地辨别病性是辨证中最重要、最困难之处。病性的辨别结果，直接关系到治疗方法的确定，如寒者热之、热则寒之、虚者补之、实者泻之、气虚则补气、阴虚则滋阴、血瘀则化瘀、有痰则祛痰等。因此，辨病性是辨证中最重要的环节，对任何疾病的辨证都不可缺少。

（三）规范证名的构成

现在临床上通用又比较完整、规范的证候名称，一般是由病位与病性相互组合而构成。如肝胆湿热证、心气虚证、肾气不固证、风寒表实证等。因此，凡规范的证名，必有病性，一般应有病位。有时为了构成习惯上四个字一句的证名，常加上某些与病理有关的连接词，如盛、炽、袭、困、阻、壅、蕴、束、犯、亏、衰等。至于心肾不交、阳明腑实、水不涵木等证名概念，虽名称较为特殊，但就其病变实质而言，仍可用辨证基本内容加以明确，如前述证名可分别命名为心肾阴虚阳亢证、肠热腑实证、肝肾阴虚阳亢证等。

三、证候诊断的要点

证候诊断又称为辨证，是确定患者所患疾病现阶段的证候名称。辨证论治是中医学的特色，因此证候诊断在疾病诊断中占有重要的地位。在诊断确切、辨证清楚的前提下，才可论治无误，因此证候诊断就是辨证的过程和结果。

（一）四诊详细准确是辨证的基础

根据四诊合参的原则，辨证不能只凭一个症状或一个脉象，仓促诊断，必须把望、闻、问、切四方面的证候结合起来，作为辨证的依据，以免出现偏差或造成误诊。四诊的运用，还要注意每一诊是否做到详细准确而无遗漏，否则四诊虽具而不完备，辨证的基础仍不牢固。四诊的准确性，直接影响辨证的准确与否。疾病千变万化，表现各种各样，临床上有患者叙述不全，或由于神志的影响，讲不清楚或隐瞒或夸大病情的情况，医生应仔细分析，力争准确，保证辨证无误。同时，还要求医生客观地进行四诊，不能以主观臆测和疑似模糊的印象作为根据。

（二）围绕主要症状进行辨证

辨证要善于掌握主症。所谓主症，可能是一个症状，或是几个症状，这一个症状或几个症状就是疾病的中心环节。抓住主症，然后以主症为中心，结合他症、脉、舌等，便能准确地鉴别病因，辨清证候。如患者身肿而气喘，同时兼有其他症状，首先要求从肿和喘的先后来判别主症。假如先肿而后喘，则肿为主症，然后抓住水肿这个主症，围绕主症诊察其他兼症，从而辨别病位以肺、脾、肾哪一脏为主及水肿的寒热虚实。如果兼有面色㿠白，舌苔白润，小便短少，大便溏泻，腹胀不思饮食，时吐涎沫，四肢无力，倦怠，脉象濡缓等一系列症状，经过辨证分析可确定主要是脾的证候，肺的证候居于次要地位。因此可以诊断本病是脾阳不振，运化失司，故聚水而成肿，水气上犯而为喘。由此可见，掌握主症并围绕主症进行辨证是很重要的一环。

（三）从病变发展过程中辨证

疾病的过程，是一个不断变化的过程。虽是同一种病，根据个体和条件的不同，而有不同的变化。就是同一个人，他的病情也会因时而变，因治而变。例如伤寒患者初起的表实证，因误治而后出现表虚证或其他变证；温病也是如此，今天病在气分，明天可能已入营或入血，或仍相持于气分，或热退病解。这就要求医生必须从疾病变化中去辨别证候，细察起病原因、治疗经过及效果，审察目前的病机，推断发展的趋势，只有把疾病看成动态的，而不是静态的过程，才能在辨证中准确无误。病证未变，则辨证的结果不变；病证已变，则辨证的结果自然应随之而改变。

（四）个别症状有时是辨证的关键

就一般的辨证规律而言，由四诊所得的症状和各种检查所得，相加起来是一个整体，个别症状是全部症状的一个单位，在个人整体中的各种指征都比较统一，它仍是相补充的关系。但是也有一些患者个别病状与全部症状不统一，有时互相抵触，因而似乎不能得出一致的辨证结果。这时可以按照八纲辨证的方法，在复杂的病证中，根据个别能够真正反映整个病机的症或脉或舌，而断然给予辨证的结论，但这决定性的一症、一脉或一舌，不能离开全部证候来孤立地下判断。因此，辨证不仅可按正常的现象下判断，也可透过反常的证候下结论；但在反常的证候中，必须求得足以真正提示疾病之本质的症、舌、脉，诊断才能正确。如喻嘉言治徐国珍一案，身热目赤，异常烦躁，门牖洞启，身卧于地，辗转不快，更求入井索水，且脉洪大，表面看来，无疑是一派热象。但喻嘉言透过这一串假象，见其索水到手，又置而不饮；脉象洪大无伦，而重按无力。通过这两点喻氏判定徐氏的病是真寒假热证。从这一病例可以具体领会这一辨证要点。

项目五　疾病诊断思路

疾病诊断就是确定疾病的种类和病名。临床时，根据四诊等方法所收集到的临床资料，在中医理论指导下进行综合分析，按照有关"病"的定义，确定疾病的病种，并对该病种的特点和规律进行整体性的诊断思维过程，称为"辨病"或"诊病"。

一、疾病的概念

病是对疾病全过程的特点（如病因、病机、临床表现等）与规律（如发病条件、演变趋势、转归预后）所做的病理性概括。病、证、症是中医诊断学中最基本的概念，症是临床表现，是诊病和辨证的主要依据；证揭示疾病当前的主要矛盾；病体现疾病全过程的根本矛盾。病的本质规定了症的表现和证的变化规律，任何一个病在其过程中可有不同的证，而同一个证又可见于不同的疾病中，既有同病异证，又有异病同证。临床既要辨病，又要辨证。

二、 疾病诊断的意义

（一）把握病变规律

每一种病都有自身的本质和规律（一定的病因、病机、变化规律、治法以及预后），明确疾病诊断，便可根据该病演变发展的一般规律，把握该病的全局，依据该病的常见证型进行辨证，有利于对该病本质的认识和辨证论治，从而掌握诊疗的主动权。

（二）针对疾病治疗

专病专法、专方、专药，是中医治疗学的一个重要内容。

1. 专法 如枯痔钉、结扎治内痔，灯火灸角孙治痄腮，针拨白内障等。

2. 专方 炙甘草汤治心动悸，大黄牡丹皮汤及薏苡附子败酱散治肠痈，逍遥散治郁病，乌梅丸治蛔厥等。

3. 专药 如茵陈退黄，常山、青蒿治疟，黄连、鸦胆子治痢，海藻、昆布治瘿，水银、硫黄疗疥等。

同病异证者，辨证用方加专药；异病同证者，大法虽同，但亦应加专药。

三、 疾病诊断的一般途径

1. 主要根据发病特点辨病 患者年龄、性别、发病情况（如起病快慢）不同，常可提示所患病种。

2. 主要根据病因病史辨病 某些疾病发病有特殊病因，了解其病因，有利于疾病诊断。疾病常常有较特殊的发展演变趋势，这也是临床诊断的思路之一。

3. 主要根据主症或特征症辨病 主症和特征症是许多疾病诊断的主要线索和根据。

4. 主要根据特发人群辨病 如妇女之经带胎产，男女之生殖功能障碍，老年人有其特殊的疾病谱，小儿又有其常见病多发病，此外还有各种地方病等。

四、 疾病命名的诊断意义

（一）中医疾病命名的形式

1. 本质属性式 指以症状、体征、病因、病理性质及时令气候来命名者。例如，以主要症状命名者，如哮喘、顿咳、胎动不安等；以主要体征命名者，如麻疹、鹤膝风、黄胖病等；以主要病因命名者，如中暑、破伤风等；以主要病性命名者，如感冒、脏躁、热厥、风痹等；按时令气候命名者，如春温、风温、暑温等。

2. 形象寓意式 即根据普通事物的特有形象或特殊的寓意来命名。有两种情况：一是根据症状特征进行比喻命名，如狐臭、雀目、绣球风、乳蛾、鹤膝风等。二是病名含有特殊的寓意，如花柳病（隐指因眠花宿柳而得的性病）、疟疾（即病情酷疟）、霍乱（指病状以挥霍缭乱为特征）、恶阻（即有孕而恶心，阻其饮食）等。

3. 特征组合式　将疾病的两种以上的病理特征，如病位加病性、病因加病性、病位加病因、病因加体征、病位加主症、病位加体征、病性加体征、病性加形象比喻等相结合而命名。例如，病位加病性命名的有胸痹、肺痈等，病因加病性命名的有湿温、蛔厥、暑疖等，病位加病因命名的有脐风、脏毒等，病因加体征命名的有湿疹、漆疮、蚕豆黄等，病位加主症命名的有胁痛、胃痞、肝癌等，病位加体征命名的有脐疝、白睛溢血等，病性加体征命名的有呃逆、红丝疔等，或病性加形象比喻命名的有羊痫风、蛇头疔等。

4. 附加条件式　在突出有关病理因素的前提下，依据疾病的新久缓急、发病条件及是否有传染性等附加条件来命名。如暴喑、慢惊风、真心痛、休息痢等命名，就提示了疾病的新久缓急；经行发热、子肿、梦遗、子嗽、老人淋等命名，则阐述了发病条件；疫痢、瘴疟、时疫发斑、天行赤眼、春瘟等命名，则突出了疾病的传染性。

（二）正确运用中医病名

1. 继承　有很多病名是非常科学的，如白喉、湿疹、破伤风等，有的病名为中西医所共用，如麻风、子痫、感冒等。

2. 发掘　古代有不少好的具有中医特色的病名，如脏躁、狐惑等，应加以采用。

3. 整理　病、证、症不分，有以症状命名者（如咳嗽、水肿、泄泻），有分化不够者（如痹、厥、风温），或一病多名（如鼻渊，又名脑漏、脑渗、脑崩、控脑砂、脑砂等），病名定义不确，其内涵、外延不清。

4. 临床运用　允许多个病名同时存在；也允许不确定性诊断，如"……待查？"等。

项目六　诊断的综合运用技能训练

【实训目的】

巩固本章所学诊断思路与方法的有关内容，使用本章的有关知识进行病案分析，以提高诊断思维、分析及综合运用的能力。

【实训学时】

2 学时。在实训室进行。

【实训准备】

5 名学生为一组；与分组相配套的病案，或患者。

【实训方法】

个人准备，集体讨论，教师讲评。

【实训内容】

病案1 李某，男，62岁，2008年5月初诊。患慢性肾炎20年，水肿反复发作，劳累后加重，近2年肢体水肿、小便不利更为明显。症见腰酸，畏寒，肢冷，尿少，身肿，按之没指，兼见心悸，气短，喘咳痰鸣。舌淡胖嫩，有齿痕，苔白滑，脉沉弦。

病案2 王某，女，75岁，2003年10月12日初诊。患者形体瘦弱，近六七年稍受外感，即发热咳嗽，稍有劳累则气喘息促。半月前因外感发热咳嗽，未得及时治疗，迁延时日，虽外邪已解，但近一周干咳痰少，气喘息促，咳甚则痰中带血，伴口咽干燥，形体消瘦，五心烦热，午后潮热，时有盗汗，舌红少津，脉细数。

病案3 李某，男，59岁，2007年3月17日初诊。患者两年来，常心悸气短，神疲乏力，自汗，恶风，操劳则加重。一年前，外感致发热，恶寒，咽痒，轻微咳嗽，面目水肿，小便不利，继而肿遍全身，遂到医院求治，根据"诸有水者，腰以下肿，当利小便，腰以上肿，当发汗"之说，给予发汗利尿，连服越婢加术汤十余剂，汗出，小便渐利，表证祛除，水肿消退，但心悸气短诸证反而加剧，旬余后，水肿更倍于前，终至住院治疗。某医又认为久病肺气亏虚，先投以补益肺气之品四十余剂，迄今无明显好转，现仍心悸气短，尿少，水肿，腰以下肿甚，更兼形寒肢冷，手足末端冰凉，面色晦暗，口唇青紫，舌质暗紫，苔白，脉沉迟而弱。

要求：

1. 找出以上病案各自的主症、次症。

2. 进行证候分析。

3. 辨以上病案的病因、病位、病性、病势、病机。

4. 给出以上病案明确的中医诊断，包括病名、证名。

5. 简述主要运用了哪几种诊断思维方法。

【实训小结】

对照病案分析与诊断结果，与老师讲评有无出入，分析出现错漏的原因。

目标检测

A1 型题

1. 对病情进行由浅入深、由粗到细的层层深入分析，直到明确诊断的思维方法是
（   ）

    A. 归纳法   B. 类比法   C. 反证法

    D. 试探法   E. 演绎法

2. 病、证的主症一般属于（　　　）

    A. 必要性资料   B. 一般性资料   C. 特征性资料

    D. 偶见性资料   E. 特征性资料

3. 下列各项，不是影响患者如实准确反映病情最重要因素的是（　　　）

    A. 年龄   B. 表达能力   C. 文化程度

    D. 身高   E. 神志因素

4. 下列各项，属辨内伤杂病辨证方法的是（　　　）

    A. 表里辨证   B. 脏腑辨证   C. 八纲辨证

    D. 经络辨证   E. 三焦辨证

5. 下列各项，不属"时间性"病位范畴的是（　　　）

    A. 少阳   B. 太阳   C. 气分

    D. 卫分   E. 胃肠

6. 下列各项，属病名的是（　　　）

    A. 头痛   B. 血瘀   C. 着痹

    D. 心肾不交   E. 表寒

A2 型题

7. 患者大便中见到蛔虫，此属于（　　　）

    A. 必要性资料   B. 一般性资料   C. 否定性资料

    D. 偶见性资料   E. 特征性资料

8. 身体困重、恶心、苔厚腻、脉滑，主要反映的是（　　　）

    A. 病名   B. 病理   C. 病位

    D. 病性   E. 病势

B 型题

    A. 归纳法   B. 类比法   C. 反证法

    D. 演绎法   E. 模糊判断法

9. 当病情表现复杂，或病情资料很多时，最适用的辨证方法是（　　　）

10. 类似证候难以鉴别时，可采用的辨证思维方法是（　　　）

扫一扫，知答案

病历书写

扫一扫，看课件

【学习目标】

1. 掌握主诉、现病史、病证诊断的书写。
2. 熟悉中医病案书写的基本要求，门（急）诊病案、住院病案的书写格式。
3. 了解病案的含义、意义与沿革。

案例导入

患者张某，因"严重头晕、眼花"经120急救车接至当地医院就诊，被诊断为"心肌炎"，安排入住保健科病区，不久病情急转直下，遂转入重症监护室，抢救无效死亡。家属认为由于医院误诊误治，致患者最终死亡，遂将医院告上法庭，要求承担赔偿责任。

法庭上，医院辩称其诊疗护理行为符合医疗操作规范，无过错，并提交患者的住院病历予以证明。但病历被疑伪造，非医院当初对患者治疗的真实记录。

当地法院审理认为，医院提供的病历中，部分医生未在其医嘱处签名；某医生在诊疗的某段时间内未在治疗现场，但这段时间的病历上却显示有其签名、医嘱。由此认定，医院提供的病历存在瑕疵，应认定为真实性不能确定。

由于该案中医生做法违背法律规定，认定为医疗机构有过错。最终，法院判决医院支付患者家属赔偿金38万元，精神损害抚慰金2万元。

问题：此案例给了你什么样的启示？病历具有什么作用？作为一名准医生你应当怎样去做，才能避免这种事故的发生？

病历，又称病案，是指医务人员在医疗活动过程中形成的文字、符号、图表、影像、切片等资料的总和，包括门（急）诊病历和住院病历。

病历书写是指医务人员通过四诊、查体、辅助检查、诊断、治疗、护理等医疗活动获得有关资料，并进行归纳、分析、整理形成医疗活动记录的行为。

病历是记载患者疾病发生发展、演变预后、诊断治疗、防护调摄及其结果的原始档案，也是复诊、转诊、会诊及解决医疗纠纷、判定法律责任、医疗保险等事项的重要资料和依据。病历作为第一手信息资料，对医疗、保健、教学、科研、医院管理起着重要的作用。病历书写是临床医师必要的基本功，它反映着临床医务工作者医疗技术、科学作风和文化修养的水平。

病历是教学中理论联系临床最有价值的资料，对培养学生独立分析和解决实际问题的能力起着重要作用。因此，指导和训练学生书写病历是教学中不可缺少的环节，是临床实习的重要内容。

项目一　病历的内容和要求

中医病历书写的内容和要求，应按照卫生部和国家中医药管理局联合发布的《中医病历书写基本规范》（国中医药医政发〔2010〕29号）进行。

一、中医病历书写要求

（一）基本要求

1. 病历书写应当客观、真实、准确、及时、完整、规范。

2. 病历书写应当使用蓝黑墨水、碳素墨水，需复写的病历资料可以使用蓝或黑色油水的圆珠笔。计算机打印的病历应当符合病历保存的要求。

3. 病历书写应当使用中文，通用的外文缩写和无正式中文译名的症状、体征、疾病名称等可以使用外文。

4. 病历书写应规范使用医学术语，中医术语的使用依照相关标准、规范执行。要求文字工整，字迹清晰，表述准确，语句通顺，标点正确。

5. 病历书写过程中出现错字时，应当用双线划在错字上，保留原记录清楚、可辨，并注明修改时间，修改人签名。不得采用刮、粘、涂等方法掩盖或去除原来的字迹。上级医务人员有审查修改下级医务人员书写的病历的责任。

6. 病历应当按照规定的内容书写，并由相应医务人员签名。实习医务人员、试用期医务人员书写的病历，应当经过本医疗机构注册的医务人员审阅、修改并签名。进修医务人员由医疗机构根据其胜任本专业工作实际情况认定后书写病历。

7. 病历书写一律使用阿拉伯数字书写日期和时间，采用24小时制记录。

8. 病历书写中涉及的诊断，包括中医诊断和西医诊断，其中中医诊断包括疾病诊断与证候诊断。中医治疗应当遵循辨证论治的原则。

9. 对需取得患者书面同意方可进行的医疗活动，应当由患者本人签署知情同意书。患者不具备完全民事行为能力时，应当由其法定代理人签字；患者因病无法签字时，应当由其授权的人员签字；为抢救患者，在法定代理人或被授权人无法及时签字的情况下，可由医疗机构负责人或者授权的负责人签字。

因实施保护性医疗措施不宜向患者说明情况的，应当将有关情况告知患者近亲属，由患者近亲属签署知情同意书，并及时记录。患者无近亲属的或者患者近亲属无法签署同意书的，由患者的法定代理人或者关系人签署同意书。

实行中医电子病历的，电子病历的书写应当符合国家中医药管理局制定发布的《中医电子病历基本规范（试行）》（2010 年 5 月 1 日起施行）要求。

（二）门（急）诊病历书写内容及要求

1. 门（急）诊病历内容包括门（急）诊病历首页［门（急）诊手册封面］、病历记录、化验单（检验报告）、医学影像检查资料等。

2. 门（急）诊病历首页内容应当包括患者姓名、性别、出生年月日、民族、婚姻状况、职业、工作单位、住址、药物过敏史等项目。

门诊手册封面内容应当包括患者姓名、性别、年龄、工作单位或住址、药物过敏史等项目。

3. 门（急）诊病历记录分为初诊病历记录和复诊病历记录。

初诊病历记录书写内容应当包括就诊时间、科别、主诉、现病史、既往史，中医四诊情况，阳性体征、必要的阴性体征和辅助检查结果，诊断及治疗意见和医师签名等。

复诊病历记录书写内容应当包括就诊时间、科别、中医四诊情况，必要的体格检查和辅助检查结果、诊断、治疗处理意见和医师签名等。

急诊病历书写就诊时间应当具体到分钟。

4. 门（急）诊病历记录应当由接诊医师在患者就诊时及时完成。

5. 急诊留观记录是急诊患者因病情需要留院观察期间的记录，重点记录观察期间病情变化和诊疗措施，记录简明扼要，并注明患者去向。实施中医治疗的，应记录中医四诊、辨证施治情况等。抢救危重患者时，应当书写抢救记录。门（急）诊抢救记录书写内容及要求按照住院病历抢救记录书写内容及要求执行。

（三）住院病历书写内容及要求

1. 住院病历内容包括住院病案首页、入院记录、病程记录、手术同意书、麻醉同意书、输血治疗知情同意书、特殊检查（特殊治疗）同意书、病危（重）通知书、医嘱单、辅助检查报告单、体温单、医学影像检查资料、病理资料等。

2. 入院记录是指患者入院后，由经治医师通过望、闻、问、切及查体、辅助检查获得有关资料，并对这些资料归纳分析书写而成的记录。可分为入院记录、再次或多次入院记录、24 小时内入出院记录、24 小时内入院死亡记录。

入院记录、再次或多次入院记录应当于患者入院后 24 小时内完成；24 小时内入出院记录应当于患者出院后 24 小时内完成，24 小时内入院死亡记录应当于患者死亡后 24 小时内完成。

3. 入院记录的要求及内容

（1）患者一般情况包括姓名、性别、年龄、民族、婚姻状况、出生地、职业、入院时间、记录时间、发病节气、病史陈述者。

（2）主诉是指促使患者就诊的主要症状（或体征）及持续时间。

（3）现病史是指患者本次疾病的发生、演变、诊疗等方面的详细情况，应当按时间顺序书写，并结合中医问诊，记录目前情况。内容包括发病情况、主要症状特点及其发展变化情况、伴随症状、发病后诊疗经过及结果、睡眠和饮食等一般情况的变化，以及与鉴别诊断有关的阳性或阴性资料等。

发病情况：记录发病的时间、地点、起病缓急、前驱症状、可能的原因或诱因。

主要症状特点及其发展变化情况：按发生的先后顺序描述主要症状的部位、性质、持续时间、程度、缓解或加剧因素，以及演变发展情况。

伴随症状：记录伴随症状，描述伴随症状与主要症状之间的相互关系。

发病以来诊治经过及结果：记录患者发病后到入院前，在院内、外接受检查与治疗的详细经过及效果。对患者提供的药名、诊断和手术名称需加引号（""）以示区别。

发病以来一般情况：结合十问简要记录患者发病后的寒热、饮食、睡眠、情志、二便、体重等情况。

与本次疾病虽无紧密关系、但仍需治疗的其他疾病情况，可在现病史后另起一段予以记录。

（4）既往史是指患者过去的健康和疾病情况。内容包括既往一般健康状况、疾病史、传染病史、预防接种史、手术外伤史、输血史、食物或药物过敏史等。

（5）个人史，婚育史、月经史，家族史。

个人史：记录出生地及长期居留地，生活习惯及有无烟、酒、药物等嗜好，职业与工作条件及有无工业毒物、粉尘、放射性物质接触史，有无夜游史。

婚育史、月经史：婚姻状况、结婚年龄、配偶健康状况、有无子女等。女性患者记录经带胎产史，初潮年龄、行经期天数、间隔天数、末次月经时间（或闭经年龄），月经量、痛经及生育等情况。

家族史：父母、兄弟、姐妹健康状况，有无与患者类似疾病，有无家族遗传倾向的疾病。

(6) 中医望、闻、切诊应当记录神色、形态、语声、气息、舌象、脉象等。

(7) 体格检查应当按照系统循序进行书写。内容包括体温、脉搏、呼吸、血压，一般情况皮肤、黏膜，全身浅表淋巴结，头部及其器官，颈部，胸部（胸廓、肺部、心脏、血管），腹部（肝、脾等），直肠肛门，外生殖器，脊柱，四肢，神经系统等。

(8) 专科情况应当根据专科需要记录专科特殊情况。

(9) 辅助检查指入院前所做的与本次疾病相关的主要检查及其结果。应分类按检查时间顺序记录检查结果，如系在其他医疗机构所作检查，应当写明该机构名称及检查号。

(10) 初步诊断是指经治医师根据患者入院时情况，综合分析所做出的诊断。如初步诊断为多项时，应当主次分明。对待查病例应列出可能性较大的诊断。

(11) 书写入院记录的医师签名。

4. 再次或多次入院记录，是指患者因同一种疾病再次或多次住入同一医疗机构时书写的记录。要求及内容基本同入院记录。主诉是记录患者本次入院的主要症状（或体征）及持续时间；现病史中要求首先对本次住院前历次有关住院诊疗经过进行小结，然后再书写本次入院的现病史。

5. 患者入院不足 24 小时出院的，可以书写 24 小时内入出院记录。内容包括患者姓名、性别、年龄、职业、入院时间、出院时间、主诉、入院情况、入院诊断、诊疗经过、出院情况、出院诊断、出院医嘱，医师签名等。

6. 患者入院不足 24 小时死亡的，可以书写 24 小时内入院死亡记录。内容包括患者姓名、性别、年龄、职业、入院时间、死亡时间、主诉、入院情况、入院诊断、诊疗经过（抢救经过）、死亡原因、死亡诊断，医师签名等。

7. 病程记录是指继入院记录之后，对患者病情和诊疗过程所进行的连续性记录。内容包括患者的病情变化情况及证候演变情况、重要的辅助检查结果及临床意义、上级医师查房意见、会诊意见、医师分析讨论意见、所采取的诊疗措施及效果、医嘱更改及理由、向患者及其近亲属告知的重要事项等。

中医方药记录格式参照中药饮片处方相关规定执行。

病程记录的要求及内容：

(1) 首次病程记录：指患者入院后由经治医师或值班医师书写的第一次病程记录，应当在患者入院 8 小时内完成。首次病程记录的内容包括病例特点、拟诊讨论（诊断依据及鉴别诊断）、诊疗计划等。

病例特点：应当在对病史、四诊情况、体格检查和辅助检查进行全面分析、归纳和整理后写出本病例特征，包括阳性发现和具有鉴别诊断意义的阴性症状和体征等。

拟诊讨论（诊断依据及鉴别诊断）：根据病例特点，提出初步诊断和诊断依据；对诊断不明的写出鉴别诊断并进行分析；并对下一步诊治措施进行分析。诊断依据包括中医辨病辨证依据与西医诊断依据，鉴别诊断包括中医鉴别诊断与西医鉴别诊断。

诊疗计划：提出具体的检查、中西医治疗措施及中医调护等。

（2）日常病程记录：指对患者住院期间诊疗过程的经常性、连续性记录。由经治医师书写，也可以由实习医务人员或试用期医务人员书写，但应有经治医师签名。书写日常病程记录时，首先标明记录时间，另起一行记录具体内容。对病危患者应当根据病情变化随时书写病程记录，每天至少 1 次，记录时间应当具体到分钟。对病重患者，至少 2 天记录一次病程记录。对病情稳定的患者，至少 3 天记录一次病程记录。

日常病程记录应反映四诊情况及治法、方药变化及其变化依据等。

（3）上级医师查房记录：指上级医师查房时对患者病情、诊断、鉴别诊断、当前治疗措施疗效的分析及下一步诊疗意见等的记录。

主治医师首次查房记录应当于患者入院 48 小时内完成。内容包括查房医师的姓名、专业技术职务、补充的病史和体征、理法方药分析、诊断依据与鉴别诊断的分析及诊疗计划等。

主治医师日常查房记录间隔时间视病情和诊疗情况确定，内容包括查房医师的姓名、专业技术职务、对病情的分析和诊疗意见等。

科主任或具有副主任医师以上专业技术职务任职资格医师查房的记录，内容包括查房医师的姓名、专业技术职务、对病情和理法方药的分析及诊疗意见等。

（4）疑难病例讨论记录：指由科主任或具有副主任医师以上专业技术任职资格的医师主持，召集有关医务人员对确诊困难或疗效不确切病例讨论的记录。内容包括讨论日期、主持人、参加人员姓名及专业技术职务、具体讨论意见及主持人小结意见等。

（5）交（接）班记录：指患者经治医师发生变更之际，交班医师和接班医师分别对患者病情及诊疗情况进行简要总结的记录。交班记录应当在交班前由交班医师书写完成；接班记录应当由接班医师于接班后 24 小时内完成。交（接）班记录的内容包括入院日期、交班或接班日期、患者姓名、性别、年龄、主诉、入院情况、入院诊断、诊疗经过、目前情况、目前诊断、交班注意事项或接班诊疗计划、医师签名等。

（6）转科记录：指患者住院期间需要转科时，经转入科室医师会诊并同意接收后，由转出科室和转入科室医师分别书写的记录。包括转出记录和转入记录。转出记录由转出科室医师在患者转出科室前书写完成（紧急情况除外）；转入记录由转入科室医师于患者转入后 24 小时内完成。转科记录内容包括入院日期、转出或转入日期，转出、转入科室，患者姓名、性别、年龄、主诉、入院情况、入院诊断、诊疗经过、目前情况、目前诊断、转科目的及注意事项或转入诊疗计划、医师签名等。

（7）阶段小结：指患者住院时间较长，由经治医师每月所作病情及诊疗情况总结。阶段小结的内容包括入院日期、小结日期，患者姓名、性别、年龄、主诉、入院情况、入院诊断、诊疗经过、目前情况、目前诊断、诊疗计划、医师签名等。

交（接）班记录、转科记录可代替阶段小结。

（8）抢救记录：指患者病情危重，采取抢救措施时所做的记录。因抢救急危患者，未能及时书写病历的，有关医务人员应当在抢救结束后6小时内据实补记，并加以注明。内容包括病情变化情况、抢救时间及措施、参加抢救的医务人员姓名及专业技术职称等。记录抢救时间应当具体到分钟。

（9）有创诊疗操作记录：指在临床诊疗活动过程中进行的各种诊断、治疗性操作（如胸腔穿刺、腹腔穿刺等）的记录。应当在操作完成后即刻书写。内容包括操作名称、操作时间、操作步骤、结果及患者一般情况，记录过程是否顺利、有无不良反应，术后注意事项及是否向患者说明，操作医师签名。

（10）会诊记录（含会诊意见）：指患者在住院期间需要其他科室或者其他医疗机构协助诊疗时，分别由申请医师和会诊医师书写的记录。会诊记录应另页书写。内容包括申请会诊记录和会诊意见记录。申请会诊记录应当简要载明患者病情及诊疗情况、申请会诊的理由和目的，申请会诊医师签名等。常规会诊意见记录应当由会诊医师在会诊申请发出后48小时内完成，急诊会诊时会诊医师应当在会诊申请发出后10分钟内到场，并在会诊结束后即刻完成会诊记录。会诊记录内容包括会诊意见、会诊医师所在的科别或者医疗机构名称、会诊时间及会诊医师签名等。申请会诊医师应在病程记录中记录会诊意见执行情况。

（11）术前小结：指在患者手术前，由经治医师对患者病情所做的总结。内容包括简要病情、术前诊断、手术指征、拟施手术名称和方式、拟施麻醉方式、注意事项，并记录手术者术前查看患者相关情况等。

（12）术前讨论记录：指因患者病情较重或手术难度较大，手术前在上级医师主持下，对拟实施手术方式和术中可能出现的问题及应对措施所做的讨论。讨论内容包括术前准备情况、手术指征、手术方案、可能出现的意外及防范措施、参加讨论者的姓名及专业技术职务、具体讨论意见及主持人小结意见、讨论日期、记录者的签名等。

（13）麻醉术前访视记录：指在麻醉实施前，由麻醉医师对患者拟施麻醉进行风险评估的记录。麻醉术前访视可另立单页，也可在病程中记录。内容包括姓名、性别、年龄、科别、病案号，患者一般情况、简要病史、与麻醉相关的辅助检查结果、拟行手术方式、拟行麻醉方式、麻醉适应证及麻醉中需注意的问题、术前麻醉医嘱、麻醉医师签字并填写日期。

（14）麻醉记录：指麻醉医师在麻醉实施中书写的麻醉经过及处理措施的记录。麻醉记录应当另页书写，内容包括患者一般情况、术前特殊情况、麻醉前用药、术前诊断、术中诊断、手术方式及日期、麻醉方式、麻醉诱导及各项操作开始及结束时间、麻醉期间用药名称、方式及剂量、麻醉期间特殊或突发情况及处理、手术起止时间、麻醉医师签名等。

（15）手术记录：指手术者书写的反映手术一般情况、手术经过、术中发现及处理等情况的特殊记录，应当在术后 24 小时内完成。特殊情况下由第一助手书写时，应有手术者签名。手术记录应当另页书写，内容包括一般项目（患者姓名、性别、科别、病房、床位号、住院病历号或病案号）、手术日期、术前诊断、术中诊断、手术名称、手术者及助手姓名、麻醉方法、手术经过、术中出现的情况及处理等。

（16）手术安全核查记录：指由手术医师、麻醉医师和巡回护士三方，在麻醉实施前、手术开始前和患者离室前，共同对患者身份、手术部位、手术方式、麻醉及手术风险、手术使用物品清点等内容进行核对的记录，输血的患者还应对血型、用血量进行核对。应有手术医师、麻醉医师和巡回护士三方核对、确认并签字。

（17）手术清点记录：指巡回护士对手术患者术中所用血液、器械、敷料等的记录，应当在手术结束后即时完成。手术清点记录应当另页书写，内容包括患者姓名、住院病历号（或病案号）、手术日期、手术名称、术中所用各种器械和敷料数量的清点核对、巡回护士和手术器械护士签名等。

（18）术后首次病程记录：指参加手术的医师在患者术后即时完成的病程记录。内容包括手术时间、术中诊断、麻醉方式、手术方式、手术简要经过、术后处理措施、术后应当特别注意观察的事项等。

（19）麻醉术后访视记录：指麻醉实施后，由麻醉医师对术后患者麻醉恢复情况进行访视的记录。麻醉术后访视可另立单页，也可在病程中记录。内容包括姓名、性别、年龄、科别、病案号，患者一般情况、麻醉恢复情况、清醒时间、术后医嘱、是否拔除气管插管等，如有特殊情况应详细记录，麻醉医师签字并填写日期。

（20）出院记录：指经治医师对患者此次住院期间诊疗情况的总结，应当在患者出院后 24 小时内完成。内容主要包括入院日期、出院日期、入院情况、入院诊断、诊疗经过、出院诊断、出院情况、出院医嘱、中医调护、医师签名等。

（21）死亡记录：指经治医师对死亡患者住院期间诊疗和抢救经过的记录，应当在患者死亡后 24 小时内完成。内容包括入院日期、死亡时间、入院情况、入院诊断、诊疗经过（重点记录病情演变、抢救经过）、死亡原因、死亡诊断等。记录死亡时间应当具体到分钟。

（22）死亡病例讨论记录：指在患者死亡一周内，由科主任或具有副主任医师以上专业技术任职资格的医师主持，对死亡病例进行讨论、分析的记录。内容包括讨论日期、主持人及参加人员姓名、专业技术职务、具体讨论意见及主持人小结意见、记录者的签名等。

（23）病重（病危）患者护理记录：指护士根据医嘱和病情对病重（病危）患者住院期间护理过程的客观记录。病重（病危）患者护理记录应当根据相应专科的护理特点书写。内容包括患者姓名、科别、住院病历号（或病案号）、床位号、页码、记录日期和时间、出入液量、体温、脉搏、呼吸、血压等病情观察、护理措施和效果、护士签名等。记录时间应当具体到分钟。

采取中医护理措施应当体现辨证施护。

8. 手术同意书是指手术前，经治医师向患者告知拟施手术的相关情况，并由患者签署是否同意手术的医学文书。内容包括术前诊断、手术名称、术中或术后可能出现的并发症、手术风险、患者签署意见并签名、经治医师和术者签名等。

9. 麻醉同意书是指麻醉前，麻醉医师向患者告知拟施麻醉的相关情况，并由患者签署是否同意麻醉意见的医学文书。内容包括患者姓名、性别、年龄、病案号、科别、术前诊断、拟行手术方式、拟行麻醉方式，患者基础疾病及可能对麻醉产生影响的特殊情况，麻醉中拟行的有创操作和监测，麻醉风险、可能发生的并发症及意外情况，患者签署意见并签名、麻醉医师签名并填写日期。

10. 输血治疗知情同意书是指输血前，经治医师向患者告知输血的相关情况，并由患者签署是否同意输血的医学文书。输血治疗知情同意书内容包括患者姓名、性别、年龄、科别、病案号、诊断、输血指征、拟输血成分、输血前有关检查结果、输血风险及可能产生的不良后果、患者签署意见并签名、医师签名并填写日期。

11. 特殊检查、特殊治疗同意书是指在实施特殊检查、特殊治疗前，经治医师向患者告知特殊检查、特殊治疗的相关情况，并由患者签署是否同意检查、治疗的医学文书。内容包括特殊检查、特殊治疗项目名称、目的、可能出现的并发症及风险、患者签名、医师签名等。

12. 病危（重）通知书是指因患者病情危、重时，由经治医师或值班医师向患者家属告知病情，并由患方签名的医疗文书。内容包括患者姓名、性别、年龄、科别，目前诊断及病情危重情况，患方签名、医师签名并填写日期。一式两份，一份交患方保存，另一份归病历中保存。

13. 医嘱是指医师在医疗活动中下达的医学指令。医嘱单分为长期医嘱单和临时医嘱单。

长期医嘱单内容包括患者姓名、科别、住院病历号（或病案号）、页码、起始日期和时间、长期医嘱内容、停止日期和时间、医师签名、执行时间、执行护士签名。临时医嘱单内容包括医嘱时间、临时医嘱内容、医师签名、执行时间、执行护士签名等。

医嘱内容及起始、停止时间应当由医师书写。医嘱内容应当准确、清楚，每项医嘱应当只包含一个内容，并注明下达时间，应当具体到分钟。医嘱不得涂改。需要取消时，应当使用红色墨水标注"取消"字样并签名。

一般情况下，医师不得下达口头医嘱。因抢救急危患者需要下达口头医嘱时，护士应当复诵一遍。抢救结束后，医师应当即刻据实补记医嘱。

14. 辅助检查报告单是指患者住院期间所做各项检验、检查结果的记录。内容包括患者姓名、性别、年龄、住院病历号（或病案号）、检查项目、检查结果、报告日期、报告人员签名或者印章等。

15. 体温单为表格式，以护士填写为主。内容包括患者姓名、科室、床号、入院日期、住院病历号（或病案号）、日期、手术后天数、体温、脉搏、呼吸、血压、大便次数、出入液量、体重、住院周数等。

二、 住院病案内容排列顺序

（一）住院期间病案内容排列顺序

住院期间病案内容概括起来主要有 22 项，其排列顺序依次是：

（1）体温单；

（2）长期医嘱单；

（3）临时医嘱单；

（4）住院病历；

（5）住院记录；

（6）首次病程记录；

（7）病程记录（顺序在首次病程记录之后）；

（8）术前讨论记录；

（9）手术记录；

（10）术后病程记录；

（11）麻醉记录单；

（12）麻醉同意书；

（13）手术同意书；

（14）会诊单；

（15）实验室检查报告单；

（16）输血同意书等各类知情同意书；

（17）有关护理记录；

（18）住院病案首页；

（19）住院证；

（20）前次住院病案或门（急）诊病案；

（21）外院诊疗资料；

（22）有关医疗证明（患者工作单位的介绍信，外院诊断书，医疗、行政、司法部门的医疗文件副本等）。

（二）出院后病案内容装订顺序

出院后病案内容概括起来主要有 25 项，其装订排列顺序依次是：

（1）目录；

（2）病案首页；

（3）出院记录或死亡记录；

（4）住院证；

（5）住院病历；

（6）住院记录；

（7）首次病程记录；

（8）病程记录（顺序在首次病程记录之后）；

（9）术前讨论记录；

（10）手术同意书；

（11）麻醉同意书；

（12）麻醉记录单；

（13）手术记录；

（14）术后病程记录；

（15）死亡病例讨论记录；

（16）输血同意书等各类知情同意书；

（17）会诊单；

（18）有关护理记录；

（19）实验室检查报告单；

（20）长期医嘱单；

（21）临时医嘱单；

（22）体温单；

（23）有关医疗证明（患者工作单位的介绍信，外院诊断书，医疗、行政、司法部门的医疗文件副本等）；

（24）前次住院病案、死亡案例的门诊病案或急诊病案；

（25）随访记录。

三、 中医病案书写的重点内容

中医病案书写的重点内容，包括主诉，现病史，中医病、证诊断。

（一）主诉的确定与书写要求

主诉是指患者就诊时最感痛苦的症状或体征及其持续时间。

1. 主诉的确定　主诉往往是疾病的主要矛盾所在，具有重要的诊断价值。主诉是调查、认识、分析、处理疾病的重要线索。主诉需要医生经过问诊或检查、分析思考以后确定。主诉的确定对临床具有重要的意义：①提示病情的轻重缓急及其救治原则，如以大出血、昏迷等作为主诉者，常应急救处理。②确定询问或检查的主次和秩序，因为询问和检查首先都应围绕主诉进行。③确定病种和辨别病位或病性的主要依据，如寒热定时发作常为疟疾；胃脘痛多为病位在胃等。④决定现病史与既往史书写的内容，因为二者一般是以主诉所定时间作为区分的界限。

2. 主诉的书写要求　主诉的书写，要求重点突出，高度概括，简明扼要。①主诉只能写症状或体征，而不能用病名、证名代替症状、体征。如写感冒2天、风湿痹症反复发作3年、患肺痨9月等，都是错误的。②主诉为主要症状或体征，主诉一般只允许有1~3个，如"恶寒发热无汗1天"中的无汗就不应是主诉，因为无汗虽对辨证有意义，但它不是主要痛苦。③主诉的时间要书写清楚，每一主诉都必须有明确的时间，如年、月、日、时、分钟等，对于2个以上复合主诉应按主诉出现的时间先后排列，如反复性咳嗽、咯痰30年，发热、气喘5天。④主诉症状的确切部位、性质、程度等尽可能将其描述清楚，如阵发脐腹部绞痛、经常头晕、右肋下肿块、呕出蛔虫等。⑤主诉应是精练的医学术语，如心里想呕、晚上睡不着、肚子内有包等，都是不允许的，而应是恶心、失眠、腹内肿块等。

（二）现病史与既往史的划分

现病史是指患者当前所患病证的情况，包括本次疾病的发生、演变与诊治的全部过程，以及就诊当时的全部自觉症状。既往史是指患者过去健康与疾病的情况。

二者的时间界定主要是根据主诉所定病证及其所记时间为准，即主诉所述病证及其时间之内者属现病史的内容，主诉所述病证及其所定时间以外的其他疾病则属既往史的内容。

实际上现病史与既往史有时难以截然划分。因为现在与过去是相对的概念，现在就诊的疾病可能既往已经存在，而既往所患疾病现在可能并未消除，若所指为同一病证，属何种病史，便要以主诉所定的时间为准。同时主诉只能提症状（含体征），且主诉只有1~3个，而临床就诊时的症状则有很多，这许多的症状孰为现在？孰为既往？其界定主要根据是否为主诉所指的病证。正确地划分现病史与既往史，不仅首先要确定好主诉的内容及其时间，并且也要根据病情进行综合分析。

（三）现病史的书写要求

现病史的书写要求是系统、完整、准确、翔实。具体要求如下：

1. 发病原因、发病诱因、发病缓急等，要记录确切，确实弄清与主要疾病有关的方方面面。切忌提笔就写"无明显诱因"，以防失实。应写明患者主要症状出现、加重、发展的时间，一般而言，病史在1年以上者精确到季或月，1年以内者精确到旬或周，1个月以内者精确到天，1天以内者精确到时或分。

2. 入院前在其他医院的检查、诊断和治疗要详细记录（描述时宜加引号），尤其是检查内容及结果，治疗的药物、方法、时间及效果要写具体就诊医院，不能写"当地医院"或"某医院"，以便于判定和评估检查其治疗水平及可信性。

3. 现在症状应书写清楚。中医辨证主要是根据现在表现的症状、体征，故现在症应作为现病史中的一项专项内容，可围绕主症、伴随症及结合"十问"的内容进行书写。

（四）病历中"诊断"的内容

中医、中西医结合病历书写中所规定的"诊断"内容，应包括中医诊断和西医诊断，中医诊断又包括病名诊断和证名诊断。中医病名、证名诊断应当注意：

1. 要使用中医的病名、证名，而不能以西医病名、综合征等代替，也不能只满足于从教材所列举的名称中选取病名和证名，而应从临床实际出发，准确给疾病和证候下结论，所用病名和证名，一般应以中华人民共和国国家标准《中医临床诊疗术语》所列为依据。

2. 病名与证名是不同的诊断概念，而血虚眩晕、风寒肺咳、肾虚腰痛、湿热痢疾等，则是将病名与证名合并为一进行诊断，因而是不对的。

3. 若现存有几种病，应按重要的、急性的、本科的在先，次要的、慢性的、他科的在后的顺序分行排列，如感冒、肩痹、内痔、闭经。

4. 若对具体病种尚不能当即明确诊断时，可采用"××（症）待查""暑瘟待排""疫毒痢？"等诊断形式，但当病名诊断一旦明确，则应及时予以纠正。

5. 证名诊断一般应将病位、病性等综合为一个完整名称，如肝郁气滞证、脾虚湿困证、脾肾阳虚证、水气凌心证等。有多种病存在时，不能每种病后分别写一个证，而应是一个全面、统一的证名。证名不能只有病位而无病性，如"里证""手太阴肺经证"等，均不得作为正式的证名诊断。同时也不能将证名写成病机分析，如"肝郁血瘀，气血不利，不通则痛"等，其后面两句均非证名所应有的内容，而是病机阐释，故应删除。

项目二 　中医病历书写格式

一、 住院病案

（一） 住院病历

姓名： 　　　　　　出生地：

性别： 　　　　　　常住地址：

年龄： 　　　　　　单位：

民族： 　　　　　　入院时间： 　　年 月 日 时

婚况： 　　　　　　病史采集时间： 　年 月 日 时

职业： 　　　　　　病史陈述者：

发病节气： 　　　　可靠程度：

主诉：患者就诊的主要症状、体征及持续时间。

现病史：围绕主诉系统记录患者从发病到就诊前疾病的发生、发展、变化和诊治经过。记录的内容要求准确具体，避免记流水账，具有鉴别意义的阴性症状亦应列入。其内容包括：

（1） 起病情况。包括发病时间、地点、起病缓急、前驱症状、可能的病因或诱因。

（2） 主要症状、特点及演变情况。要准确具体地描述每一个症状的发生、发展及其变化。

（3） 描述伴随症状的有关情况。

（4） 结合中医"十问"，记录目前情况。

（5） 诊治情况。如入院前经过诊治，应按时间顺序记录与本病有关的重要检查结果及所接受过的主要治疗方法，药物治疗应记录药物名称、用量、用法及其使用时间、效果。诊断名称应加引号。

（6） 如果两种或两种以上疾病同时发病，应分段记录。

（7） 如果怀疑自杀、被杀、被打或其他意外情况者，应注意真实记录，不得加以主观推断、评论或猜测。

既往史：系统全面记录既往健康状况，防止遗漏。包括以下内容：①既往健康情况，虚弱还是健康。②患过哪些疾病。传染病、地方病、职业病及其他疾病，应按时间顺序记录诊断、治疗情况。③预防接种、手术、外伤、中毒、输血史。

个人史：①记录患者的出生地及经历地区，特别要注意自然疫源地及地方病流行区，说明迁徙年月。②居住环境和条件。③生活及饮食习惯，烟酒嗜好程度，性格特点与人际关系。④过去及目前的职业及其工作情况，毒物、粉尘、放射性物质、传染病接触史等。⑤其他重要个人史。

过敏史：记录致敏药物、食物等名称及其表现。

婚育史：婚姻状况、结婚年龄、配偶健康状况、有无子女等。女性患者要记录经、带、胎、产情况。月经史记录格式为：

月经初潮年龄 $\dfrac{\text{每次行经天数}}{\text{经期间隔天数}}$ 末次月经时间（或闭经年龄）。

家族史：记录直系亲属（父母、兄弟、姐妹）及与本人生活有密切关系亲属的健康状况与患病情况（如有无与患者类似疾病，有无家族遗传倾向的疾病）。

体格检查

生命体征：体温（T）　脉搏（P）　呼吸（R）　血压（BP）

整体状况：望神、色、形、态，声音、气味、舌象、脉象、小儿指纹。

皮肤、黏膜及淋巴结：

头面部：头颅、眼、耳、鼻、口腔。

颈项：形、态、气管、甲状腺、颈脉。

胸部：胸廓、乳房、肺脏、心脏、血管。

腹部：肝脏、胆囊、脾脏、肾脏、膀胱。

二阴及排泄物：前阴、后阴，痰液、呕吐物、大便、小便、月经、带下、汗液等。

脊柱四肢：脊柱、四肢、指（趾）甲。

神经系统：感觉、运动、浅反射、深反射、病理反射。

经络与腧穴：经络、腧穴、耳穴、阿是穴。

专科情况：按各专科特点进行书写。

实验室检查：指入院前所做的与本次疾病相关的主要检查及其结果。应分类按检查时间顺序记录检查结果。如系在其他医疗机构所作检查，应当写明该机构名称及检查号。

辨病辨证依据：汇集四诊资料，运用中医临床辨证思维方法，归纳中医辨病辨证依据。

西医诊断依据：从病史、主症、体征和实验室检查等方面总结出主要疾病的诊断依据。

入院诊断：

中医诊断：疾病诊断（病名，含主要疾病和其他疾病）

　　　　　证候诊断（包括相兼证候）

西医诊断：（含主要疾病和其他疾病）

实习医师：（签全名）

住院医师：（签全名）

如有修正诊断、确定诊断、补充诊断时，应书写在原诊断的左下方，并签上姓名和诊断时间。

（二）住院记录

住院记录

姓名：   出生地：

性别：   常住地址：

年龄：   单位：

民族：   入院时间：   年 月 日 时

婚况：   病史采集时间： 年 月 日 时

职业：   病史陈述者：

发病节气：   可靠程度：

主诉：患者就诊的主要症状、体征及持续时间。要求重点突出，高度概括，简明扼要。

现病史：与住院病历要求相同。重点描述主要症状及其持续时间、入院前经过的检查和治疗情况（要写明主要检查结果、治疗方法、药物及用法、时间与效果）。

既往史：重点记录重要的既往病史。

过敏史：记录致敏药物、食物等名称及其表现。

其他情况：个人史、婚育史和家庭史等（凡与此次发病的有关内容不应遗漏）。

体格检查：按照住院病历体格检查的基本要求，扼要记录体格检查的阳性体征和有鉴别诊断意义的阴性体征。

专科检查：按各专科检查要求扼要记录。

实验室检查：采集病史时已获得的本院及外院的重要检查结果。如果尚未进行任何检查，则写目前尚无检查资料。

辨病辨证依据：运用中医临床思维方法，汇集四诊资料，归纳出中医辨病辨证依据。

西医诊断依据：从病史、症状、体征和实验室检查等方面总结出主要疾病的诊断依据。

入院诊断：

中医诊断：疾病诊断（病名，包括主要疾病和其他疾病）

               证候诊断（包括相兼证候）

西医诊断：（包括主要诊断和其他诊断）

住院医师：（签名）

主治医师：（签名）

如有修正诊断、确定诊断、补充诊断时，应用红色墨水笔书写在原诊断的左下方，并用蓝黑墨水笔签上姓名和诊断时间。

（三）病程记录

1. 首次病程记录　首次病程记录必须由具有执业医师资格的接诊医师书写。内容包括：

（1）一般项目：患者姓名、性别、年龄、主诉、入院时间、入院途径（门诊、急诊或转院等）。

（2）病情要点：包括重要病史、基本生命体征、症状体征，已经获得的实验室检查和特殊检查结果。

（3）入院诊断：同住院病历。

（4）诊疗计划：制订诊治计划，目前进行的诊疗措施、治法、方药，对调摄、护理、生活起居宜忌的具体要求。

2. 病程记录　要求及时、准确、详细、文字清晰简练、重点突出，讨论深入。病程记录可由实习医师书写，带教医师应及时阅改并签名。入院及手术后的前3天，至少每日记录1次；危急重症患者，应随时记录；病情稳定者每周至少记录2次。病程记录一律按时间、内容、签名顺序书写。其基本内容与要求如下：

（1）病情变化及治疗情况，特别要注意对生命体征的检查和记录。病情平稳时，要记录一般情况如神志、精神、情绪、饮食、二便等；病情骤变时，应详细记载病情变化，并对可能的预后（如合病、并病等）进行分析判断。

（2）各项检查的回报结果，并进行前后对比。

（3）新开医嘱、停用医嘱及其依据。若变更治法及用药，要求有理有据。

（4）原诊断的修改、新诊断的确定，均应说明理由。

（5）详细记录诊疗操作的情况（如腰穿、骨穿、胸穿等）。

（6）与患者本人、家属或单位负责人的谈话的内容。必要时请对方签字。

（7）上级医生查房（注明其姓名、技术职务），如实记录对病史、查体的补充，对患者情况的分析判断以及对检查治疗的具体意见。必要时由上级医师亲自书写或审核后签名。

（8）危、急、重、难病例的病程记录，应由上级医生亲自书写或审核后签名。

（9）专科会诊记录由会诊医师在病程记录中或专用会诊单上书写。院外专家会诊或院内大会诊，由经管医师如实记录。

（10）临床药师查房、行政领导查房与患者病情有关的意见也要记录。

病程记录根据需要还包括以下内容：交/接班记录、转出/转入记录、阶段小结、术前讨论记录、手术同意书、麻醉同意书、输血同意书、手术记录、病例讨论记录、抢救记录、出院记录、死亡记录、死亡病例讨论记录等。

二、 门诊病历

（一）初诊记录

科别　　　　　　　　年　月　日

姓名　　　性别　年龄　职业　　　住址

主诉：同住院病历。

病史：主症发生的时间、病情的发展变化、诊治经过及重要的既往史、个人史和过敏史等。

体格检查：记录生命体征、中西医检查阳性体征及其具有鉴别意义的阴性体征。特别要注意舌象、脉象。

实验室检查：记录就诊时已获得的有关检查结果。

诊断：

中医诊断：（包括疾病诊断、证候诊断）

西医诊断：

处理：

1. 中医治疗。记录治法、方药（方名、药味及剂量）、用法等。

2. 西医治疗。记录具体用药、剂量、用法等。

3. 进一步的检查项目。

4. 饮食起居宜忌、随诊要求、注意事项。

医师：（签名）

（二）复诊记录

科别　　　　　年　月　日　　时

记录以下内容：

1. 前次诊疗后的病情变化、简要的辨证分析、补充诊断、更正诊断。

2. 各种诊疗措施的改变及其原因。

3. 同一医师守方超过 3 次后要重新誊写处方。

4.3 次没有确诊或疗效不佳者必须有上级医师的会诊意见。上级医师的诊疗意见应详细记录，并经上级医师签名负责。

医师：（签名）

三、 急诊病案

（一）急诊初诊记录

科别　　　　　　年　月　日　时　分

姓名　　　性别　　　年龄　　　职业　　　婚况

地址　　　　　　联系人　　电话

主诉：（同门诊病历，不能用诊断代替主诉）

病史：（同门诊病历）

体格检查：（同门诊病历）

实验室检查：（同门诊病历）

诊断：

中医诊断：（包括疾病、证候诊断）

西医诊断：

处理：

1. 有关急诊的检查项目及结果。

2. 中医治疗。记录治法、方药及用法。

3. 西医治疗。记录各种诊疗措施，药物治疗要具体记录用药名称、药物规格、用量、用法等。

4. 如有急诊抢救，要记录采用的抢救措施、实施时间、用药及剂量、使用方法等。

5. 及时向家属交代病情并记录家属意见，必要时请家属签字。

6. 饮食起居宜忌、护理原则、随诊要求。

医师：（签名）

（二）急诊病程记录

凡在急诊观察的患者，应随时书写急诊病程记录，要求同住院病程记录。急诊观察患者离院时，要记录患者离院时病情、去向及随诊要求。自动离院者，要求有患者或患者家属签字。其他记录的书写要求同住院病案。

（三）急救记录

急救记录是对病情危重、需要立即进行抢救患者的诊疗记录，要求及时书写。包括以下内容：

1. 一般项目。包括姓名、性别、年龄，因某（主诉）于某年某月某日某时某分入抢救室。送诊者姓名及与患者的关系。

2. 就诊时的主症、生命体征及阳性体征。

3. 中医诊断、西医诊断。

4. 各种化验检查结果及进一步的抢救治疗计划。

5. 各种抢救措施具体使用方法（如呼吸机、洗胃等有关内容的记录）、执行时间及实施后的病情变化。

6. 详细用药（包括特殊用药）名称、用量、给药途径、给药速度、医嘱执行时间等。

7. 记录上级医师及会诊医师意见，并注意标注时间。

8. 记录向患者家属交代病情、与患者家属谈话的内容、患者家属对诊疗的意见及患者家属签字。

9. 抢救记录必须在抢救结束后立即记录，及时完成。

10. 参加抢救人员名单。主持抢救医师签名。记录医师签名。

项目三　病历书写技能训练

【实训目的】

通过对"住院病历"的书写训练，要求掌握住院病案书写的基本格式、排列顺序、书写要求。通过对"主诉""辨病辨证依据""西医诊断依据"的归纳与提炼，并给出中、西医正确诊断，以提高独立思考和诊断思维的能力。

【实训学时】

2 学时。在教室进行。

【实训准备】

医院用空白门诊病历、空白中医住院病案稿纸，每位学生 1 套。

【实训方法】

个人准备，教师评阅，相互讨论。

【实训内容】

1. 门诊病历

常某，男，46 岁，公务员，2016 年 5 月 10 日就诊。

2013 年 3 月，患者因受凉发病，初期胃脘部轻微胀痛，常因情绪影响诱发加重，曾多次就诊于村诊所和乡卫生院，对症给予雷尼替丁等药治疗能缓解。一周前，因与邻居争吵后，胃脘胀痛发作，痛连两胁，口苦泛酸，胃脘胀满，时有嗳气，恶心纳差，大便不畅，无黑便，小便正常。平素体健，无烟酒嗜好，无传染病病史和手术外伤史，性格偏于内向，18 岁结婚，育 2 子 1 女，均体健，其父母健在。

查体：T 36.5℃，P 70 次/分，R 20 次/分，BP 130/75mmHg。神情，精神可，形体偏瘦。皮肤和目白睛不黄，舌质边尖红，苔薄黄，腹平软，胃脘部有压痛，无反跳痛，心肺正常，肝脾未触及。

辅助检查：胃镜提示：胃小弯溃疡，HP（+++）。

要求：请按照门诊病历书写格式，在空白门诊病历上，将上述资料整理成一份门诊病历。

2. 住院病案

吴某，男，59岁，汉族，已婚，干部，出生于武汉市，住某市某街某号。1999年2月23日9时10分入院，1999年2月23日9时30分病史采集，病史陈述人为患者，病史可靠，于雨水前1天发病，病案号为45732。

1999年2月17日由于家庭纠纷而生闷气，次日10时许在工作时，突感心悸、气促、胸部闷痛，即去医务室就诊，予硝酸甘油片0.3mg舌下含服，氨茶碱0.1g口服，半小时后症状略有好转。下楼时，骤然心悸加重，头晕倒地。被扶起时，发现左侧肢体完全不能活动，失语，口角向右㖞斜，两眼向左凝视，冷汗频出，双手发冷，喘促，烦躁不安。即送某人民医院急诊，当时查BP150/120mmHg，心率132次/分，心律不齐，心尖区闻及双期杂音，心电图示"二尖瓣P波，心房纤颤。"诊断为脑栓塞，风湿性心脏病，二尖瓣狭窄并关闭不全，心房纤颤。予烟酰胺200mg加入10%葡萄糖250mL静滴，1次/日；20%甘露醇125mL静滴，1次/8小时。下午6时眼球已无偏斜，但心悸、半身不遂未好转。至2月23日，半身不遂仍无好转，遂由亲友抬至我院求治，门诊以"缺血中风，心痹；脑栓塞，风湿性心脏病"收住院治疗。现左侧肢体不能活动，语言欠流利，口角㖞斜，头痛沉胀如裹，胸闷，气促，心悸，难于平卧，咳嗽，咯黄稠痰，食少，恶心，下肢水肿，夜寐不安，神疲倦怠，尿少，2月18日以来未解大便。

出生于武汉市，曾去过广东、海南、苏杭等地。住地潮湿。工作、生活条件一般。喜食辛辣，吸烟12年（约10支/日），嗜酒（约250mL/日）。性情急躁。长期从事管理工作。否认粉尘、毒物、放射性物质接触史。否认药物、食物及其他过敏史。25岁结婚，配偶健康状况良好，育1男1女，身体健康。母年过八旬，健在。父因脑溢血于某年64岁时去世。以往体质较差，1979年2月起有咽部疼痛反复发作及风湿性关节炎病史，但1990年3月以来无关节肿痛。1989年5月因心悸、气短，曾在某医院经心脏超声检查诊为风湿性心脏病，经治（具体不详）未愈，症状时有发作。否认肺痨、肝炎等传染病史及其接触史，否认肾脏、血液、内分泌及神经系统疾病史。否认外伤、手术、中毒、输血史。

皮肤颜色、纹理正常，湿润，弹性欠佳，无斑疹、蜘蛛痣、疮疡、疤痕及异常色素沉着、皮下结节、肿块，无瘀斑、紫癜、肌肤甲错及腧穴异常征，皮肤划痕试验阴性，黏膜无异常发现。神志清楚，诊查合作。发育正常，营养较差。急性病容，表情痛苦，神疲倦怠。体型正常（身高约170cm，体重63kg）。被动斜坡卧位。面白颧红，呈二尖瓣面容。语言不清，声音低怯，呼吸急促，咳声时作。未闻及异常或特殊气味。口角向右歪斜，舌体偏胖，边有齿痕，伸舌向左歪斜，舌质暗，苔中心黄而腻，舌底脉络色紫暗迂曲。脉促。T 36.5℃，P 96次/分，R 21次/分，BP 150/120mmHg。全身浅表淋巴结无肿大、粘连及压痛。

颈项双侧对称，活动自如，无抵抗强直、压痛或肿块。颈动脉搏动正常，无杂音。颈静脉稍充盈，呈现青筋暴露。肝颈静脉回流征阳性。气管居中。甲状腺无肿大、压痛、结节、震颤及杂音。头颅大小正常，无畸形、肿物及压痛，无疖、癣、疤痕。毛发稀疏，白发过半，光泽尚可，分布正常。目窠微陷，双目欠神。眉毛无脱落，无倒睫。眼睑无水肿、下垂、闭合或歪斜。眼球活动自如，无震颤或斜视。结膜无充血、水肿、出血或滤泡。巩膜无充血，无黄染。角膜清澈无瘢痕，角膜反射存在。瞳孔大小正常，双侧等大、等圆，对光反射灵敏。耳郭红润，形状正常。外耳道通畅，无分泌物、耳瘘。乳突无压痛。听力正常。鼻无畸形，鼻翼微有煽动，左侧鼻唇沟变浅。鼻中隔居中，无穿孔。无鼻甲肥大或阻塞。鼻腔见有少量稠涕，无异常气味或出血。副鼻窦无压痛。嗅觉灵敏。唇色暗淡，轻度发绀，无疱疹、皲裂或溃疡。口角向右歪斜，伸舌偏左。牙齿黄垢，排列不整，左下磨牙有1枚缺如，无龋齿、义齿。齿龈稍暗，无肿胀、溢脓、出血及萎缩。口腔黏膜无疱疹、出血或溃疡。扁桃体无肿大、充血、假膜或分泌物。咽部红润，无红肿充血，腭垂居中。

心率126次/分，心律绝对不齐，心音强弱不一，心尖区可闻及收缩期吹风样杂音Ⅲ级，向左腋下传导，并闻及舒张期隆隆样杂音。未闻及心包摩擦音。桡动脉脉率96次/分，律不齐，脉搏短绌。股动脉及肱动脉无枪击音。未发现其他异常周围血管征。胸廓外形正常，双侧对称，肋间隙正常，无局部隆起、凹陷、压痛、水肿、皮下气肿或肿块，无压痛和叩击痛，无静脉怒张及回流异常。双乳房无异常发现。混合呼吸，速率正常，双侧呼吸活动度对称，语颤正常。双肺叩诊清音，下界正常，呼吸音略低，下部可闻及散在细湿啰音，语音传导正常，无胸膜摩擦音、哮鸣音。心尖搏动位于左锁骨中线上第4、5肋间，无负性心尖搏动及心前区弥散性搏动，无震颤或心包摩擦感。心浊音界向左右两侧扩大（见下表）

心脏左右浊音界表

右（cm）	肋间	左（cm）
3	Ⅱ	3
4	Ⅲ	5
5	Ⅳ	7
	Ⅴ	10

锁骨中线距正中线8cm

脊柱生理曲度存在，无畸形、强直、叩压痛，活动自如，两侧肌肉无紧张，压痛。四肢形态正常，无外伤、骨折、肌萎缩。四肢关节无红肿、疼痛、压痛、叩痛及脱臼，无畸形或关节强直。指、趾甲红润，有光泽，形状正常。双下肢轻度浮肿。腹部对称，大小正常，呼吸运动正常，无膨隆、凹陷、皮疹、疤痕、黄染、异常色素沉着及条纹。无脐疝、静脉曲张、胃肠蠕动波。全腹柔软，无压痛、反跳痛、叩击痛及异常包块。叩诊鼓音，肠鸣音 1~2 次/分，无移动性浊音、气过水声及血管杂音。肝于右锁骨中线肋下 4cm、剑突下 6cm 可及，质地中等偏软，表面及边缘光滑，无结节，有轻微触痛。未扪及胆囊，墨菲征阴性。未扪及脾脏、肾脏及膀胱。双肾区无压痛、叩击痛。直肠肛门无异常发现，外生殖器无异常发现。

右侧肢体活动自如，肌力、痛觉、触觉、温度觉及关节位置觉正常。左侧肢体不能活动。左上下肢肌力均为 0 度，肌张力减弱，浅感觉减退。左侧膝反射亢进，左侧 Babinski 征阳性。右侧肱二、三头肌反射正常，腹壁反射、跖反射、提睾反射、膝腱反射及跟腱反射均正常。脑膜刺激征阴性。血常规：Hb120g/L，WBC7.5×10^9/L，N75%，L0.25%。尿常规：黄、清，蛋白微量，镜检无异常。肝功能：HBsAg 正常。脑脊液：正常。心电图：二尖瓣 P 波，心房纤颤。

要求：依照住院病历书写要求所规定的格式、排列顺序对本案内容进行整理。在全面分析临床资料的基础上写出"主诉"；"诊断依据"，包括"辨病辨证依据"（不少于 500 字）和"西医诊断依据"（不少于 300 字）；"诊断"包括"中医诊断"（含病名诊断和证候诊断）和"西医诊断"；"治则治法""方药"及"调护宜忌"。

【实训小结】

认真听老师讲评，对照有无出入，分析出现错漏的原因，并改正错漏之处。

目标检测

A1 型题

1. 患者就诊时最感痛苦或迫切需要医生解除的症状和体征及其持续时间，称为（   ）

    A. 主症　　　　　　　　B. 主诉　　　　　　　　C. 现病史

    D. 个人史　　　　　　　E. 既往史

2. 除过敏药名和上级医生阅改处可使用其他墨水外，病案其他书面文字书写一律使用（   ）

    A. 红色墨水钢笔　　　　B. 红色圆珠笔　　　　　C. 蓝黑墨水钢笔

    D. 黑色圆珠笔　　　　　E. 蓝色圆珠笔

3. 下列各项，属于诊断的正确表述的是（   ）

    A. 初步意见　　　　　　B. 印象　　　　　　　　C. 初步诊断

    D. 拟诊　　　　　　　　E. 某症待查

4. 现病史不包括下列哪项（　　　）

　　A. 起病情况　　　　　　　B. 既往状况　　　　　　C. 诊疗经过

　　D. 病情演变　　　　　　　E. 现在症状

5. 下列哪项不属病名诊断（　　　）

　　A. 黄疸　　　B. 疟疾　　　C. 感冒　　　D. 湿热痢疾　　　E. 麻疹

6. 现病史与既往史划分的依据是（　　　）

　　A. 以主诉所述主症为准　　　B. 以主诉所记时间为准　　　C. 以主诉症状加重为准

　　D. 以主诉所述主症为准　　　E. 以主诉所定主症及时间为准

A2 型题

7. 关于主诉的表述，不恰当的是

　　A. 高热，身目发黄 4 天

　　B. 身、目、尿发黄，右肋疼痛 4 天

　　C. 恶寒发热 3 天，加剧 1 天

　　D. 恶寒发热无汗 1 天

　　E. 反复咳喘 30 年，发热、气喘 5 天

8. 望神、望形、望态、鼾声、嗅味、舌诊、脉诊等属于体格检查的（　　　）

　　A. 生命体征　　　　　　　B. 望诊范围　　　　　　C. 闻诊范围

　　D. 切诊范围　　　　　　　E. 整体情况

B 型题

　　A. 蓝圆珠笔　　　　　　　B. 蓝黑墨水笔　　　　　　C. 铅笔

　　D. 红圆珠笔　　　　　　　E. 红色墨水笔

9. 上级医师批阅意见应使用（　　　）

10. 上级医师签名需用（　　　）

11. 病案具体内容要求用（　　　）

　　A. 入院 12 小时内　　　B. 入院后 24 小时内　　　C. 患者就诊当时

　　D. 入院 48 小时内　　　E. 出院前 24 小时内

12. 急诊病案要求完成的时间是（　　　）

13. 住院病案要求完成的时间是（　　　）

14. 入院病案要求完成的时间是（　　　）

扫一扫，知答案

中医执业助理医师资格考试大纲
《中医诊断学》部分

第一单元　绪　论

要点：

中医诊断的基本原则。

第二单元　望　诊

细目一：　望神

要点：

1. 得神、失神、少神、假神的常见临床表现及其意义。

2. 神乱的常见临床表现及其意义。

细目二：　望面色

要点：

1. 常色与病色的分类、临床表现及其意义。

2. 五色主病的临床表现及其意义。

细目三：　望形态

要点：

1. 形体强弱胖瘦的临床表现及其意义。

2. 姿态异常（动静姿态、异常动作）的临床表现及其意义。

细目四： 望头面五官

要点：

1. 望头发的主要内容及其临床意义。

2. 面肿、腮肿及口眼㖞斜的临床表现及其意义。

3. 目的脏腑分属，望目色、目形、目态的主要内容及其临床意义。

4. 望口、唇、齿、龈的主要内容及其临床意义。

5. 望咽喉的主要内容及其临床意义。

细目五： 望皮肤

要点：

1. 望皮肤色泽的内容及其临床意义。

2. 望斑疹的内容及其临床意义。

3. 望水疱的内容及其临床意义。

4. 望疮疡的内容及其临床意义。

细目六： 望排出物

要点：
望痰、涕的内容及其临床意义。

细目七： 望小儿指纹

要点：

1. 望小儿指纹的方法及其正常表现。

2. 小儿指纹病理变化的临床表现及其意义。

第三单元 望 舌

细目一： 舌诊原理与方法

要点：

1. 舌诊原理。

2. 舌诊方法与注意事项。

细目二： 正常舌象

要点：

正常舌象的特点及临床意义。

细目三： 望舌质

要点：

1. 舌色变化（淡白、淡红、红、绛、青紫）的特征与临床意义。

2. 舌形变化（老嫩、胖瘦、点刺、裂纹、齿痕）的特征与临床意义。

3. 舌态变化（强硬、痿软、颤动、歪斜、吐弄、短缩）的特征与临床意义。

细目四： 望舌苔

要点：

1. 苔质变化（厚薄、润燥、腐腻、剥落、真假）的特征与临床意义。

2. 苔色变化（白、黄、灰黑）的特征与临床意义。

细目五： 舌象综合分析

要点：

1. 舌质和舌苔的综合诊察。

2. 舌诊的临床意义。

第四单元 闻 诊

细目一： 听声音

要点：

1. 音哑与失音的临床表现及其意义。

2. 谵语、郑声、独语、错语、狂言、言謇的临床表现及其意义。

3. 咳嗽、喘、哮的临床表现及其意义。

4. 呕吐、呃逆、嗳气的临床表现及其意义。

5. 太息的临床表现及其意义。

细目二： 嗅气味

要点：

1. 口气、排泄物之气味异常的临床意义。

2. 病室气味异常的临床意义。

第五单元 问 诊

细目一： 问诊内容

要点：

1. 主诉的概念与意义。

2. 十问歌。

细目二： 问寒热

要点：

1. 恶寒发热的临床表现及其意义。

2. 但寒不热的临床表现及其意义。

3. 但热不寒（壮热、潮热、微热）的临床表现及其意义。

4. 寒热往来的临床表现及其意义。

细目三： 问汗

要点：

1. 特殊汗出（自汗、盗汗）的临床表现及其意义。

2. 局部汗出（头汗、手足心汗）的临床表现及其意义。

细目四： 问疼痛

要点：

1. 疼痛的性质及其临床意义。

2. 问头痛、胸痛、胁痛、胃脘痛、腹痛、腰痛的要点及其临床意义。

细目五： 问头身胸腹

要点：

问头晕、胸闷、心悸、脘痞、腹胀的要点及其临床意义。

细目六： 问耳目

要点：

1. 耳鸣、耳聋的临床表现及其意义。

2. 目眩的临床表现及其意义。

细目七： 问睡眠

要点：

1. 失眠的临床表现及其意义。

2. 嗜睡的临床表现及其意义。

细目八： 问饮食与口味

要点：

1. 口渴与饮水　口渴多饮、渴不多饮的临床表现及其意义。

2. 食欲与食量　食欲减退、厌食、消谷善饥、饥不欲食、除中的临床表现及其意义。

3. 口味　口淡、口甜、口黏腻、口酸、口涩、口苦、口咸的临床表现及其意义。

细目九： 问二便

要点：

1. 大便异常（便次、便质、排便感觉）的临床表现及其意义。

2. 小便异常（尿次、尿量、排尿感觉）的临床表现及其意义。

细目十： 问经带

要点：

1. 经期、经量异常的临床表现及其意义。

2. 闭经、痛经、崩漏的临床表现及其意义。

3. 带下异常（白带、黄带）的临床表现及其意义。

第六单元　脉　诊

细目一： 脉诊概说

要点：

1. 脉象形成原理。

2. 诊脉部位。

3. 诊脉方法。

4. 脉象要素。

细目二： 正常脉象

要点：

1. 正常脉象的表现。

2. 正常脉象的特点（胃、神、根）。

细目三： 常见脉象的特征与临床意义

要点：

1. 常见脉象的脉象特征及鉴别（浮脉、沉脉、迟脉、数脉、虚脉、实脉、洪脉、细脉、滑脉、涩脉、弦脉、紧脉、缓脉、濡脉、弱脉、微脉、结脉、促脉、代脉）。

2. 常见脉象的临床意义。

第七单元　按　诊

要点：

1. 按诊的方法与注意事项。

2. 按肌肤手足的内容及其临床意义。

3. 按腹部辨疼痛、痞满、积聚的要点。

第八单元　八纲辨证

细目一： 概述

要点：

八纲辨证的概念。

细目二： 表里

要点：

1. 表证与里证的概念。

2. 表证的临床表现、辨证要点。

3. 表证与里证的鉴别要点。

细目三： 寒热

要点：

1. 寒证与热证的概念。

2. 寒证与热证的临床表现、鉴别要点。

细目四： 虚实

要点：

1. 虚证与实证的概念。

2. 虚证与实证的临床表现、鉴别要点。

细目五： 阴阳

要点：

1. 阴证与阳证的概念。

2. 阴证与阳证的鉴别要点。

3. 阳虚证、阴虚证的临床表现。

4. 亡阳证、亡阴证的临床表现与鉴别要点。

细目六： 八纲证候间的关系

要点：

1. 证候的相兼、错杂与转化（寒证转化为热证、热证转化为寒证、实证转虚）的概念。

2. 证候真假（寒热真假、虚实真假）的鉴别要点。

第九单元　气血津液辨证

细目一： 气病辨证

要点：

1. 气虚证的临床表现、辨证要点。

2. 气陷证的临床表现、辨证要点。

3. 气不固证的临床表现、辨证要点。

4. 气滞证的临床表现、辨证要点。

5. 气逆证的临床表现、辨证要点。

细目二：　血病辨证

要点：

1. 血虚证的临床表现、辨证要点。

2. 血瘀证的临床表现、辨证要点。

3. 血热证的临床表现、辨证要点。

4. 血寒证的临床表现、辨证要点。

细目三：　气血同病辨证

要点：

气滞血瘀、气虚血瘀、气血两虚、气不摄血、气随血脱证的临床表现、辨证要点。

细目四：　津液病辨证

要点：

1. 痰证的临床表现、辨证要点。

2. 水停证的临床表现、辨证要点。

3. 津液亏虚证的临床表现、辨证要点。

第十单元　脏腑辨证

细目一：　心与小肠病辨证

要点：

1. 心气虚、心阳虚证的临床表现、鉴别要点。

2. 心血虚、心阴虚证的临床表现、鉴别要点。

3. 心脉痹阻证的临床表现及瘀阻心脉、痰阻心脉、寒凝心脉、气滞心脉四证的鉴别。

4. 痰蒙心神、痰火扰神证的临床表现、鉴别要点。

5. 心火亢盛证的临床表现。

6. 瘀阻脑络证的临床表现。

7. 小肠实热证的临床表现。

细目二： 肺与大肠病辨证

要点：

1. 肺气虚、肺阴虚证的临床表现、鉴别要点。

2. 风寒犯肺、寒痰阻肺、饮停胸胁证的临床表现、鉴别要点。

3. 风热犯肺、肺热炽盛、痰热壅肺、燥邪犯肺证的临床表现、鉴别要点。

4. 肠道湿热、肠热腑实、肠燥津亏证的临床表现、鉴别要点。

细目三： 脾与胃病辨证

要点：

1. 脾气虚、脾阳虚、脾虚气陷、脾不统血证的临床表现、鉴别要点。

2. 湿热蕴脾、寒湿困脾证的临床表现、鉴别要点。

3. 胃气虚、胃阳虚、胃阴虚证的临床表现、鉴别要点。

4. 胃热炽盛、寒饮停胃证的临床表现、鉴别要点。

5. 寒滞胃肠、食滞胃肠证的临床表现、鉴别要点。

细目四： 肝与胆病辨证

要点：

1. 肝血虚、肝阴虚证的临床表现、鉴别要点。

2. 肝郁气滞、肝火炽盛、肝阳上亢证的临床表现、鉴别要点。

3. 肝风内动四证的临床表现、鉴别要点。

4. 寒滞肝脉证的临床表现。

5. 肝胆湿热证的临床表现。

6. 胆郁痰扰证的临床表现。

细目五： 肾与膀胱病辨证

要点：

1. 肾阳虚、肾阴虚、肾精不足、肾气不固、肾虚水泛证的临床表现、鉴别要点。

2. 膀胱湿热证的临床表现。

细目六： 脏腑兼病辨证

要点：

1. 心肾不交、心脾气血虚证的临床表现、鉴别要点。

2. 肝火犯肺、肝胃不和、肝脾不调证的临床表现、鉴别要点。

3. 心肺气虚、脾肺气虚、肺肾气虚证的临床表现、鉴别要点。

4. 心肾阳虚、脾肾阳虚证的临床表现、鉴别要点。

5. 心肝血虚、肝肾阴虚、肺肾阴虚证的临床表现、鉴别要点。

细目七： 脏腑辨证各相关证候的鉴别

要点：

各脏腑间相关证候的鉴别要点。

主要参考书目

1. 李灿东. 中医诊断学. 北京：中国中医药出版社，2016.

2. 陈家旭. 中医诊断学. 9 版. 北京：中国中医药出版社，2015.

3. 朱文锋. 中医诊断学. 2 版. 北京：中国中医药出版社，2007.

4. 廖福义. 中医诊断学. 北京：人民卫生出版社，2009.

5. 郭靠山. 中医诊断学. 北京：中国中医药出版社，2006.

6. 魏修华，郝志红. 中医诊断学. 北京：军事医学科学出版社，2013.

7. 陈家旭，邹晓娟. 中医诊断学. 3 版. 北京：人民卫生出版社，2016.